Nickenig — Devianz als Strategie

EPISTEMATA

WÜRZBURGER WISSENSCHAFTLICHE SCHRIFTEN

Reihe Literaturwissenschaft

Band 767 — 2014

Annika Nickenig

Devianz als Strategie

Aneignung und Subvertierung pathologisierter Weiblichkeit bei Autorinnen des 20. Jahrhunderts

Königshausen & Neumann

Gedruckt mit freundlicher Unterstützung
der Deutschen Forschungsgemeinschaft, Bonn
und des Deutschen Akademikerinnenbundes

DEUTSCHER
AKADEMIKERINNEN
BUND E.V.

Bibliografische Information der Deutschen Nationalbibliothek

Die Deutsche Nationalbibliothek verzeichnet diese Publikation in der Deutschen Nationalbibliografie; detaillierte bibliografische Daten sind im Internet über http://dnb.d-nb.de abrufbar.

D 294

Gedruckt auf säurefreiem, alterungsbeständigem Papier
Umschlag: skh-softics / coverart
Umschlagabbildung: Bildzusammenstellung der Autorin unter Verwendung einer Abbildung der Handschrift von Marguerite Duras mit freundlicher Genehmigung des Suhrkamp Verlags
Fotografie Sylvia Plath © Estate of Aurelia S. Plath
Bindung: Zinn – Die Buchbinder GmbH, Kleinlüder

Printed in Germany
ISBN 978-3-8260-4993-4
www.koenigshausen-neumann.de
www.libri.de
www.buchhandel.de
www.buchkatalog.de

Inhaltsverzeichnis

SPATIALISIERUNG

INTERTEXTUALISIERUNG

Vorbemerkung

Die vorliegende Arbeit ist eine geringfügig überarbeitete Fassung meiner im Oktober 2011 von der Fakultät für Philologie der Ruhr-Universität Bochum angenommenen Dissertation zur Erlangung des akademischen Grades eines Doktors der Philosophie. Sie wurde von der Graduiertenförderung des Landes Rheinland-Pfalz mit einem Promotionsstipendium unterstützt.

Danken möchte ich meinem Doktorvater Axel Dunker, der meinen Sinn für die Subtexte und Kontexte der Literatur schärfte, und meinem Zweitgutachter Rudolf Behrens, der meine Arbeit adoptierte und dessen Unterstützung mir sehr wertvoll war.

Entscheidende Anregungen, Ideen und auch Umwege verdankt die Arbeit dem Austausch mit meinen Kolleginnen aus dem Bochumer DFG-Projekt „Darstellung des Pathologischen“: Anne Seitz, Eva Siebenborn, Susanne Goumegou und Marie Guthmüller. Ihnen bin ich vor allem für die intensive Zusammenarbeit und ihr engagiertes Mitdenken dankbar.

Für kritische Korrekturen und konstruktive Ratschläge, Geduld und Zuspruch danke ich Michael Fichert, Conni Ullrich, Katja Hettich, Agnieszka Komorowska, Lucia Aschauer, Christian Riedel, Jonas Engelmann, Brigitte Heymann und Jutta Weiser. Besonderer Dank gilt meinen Eltern.

Berlin, Januar 2014

I. Einleitung

1. Präsenz und Persistenz der hysterischen Heldin

Die semantische Verknüpfung von Krankheit und Weiblichkeit erlebt in der zweiten Hälfte des 20. Jahrhunderts eine auffällige Wiederkehr. In den Romanen von Schriftstellerinnen der 60er- bis 90er-Jahre begegnet man zahlreichen kranken oder fragilen Frauenfiguren, deren pathologischer Zustand nicht nur die erzählte Geschichte dominiert, sondern auch die Ästhetik des Textes. Eine dieser kranken Frauen ist Erika Kohut, die Heldin in Elfriede Jelineks Werk *Die Klavierspielerin* (1983):

> Erika hat Furcht davor, daß alles so bleibt, wie es ist, und sie hat Furcht, daß sich einmal etwas verändern könnte. Sie ringt in einer Art Asthmaanfall heftig nach Luft und weiß dann nicht, was mit all der Luft anfangen. Sie röchelt und kann keinen Ton aus ihrer Seele herausscheuchen. [...] Die Lehrerin hustet krampfhaft. Sie befreit sich mit Husten von bedeutend Schlimmerem als Hustenreiz. Ihre Empfindungen kann sie mündlich nicht aussprechen, nur pianistisch.[1]

Die hier vorgeführten Symptome der Protagonistin Erika, die Atemnot und der nervöse, krampfartige Husten, erscheinen wie eine anachronistische Reminiszenz an die populären Darstellungen von Hysterikerinnen aus dem 19. Jahrhundert.[2] Unterstützt wird dieser Eindruck durch die offenkundige Sprachlosigkeit der Figur („keinen Ton", „nicht aussprechen") sowie durch den Umstand, dass die akuten körperlichen Beschwerden stellvertretend für ein ganz anderes, „bedeutend [s]chlimmere[s]" Leiden stehen. Erstickungsgefühle, *tussis nervosa*, Aphasie und Konversionen gelten lange Zeit als typische Merkmale einer Symptomatik der Hysterie und sind noch in den Schriften Sigmund Freuds Bestandteil der hysterischen Körpersprache.[3] Aber kann Erika deshalb als eine verspätete Hysterikerin

---

1 Elfriede Jelinek: *Die Klavierspielerin* [1983]. Reinbek bei Hamburg: Rowohlt 2002, S. 193.

2 Vgl. Sander Gilman: „The Image of the Hysteric". In: dsb. / Helen King / Roy Porter / G. S. Rousseau / Elaine Showalter: *Hysteria Beyond Freud*. Berkeley / Los Angeles: University of California Press 1993, S. 345-452.

3 Als Sigmund Freud in seiner Studie „Bruchstück einer Hysterie-Analyse" den berühmt gewordenen Fall Dora vorstellt, sind die ‚hysterisch markierten' Elemente ihrer Krankengeschichte für ihn derart selbstverständlich, dass er sie für kaum erwähnenswert hält: „Die Krankengeschichte, die ich bisher skizziert, erscheint wohl im ganzen nicht mitteilenswert. ‚*Petite hystérie*' mit den allergewöhnlichsten somatischen und psychischen Symptomen: Dyspnoe, *tussis nervosa*, Aphonie, etwa noch Migränen, dazu Verstimmung, hysterische Unverträglichkeit und ein wahrscheinlich nicht ganz ernst gemeintes *taedium vitae*." Sigmund Freud: „Bruchstück einer Hysterie-Analyse" [1901]. In: dsb.: *Hysterie und Angst*. Studi-

betrachtet werden? Oder bedeuten die Zeichen, die früher als Symptome der Hysterie interpretiert wurden, hier etwas anderes?

Wenn die Protagonistin auf die sie umgebenden Verhältnisse mit einer Mischung aus Protest und Affirmation reagiert und die Möglichkeit einer autonomen Handlungsfähigkeit vom Erzähler negiert wird, dann aktualisiert der Text damit Charakteristika der Hysterie, wie sie im kulturellen Imaginären vorhanden sind. Zugleich erscheinen die hysterischen Symptome aber hier nicht ungebrochen, sondern werden als Stereotype ausgewiesen und damit als Zitate erkennbar. Dies wird vor allem durch die Ironisierung des Gezeigten erreicht, durch den hyperbolischen Charakter der Darstellung und nicht zuletzt durch eine Banalisierung und Entdramatisierung der klassischen Szene eines hysterischen Anfalls. Entscheidender als eine konkrete Diagnose der Krankheit Erika Kohuts ist für den vorliegenden Zusammenhang daher der Umstand, dass in Jelineks Darstellung auf vorgeprägte kulturelle Repräsentationsmuster zurückgegriffen wird. Der Text rekurriert auf ein veraltetes Krankheitsbild, markiert jedoch zugleich eine entscheidende Differenz zu den tradierten Darstellungskonventionen.

Die in dem Roman *Die Klavierspielerin* beobachtbare Wiederbelebung einer als pathologisch gezeichneten Heldin, die mit Merkmalen der Hysterie attributiert wird, lässt sich für zahlreiche Texte von Autorinnen des 20. Jahrhunderts konstatieren. In Ingeborg Bachmanns 1978 erschienenem Roman *Der Fall Franza* etwa leidet die Protagonistin unter schweren Angstzuständen, die mit Symptomen der Hysterie einhergehen: Franziska Ranner stottert und kann schließlich nicht mehr sprechen, sie „weinte nicht nur, es war noch etwas andres, das von dem Weinen noch die Tränen hatte, sie zitterte und ihr Körper tat etwas mit ihr"; schließlich ist von Konvulsionen, Zuckungen und Schlottern die Rede, die das Bildarsenal des hysterischen Anfalls komplettieren.[4] Auch Esther Greenwood, die Heldin aus Sylvia Plaths Werk *The Bell Jar* (1963), durchlebt eine psychische Krise, die mit Gefühlen der Ohnmacht und Selbstauflösung einhergeht und sich immer wieder auch in körperlichen Symptomen wie Schmerzen, Schwäche, Schlaflosigkeit manifestiert.[5] In Marguerite Duras' Prosatext *Le ravissement de Lol V. Stein* (1964) verfolgt der Leser die traumatisierte Protagonistin bei ihrer Suche nach verschütteten Erinnerungen und beobachtet die wiederholte Aktualisierung einer traumati-

---

enausgabe Bd. VI. Hg. v. Alexander Mitscherlich. Frankfurt a.M.: Fischer 1971, S. 83-186, hier: S. 101.

4 Ingeborg Bachmann: *Das Buch Franza* [1978]. „Todesarten"-Projekt. Kritische Ausgabe Band 2. Hg. v. Monika Albrecht / Dirk Göttsche. München / Zürich: Piper 1995, S. 155.

5 „I felt myself shrinking to a small black dot against all those red and white rugs and that pine paneling. I felt like a hole in the ground." Sylvia Plath: *The Bell Jar* [1963]. New York: Harper Perennial Classics 1999, S. 16.

schen Ursituation in immer neuen Konstellationen von Arzt und Patientin, Liebhaber und Geliebten.[6] In allen genannten Werken finden sich Hinweise auf ein kodifiziertes und wiedererkennbares Repräsentationsmuster, das sich in den Texten in vielgestaltiger Ausprägung aktualisiert. Die Merkmale einer hysterischen Erkrankung kommen in so unterschiedlichen Symptomen wie Sprachlosigkeit, Ohnmacht und fehlender Körperkontrolle zum Ausdruck, sind aber mit der gleichbleibenden Grundidee einer sichtbaren Abweichung von der gegebenen Norm konnotiert. Mit ihrem Verhalten verweigern sich die Protagonistinnen nicht nur der geltenden medizinischen, sondern auch der gesellschaftlichen Ordnung. Offenbar fungiert die Hysterie also innerhalb der Texte als eine Chiffre für deviante Weiblichkeit.

Die Beobachtung einer wiederkehrend inszenierten pathologischen Weiblichkeit ist in mehrfacher Hinsicht bemerkenswert. Dies gilt zunächst einmal für den Zeitpunkt, denn die „‚Frauenkrankheit‘ par excellence“[7], als welche die Hysterie seit der Antike qualifiziert wird, erlebt ihren Höhepunkt wissenschaftlicher und künstlerischer Auseinandersetzung im 19. Jahrhundert, gelangt mit Freuds Fallstudien zu Weltruhm und verschwindet spätestens in der Mitte des 20. Jahrhunderts aus den ärztlichen Nosographien.[8] Der konstatierte literarische Rückgriff erfolgt also mit einer deutlichen zeitlichen Verschiebung, die erklärungsbedürftig ist. Bemerkenswert ist zudem der Erscheinungsort und -modus der Figur der kranken Frau in den Texten von Schriftsteller*innen*, die damit eine dezidiert männlich geprägte Perspektive auf das „andere Geschlecht“ zunächst einmal übernehmen. Zudem könnten die literarischen Werke von Autorinnen wie Plath, Bachmann oder Duras, die einen frauenspezifischen oder sogar feministischen Fokus aufweisen, eine ganz andere Repräsentationsweise von Frauenfiguren erwarten lassen, etwa in Form selbstbestimmter Heldinnen oder in Szenarien der Emanzipation. Ein solch dezidierter Gegenentwurf zu dem tradierten Bild der *femme fragile* oder Hysterikerin findet in den Werken der genannten Schriftstellerinnen aber gerade nicht statt; vielmehr stehen die Darstellungen der kranken Frauenfiguren in einem Modus der Wiederholung, der für die poetologische Verfasstheit des jeweiligen Werkes eine konkrete Funktion einzunehmen scheint.

Vor dem Hintergrund dieser Vorüberlegungen untersucht die vorliegende Studie das Aufgreifen des kulturell und wissenschaftlich tradierten

---

6 Vgl. Marguerite Duras: *Le Ravissement de Lol V. Stein*. Paris: Gallimard 1964.

7 Christina von Braun: *Nicht Ich*. Frankfurt a.M.: neue kritik 1988, S. 11.

8 In einem jüngeren Artikel konstatiert Christina von Braun, dass „die Hysterie als ‚Frauenkrankheit‘ aus den Praxen verschwand“. Christina von Braun: „Das wandelbare Gesicht der Hysterie“. In: *beziehungsweise weiterdenken. forum für philosophie und politik*, http://www.bzw-weiterdenken.de/2007/02/das-wandelbare-gesicht-der-hysterie/.

Bildes einer devianten Weiblichkeit als einen Vorgang der Aneignung und Transformation, und damit als ein strategisches Mittel, das in literarischen Texten von Frauen bewusst eingesetzt wird. Dabei stehen zum einen konkrete poetologische Verfahren im Mittelpunkt, die sich für die einzelnen Autorinnen je unterschiedlich konfigurieren und die zugleich zu früheren Formen anti-normativen Schreibens, wie sie für die Literatur der Moderne charakteristisch sind, in Konkurrenz treten. Zum anderen werden, insbesondere in der Auseinandersetzung der Texte mit medizinischen Darstellungsverfahren, wissenspoetologische Fragestellungen berührt, d.h. das Einflussverhältnis von wissenschaftlichen und literarischen Schreibweisen als epistemologischer Horizont der Modellierung von Krankheit und Weiblichkeit betrachtet. Angesichts solcher wiederkehrender Interferenzen zwischen wissenschaftlicher und kultureller Diskursbildung über pathologische Frauenfiguren entpuppt sich die Aktualisierung der Hysterie dabei als eine facettenreiche Möglichkeit, Devianz als Strategie gegen jene Normierungsbestrebungen einzusetzen, die im 20. Jahrhundert für die gesellschaftliche Pathologisierung von Weiblichkeit konstitutiv war.

2. Festschreiben und Fortschreiben. Wissenschaftliche und kulturelle Modellierungen der Hysterie

Das in den bisherigen Überlegungen als wiedererkennbares Darstellungsmuster vorausgesetzte Krankheitsbild der Hysterie ist nicht als solches gegeben, sondern bildet das Ergebnis einer jahrhundertealten, ebenso wechselhaften wie wirkmächtigen Geschichte der wissenschaftlichen und kulturellen Modellierung, die für die hier zu analysierenden literarischen Texte den Hintergrund bildet.[9] Denn die Verknüpfung von Weiblichkeit und Pathologie, die der Figur der Hysterikerin zugrunde liegt, stellt einen Bildfundus bereit, der von Beginn an sowohl von medizinischer als auch von kultureller Seite gefertigt und angereichert wird. Ist die Hysterie bereits bei Hippokrates an die weibliche Sexualität und Physiologie geknüpft, so verstärkt sich diese Auffassung zusehends und mündet spätestens im Zeitalter der Aufklärung in einer grundsätzlichen wissenschaftlich fundierten Pathologisierung von Weiblichkeit.[10] Auch wenn sich die Erkenntnisse über Ätiologie und Nosologie der Hysterie im Laufe der Jahrhunderte immer wieder verändern und auch die zwischenzeitlich an die Krankheit geknüpfte Dämonisierung des Weiblichen einer dif-

9 Für eine umfassende wissenschaftshistorische Auseinandersetzung mit der Hysterie vgl. das 2. Kapitel dieser Arbeit: „‚Krankheit Frau'. Zur Genealogie und Problematik pathologisierter Weiblichkeit".

10 Vgl. Regina Schaps: *Hysterie und Weiblichkeit. Wissenschaftsmythen über die Frau.* Frankfurt a.M. / New York: Campus 1982.

ferenzierteren, psychologischen Herangehensweise weicht, so bleibt eine deutliche Tendenz zur Hervorhebung der weiblichen Sexualität als Teil der Pathogenese doch bis ins 19. Jahrhundert hinein erhalten[11]: die ästhetisierende oder auch erotisierende Zurschaustellung des hysterischen Körpers erlebt durch die Bildmacht der Fotografie in Charcots Salpêtrière einen Höhepunkt.[12]

Spätestens zu diesem Zeitpunkt wird auch die Differenz zwischen den Geschlechtern zu einem konstitutiven Bestandteil der sich institutionalisierenden Wissenschaften.[13] Während der definitionsmächtige, zumeist männliche Arzt und Wissenschaftler den Bereich der Kultur für sich reklamiert, wird die Frau verstärkt dem Bereich der Natur zugeordnet.[14] Während jedoch traditionell Natürlichkeit und Normalität miteinander assoziiert werden, gilt für diese „weibliche Natur" signifikanterweise das Gegenteil.[15] Indem die Frau zu einem zentralen Studienobjekt von Medizin und Physiologie wird, ist sie einer beständigen Pathologisierung qua

---

11 Vgl. Ludmilla Jordanova: *Sexual Visions. Images of Gender in Science and Medicine between the Eighteenth and the Twentieth Centuries*. New York / London u.a.: Harvester Wheatsheaf 1989.

12 Vgl. Georges Didi-Huberman: *L'Invention de l'Hysterie. Charcot et l'Iconographie photographique de la Salpêtrière*. Paris: Macula 1982.

13 Vgl. insbesondere Katrin Schmersahl: *Medizin und Geschlecht. Zur Konstruktion der Kategorie Geschlecht im medizinischen Diskurs des 19. Jahrhunderts*. Opladen: Leske + Budrich 1998.

14 Vgl. hierzu Barbara Duden: *Geschichte unter der Haut. Ein Eisenacher Arzt und seine Patientinnen um 1730*. Stuttgart: Klett Cotta 1987.

15 Über die Widersprüchlichkeit einer Normalität, die nominell an dem ‚Natürlichen' ausgerichtet ist, aber zugleich diskursiv oder institutionell hergestellt wird, vgl. den Sammelband von Werner Sohn und Herbert Mehrtens: „‚Normalität' bildet für uns Menschen moderner Gesellschaften im ausgehenden 20. Jahrhundert ein weitgehend selbstverständliches Orientierungs- und Handlungsraster und wird bisweilen auch als das ‚Natürliche' oder das ‚Naturgemäße' verstanden. Die Selbstverständlichkeit der Normalität und die Vertrautheit mit dem Normalen ist nicht erstaunlich, wird Normalität doch durch ein Ensemble von institutionalisierten Praktiken garantiert und (re)produziert." Werner Sohn: „Bio-Macht und Normalisierungsgesellschaft – Versuch einer Annäherung". In: dsb. / Herbert Mehrtens (Hgg.): *Normalität und Abweichung. Studien zur Theorie und Geschichte der Normalisierungsgesellschaft*. Opladen / Wiesbaden: Westdeutscher Verlag 1999, S. 9-29, hier: S. 9. Vgl. auch Bettina von Jagow / Florian Steger: „Norm". In: dsb. (Hgg.): *Literatur und Medizin. Ein Lexikon*. Göttingen: Vandenhoeck & Ruprecht 2005, S. 573-577. Zur Veränderung der Kategorie des Normalen und des Pathologischen im (medizin)historischen Kontext vgl. Georges Canguilhem: *Le normal et le pathologique* [1943]. Paris: Quadrige / PUF 1988. Zu einer differenzierten Betrachtung über die diskursive Herstellung von Normalität vgl. ferner Jürgen Link: *Versuch über den Normalismus. Wie Normalität produziert wird.* Opladen / Wiesbaden: Westdeutscher Verlag 1999.

Geschlecht ausgesetzt.[16] In dem Maße, in dem Frauen im 19. Jahrhundert als Objekte männlichen Wissens und seiner Diskurse als ‚krank' und damit als deviant gekennzeichnet und Krankheiten selbst im Rahmen wissenschaftlicher Repräsentationen feminisiert werden, wird das Ineinanderfallen von Pathologie, Weiblichkeit und Abweichung also paradoxerweise zur Normalität.[17]

Die Zusammenführung von Krankheit und Weiblichkeit perpetuiert sich durch einen Vorgang der Naturalisierung, im Zuge dessen die vielgestaltige und häufig ungeklärte Symptomatik zu einem einheitlichen, geschlossenen Krankheitsbild „Hysterie" verschmolzen wird. Die auf Tradierung und Institutionalisierung beruhende Vorstellung pathologischer Weiblichkeit wird zudem zum Ausgangspunkt genommen für die Bestimmung einer ‚eigentlichen' Wesenheit der Frau. Der nosologischen Unbestimmtheit begegnet die medizinische Wissenschaft also mit einem intensivierten Versuch der Festschreibung. Im Zuge dieser Entwicklung entsteht ein semantisches Feld, in dem verschiedene, teilweise konfligierende Bilder koexistieren. Die Hysterie wird entweder als eine Übersteigerung genuin weiblicher Attribute wie Nervosität, Sensibilität oder Schwäche wahrgenommen, oder aber, ganz im Gegenteil, als vehemente Verweigerung der gesellschaftlich konturierten Rolle der Frau betrachtet.

Retrospektiv begreift man die Krankheit in kulturwissenschaftlichen und wissenschaftshistorischen Studien sowohl als Kapitulation angesichts beengender Daseinsformen wie auch als (psychosomatische) Form des Protestes. Die Kulturwissenschaftlerin Diane Price Herndl geht daher von einer „simultaneity of oppression and resistance" aus und siedelt die Hysterikerin in einer Matrix von Zustimmung und Aufbegehren, Aneignung und Vereinnahmung an. Sie beschreibt die diskursive Funktion der Krankheit als eine Möglichkeit der Kohärenzbildung angesichts widersprüchlicher und konfliktueller Rollenanforderungen, konstatiert aber zugleich, dass die Auflösung von Widersprüchen auch als Bestandteil einer Konsolidierung des herrschenden Machtsystems betrachtet werden muss.[18] Auf diese Weise bildet die Figur der Hysterikerin letztlich eine

---

16 Vgl. Claudia Honegger: *Die Ordnung der Geschlechter. Die Wissenschaften vom Menschen und das Weib. 1750 – 1850.* Frankfurt a.M. / New York: Campus 1991; Thomas Laqueur: *Auf den Leib geschrieben: die Inszenierung der Geschlechter von der Antike bis Freud.* Frankfurt a.M. / New York: Campus 1992.

17 Vgl. dazu exemplarisch Esther Fischer-Homberger: „Krankheit Frau". In: Arthur E. Imhof (Hg.): *Leib und Leben in der Geschichte der Neuzeit.* Berlin: Duncker & Humboldt 1983, S. 215-229. Vgl. auch Marita Metz-Becker: „Krankheit Frau. Zum Medikalisierungsprozeß des weiblichen Körpers im frühen 19. Jahrhundert". In: Dimitrios Ambatielos (Hg.): *Medizin im kulturellen Vergleich.* Münster u.a.: Waxmann 1997, S. 103-122.

18 „Invalidism [...] can offer women a coherent and simple role in a world where multiple and conflicting roles are threatening or disappointing. But erasing conflict can be another function of ideology [...]. The invalid woman can be an im-

Verdichtung ambivalenter Zuschreibungen – Stärke versus Schwäche, Weiblichkeit versus Unweiblichkeit, Natürlichkeit versus Devianz, Widerstand versus Anpassung; sie steht paradigmatisch für ein normgewordenes Bild der Frau als widersprüchlich und abweichend. Die von Seiten der Medizin vorgenommene Naturalisierung bewirkt also eine einebnende Festschreibung ungleicher Parameter sowie eine Ausblendung der historisch bedingten Veränderbarkeit.

Die Wirkmächtigkeit des Krankheitsbildes der Hysterie gründet aber nicht allein in den Definitionsbemühungen der Wissenschaftler, sondern erhält Unterstützung durch einen umfassenden Prozess kultureller Stilisierung, was auch in dem Begriff der „fashionable disease"[19] zum Ausdruck kommt. Die Hysterie stellt eine Krankheit mit hohem ästhetischen Potential dar und insbesondere ab dem 19. Jahrhundert werden konkrete Wechselwirkungen zwischen Medizin und Literatur virulent. So wächst mit dem erstarkenden Interesse der Literaten für positivistische Verfahren und Erkenntnismethoden auch der direkte Rekurs einzelner Schriftsteller auf naturwissenschaftliche Wissensbestände und Methoden sowie auf entsprechende Darstellungsverfahren aus Medizin, Physiologie, Psychologie.[20] Vor diesem Hintergrund muss es nicht verwundern, dass gerade in den Werken realistischer und naturalistischer Schriftsteller immer wieder pathologische Themen, und ganz besonders die Hysterie, eine zentrale

---

portant site of the working of ideology to cover up or disguise sexual inequality under the mask of ‚nature'." Diane Price Herndl: *Invalid Women. Figuring Illness in American Fiction and Culture, 1840-1940*. Chapel Hill / London: University of North Carolina Press 1993, S. 10. Auch andere Studien, die die gesellschaftliche Rolle der kranken Frau aus kulturhistorischer Perspektive beleuchten, sehen in der Erkrankung von Frauen ein kurzzeitiges Aussteigen aus den geschlechterhierarchischen Strukturen, an deren Ende jedoch das System konsolidiert wird. Carroll Smith-Rosenberg etwa beschreibt vor allem die Hysterie als einen solchen Ausnahmezustand: „The hysterical woman virtually ceased to function within the family. No longer did she devote herself to the need of others, acting as self-sacrificing wife, mother or daughter". Carroll Smith-Rosenberg: *Disorderly Conduct. Visions of Gender in Victorian America*. New York / Oxford: Oxford University Press 1986, S. 208. Elisabeth Bronfen verfolgt bis ins 20. Jahrhundert hinein die Vorstellung von einem hysterischen Subjekt, „das das das Begehren nach einer Figur paternaler Autorität unterstützt und anerkennt, den anderen als Adressaten zu benötigen, im gleichen Atemzuge aber heftigst an diesem Sachverhalt protestiert." Elisabeth Bronfen: *Das verknotete Subjekt. Hysterie in der Moderne*. Berlin: Verlag Volk und Welt 1998, S. 16.

19 Diane Price Herndl bezeichnet mit dem Begriff der „fashionable disease" die Tendenz, kranke Frauen mit Attributen der Schönheit zu versehen; vgl. Price Herndl: *Invalid Women*, S. 22.

20 Vgl. Marc Föcking: *Pathologia litteralis. Erzählte Wissenschaft und wissenschaftliches Erzählen im französischen 19. Jahrhundert*. Tübingen: Gunter Narr 2002.

Rolle spielen.[21] So haben die hysterischen Anfälle der Emma Bovary Weltberühmtheit erlangt; in den Romanen der Frères Goncourt begegnen dem Leser kranke Frauenfiguren in immer neuen Variationen; und in Zolas Werk *Les Rougon-Macquart* bildet die wahnsinnige Urahnin Adélaïde Fouque gar den Ursprungspunkt der für den Romanzyklus so zentralen Degenerierungsthematik.[22]

Angesichts der auffallenden Prominenz der *femme fragile*, „madwoman" oder Hysterikerin in der Literatur vertritt die Kulturwissenschaftlerin Elaine Showalter die These, dass die semantische Verknüpfung von Krankheit und Weiblichkeit ein wiederkehrendes und stilprägendes Darstellungsmuster bereitstellt, wobei sie verschiedene modellhafte und epochenspezifische Ausprägungen erkennt, „the suicidal Ophelia, the sentimental Crazy Jane, and the violent Lucia."[23] Für den vorliegenden Zusammenhang ist dabei besonders interessant, dass die Hysterikerin in ihrer Modellierung als Figur der Abweichung von den (zumeist männlichen) Schriftstellern[24] vielfach als Projektionsfläche für ihre Dichtkunst eingesetzt wird, indem sie die eigenen poetologischen Prämissen darin in verdichteter Form wiedererkennen.[25] Das der Hysterie zugeschriebene Merkmal der Devianz wird also gezielt genutzt und auf genuin literarische Prozesse übertragen: Autoren wie Charles Baudelaire und Gustave Flaubert entwerfen ihre Kunst als „hysterisch", um auf diese Weise eine Ab-

---

21 Vgl. Jean-Louis Cabanès: *Le corps et la maladie dans les récits réalistes (1856-1893)*. Paris: Klincksieck 1991.

22 Vgl. Gustave Flaubert: *Madame Bovary. Mœurs de Province* [1857]. Œuvres tome I. Hg. v. Albert Thibaudet / René Dumesnil. Paris: Gallimard / Pléiade 1936; Edmond et Jules de Goncourt: *Germinie Lacerteux* [1864]. Paris: Flammarion 1990; Émile Zola: *Les Rougon-Macquart* [1871] Tome 1. Paris: Gallimard 1960.

23 Elaine Showalter: *The Female Malady. Women, Madness and English Culture 1830-1980*. New York: Pantheon Books 1985, S. 10.

24 Bei Autorinnen findet sich häufig ein gänzlich verschiedener Umgang mit der Thematik des Wahnsinns, und sehr viel stärker als bei ihren männlichen Kollegen wird die Kategorie der Krankheit hier mit sozialen Gegebenheiten in Zusammenhang gebracht. Entsprechend wird Wahnsinn weder ästhetisiert noch valorisiert, sondern tendenziell abgespalten, wie die Literaturwissenschaftlerinnen Gilbert und Gubar in ihrer immer noch einschlägigen Studie zeigen: Sandra M. Gilbert / Susan Gubar: *The Madwoman in the Attic. The Woman Writer and the Nineteenth-Century Literary Imagination*. New Haven / London: Yale University Press 1979. Ein einschlägiges Beispiel ist die Erzählung *The Yellow Wallpaper* von Charlotte Perkins Gilman, die 1892 im *New England Magazine* erschienen ist.

25 Hysterie wird somit, das zeigt Showalter in ihrer Hysterie-Studie, zu einem poetologischen Prinzip: „In our own fin de siècle, as medical institutions expel hysteria, literary critics takes it up. During the past decades, the ‚hysterical narrative' has become one of the most popular formulations in literary criticism. It has grown at the busy crossroad where psychoanalytic theory, narratology, feminist criticism, and the history of medicine intersect". Elaine Showalter: *Hystories. Hysterical Epidemics and Modern Culture*. New York: Columbia University Press 1997, S. 81.

Krankheit + Kreativität

weichung von der bis dahin geltenden ästhetischen Norm zu markieren[26]: sie führen Krankheit und Kreativität zusammen und konzipieren „'hysteria' as a metaphor for writing".[27] Hintergrund dieser Identifikation mit der pathologischen Semantik und ihrer Ästhetisierung ist eine in der Moderne sich durchsetzende Valorisierung der Abweichung als ästhetische Kategorie, und damit zugleich ein Postulat für das Prinzip der Originalität. Die Übertragung von medizinischen Normdiskursen auf ästhetische führt dazu, dass Literaten in dieser Epoche häufig mit den zuvor noch negativ besetzten Kategorien Krankheit, Krankhaftigkeit oder Devianz sympathisieren.[28] Es ist eben diese Übertragbarkeit, mit der sich die Literatur bis ins 20. Jahrhundert hinein auseinandersetzen wird, wobei das Verhältnis von Norm und Abweichung als produktive Konstellation genutzt wird. Die Lust an der Überschreitung tradierter ästhetischer Normen wird dabei auf bemerkenswerte Weise selbst zu einem Kompositionsprinzip, das losgelöst von der Figur der kranken Frau fortbesteht und die literarische Produktion bestimmt. Sowohl in der Wissenschaftsgeschichte als auch in der kulturhistorischen Auseinandersetzung mit der Hysterie lassen sich also Elemente einer Instrumentalisierung der Krankheit erkennen, in einem Fall als Entmachtung der Frau durch einen Prozess der Naturalisierung, in dem anderen als poetische Selbstmodellierung nach den Prinzipien der Abweichung und Originalität.

Ein weiterer Höhepunkt jener Tendenz einer Vereinnahmung der Hysterie lässt sich im französischen Poststrukturalismus beobachten.

26 Vgl. Nicole Edelman: *Les métamorphoses de l'hystérique. Du début du XIXe siècle à la Grande Guerre*. Paris: La Découverte 2003, insbesondere das Kap. 5 „Critiques (1850-1870). Baudelaire, Flaubert et le genre de l'hystérique", S. 94-109.

27 Showalter: *Hystories*, S. 95.

28 Die Übertragbarkeit von Normdiskursen auf ästhetische Phänomene analysiert Thomas Anz in seiner Monographie *Gesund oder krank?*: „Wer an den Normen der klassischen Ästhetik orientiert ist, beruft sich gerne auf Gesundheit, die ästhetische Moderne hingegen ist durch ihre Sympathie für das Pathologische gekennzeichnet." Thomas Anz: *Gesund oder krank? Medizin, Moral und Ästhetik in der deutschen Gegenwartsliteratur*. Stuttgart: Metzler 1989, S. xi. Auch in neueren Studien wird das Verhältnis von Norm und Abweichung weiterhin als spezifisches Problem einer Ästhetik der Moderne diskutiert: „Lässt sich also die literarische Moderne zwischen den Polen Provokation und Institution beschreiben, Provokation spezifiziert als Abweichung von der ästhetischen Norm, Institution verstanden als Rekurs auf Tradition und Traditionen [...]? Die Literatur der Moderne changiert jedenfalls im Spannungsfeld einer provokativen Ästhetik oder ästhetischen Provokation auf der einen und literarischer Konvention auf der anderen Seite". Sabina Becker / Helmuth Kiesel: „Literarische Moderne. Begriff und Phänomen". In: dsb. (Hgg.): *Literarische Moderne. Begriff und Phänomen*. Berlin: de Gruyter 2007, S. 9-34, hier: S. 10. Ein Plädoyer für die Allgemeingültigkeit und Fruchtbarkeit des Norm-Abweichungsmodells für die Literaturtheorie liefert Harald Fricke: *Norm und Abweichung. Eine Philosophie der Literatur*. München: Beck 1981.

Hier wird die Krankheit zu einem Schlüsselkonzept feministischer Theoriebildung sowie zu einem Modell der Repräsentationskritik[29], wobei die traditionelle Verknüpfung von Weiblichkeit und Irrationalität aufgegriffen und unter umgekehrten Vorzeichen fortgeführt wird.[30] Einmal mehr wird dabei die Hysterie als poetologisches Prinzip etabliert: die Ansätze aus dem Kontext der *écriture féminine*, insbesondere von Hélène Cixous oder Luce Irigaray, greifen auf die Figur der Hysterikerin zurück, um die daran geknüpften Konnotationen der Emotionalität, Heterogenität und Körperlichkeit als poetische Schreibweisen einzusetzen und das Prinzip des Weiblichen aufzuwerten.[31]

Einzelne topische Motive in der Darstellung der Krankheit, wie etwa das „Verstummen" der Hysterikerin, werden dabei mit einer allgemeinen weiblichen Symbolik und Semiotik in Verbindung gebracht: die Hysterikerin besetzt auf diese Weise den Ort weiblicher Abwesenheit im System der Sprache und Kultur.[32] Die Schriften der *écriture féminine* greifen tradierte Vorstellungen von Weiblichkeit auf, etwa die ‚uterine' Bestimmung der Frau, um sie als ästhetische Kategorie einzusetzen, und imaginieren dabei eine hysterische Schreibweise mit dem Körper (Hélène Cixous) oder ein *parler femme* (Luce Irigaray).[33] Die problematischen Aspekte eines solchen Ansatzes sind offensichtlich. In dem Rekurs auf die Hysterikerin als Orientierungspunkt für eine genuin weibliche *écriture* perpetuiert sich, trotz der erklärten Bemühung, die patriarchalisch-rationale Ordnung zu durchbrechen, nicht nur die inhaltliche Festschreibung von

---

29 Vgl. dazu Annette Schlichter: *Die Figur der verrückten Frau. Weiblicher Wahnsinn als Kategorie der feministischen Repräsentationskritik*. Tübingen: edition diskord 2000.

30 Zur Problematik dieses Prinzips der einfachen Umkehrung vgl. Ingeborg Weber (Hg.): *Weiblichkeit und weibliches Schreiben: Poststrukturalismus, weibliche Ästhetik, kulturelles Selbstverständnis*. Darmstadt: Wissenschaftliche Buchgesellschaft 1994.

31 Vgl. etwa Hélène Cixous: *Weiblichkeit in der Schrift*. Berlin: Merve 1980. Vgl. auch Hélène Cixous / Caroline Clément: *La Jeune Née*. Paris: Union générale d'éditions 1975.

32 Vgl. Showalter: *Hystories*, S. 56f.

33 „Mettre tout sens dessous dessus, derrière devant, en bas en haut. Le *convulsionner radicalement*, y reporter, ré-importer, ces crises que son ‚corps' pâtit dans son impotence à dire ce qui l'agite. Insister aussi et délibérément sur ces *blancs* du discours qui rappellent les lieux de son exclusion, espacements qui assurent de leur *plasticité silencieuse* la cohésion, l'articulation, l'expansion cohérente de formes établies, les réinscrire *en écarts*, autrement et ailleurs, en *ellipses* et *éclipses* qui déconstruisent les grilles logiques du lecteur-scripteur, font dérailler sa raison, troublent sa vue [...]. *Bouleverser la syntaxe*, par des ruptures de fils, des coupures de courants, des pannes de conjoncteurs ou disjoncteurs [...] par l'intervention parfois de court-circuits, qui disperseront, diffracteront, dériveront sans fin, parfois feront exploser l'énergie, sans retour possible à *une* origine." Luce Irigaray: *Speculum de l'autre femme*. Paris: Minuit 1974, S. 176f.

Weiblichkeit als Abweichung, sondern zugleich, durch die essentialistische Rückbindung an ein als natürlich angenommenes biologisches Geschlecht, die argumentative Bewegung des medikalisierenden Diskurses. Auch wenn die Hysterikerin – oder schlicht: die wahnsinnige Frau – als Figur der Repräsentationskritik angelegt ist, geht dies häufig mit einer Verharmlosung oder Verherrlichung von Krankheit einher. Neben einer generellen Tendenz zur Positivierung von Wahnsinn als einer der Literatur verwandten Kategorie[34] zeichnet sich eine Rückkehr zu den tradierten Bildern und Vorstellungen ab, mit denen die sozialen Kontexte von Frauen zugunsten der entpolitisierten mythischen Überhöhung einer als universell begriffenen Weiblichkeit erneut ausgeblendet werden.[35] Die Umkehrung der binären Ordnung bedeutet also kein Aufbrechen, sondern vielmehr ein Aufrechterhalten der daran geknüpften Normen und Wertigkeiten.

Sowohl innerhalb der für das ausgehende 19. Jahrhundert zu beobachtenden „Intersektionen"[36] zwischen Wissenschaft und Literatur als auch in der feministischen Semiotik der 70er-Jahre lässt sich also eine diskursive Aneignung der Hysterie beobachten, die auch jenseits medizinischer Bestimmungsversuche die Kategorien einer femininen Krankheit bzw. einer pathologischen Weiblichkeit perpetuiert. Die Reaktualisierung der Hysterikerin in den feministischen Ansätzen des Poststrukturalismus prägt den diskursiven Kontext der in dieser Zeit entstehenden Literatur und bietet eine Erklärung für die bemerkenswerte Präsenz der Thematik in Romanen von Schriftstellerinnen, die sich in teils affirmativer, teils kritischer Form damit auseinandersetzen.

Anhand der hier skizzierten Etappen innerhalb der wissenschaftlichen und kulturellen Auseinandersetzung mit der Hysterie wird deutlich, dass die Krankheit von Beginn an als Aushandlungsort unterschiedlicher Vorstellungen von der Differenz der Geschlechter innerhalb einer Matrix

---

34 Vgl. Lillian Feder: *Madness in Literature*. Princeton: Princeton University Press 1980; Shoshana Felman: *La folie et la chose littéraire*. Paris: Seuil 1978.

35 Vgl. dazu beispielhaft den von Phyllis Chesler verfassten Essay *Women and Madness* (1972), in dem die Pathologisierung von Frauen zwar als das Ergebnis gesellschaftlicher Unterdrückungsmechanismen ausgewiesen, aber letztlich doch mythisch überhöht wird: „Vielleicht sind die tobenden und weinenden Frauen in den Irrenanstalten Amazonen, die viele Jahrhunderte später zur Erde zurückgekehrt sind, jede für sich auf der Suche nach dem halbvergessenen Mutterland – eine Suche, die wir Wahnsinn nennen. Oder vielleicht sind sie gescheiterte Mutter-Göttinnen, Demeter allesamt, ewig und bedauernswert außerstande, ihre Töchter oder ihre Macht wiederzufinden..." Phyllis Chesler: *Frauen – das verrückte Geschlecht?* Wien: Neue Presse 1974, S. 3.

36 Tanja Nusser / Elisabeth Strowick: „Intersektionen. Überlegungen zum Verhältnis von Krankheit und Geschlecht". In: dsb. (Hgg.): *Krankheit und Geschlecht. Diskursive Affären zwischen Literatur und Medizin*. Würzburg: Königshausen & Neumann 2002, S. 7-20, S. 15f.

von Norm und Abweichung fungiert. Die dabei auffällige Persistenz der Verknüpfung von Devianz und Weiblichkeit bildet für die literarischen Modellierungen der Hysterie, die in der zweiten Hälfte des 20. Jahrhunderts von Schriftstellerinnen unternommen wird, die Hintergrundfolie. Wenn in den Romanen von Sylvia Plath, Marguerite Duras oder Ingeborg Bachmann also eine Wiederholung der Figur der Hysterikerin vollzogen wird, so geschieht dies offenbar mit der erklärten Absicht, die traditionell daran gebundene Naturalisierung und Ästhetisierung zu verabschieden und stattdessen neue semantische Verknüpfungen zu erschreiben. Die dabei entstehenden Transformationen und Umbesetzungen bilden den strategischen Horizont der literarischen Texte. Entscheidend ist also, dass es sich um eine Form der Wiederholung handelt, die dem betreffenden Gegenstand eine signifikante Differenz einschreibt.

Für die eingangs konstatierten Befunde – die „unzeitgemäße“ und die auffällig un-oppositionelle Wiederaufnahme eines stereotypen Darstellungsmusters von Weiblichkeit – lässt sich also an dieser Stelle eine vorläufige Erklärung geben. Zum Ersten bedeutet die nachlassende Aufmerksamkeit der Medizin für die Hysterie natürlich kein Verschwinden der Krankheit sondern eine Ablösung durch andere, differenziertere Diagnosen.[37] Die einstige Mode-Erkrankung geht dabei in den Bildfundus der Kunst und der Kulturwissenschaften ein, wo sie eine Renaissance erlebt und als Metapher für geschlechterspezifische Machtverhältnisse und ästhetische Devianz fungiert. Gerade diese semantischen Verlagerungen, Verschiebungen und Neubesetzungen bilden für Schriftstellerinnen in der zweiten Hälfte des 20. Jahrhunderts einen produktiven Ausgangspunkt der Auseinandersetzung und bergen die Notwendigkeit, auf das latente Fortbestehen der Hysterie als tradiertes Diskursmuster innerhalb des kulturellen Imaginären zu verweisen. Auf diese Weise offenbart sich das Potential literarischer Texte, ein alternatives Wissen (in diesem Fall: über Krankheit und Weiblichkeit) bereitzustellen und darüber hinaus normbildende Prozesse der Herstellung und Strukturierung von Wissensdiskursen zu beleuchten.

Zum Zweiten ist es offenbar gerade die im Modus der Anknüpfung (und nicht der Opposition) stehende Aktualisierung, die es den Texten ermöglicht, Verfahren der Aneignung, aber auch der Abgrenzung in Gang

[37] Es sind unterschiedliche Krankheiten, die das Erbe der Hysterie antreten. Die Zeitschrift *Psychotherapie im Dialog* nennt in ihrer Ausgabe zu „Somatoformen Störungen“ die „Psychogene Störung“, „funktionelle Störung“, „vegetative Dystonie“, das „allgemeine psychosomatische Syndrom“, die „psychische Überlagerung“, die „Neurasthenie“ sowie „Multiple“ bzw. „Medical Unexplained Physical Symptoms“ als heutige Entsprechungen. Vgl. Joram Ronel / Michael Noll-Hussong / Claas Lahmann: „Von der Hysterie zur F45.0. Geschichte. Konzepte, Epidemologie und Diagnostik“. In: *Psychotherapie im Dialog* 9.3 (2008), S. 207-217.

zu setzen. Denn die Wiederholung, das hat bereits die eingangs zitierte Textpassage Jelineks zu erkennen gegeben, erfolgt nicht als schlichte Wiederkehr oder Verdoppelung bisheriger Darstellungen, sondern schreibt dem Zitierten eine entscheidende Differenz ein. Diese affirmative Form der Bezugnahme scheint einem möglicherweise erwartbaren ‚Gegenschreiben' etwas hinzuzufügen, geht über die bloße Umkehrung der Elemente hinaus und eröffnet zudem neue semantische Räume. Es gelingt der Literatur, etwas zum Ausdruck zu bringen, das in wissenschaftlichen oder politischen Debatten nicht verhandelt wird oder das angesichts der zeitgleich formulierten politischen Forderungen von Emanzipation und Gleichberechtigung doch zumindest in den Hintergrund treten muss. Insbesondere wird durch die Hervorhebung der komplexen gesellschaftlichen Prozesse von Widerstand und Partizipation die einseitige Verherrlichung der Hysterie als Element feministischer Kritik demontiert und stattdessen eine Öffnung der Texte vorgenommen. Gerade die zitathafte Bezugnahme, die Wiederholung also, wird in den literarischen Texten gezielt als eine Infragestellung herrschender Darstellungskonventionen eingesetzt sowie als Ausgangspunkt für die Erschreibung neuer semantischer Verknüpfungen.

3. Differenz und Wiederholung. Zur Methodik

Im Gewand des Zitates, der Nachahmung oder der Imitation auftretend, gehört die Wiederholung zu den ältesten und grundlegendsten Prinzipien der Konstruktion von Literatur. Bereits für den auf Aristoteles zurückgehenden Begriff der ‚Mimesis' ist der Aspekt der Wiederholung konstitutiv, insofern das Kunstwerk nach antiken Maßstäben eine Nachahmung der außerliterarischen Wirklichkeit zu sein hat.[38] Insbesondere seit der Renaissance aber ahmen Texte nicht mehr allein eine als ideal begriffene Natur, sondern vor allem auch andere Texte nach. Die Intertextualitätsforschung hat sich mit den Austausch- und Einflussverhältnissen zwischen literarischen Texten befasst und diese je unterschiedlich konzipiert.[39] Das daran sich anschließende Panorama an Begriffen und

---

[38] „Die Epik und die tragische Dichtung, ferner die Komödie und die Dithyrambendichtung sowie – größtenteils – das Flöten- und Zitherspiel: sie alle sind, als Ganzes betrachtet, Nachahmungen." Aristoteles: *Poetik*. Griechisch / deutsch. Übers. u. hg. v. Manfred Fuhrmann. Stuttgart: Reclam 1982, S. 5.

[39] Zumeist werden die Positionen von Julia Kristeva und Gérard Genette durch ihren unterschiedlich weiten Textbegriff und eine daraus resultierende unterschiedliche Operationalisierbarkeit der Begrifflichkeiten voneinander abgegrenzt. Vgl. Ulrich Broich / Manfred Pfister: *Intertextualität. Formen, Funktionen, anglistische Fallstudien*. Tübingen: Niemeyer 1985. Auch Harold Blooms Konzept der Einflussangst (*anxiety of influence*) ist für den vorliegenden Kontext wichtig, insofern es von den hier untersuchten Autorinnen ins Gegenteil verkehrt und in eine deut-

theoretischen Modellen ist weitreichend und die strategische Wendung der Wiederholung dabei kein ganz neuer Gedanke.[40] Sowohl in der feministischen als auch in der postkolonialen Literaturtheorie wird mit dem Konzept der ‚Mimikry' die Wiederholung als eine Form der Aneignung entworfen, mit der hegemoniale Sinnsysteme ins Wanken gebracht werden. Als eine der ersten Denkerinnen hat Luce Irigaray das aus der Biologie entlehnte Prinzip für die feministische Theorie fruchtbar gemacht und als spezifische Seinsweise des Weiblichen begriffen. Indem die Frau den Ort ihres diskursiven Ausschlusses aus eigenen Stücken einnimmt, kann sie das bis dahin verborgen Gebliebene zum Vorschein bringen.[41] Homi K. Bhabha indes verwendet den Begriff als dezidiert widerständische Kategorie und beschreibt damit einen Prozess, bei dem durch die Anverwandlung der Kolonisierten an die Kolonisatoren der westlichen Kultur eine Veränderung eingeschrieben wird. Bhabha bezeichnet diesen Vorgang einer gezielten Verunsicherung und Unterminierung des einstigen Überlegenheitsanspruchs auch als Hybridisierung und sieht darin die Möglichkeit zur Eröffnung eines sogenannten Dritten Raumes (*third space*).[42]

Eine ebenso fundamentale wie anschlussfähige Auseinandersetzung mit dem Wiederholungsbegriff liefert der Philosoph Gilles Deleuze in seinem Werk *Différence et répétition*, in dem er eine umfassende Analyse des philosophischen Differenzdenkens unternimmt und dabei die *répétition* als komplementäre Kategorie zur *différence* entwirft. Deleuze unterscheidet zwischen zwei verschiedenen Wiederholungsbegriffen. Der Begriff der „répétition nue" verweist auf die Wiederholung als Ähnlichkeit und Äquivalenz und damit auf ein Repräsentationskonzept des Identi-

---

liche Bejahung des Einflusses transformiert wird. Vgl. Harold Bloom: *The Anxiety of Influence. A Theory of Poetry*. New York: Oxford University Press 1973.

[40] Vgl. etwa auch Laurent Jenny, der die Intertextualität als „machine de guerre" bezeichnet: Laurent Jenny: „La stratégie de la forme". In: *Poétique. Revue de théorie et d'analyses littéraires* 27 (1976), S. 257-281, hier: S. 269.

[41] „Il n'est, dans un premier temps, peut-être qu'un seul ‚chemin', celui qui est historiquement assigné au féminin: *le mimétisme*. Il s'agit d'assumer, délibérément, ce rôle. Ce qui est déjà retourner en affirmation une subordination, et de ce fait, commencer à la déjouer." Luce Irigaray: *Ce sexe qui n'en est pas un*. Paris: Minuit 1977, S. 73.

[42] „Die Sprache der Kritik ist nicht deshalb effektiv, weil sie die Standpunkte des Herrn und des Knechts, des Merkantilisten und des Marxisten für alle Zeiten voneinander getrennt hält, sondern sie ist es gerade in dem Maß, in dem sie die gegebenen einander gegenüberstehenden Territorien überschreitet und einen Raum der Übersetzung eröffnet: figurativ gesprochen, einen Ort der Hybridität, an dem die Konstruktion eines politischen Objekts, das neu, weder das eine noch das andere ist, unsere politischen Erwartungen dementsprechend entfremdet und notgedrungen unsere bisherigen Formen der Erkenntnis des politischen Moments verändert." Homi K. Bhabha: *Die Verortung der Kultur*. Tübingen: Stauffenberg 2000, S. 38.

schen; die eigentlich interessantere „répétition vêtue" hingegen bestimmt die Wiederholung als Differenz und Variation und damit die von Platon gefürchtete Kehrseite der Repräsentation, das Imaginäre.[43] Die entscheidende Idee dabei ist, dass das Prinzip der Wiederholung nicht ausschließlich im Modus der Identität zu verorten ist, sondern dass dem Bestehenden fast immer ein neues Element hinzugefügt wird. Dies gilt insbesondere für den Bereich der Kunst, denn der Künstler „introduit dans le processus dynamique de la construction un déséquilibre, une instabilité, une dissymétrie, une sorte de béance qui ne seront conjurés que dans l'effet total."[44] Aus der bei Deleuze zunächst sehr abstrakt stehenden Idee einer Revalorisierung der Wiederholung, der beinahe der Status eines Postulats zukommt – „Faire de la répétition même quelque chose de nouveau"[45] –, lässt sich somit ein sehr konkretes strategisches Vorgehen ableiten, dass gerade für die Literatur von Bedeutung ist. Dabei würde es darum gehen, die Wiederholung als destabilisierendes Moment einzusetzen und als einen Prozess zu entwerfen, bei dem sich Verschiebungen und semantische Neuordnungen ergeben.[46]

Einschlägig für die Betrachtung der in den hier untersuchten Romanen eingesetzten Verfahren der Wiederholung sind schließlich Theorieansätze aus dem Bereich der diskursanalytisch geprägten *Gender Studies.*

---

43 „La première répétition est répétition du Même, qui s'explique par l'identité du concept ou de la représentation; la seconde est celle qui comprend la différence, et se comprend elle-même dans l'altérité de l'Idée, dans l'hétérogénéité d'une ‚apprésentation'. L'une est négative, par défaut du concept, l'autre affirmatif, par l'excès de l'Idée. L'une est hypothétique, l'autre catégorique. L'une est statique, l'autre dynamique. [...] L'une est répétition ‚nue', l'autre une répétition vêtue, qui se forme elle-même en se vêtant, en se masquant, en se déguisant." Gilles Deleuze: *Différence et répétition* [1968]. Paris: PUF 2011, S. 36f. Zur Verwandtschaft des Deleuzeschen Wiederholungsbegriffs mit dem Imaginären vgl. Rainer Warning: „Fiktion und Transgression". In: Ursula Peters / dsb. (Hgg.): *Fiktion und Fiktionalität in den Literaturen des Mittelalters*. München: Fink 2009, S. 31-55, vgl. insbes. S. 45-47.

44 Deleuze: *Différence et répétition*, S. 31.

45 Ebd., S. 13.

46 Die Bedeutung schließlich, die dem Prinzip der Wiederholung innerhalb der Psychoanalyse zukommt, insbesondere seit Freud, kann an dieser Stelle nur angedeutet werden. In ihrem *Vokabular der Psychoanalyse* konstatieren die Autoren Laplanche und Pontalis, „daß sich die Psychoanalyse von Anfang an mit den Wiederholungsphänomenen konfrontiert sah", wobei sich das „Symptom in der Psychoanalyse genau dadurch definiert, daß es mehr oder weniger verhüllte Elemente eines vergangenen Konflikts reproduziert". Jean Laplanche / Jean-Bertrand Pontalis: „Wiederholungszwang". In: dsb.: *Das Vokabular der Psychoanalyse*. Frankfurt a.M.: Suhrkamp 1972, S. 627-631, hier: S. 628. Es lässt sich aber bereits festhalten, dass sich zwischen dem Prinzip einer traumatischen Wiederholung als Symptom, in dem Verdrängtes ausagiert wird, und den im Kontext dieser Arbeit beschriebenen Zeichen- und Signifikationsprozessen immer wieder Berührungspunkte ergeben.

Insbesondere Judith Butler bestimmt in ihren theoretischen Arbeiten die Wiederholung zu einem strategischen Verfahren, bei dem weniger die Nachahmung des imitierten Gegenstandes im Vordergrund steht als vielmehr die jeweils hervorgebrachte Differenz. Butler geht dabei von der Überlegung aus, dass die Geschlechtsidentität keine vorgängige, natürliche Wesenheit darstellt, sondern dass die Illusion einer festen Identität durch wiederholte Akte, Praktiken und Diskurse allererst hervorgebracht wird. Auf diese Weise substituiert die Philosophin die Vorstellung einer Expressivität der Geschlechtsidentität durch das Konzept der Performativität, bei dem die gängigen Vorstellungen von Weiblichkeit und Männlichkeit als bloße Effekte, als Fabrikationen ausgewiesen werden.[47] Gerade weil sie nicht vorgängig gegeben sind, bedürfen diese Identitäten der wiederholten Inszenierung, um fortzubestehen.

Für die Literatur von Schriftstellerinnen hat dies sehr konkrete Auswirkungen. In der feministischen Literaturwissenschaft ist immer wieder konstatiert worden, dass Autorinnen sich mit der Schwierigkeit auseinandersetzen müssen, für das eigene Schreiben keine konstitutiven Vorbilder zur Verfügung zu haben und stattdessen auf ein literarisches Bezugsfeld zurückgeworfen zu sein, in dem die Subjektposition männlich besetzt und der Gegenstand der Darstellung von zahlreichen Vorstellungen über das „Kunstweibliche" überlagert ist.[48] Sie sind daher gezwungen, mit ihrem eigenen Schreiben an Darstellungsformen zu partizipieren, in denen die Frau immer schon als das Andere, Abweichende erscheint.[49]

---

47 „In other words, acts, gestures, and desire produce the effect of an internal core or substance, but produce this *on the surface* of the body [...]. Such acts, gestures, enactments, generally construed, are *performative* in the sense that the essence or identity that they otherwise purport to express are *fabrications* manufactured and sustained through corporeal signs and other discursive means." Judith Butler: *Gender Trouble. Feminism and the Subversion of Identity*. New York / London: Routledge 1990, S. 185.

48 Als eine der ersten Kulturwissenschaftlerinnen reflektiert Silvia Bovenschen „die irritierende Diskrepanz zwischen der Inflation trivialer und künstlicher Weiblichkeitsbilder und dem konstitutiven Anteil der Frauen an der ästhetischen Produktion und Theoriebildung". Silvia Bovenschen: *Die imaginierte Weiblichkeit. Exemplarische Untersuchungen zu kulturgeschichtlichen und literarischen Präsentationsformen des Weiblichen*. Frankfurt a.M.: Suhrkamp 1979, S. 15. Elisabeth Bronfen führt aus, dass die Konstellation des männlichen Schöpfers und des weiblichen Kunstobjekts kulturhistorisch in dem Bild der schönen Leiche kulminiert, vgl. Elisabeth Bronfen: *Nur über ihre Leiche. Tod, Weiblichkeit und Ästhetik*. München: Kunstmann 1994.

49 „Vollzog sich historisch die Subjektkonstitution über die Ausgrenzung des ‚Anderen', u.a. der Weiblichkeit, so kann sich die Frau nicht in den vom männlichen Subjekt entwickelten Äußerungsformen bewegen, ohne selbst an dieser Ausgrenzung des Weiblichen teilzuhaben." Sigrid Weigel: *Die Stimme der Medusa. Schreibweisen in der Gegenwartsliteratur von Frauen*. Reinbek bei Hamburg: Rowohlt 1989, S. 95.

Eine entscheidende Umwertung dieser Aporie weiblicher Autorschaft nimmt Butler vor, wenn sie betont, dass das Subjekt gleichwohl nicht determiniert ist, sondern handlungsfähig bleibt: „The possibilities of gender transformation are to be found precisely in the arbitrary relation between such acts, in the possibility of a failure to repeat, a de-formity, or a parodic repetition that exposes the phantasmatic effect of abiding identity as a politically tenuous construction.“[50] So verstanden stellt der Vorgang der Wiederholung nicht nur eine Funktionsweise der Bemächtigung dar, sondern ihm wohnt zugleich ein Moment der Destabilisierung inne, da jede Wiederholung den imitierten Gegenstand nachträglich verändert, in seiner Geltungsposition angreift und seine vermeintliche Originalität in Frage stellt.[51] Dass gerade die Literatur über Möglichkeiten verfügt, dieses Prinzip der Iteration in ein ästhetisches Verfahren zu überführen und dabei rhetorische und narrative Formen der Wiederholung hervorzubringen, die einen subversiven, differentiellen Effekt haben, wird bereits anhand der von Butler gewählten Terminologie offenbar. Sie definiert „Performativity as Citationality“[52] und spricht von einer „parodic repetition of gender“, durch welche das vermeintlich Natürliche als Konstruktion entlarvt wird: „Hence, there is a subversive laughter in the pastiche-effect of parodic practices in which the original, the authentic, and the real are themselves constituted as effects.“[53] Den Aspekten der Wiederholung und Imitation, die in der Literatur in Form von Zitat, Anspielung oder Nachahmung auftreten, fällt in dieser Perspektive das Potential zu, Diskurse über Normalität und Prozesse der Normalisierung zu durchkreuzen. Anders als in früheren feministischen Ansätzen, bei denen Subversion vor allem als ein Vorgang der Infragestellung einer vorherrschenden symbolischen Ordnung begriffen wird,[54] geht der von Butler geprägte Ansatz der Performativität also einen entscheidenden Schritt weiter. Die Dekonstruktion der bestehenden Repräsentationsmuster wird von einem Resignifikationsprozess begleitet, der neue Formen der Bedeutungsherstellung jenseits der tradierten Normen ermöglicht. Die im literarischen Text eingesetzte Wiederholung wäre demnach nicht allein eine kritische Reaktion auf die bestehenden hegemonialen Diskurse, sondern ein produktives Verfahren der Bedeutungsverschiebung und -erweiterung.

---

50 Butler: *Gender Trouble*, S. 192.

51 Vgl. dazu Judith Butler: *Bodies That Matter. On the Discursive Limits of „Sex“*. New York / London: Routledge 1993, S. 1-23.

52 Ebd., S. 12.

53 Butler: *Gender Trouble*, S. 200.

54 So etwa Julia Kristeva, die in ihrem Werk *Revolution du langage poétique* das Semiotische als eine Kategorie entwirft, die in einem vorsprachlichen, präödipalen Bereich verortet ist und die gerade aufgrund ihrer Marginalität und Unbestimmbarkeit die dominante symbolische Ordnung destabilisiert. Vgl. Julia Kristeva: *Révolution du langage poétique*. Paris: Seuil 1964.

Wiederholung auch auf Tod + das Mädchen anwenden

4. Kontextualisierung, Spatialisierung, Intertextualisierung. Strategien der Wiederholung

Mithilfe der Ansätze aus den Bereichen der Gender Studies sowie der philosophischen Repräsentationskritik kristallisiert sich die Wiederholung als ein theoretisch fundiertes und in der literarischen Praxis gezielt eingesetztes Mittel ästhetischer Subvertierung heraus. In der zunächst anachronistisch anmutenden Auseinandersetzung von Schriftstellerinnen des 20. Jahrhunderts mit der wissenschaftlichen und kulturellen Formation der Hysterie lässt sich somit eine konkrete Funktion erkennen. Die skizzierten Entwicklungsstufen einer Modellierung, Ästhetisierung und Instrumentalisierung der Krankheit bilden für die in der vorliegenden Arbeit zu untersuchenden literarischen Werke den Hintergrund, vor dem die Texte mit dem Mittel der Wiederholung ihre eigene Semantik entfalten. Dabei scheint es sich so zu verhalten, als würden die beschriebenen Prinzipien der Naturalisierung, der Originalität und der Verkehrung zum unmittelbaren Ansatzpunkt der literarischen Auseinandersetzung, insofern die dargebotenen Reinszenierungen weiblicher Devianz wiederkehrende strategische Verfahren erkennen lassen.

Die in dieser Arbeit unternommene Fokussierung auf konkrete Textstrategien setzt voraus, dass die literarischen Werke eine kritische und analytische Darstellung der Parameter Krankheit und Geschlecht unternehmen. Das untersuchte Korpus setzt sich deshalb ausschließlich aus Romanen zusammen, in denen die pathologisierte Weiblichkeit eine semantische Öffnung erfährt und gerade nicht, wie es seit den 60er-Jahren recht häufig ist, einen Rückzug in die Innerlichkeit.[55] Anstelle eines radikalen Subjektivismus, der häufig mit einer Idealisierung der Hysterie sowie einer Universalisierung von Weiblichkeit einhergeht, ist hier also die dezidierte Politisierung der betreffenden Parameter von Interesse. Neben den bereits genannten Autorinnen – Sylvia Plath, Ingeborg Bachmann, Marguerite Duras und Elfriede Jelinek – werden in den nachfolgenden Analysen Gisela Elsner, Toni Morrison und Christine Angot behandelt. Dabei lässt sich eine zunehmende Verschiebung der Thematik in den Subtext der jeweiligen Romane erkennen, wobei auch der Abstraktionsgrad und der metapoetische Impetus der Texte zunehmen. Während die generelle Thematik der kranken Frau in der Literatur bereits vermehrt Gegenstand von literaturwissenschaftlichen Untersuchungen geworden ist,[56] be-

[55] Beispiele für eine solche Fokussierung auf die Gefühle und Gedanken der kranken Frau, häufig verbunden mit einem stark autobiographischen Schwerpunkt, finden sich etwa bei den Autorinnen Calixthe Beyala, Marie Darrieussecq, Joanna Dawson, Anne Duden, Annie Ernaux, Janet Frame, Hannah Greenberg, Marlen Haushofer und Verena Stefan.

[56] Unter unterschiedlichen Blickwinkeln haben sich in den letzten Jahren folgende Untersuchungen mit diesem Phänomen auseinandergesetzt: Marta Caminero-

steht das Novum der vorliegenden Studie also darin, in dem Verfahren der Wiederholung, Aneignung und Transformation ein ebenso strategisches wie politisches Moment zu sehen.

Den konkreten Textanalysen ist dabei ein wissenschaftshistorisches Kapitel vorangestellt, in dem der Frage nachgegangen wird, welche Rolle die Kategorie Geschlecht bei der Herausbildung eines medizinischen Wissens spielt, bzw. – unter einem dezidiert gendertheoretischen Fokus – auf welche Weise die Pathologisierung des Weiblichen sowohl im wissenschaftlichen als auch im literarischen Diskurs festgeschrieben wird. Vor dem Hintergrund wissenspoetologischer Fragestellungen wird dargelegt, welchen Anteil kulturelle Repräsentationsformen bei der Gestaltung eines Wissensgegenstandes haben und umgekehrt, wie die epistemologischen Voraussetzungen des wissenschaftlichen Diskurses in die literarische Darstellungsform eingehen und darin gegebenenfalls modifiziert werden (Kap. II).

Der erste untersuchte Text ist der häufig autobiographisch interpretierte Roman *The Bell Jar* von Sylvia Plath. Der Text trägt Züge des in den 60er-Jahren populären „Anstaltsromans", insofern darin die psychische Erkrankung der Protagonistin vor allem anhand ihrer Begegnungen mit verschiedenen Ärzten und Behandlungspraktiken, darunter die in jener Zeit gängige Elektroschocktherapie, dargestellt wird. Trotz einer deutlichen Verknüpfung des Textes mit dem Leben der Autorin ist dabei insbesondere das Eindringen des sozialgeschichtlichen Kontextes und der zu dieser Zeit dominanten Diskurse auffällig. Es hat den Anschein, dass die Bedeutung der konkreten historischen Verankerung des Textes in der McCarthy-Ära über die affichierte Intention einer Metaphorisierung der Krankheit (Kälte, gläserner Mensch) hinausgeht und dass die Protagonistin in diesem Zusammenhang einen latenten Prozess der Aneignung von Opferpositionen ausagiert. Die Wiedererlangung der eigenen Subjekthoheit erfolgt dabei über ein unterschwelliges *Othering* anderer Personen

---

Santangelo: *The Madwoman Can't Speak. Or Why Insanity Is Not Subversive.* Ithaca / London: Cornell University Press 1998; Barbara Hill Rigney: *Madness and Sexual Politics in the Feminist Novel. Studies in Brontë, Woolf, Lessing, and Atwood.* Wisconsin / London: University of Wisconsin Press 1978; Monika Kaup: *Mad Intertextuality: Madness in Twentieth-Century Women's Writing.* Trier: Wissenschaftlicher Verlag 1993; Ankhi Mukherjee: *Aesthetic Hysteria. The Great Neurosis in Victorian Melodrama and Contemporary Fiction.* New York: Routledge 2007; Valérie Orlando: *Of Suffocated Hearts and Tortured Souls. Seeking Subjecthood Through Madness in Francophone Women's Writing of African and the Caribbean.* Oxford u.a.: Lexington Books 2003; Veronika Schuchter: *Wahnsinn und Weiblichkeit. Motive in der Literatur von William Shakespeare bis Helmut Krausser.* Marburg: Tectum 2009; Christina Wald: *Hysteria, Trauma and Melancholia. Performative Maladies in Contemporary Anglophone Drama.* Houndsmill / NY: Palgrave 2007; Marilyn Yalom: *Maternity, Mortality and the Literature of Madness.* Pennsylvania: Pennsylvania State University Press 1985.

(Kap. III). Auch in Ingeborg Bachmanns Romanfragment *Der Fall Franza* lässt sich eine Rückbindung der kranken Frauenfigur an den Kontext der 60er-Jahre beobachten, wobei in diesem Fall die von der Protagonistin praktizierte Vereinnahmung fremder Schicksale durch die narrative Konstruktion des Textes einer kritischen Betrachtung unterzogen wird. Franza sieht Parallelen zwischen ihrer eigenen Position als Kranke und der Opferrolle von Kolonisierten sowie von jüdischen Häftlingen im Zweiten Weltkrieg. Indem der Text diese Selbstviktimisierung jedoch thematisiert und in ihrer Undifferenziertheit ausstellt, wird eine deutliche Distanz zu einem solchen Akt der Aneignung markiert (Kap. IV). In beiden Romanen lässt sich eine Einbettung der kranken Frau in größere gesellschaftliche Machtstrukturen beobachten. Dabei scheint die Bezugnahme auf den aktuellen Zeitkontext von der jeweiligen Protagonistin als Ventil für die eigene Krankheitsauffassung genutzt zu werden. Auf der einen Seite wird die Hysterie als Krankheitsbild entnaturalisiert, auf der anderen findet eine kritische Auseinandersetzung mit den in den 60er- und 70er-Jahren gängigen Versuchen der Universalisierung einer Opferrolle durch feministische Positionen statt.

In Marguerite Duras' Romanen *Le Ravissement de Lol V. Stein* und *Le Vice-Consul* scheinen Raum und Räumlichkeit eine hervorgehobene Rolle einzunehmen, und dies bereits deshalb, weil die Werke im kolonialen Indochina angesiedelt sind und dieses Setting als ein Raum des Imaginären modelliert wird. Neben dem Umstand, dass der exotische Raum von den Figuren buchstäblich durchschritten wird – in Form erinnerungsbasierter Spaziergänge im einen Fall, in Form einer existentiellen Flucht im anderen –, scheinen die Raumsemantiken dabei immer auch Prinzipien des Begehrens und der Subjektkonstitution zu implizieren. Die auf der Handlungsebene sichtbare „Umwegigkeit" ist dabei offenbar auch als narratives Verfahren von Bedeutung, insofern ein konkretes Genre, die medizinische Fallgeschichte, aufgegriffen und konterkariert wird (Kap. V). Auch in Toni Morrisons Roman *Paradise* bilden Räume und Raumsemantiken den Knotenpunkt, und dies in zweifacher Hinsicht: zum einen werden in dem Text konkrete territoriale Grenzen (zwischen Nationen, Rassen, Geschlechtern, aber auch zwischen Stadt und Land) verhandelt, zum anderen werden imaginäre Räume entworfen, bei denen sich im Verlauf der erzählten Geschichte verschiedene Figurenperspektiven und damit verschiedene Bedeutungsschichten überlagern. Diese Überlagerung bildet eines der strategischen Merkmale des Romans, insofern sich das Prinzip der hierarchischen oder zentralisierten Anordnung auflöst und stattdessen die Möglichkeit eines heterotopischen Raums aufscheint (Kap. VI). Bei beiden Autorinnen scheinen also die aufgeführten Raumsemantiken dazu angelegt zu sein, binäre Oppositionen und territoriale Grenzziehungen zwischen Zentrum und Peripherie, Innen und Außen in Frage zu stellen und mithilfe narrativer Verfahren aufzubrechen.

Eine besondere Form der Wiederholung im Sinne einer Kommunikation zwischen Texten lässt sich im Falle des Romans *Abseits* von Gisela Elsner beobachten, der als eine in die Zeit der ausgehenden 70er-Jahre transponierte Neuschreibung der Geschichte Madame Bovarys verstanden werden kann. Nicht nur die Flaubertschen Handlungselemente (Weltflucht, Ehebruch, Hysterie) werden dabei aufgegriffen, auch die Schreibweise der *impassibilité* wird wiederholt und scheint nun der Verdeutlichung eines satirisch gewendeten Realismus zu dienen, bei dem es keine eindeutige Opferposition gibt, sondern lediglich einen festgelegten Plot mit einem für die Frau festgelegten Rollenmodell als verzweifelte Gefangene der bestehenden Verhältnisse. In Elsners längerer Erzählung *Die Zerreißprobe* lässt sich eine Form der Gefangenschaft in einer paranoiden Zeichenwelt verfolgen bis hin zum wahnhaften Selbstverlust. Dabei steht bezeichnenderweise gerade das weibliche Schreiben eines weiblichen Erzähler-Ich im Zeichen einer beständigen Gefährdung und Pathologisierung von außen (Kap. VII). In Christine Angots *L'Inceste* stellt die Verknüpfung von Pathologie, Weiblichkeit und Schriftstellerei das Zentrum dar und gewinnt durch den autofiktionalen Charakter des Textes an zusätzlicher Schärfe. Durch die parasitäre Bezugnahme auf einen konkreten Vorläufertext des Schriftstellers Hervé Guibert wird jedoch die Thematisierung abweichender Geschlechterrollen und sexueller Praktiken als Zitat kenntlich gemacht, das eigene Schreiben als grundsätzlich vermittelt ausgewiesen und die titelgebende Inzestthematik zugleich zu einem narrativen Verfahren stilisiert. Darüber hinaus findet eine stilistische und strukturelle Auseinandersetzung mit medizinischen und psychoanalytischen Beschreibungskategorien der Krankheit statt, die in die eigene Schreibweise integriert werden (Kap. VIII). In beiden Fällen wird die exzessive und explizite Intertextualität dazu verwendet, so hat es den Anschein, die Übermacht narrativer Einflüsse bzw. vorgängiger Repräsentationen herauszustellen und durch die Wiederholung dieser Schreibweisen auf deren Korrosion hinzuarbeiten.

Ein Sonderstatus kommt dem eingangs zitierten Roman *Die Klavierspielerin* von Elfriede Jelinek zu, der sich gewissermaßen auf einer Metaebene zu den in dieser Arbeit verhandelten Themen verhält. In dem Text der österreichischen Autorin wird die Problematik von weiblicher Autorschaft im Spannungsfeld von Originalität und Imitation in Form einer Übertragung auf den Bereich der musikalischen Komposition zur Sprache gebracht. Dabei zeigt der Roman auf, dass die Vorstellungen von Kreativität und Schöpfertum an tradierte Geschlechterkategorien und Machtdiskurse geknüpft sind. Auf diese Weise verdichtet sich die bereits im Zuge der vorangegangenen Analysen deutlich gewordene Problematik einer Pathologisierung weiblichen Schreibens, die hier sowohl inhaltlich als auch formalästhetisch ausagiert wird (Kap. IX). Nicht erst mit Jelineks Text, besonders aber im Fall der Figur Erika Kohut wird schließlich offenbar, dass das untersuchte Korpus an Texten von Schriftsteller*innen* keinen Biologismus impliziert, sondern im Gegenteil ein literarisches Material erschließt, das eine subversive und zugleich produktive Neuperspektivierung der zitierten Stereotype ermöglicht.

Aus den Romananalysen scheinen sich schließlich drei divergente und zugleich komplementäre strategische Verfahren zu ergeben, die für die untersuchten Prosatexte charakteristisch sind und die zugleich als paradigmatisch für einen in dieser Zeit von Schriftstellerinnen praktizierten Umgang mit dem tradierten Bild der kranken Frau gelten können. (1.) Als direkte Kritik an der in der wissenschaftlichen Auseinandersetzung mit der Hysterie beobachtbaren Naturalisierung der Krankheit lässt sich der Umstand verstehen, dass das Aufgreifen der Figur der kranken Frau in den untersuchten Texten mit einer deutlichen *Kontextualisierung* einhergeht, dass also die pathologischen Heldinnen je in einem sehr spezifischen historischen Zusammenhang situiert werden. Dabei lässt sich eine Präsenz von politischen Themen und Diskursen beobachten, die mit der Krankheit zunächst einmal gar nichts zu tun haben, aber mit ihr auf offene Weise oder im Subtext in Verbindung gebracht werden. Anstelle einer essentialistischen oder biologistischen Verknüpfung von Weiblichkeit und Krankheit wird daher, so lässt sich bereits an dieser Stelle vermuten, die historische Gewordenheit und damit die Veränderbarkeit des Stereotyps der kranken Frau in den Vordergrund gerückt. (2.) Eine weitere Strategie besteht offenbar darin, die innerhalb hegemonialer Raumstrukturen aufzufindenden Grenzziehungen zwischen Innen versus Außen, Zentrum versus Peripherie sowie die daran geknüpften Konnotationen gezielt aufzubrechen, ein Verfahren, das sich daher als *Spatialisierung* bezeichnen lässt. Dabei ist auffällig, dass das in den Texten angewandte Schreibprinzip nicht das der Umkehrung hierarchischer Raumsemantiken ist, sondern dass die herrschenden Binaritäten durch Verfahren der Überlagerung, Verschiebung oder Umwegigkeit gezielt unterwandert werden. (3.) Die Strategie der Wiederholung schlägt sich schließlich in einem exzessiven Prinzip der *Intertextualisierung* nieder, insofern die Schriftstellerinnen durch einen deutlichen, teilweise überspitzten oder satirischen Rückgriff auf einschlägige dominante (literarische und wissenschaftliche) Vorläufertexte eine Einflussnahme explizit affirmieren und auf diese Weise den Originalitätsdiskursen der Moderne eine Absage erteilen. Nicht nur Themen und Handlungselemente werden dabei aktualisiert, sondern auch Darstellungsmuster und Schreibweisen.

Bereits an dieser Stelle werden also strategische Verfahren der Wiederholung erkennbar, die auf unterschiedlichen Ebenen angesiedelt sind und die sich zugleich stellenweise überlagern und ergänzen. In ihnen scheint eine dezidierte und produktive Absage an frühere Modellierungen der Hysterie zum Ausdruck zu kommen: die Kontextualisierung der Figur der kranken Frau ist offenbar dazu angelegt, die Naturalisierung von

Krankheit und Weiblichkeit in Frage zu stellen, die insbesondere seit der Aufklärung das wissenschaftliche Bild der Frau dominiert; in der Spatialisierung der Handlungselemente wird die Binarität normativer Grenzziehungen unterwandert, die noch in den feministischen Theorien des französischen Poststrukturalismus sichtbar ist; die Intertextualisierung schließlich konterkariert den Originalitätsanspruch einer Literatur der Moderne, die Hysterie und Kreativität assoziiert. In diesem Sinne stehen die in dieser Arbeit untersuchten Texte mit ihren strategischen Verfahren paradigmatisch für den Versuch, gerade im wiederholenden Rückgriff auf kulturell dominante Repräsentationsweisen von Krankheit und Weiblichkeit zu einer Infragestellung der daran geknüpften Konnotation von Norm und Abweichung sowie zu einer Resemantisierung tradierter Geschlechterbilder zu gelangen. Im Folgenden soll daher im einzelnen der Frage nachgegangen werde, auf welche Weise es den Texten gelingt, die Wiederholung der Figur der kranken Frau produktiv zu machen und die daran geknüpften Zuschreibungen zu subvertieren.

II. „Krankheit Frau“. Zur Genealogie und Problematik pathologisierter Weiblichkeit

Die Herausbildung des Stereotyps der kranken Frau ist eng mit der Geschichte der Wissenschaften seit dem Zeitalter der Aufklärung verknüpft, und ganz besonders mit der Ausdifferenzierung und Professionalisierung der Medizin im 19. Jahrhundert. Die Ermittlung von Wissen über Krankheit und Geschlecht auf der einen Seite und die Institutionalisierung der Wissenschaften auf der anderen greifen dabei unmittelbar ineinander, stellt doch die Pathologisierung des Weiblichen das Produkt der wissenschaftshistorischen Entwicklungen dar und zugleich deren epistemologische Voraussetzung. Zeichnet man die Genealogie der „Krankheit Frau“ nach, die den in dieser Arbeit untersuchten literarischen Texten als diskursive Matrix dient, so werden, wie im Folgenden sichtbar wird, Interdependenzen zwischen den Inhalten des Wissens und den jeweiligen Verfahren ihrer Ermittlung sichtbar. Zugleich stellt sich heraus, dass der Dimension der Repräsentation in den Wissenschaften immer auch eine epistemologische Funktion zu eigen ist, die auf den Vorgang der Herstellung von Wissen (über Krankheit, über Geschlecht) einwirkt. Für den vorliegenden Zusammenhang ist dabei ausschlaggebend, dass den Oppositionen von Gesundheit und Krankheit, Männlichkeit und Weiblichkeit, ursprünglich wandelbare Konzepte zugrunde liegen, die erst nachträglich festgeschrieben und dabei in eine starre Dichotomie von Norm und Abweichung überführt werden.

1. Die Ordnung der Geschlechter

Der Übergang vom 18. ins 19. Jahrhundert, oder, wie Foucault es formuliert, vom Zeitalter der Klassik zu dem der Moderne, ist von einem epistemologischen Bruch gekennzeichnet, der nicht nur das Selbstverständnis und die Deutungsmacht der Wissenschaften umgestaltet, sondern auch ein verändertes Subjekt hervorbringt.[1] In der Medizin lässt sich eine institutionelle Umstrukturierung beobachten, im Zuge derer sich der ärztliche Blick vom individuellen Körper des Kranken auf die Krankheit selbst verlagert, was Foucault vor allem an zwei systemischen Veränderungen festmacht: an der Verabschiedung der taxonomischen Nosologie zugunsten einer pathologischen Anatomie und an der Reorganisation der Klinik, die fortan auf Registrierung, Zentralisierung und Kontrolle des

[1] Vgl. für den vorliegenden Zusammenhang insbesondere die Schriften *Naissance de la clinique* (1963); *Histoire de la folie à l'âge classique* (1972) und *La volonté de savoir* (1976).

Kranken ausgerichtet ist.[2] Innerhalb dieses Paradigmenwechsels wird der Mensch zu einem passiven, entindividualisierten Studienobjekt, an dem der Blick des Arztes eine neue Form der Objektivität erprobt;[3] zugleich wird Sehen mit Wissen gleichgesetzt. Der Körper verliert auf diese Weise seine Funktion als Symbolträger und wird zum Objekt der Beschreibung: er wird fortan verwaltet und dressiert.[4]

Die beschriebenen Veränderungen bleiben nicht ohne Konsequenzen für die Bewertung von Krankheit im Allgemeinen: „Im Laufe dieser Umstülpung verliert das Kranksein seine vormalige wesentliche Bestimmung als ein persönliches Ereignis in einer menschlichen Existenz und wird zu einer Defizienz in Bezug auf eine medizinisch beschriebene und meist persönlich nicht erfahrbare Norm“[5], so fasst die Historikerin Barbara Duden die durch den *regard médical* ausgelöste Veränderung zusammen. Krankheit wird, so lässt sich zugespitzt formulieren, im 19. Jahrhundert zur Abweichung von einer medizinischen Norm, und deshalb steht sie fortan unter dem Signum des Pathologischen.[6] Die beschriebene Entwicklung gilt in gleichem Maße für den Wahnsinn, wie Foucaults Rekapitulation der *Histoire de la folie* verdeutlicht. Auch hier konstatiert der Diskursanalytiker einen epistemologischen Umbruch, der den ‚Wahnsinnigen‘ auf der Ebene der Praktiken einer Internierung unterzieht und auf der Ebene der Diskurse in endgültige Abhängigkeit von einer Ordnung der Vernunft stellt; der Wahnsinn wird im Zeitalter der Moderne endgültig zur Un-

---

2 Vgl. dazu die Kapitel I und II in Michel Foucault: *Naissance de la clinique* [1963]. Paris: Quadrige / PUF 2000.

3 Zur Geschichte und Entstehung der Objektivität vgl. Lorraine Gaston / Peter Galiston: „Das Bild der Objektivität“. In: Peter Geimer (Hg.): *Ordnungen der Sichtbarkeit. Fotografie in Wissenschaft, Kunst und Technologie*. Frankfurt a.M.: Suhrkamp 2002, S. 29-99.

4 Vgl. Duden: *Geschichte unter der Haut*, S. 23, 27.

5 Ebd., S. 45f.

6 Foucaults Überlegungen zu Normalität und Abweichung der Krankheit gehen zu großen Teilen auf Georges Canguilhems wissenschaftsphilosophischen Text *Le normal et le pathologique* (1943) zurück. Hierin geht dieser von einer grundsätzlichen Unbeständigkeit von Krankheitsdefinitionen aus und stellt zwei verschiedene Konzeptualisierungen einander gegenüber: Krankheit als eine von außen auf den Organismus einwirkende Kraft auf der einen Seite, Krankheit als eine Dysfunktion des Organismus auf der anderen. Für das 19. Jahrhundert beschreibt Canguilhem eine konzeptuelle Verschiebung, nach der das Verhältnis von Physiologie und Pathologie nicht mehr als eine essentielle Differenz bestimmt wird, sondern als eine Variation oder Verlängerung: „Sémantiquement, le pathologique est désigné à partir du normal non pas tant comme *a* ou *dys* que comme *hyper* ou *hypo*.“ Canguilhem: *Le normal et le pathologique*, S. 14. Aufgrund dieser veränderten Konzeption der Krankheit wird zwischen dem Normalen und dem Pathologischen eine Kontinuität konstruiert. Die Krankheit wird vom angstbesetzten Objekt zum Untersuchungsgegenstand und wird gleichzeitig in Relation zu einem als normativ geltenden Normalzustand gesetzt, vgl. ebd., S. 26.

Vernunft und damit zu einem erforschbaren Studienobjekt.[7] Die diskursive Scheidelinie zwischen Wahnsinn und Vernunft impliziert dabei immer, auch wenn sich die Bedingungen und Modi der Grenzziehung verändern, einen Prozess des Ausschlusses und der Verwerfung.

Von diesem von Foucault beschriebenen Vorgang der Objektivierung, Normalisierung und Medikalisierung der Krankheit, der mit Beginn des 19. Jahrhunderts einsetzt, ist vor allem der weibliche Körper betroffen. Die bis in die Antike zurückreichende Tradition einer imaginären Verknüpfung von Weiblichkeit und Krankheit, wie sie beispielsweise Erika Fischer-Homberger nachzeichnet,[8] erhält im Zuge der Neuorganisation der medizinischen Wissenschaft eine neue Autorität. Für diese Entwicklung sind im wesentlichen zwei Faktoren verantwortlich: die Neubestimmung des Verhältnisses der Geschlechter und ihre Situierung innerhalb der westlichen Binarität von Kultur und Natur.[9]

In seiner Studie *The Making of Sex* (1992) beschreibt der Medizinhistoriker Thomas Laqueur, wie im Zuge der Aufklärung mit der Erfindung des *Two-Sex-Models* die uralte Hierarchie zwischen den Geschlechtern auf eine neue Grundlage gestellt wurde. Wurde die Frau bis ins 17. Jahrhundert hinein stets als eine ‚mangelhafte' Version des Mannes betrachtet, deren Statur und Organe im wesentlichen denen des männlichen Körpers gleichen, aber weniger komplex und vollkommen sind, so geht man seit etwa 1800 davon aus, dass Frauen und Männer mit gänzlich verschiedenen (Geschlechts-)Organen ausgestattet sind, was zu der Vorstellung einer grundsätzlichen Inkommensurabilität der Geschlechter führt:

---

7 „La folie a une double façon d'être *en face de* la raison; elle est à la fois *de l'autre côté* et *sous son regard*. De l'autre côté: la folie est différence immédiate, négativité pure, ce qui se dénonce comme non-être, dans une évidence irrécusable; elle est une absence totale de raison, qu'on perçoit aussitôt comme telle, sur fond des *structures du raisonnable*. Sous le regard de la raison: la folie est individualité singulière dont les caractères propres, la conduite, le langage, les gestes se distinguent un à un de ce qu'on peut trouver chez le non-fou; dans sa singularité elle se déploie pour une raison qui n'est pas terme de référence mais principe de jugement; la folie est prise alors dans les *structures du rationnel*." Michel Foucault: *Histoire de la folie à l'âge classique*. Paris: Gallimard 1972, S. 200.

8 Vgl. Esther Fischer-Homberger: *Krankheit Frau. Zur Geschichte der Einbildungen*. Darmstadt: Luchterhand 1984.

9 „The gendering of concepts and values which clearly have no inherent sexual property is rooted in the pervasive Nature / Culture binary, a dichotomous mindset which [...] has shaped Western thought around constructs of sexual polarity. Importantly, this Nature / Culture dichotomy operates paradigmatically in the literary texts and works to subsume a seemingly limitless range of disparities into an apparent system of opposites. Although the polarities of the binary are not in themselves inherently positive or negative, value and rank are inscribed to them in order to invoke a particular set of images and associations." Jane Wood: *Passion and Pathology in Victorian Fiction*. Oxford: Oxford University Press 2001, S. 18.

> Um 1800 waren die unterschiedlichsten Autoren[10] dazu entschlossen, das, worauf sie als fundamentalen Unterschieden zwischen dem männlichen und dem weiblichen Geschlecht und folglich zwischen Mann und Frau bestanden, an beobachtbaren biologischen Unterschiedlichkeiten festzumachen und diese in einer radikal anderen Sprache zum Ausdruck zu bringen. [...] In der Auffassung von der Frau trat eine Anatomie und Physiologie der Unvergleichbarkeit an die Stelle einer Metaphysik der Hierarchie.[11]

Durch diesen Umbruch ändert sich zwar nichts an dem tradierten hierarchischen Verhältnis zwischen den Geschlechtern, die Begründung für dieses verlagert sich aber vom Bereich des Sozialen in den des Biologischen.[12] Indem die neue Körpervorstellung „mit dem Schein der Naturhaftigkeit versehen"[13] wird, wird der Aspekt der Konstruktion oder Konvention unkenntlich gemacht. Der Körper selbst wird zur „unsozialen Materie",[14] und damit zu einer unveränderlichen Substanz. Die Neubestimmung des Geschlechterverhältnisses sedimentiert sich zudem in der Sprache, indem für neue Sachverhalte zugleich neue Wörter geschaffen werden.[15]

Parallel zu der Erfindung der Geschlechterdifferenz[16] verändert sich auch das Körperbild auf grundlegende Weise: von nun an geht man nicht

---

10 Laqueur benennt Jacques Louis Moreau als einen der ersten Verfechter des *Two-Sex-Models*. Diese Tendenz setzt sich fort in den Veröffentlichungen von Roussel (*Système physique et moral de la femme*), Brachet („Etudes du physique et du moral de la femme") und Thompsons / Geddes (*Sex*).

11 Laqueur: *Auf den Leib geschrieben*, S. 17f.

12 „Eine der hartnäckigsten Formen des Historikers ist geprägt durch die strenge Unterscheidung und Gegenüberstellung von ‚Biologie' und ‚Sozialem', d.h. einem Bereich des Seins, der als unwandelbar begriffen wird, und all den anderen Bereichen von ‚Gesellschaft' und ‚Kultur', die sozialen Setzungen, Deutungen, Prägungen unterworfen sind. In jeder Grenzziehung zwischen ‚Natur' und ‚Geschichte' gehört der ‚Körper' auf die Seite der ‚Natur', der ‚Biologie', der in ihren Abläufen letztlich ‚unsozialen Materie'." Duden: *Geschichte unter der Haut*, S. 10. Vgl. auch die Studie von Anne Fausto-Sterling: *Sexing the Body. Gender Politics and the Construction of Sexuality*. New York: Basic Books 2000.

13 Duden: *Geschichte unter der Haut*, S. 34.

14 Ebd., S. 10.

15 Die von Laqueur und Duden getroffene Aussage wird auch durch die Beobachtung von Philipp Sarasin gestützt, der die Designation des weiblichen Organismus als jeweils ‚anders' (kleiner, weicher, schwächer) als Teil einer konkreten Diskursstrategie betrachtet: „In solchen Texten [hier: Buchez / Trélat: *Précis élémentaire de l'hygiène*] wird deutlich, wie die angeblich essentielle Differenz ausschließlich als Abweichung erscheint, die den privilegierten und bereinigten Ort des Redens von dessen Objekt trennt." Philipp Sarasin: *Reizbare Maschinen. Eine Geschichte des Körpers 1765-1914*. Frankfurt a.M.: Suhrkamp 2001, S. 196.

16 Laqueur zufolge wurde das sogenannte biologische Geschlecht (‚sex') überhaupt erst seit der Aufklärung als unveränderliche Kategorie konzeptualisiert, die seiner kulturellen Ausprägung (‚gender') vorausgeht: „In einer ‚eingeschlechtlichen'

mehr von einem ganzheitlichen Leib, sondern von einem aus verschiedenen Organen zusammengesetzten Organismus aus.[17] Der *regard médical* wird ins Innere des Körpers gelenkt und verfolgt die Inkommensurabilität der Geschlechter bis in die mikroskopischen Ebenen hinein, etwa in der Gegenüberstellung von Ovarien und Spermien, aber auch in der Unterschiedlichkeit der Gewebestruktur etc.[18] Im 19. Jahrhundert gibt Jean-Louis Brachets Abhandlung „Étude du physique et du moral de la femme“ (1847) einen Eindruck von der Nachdrücklichkeit des Differenzparadigmas:

> Ce n'est pas seulement par l'utérus que la femme est ce qu'elle est; elle est telle par sa constitution entière. Depuis la tête jusqu'aux pieds, à l'extérieur comme à l'intérieur, quelles que soient les parties de son corps que vous examiniez, vous la trouvez partout la même. Partout vous trouvez ses tissus et ses organes différents des mêmes tissus et des mêmes organes de l'homme. [...] Si nous portons nos regards à l'intérieur, et à l'aide du scalpel nous mettions à découvert les organes, les tissus, les fibres, nous rencontrons partout aussi la même différence. Partout les organes présentent la même délicatesse; partout les tissus sont plus mous et plus ténus, partout les fibres sont plus fines et plus déliées.[19]

Brachet beschreibt hier die Verschiedenheit des weiblichen Körpers in Form einer *examination*, wobei mit den Mitteln der Rhetorik der Blick von der Ebene der sichtbaren Dinge ins Innere des Körpers geleitet wird, um die „différence“ und „délicatesse“ des weiblichen Organismus zu ergründen. Der Text evoziert eine Öffnung des Körpers mit dem Skalpell, die er narrativ begleitet, und schafft damit Evidenz. In diesem rhetorischen Vorgehen ist bereits impliziert, dass der (weibliche) Körper die zu entdeckende Wahrheit der Natur birgt, die durch den (männlichen) Wissenschaftler freigelegt wird. Die Frau hat nicht nur einen anderen Körper als der Mann, sie wird auch sehr viel stärker über ihren Körper definiert als dieser.

Welt war der Diskurs gerade dann, wenn er am direktesten von der Biologie zweier Geschlechter zu handeln schien, am tiefsten in die Politik des Genus, im Kulturellen, verstrickt. [...] vor dem 17. Jahrhundert war der Sexus noch eine soziologische und keine ontologische Kategorie.“ Laqueur: *Auf den Leib geschrieben*, S. 20f. Auf diese Weise nimmt Laqueur Überlegungen der von Judith Butler geprägten Gender Studies vorweg, in denen eine generelle Kritik an der Differenzierung von *sex* und *gender* formuliert wird. Laqueurs Aussagen machen deutlich, dass auch das vermeintlich unwandelbare biologische Geschlecht auf historisch-ideologisch veränderbare Konventionen zurückgeht.

17 Vgl. Metz-Becker: „Krankheit Frau“, S. 110.

18 Vgl. Laqueur: *Auf den Leib geschrieben*, S. 202ff.

19 Jean-Louis Brachet: „Étude du physique et du moral de la femme“. In: dsb.: *Traité de l'hystérie*. Paris: Baillière 1847, S. 62-99, hier: S. 63.

Die Gründe für die neue Bedeutung der Biologie bei der Bestimmung des Geschlechterverhältnisses führen den Blick zurück von der Natur auf die Geschichte. Laqueur zufolge sind es die veränderten politischen Umstände im ausgehenden 18. Jahrhundert – die postrevolutionären Umwälzungen der Gesellschaft und die Auseinandersetzungen um Macht und Rang zwischen Männern und Frauen –, die eine neue Grundlage der Geschlechterhierarchie „notwendig" machen.[20] Denn so sehr der neue Körper in der Natur verankert wird und damit zum Gegenstück der Kultur wird, so sehr bildet er nichtsdestoweniger ein Moment der sozialen Abgrenzung, den Ausgangspunkt für eine neue Gesellschaftsordnung. Aus der Struktur und Funktion der Organe werden konkrete sozialpolitische Schlussfolgerungen gezogen.[21] Die sogenannte Sphärentrennung,[22] die Frauen den Bereich des Privaten zuweist, während der Bereich der Öffentlichkeit vornehmlich den Männern zugedacht ist, ist das deutlichste Beispiel dafür, auch wenn das den realen Machtverhältnissen zugrunde liegende Konstrukt nicht mehr sichtbar ist.[23] Das jeweils vorherrschende

---

20 Vgl. Laqueur: *Auf den Leib geschrieben*, S. 174ff.

21 Honegger erkennt in dieser Korrelation zwischen biologischer und sozialer Ordnung ein grundlegendes Prinzip: „Stets werden körperliche Arrangements als bedeutsame Texturen gelesen, die scheinbar ganz ohne Übertragungsprobleme auf ihre Funktionsbestimmung im sozialen Leben hin entziffert werden. Die neue Aura der Wissenschaftlichkeit erhalten diese Ordnungsbemühungen durch die Fundierung in Komparativ-Anatomie und Physiologie, also durch den Ausgang vom sezierenden und angeblich objektiven Tatsachenblick." Honegger: *Die Ordnung der Geschlechter*, S. 199. Grundsätzlich hat die Parallelisierung von menschlichem und staatlichem Körper eine lange Tradition, und auch in diesem Fall dient die Neubestimmung des Körpers, ebenso wie die Neubestimmung von Gesundheit und Pathologie, nicht zuletzt der Verwaltung des Volkskörpers, vgl. Duden: *Geschichte unter der Haut*, S. 32.

22 „It is impossible to say which came first; seperate spheres ideology was as dependent on the physician's claim that male and female bodies were constituted differently (that biology was destiny) as medical ideology was dependent on women's acceptance of their own ‚inferiority'." Price Herndl: *Invalid Women*, S. 41. Auch Jane Wood äußert sich dazu: „In the period leading up to mid-century, doctors, philosophers, and social commentators were scarcely distinguishable from each other in the language they used to expatiate on women's innate suitability for their special social and moral function. Availing themselves of ready-made assumptions about women's nature, the spokesmen for separate spheres fused the temperamental and the physiological connotations of the concept ‚nature' and fixed women's social, moral, and emotional lives in biology." Wood: *Passion and Pathology*, S. 10f.

23 „Der Modus der Herstellung der Zweigeschlechtlichkeit verschwindet im Ergebnis, nicht zuletzt darin manifestiert sich die geglückte Selbst-Naturalisierung dieser sozialen Konstruktion. Auf der Phänomen-Ebene tritt uns die soziale Umwelt als immer schon binär codifizierte entgegen und wir neigen dazu, sie auch dort noch als zweigeschlechtlich strukturierte wahrzunehmen, wo sie Anlaß zu diesbezüglichen Irritationen bieten könnte." Regine Gildemeister / Angelika Wette-

Wissen über Geschlecht ist jedoch stets abhängig von einem historischen Kontext und erweist sich, ebenso wie dasjenige über Krankheit, als grundsätzlich wandelbar. Die Neuorganisation der Geschlechter lässt sich daher nicht allein über den wissenschaftlichen Fortschritt erklären, vielmehr wird der Fortschritt selbst, wie die Kulturhistorikerin Ludmilla Jordanova zeigt, mit geschlechtlichen Zuschreibungen versehen:

> The ideology of progress, which was so deeply entrenched in Enlightenment thought, meant that the growth of a humane, rational and civilized society could be seen as a struggle between the sexes, with men imposing their value systems on women to facilitate social progress [...]. The nature / culture dichotomy thus had an historical dynamic. [...] Human history, the growth of culture through the domination of nature, was represented as the increasing assertion of masculine ways over irrational, backward-looking women. The very concept of progress was freighted with gender.[24]

Indem man Vernunft und Fortschritt mit Männlichkeit assoziiert, Traditionsverhaftung und Irrationalität hingegen mit Weiblichkeit, wird die Voraussetzung dafür geschaffen, eine Polarität zwischen den Geschlechtern *per se* mit dem Projekt der Aufklärung in Verbindung zu bringen.[25] Im Zuge dieser Biologisierung wird die Frau dem Bereich der Natur, der Mann dem Bereich der Kultur zugeordnet.[26] Ebenso wie die Natur als das ‚Andere' der Kultur konstruiert wird, gerät die Frau in ein unmittelbares

---

rer: „Wie Geschlechter gemacht werden. Die soziale Konstruktion der Zweigeschlechtlichkeit und ihre Reifizierung in der Frauenforschung". In: Gudrun Axeli-Knapp / Angelika Wetterer (Hgg.): *TraditionenBrüche. Entwicklungen feministischer Theorie*. Freiburg: Kore 1992, S. 201-254, hier: S. 214.

24 Jordanova: *Sexual Visions*, S. 36f.

25 Als Beispiel für diesen Ansatz nennt Katrin Schmersahl den Naturanthropologen Wilhelm Heinrich Riehl, der 1858 postulierte, „der Gegensatz von Mann und Weib [...] verdeutlich[e] und erweiter[e] sich in gleichem Schritt mit der wachsenden Kultur", Schmersahl: *Medizin und Geschlecht*, S. 20. Zugleich wurde die biologische Unterordnung der Frau als Ergebnis einer erstarkenden Vernunft betrachtet: „Wo früher Gott bemüht wurde, führt die Aufklärung Natur und Vernunft an, um die Frau in der Rolle des zweiten und schwächeren, zum Gebären, zu Gehorsam und unselbständigem Dienen geborenen Geschlechts zu halten." Weber: *Weiblichkeit und weibliches Schreiben*, S. 5.

26 „Seit dem Ausgang des 18. Jahrhunderts entsteht ‚Natur' als eine Ordnungskategorie des Denkens, die neuartig der ‚Kultur' gegenüber gestellt wird, die also das ‚ganz andere' verkörpert, deren Gesetze man erforschen kann. Diese Dichotomie des Denkens in entgegengesetzten Kategorien von Natur und Kultur ist durchwebt mit geschlechtlichen Bezügen und Metaphern, in denen die Frau mit der Natur gleichgesetzt wird. Frau wird zum Symbol einer Natur, die entdeckt, entschlüsselt, vom Licht der Natur durchleuchtet werden kann." Duden: *Geschichte unter der Haut*, S. 34f.

Alteritätsverhältnis zum Mann.[27] An diese dichotome Konstruktion schließen sich eine Reihe von Implikationen an, die die Wirkmächtigkeit und Dauerhaftigkeit dieser neuen ‚Wahrheit' bedingen. Als der Natur zugeordnetes Wesen ist die Frau – im Programm der Aufklärung – das zu Beherrschende und das zu Unterwerfende.[28] Die weibliche Natur ist dabei zugleich Träger einer ‚Wahrheit', die aber erst „enthüllt" werden muss, undurchschaubar und unerschöpflich rätselhaft: „La femme est un sujet inépuisable et peut-être impénétrable, au moral comme au physique. Beaucoup de choses ont été dit en sa faveur, beaucoup ont été dit contre elle, beaucoup se diront encore, et on n'aura jamais tout dit."[29] Diese Idee der ‚Enthüllung' enthält nicht zuletzt auch erotische Konnotationen, die sowohl in textuellen als auch in bildlichen, z.B. anatomischen Repräsentationen des weiblichen Körpers ausgespielt werden.[30]

Neben der Ästhetisierung lässt sich im Zuge der Neuordnung des Geschlechterverhältnisses im 19. Jahrhundert aber auch eine Pathologisierung des weiblichen Körpers beobachten. Die ‚Naturalisierung' der Frau, d.h. ihre Festschreibung als Naturwesen, geht dabei einher mit einer Institutionalisierung der medizinischen Wissenschaft und mit einer dezidierten Medikalisierung des weiblichen Körpers. Dieses komplexe Wechselverhältnis beleuchtet Katrin Schmersahls Studie über die *Konstruktion der Kategorie Geschlecht im medizinischen Diskurs des 19. Jahrhunderts*. Sie

---

27 „Otherness […] conveys the kinship, the fascination and the repulsion between distinct yet related categories of persons. In the history of European culture, relations between the social realm and that of nature, however the latter is construed, are a paradigmatic example of this theme. Nature has been presented as other to culture, as different, as threatening or powerful, and by these very tokens, as an object of intense curiosity. The idea of conquering and mastering nature is a case in point, where the sense of otherness implied by the idea is also generally understood in terms of gender, with nature commonly, but by no means universally, being identified with woman." Jordanova: *Sexual Visions*, S. 14f.

28 Vgl. ebd., S. 41. Auch die Aufklärungskritik von Adorno und Horkheimer führt diesen Aspekt an: „Der Mann als Herrscher versagt der Frau die Ehre, sie zu individuieren. Die Einzelne ist gesellschaftlich Beispiel der Gattung, Vertreterin ihres Geschlechts und darum, als von männlicher Logik ganz Erfaßte, steht sie für Natur, das Substratum nie endender Subsumtion in der Idee, nie endender Unterwerfung in der Wirklichkeit. Das Weib als vorgebliches Naturwesen ist Produkt der Geschichte, die es denaturiert. […] Die verhaßte übermächtige Lockung, in die Natur zurückzufallen, ganz ausrotten, das ist die Grausamkeit, die der mißlungenen Zivilisation entspringt, Barbarei, die andere Seite der Kultur." Theodor W. Adorno / Max Horkheimer: *Dialektik der Aufklärung. Philosophische Fragmente* [1944]. Gesammelte Schriften. Bd. 3. Hg. v. Rolf Tiedemann. Frankfurt a.M.: Suhrkamp 1997, S. 119.

29 Brachet: „Étude du physique et du moral de la femme", S. 62.

30 Vgl. Jordanova: *Sexual Visions*, S. 88f. Auch Elisabeth Bronfen geht auf den Aspekt der Erotisierung ein, bezieht sich aber insbesondere auf den weiblichen Leichnam unter dem Blick des Anatoms, vgl. Bronfen: *Nur über ihre Leiche*, insbes. das 1. Kap.: „Vorbereitung einer Autopsie".

geht der zweifachen Frage nach, „inwiefern medizinische Theorien durch das Postulat der Geschlechterdifferenz strukturiert wurden“ und „welchen Anteil die Medizin an der Herstellung der Geschlechterordnung hatte.“[31] Schmersahl beschreibt, dass die Frau in den Wissenschaften auf ihr Geschlecht festgeschrieben wird,[32] bis schließlich die Begriffe Frau und Geschlecht synonym verwendet werden.[33] Die Geschlechtlichkeit der Frau wiederum wird als pathologisch deklariert, wie der vielzitierte Ausspruch von Mary Putnam Jacobi verdeutlicht: „The sex itself seems to be regarded as a pathological fact“.[34] Die semantische Verknüpfung von Weiblichkeit und Krankheit ist dabei keineswegs eine Neuerfindung des 19. Jahrhunderts, sondern hat eine lange Tradition – schon in medizinischen Traktaten der Antike gilt die Frau als kränklich oder schwächlich, und schon zu diesem frühen Zeitpunkt sind es ihre Reproduktionsorgane, die als ‚störanfällig‘ gelten.[35] Im 18. Jahrhundert, das zugleich als Zeitalter der ‚Empfindsamkeit‘ gilt, entsteht die Vorstellung eines von ‚sensibilité‘ durchdrungenen weiblichen Organismus. Die Annahme einer starken Irritabilität – und damit Pathologie – des weiblichen Nervensystems hat bis ins frühe 20. Jahrhundert Bestand. Maßgeblich für das 19. Jahrhundert ist die umfassende Medikalisierung des weiblichen Körpers, die mit der Ausdifferenzierung der Wissenschaft einhergeht und die Besonderung der Frau zum Studienobjekt zur Folge hat.

2. Medikalisierung und Pathologisierung des Weiblichen

Die im 19. Jahrhundert vollzogene Professionalisierung und Institutionalisierung der Medizin betrifft in besonderem Maße die Frau, deren körperlichen Vorgänge vollständig unter medizinische Beobachtung gestellt

---

31 Schmersahl: *Medizin und Geschlecht*, Vorwort, o.P. Vgl. auch Lindsay Wilson: *Women and Medicine in the French Enlightenment. The Debate over* Maladies de Femmes. Baltimore / London: Johns Hopkins University Press 1993.

32 „Ob nun die Ovarien oder der Uterus das ‚Wesen‘ der Frau bestimmen, einig waren sich die Gynäkologen der zweiten Hälfte des 19. Jahrhunderts darüber, daß die Geschlechtsfunktionen im engeren oder weiteren Sinne das Sein der Frau determinierten.“ Schmersahl: *Medizin und Geschlecht*, S. 193.

33 Diese Parallelisierung wurzelt in der Aufklärung, wie auch Philipp Sarasin konstatiert. Er verweist dabei auf den Eintrag „Sexe“ in der von Diderot und D’Alembert herausgegebenen *Encyclopédie*: „In hohem Maße bezeichnend ist der Eintrag unter dem Lemma ‚Sexe‘, das heißt der mögliche Verweis auf die geschlechtsspezifische Differenzierung der Körper und ihrer Gesundheit: ‚Le sexe absolument parlant, *ou plutôt le beau sexe*, est l’épithète (= Prädikat) qu’on donne aux femmes […].‘ Während der Mann als *homme*, als Mensch, in jener Zeit zum ‚Goldstandard‘ des Körpers wird, bleibt einzig die Frau geschlechtlich markiert: das Geschlecht ist immer ‚le beau sexe‘“. Sarasin: *Reizbare Maschinen*, S. 79.

34 Zit. nach Fischer-Homberger: *Krankheit Frau*, S. 215.

35 Vgl. Metz-Becker: „Krankheit Frau“ sowie Fischer-Homberger: *Krankheit Frau*.

und zu regulierbaren Größen gemacht werden. Die Klinik entwickelt sich zu einem *lieu de savoir*, einem *laboratoire social*,[36] in dem der weibliche Köper zum „Versuchsobjekt“[37] wird, etwa im Zuge der Einrichtung sogenannter Gebärstationen, aufgrund der Fortschritte der operativen Chirurgie[38] und der Praktiken der klinischen Anatomie.[39] Am weiblichen Körper werden Eingriffe und Operationen durchgeführt, die nur ansatzweise die Lebensumstände der Frauen verbessern und viel häufiger dem Zweck dienen, neue Methoden und Verfahren zu erproben:[40] „Es galt, mithilfe möglichst vieler Operationen Aufschluß über das Innere von Frauen zu erhalten, um so das für eine weitere Professionalisierung notwendige Wissen zu erwerben.“[41] Sowohl Eierstöcke als auch Uterus gelten als ‚störanfällig‘ und werden mit neuen Instrumenten, neuen Operationen, neuen Diagnosen ‚therapiert‘.[42] Die Erforschung des Erkenntnisgegenstandes wird an dieser Stelle zur Legitimation für die Entwicklung neuer Erkenntnisverfahren, mit denen sich wiederum die Macht der Medizin über ihren Gegenstand zementiert.[43]

---

36 Edelman: *Les métamorphoses de l'hystérique*, S. 8.

37 Schmersahl: *Krankheit und Geschlecht*, S. 195.

38 Vgl. ebd., S. 196. Laqueur schildert die ‚Erfindung‘ und inflationäre Durchführung der Ovariotomie in der zweiten Hälfte des 19. Jahrhunderts, vgl. Laqueur: *Auf den Leib geschrieben*, S. 202ff.

39 Vgl. Marc Föcking, der auch die Beobachtung eines ‚klinisch-anatomischen Erzählens‘ macht: Föcking: *Pathologia litteralis*, S. 170-183.

40 Dies scheint für die damalige Medizin im Allgemeinen zu gelten. Rudolf Käser stellt fest, „daß die Fortschritte der naturwissenschaftlichen Medizin in den ersten zwei Dritteln des 19. Jahrhunderts vorwiegend klassifikatorischer und diagnostischer Art waren. [...] Das Wissen über die Krankheiten nahm zu, der Mediziner war ein strenger Naturwissenschaftler geworden und beansprucht das entsprechende Prestige, aber den Kranken effizient zu helfen vermochte er nicht.“ Rudolf Käser: *Arzt, Tod und Text. Grenzen der Medizin im Spiegel deutschsprachiger Literatur*. München: Fink 1998, S. 16.

41 Schmersahl: *Medizin und Geschlecht*, S. 198. Schmersahl macht außerdem darauf aufmerksam, dass die geschlechtsspezifische Trennlinie hinsichtlich einer Medikalisierung durch klassenspezifische ergänzt wird. Nicht nur sind es in erster Linie weibliche Patienten, die man in den Spitälern vorfindet, es sind vor allem zumeist mittellose Frauen, die keine andere Behandlung aufbringen können. Zu einer Differenzierung unterschiedlicher Pathologisierungsformen für die *middle class* gegenüber der *working woman* vgl. Lorna Duffin: „The conspicuous consumptive: Woman as an invalid“. In: Sara Delamont / dsb. (Hgg.): *The Nineteenth Century Woman*. New York: Barnes & Noble Books 1978, S. 26-56.

42 Schmersahl: *Medizin und Geschlecht*, S. 199.

43 Ein weiterer wichtiger Aspekt, der sich zu der Designierung der Frau zum Studienobjekt gleichsam komplementär verhält, der jedoch an dieser Stelle nicht gesondert ausgeführt werden kann, ist das gezielte Herausdrängen von Frauen aus dem Bereich der professionellen Medizin. Die zunehmende Spezialisierung der medizinischen Wissenschaften geht mit einer männlichen ‚Eroberung‘ des Gesundheitswesens vonstatten, insofern man sich gegen Hebammen und naturheil-

Dieser zirkuläre Prozess der Erkenntnisgewinnung lässt sich nicht allein im Hinblick auf die einzelnen Verfahren der Beobachtung und der Herstellung von Objektivität konstatieren, er betrifft auch die generelle Strukturierung der Naturwissenschaften. Die Wissenschaftshistorikerin Claudia Honegger zeichnet in ihrer Monographie *Die Ordnung der Geschlechter* die Professionalisierung der Wissenschaft als einen Vorgang der Spezialisierung und Ausdifferenzierung nach, der auch dazu diente, den weiblichen Organismus als solchen herabzusetzen.[44] Während die ursprüngliche Stoßrichtung der Aufklärung als eine anthropologische Generalisierungsbewegung begriffen werden kann, im Zuge derer sich Kultur, Politik und Wissenschaft dem Menschen als Subjekt und Objekt der Erkenntnis zuwandten, so blieb doch die Tendenz einer Verallgemeinerung zumeist dem Mann vorbehalten, während für die Frau eine „weibliche Sonderanthropologie", also eine spezialisierte Wissenschaft, entworfen wurde.

Die Ursprünge einer „Besonderung der Frau zum Studienobjekt", ihr „Abdrängen in den Bereich der Gynäkologie",[45] werden bereits im ausgehenden 18. Jahrhundert mit den Anfängen der Physiologie sichtbar. Im Kontext der vitalistischen Theorien von Stahl, Hoffmann und Haller lässt sich ein Aufstieg der Bedeutung des Nervensystems beobachten, wodurch das strenge cartesianisch-mechanistische System abgelöst wird und die Prinzipien der Irritabilität und Sensibilität an Relevanz gewinnen.[46] Zwar wird in dieser vitalistischen Neuorientierung der Wissenschaften die Eigenschaft der Reizbarkeit als grundlegendes Merkmal alles Lebendigen definiert, jedoch wird dabei erneut eine Trennlinie zwischen den Ge-

---

kundliche Ansätze abzugrenzen versucht. In dieser Hinsicht hat die Pathologisierung der Frau also auch wissenschaftspolitische und institutionelle Gründe, wie Diane Price Herndl deutlich macht: „We can see that for two reasons regular medical men had a vested interest in maintaining the doctrine of women's innate physical inferiority. First, it was an important basis for their own increasing revenues and status; it guaranteed more patients and more reliance on the physician's ‚expertise'. […] Second, it was a basis for men's – and therefore their own – claims to biological and intellectual superiority." Price Herndl: *Invalid women*, S. 33f. Vgl. außerdem zum Konfliktverhältnis von Ärzten und Hebammen im Hinblick auf die Deutungshoheit über den weiblichen Körper Barbara Ehrenreich / Deirdre English: *Complaints and Disorders. The Sexual Politics of Sickness*. New York: The Feminist Press 1973; Jean Donnison: *Midwives and Medical Men: A History of Inter-Professional Rivalries and Women's Rights*. Portsmouth: Heinemann Educational 1977; Jacques Gélis: *La sage-femme ou le médecin: une nouvelle conception de la vie*. Paris: Fayard 1988; Marion Stadlober-Degwerth: *(Un)Heimliche Niederkunften: Geburtshilfe zwischen Hebammenkunst und medizinischer Wissenschaft*. Köln / Weimar: Böhlau 2008.

44 Vgl. Honegger: *Die Ordnung der Geschlechter*, insbesondere das Vorwort und das 5. Kap.

45 Ebd., S. 6.

46 Vgl. Sarasin: *Reizbare Maschinen*, S. 52-56.

schlechtern gezogen, die Frauen eine stärkere Disposition zur Sensibilität zuweist. So urteilt Brachet in seiner „Étude du physique et du moral de la femme“: „Quelque part que vous la [= la femme] preniez, à la surface comme à l'intérieur, dans l'économie en général, comme dans les organes spéciaux des sens, partout vous trouverez la même impressionnabilité, la même promptitude, la même vivacité de sentiment.“[47] Der Medizinphilosoph Pierre Roussel entwirft in seiner Schrift *Système physique et morale de la femme* (1775) eine Moralphysiologie, in der die Sensibilität der Frau zwar als positives Merkmal konzipiert ist, jedoch allein der Sicherstellung der Fortpflanzung dient.[48] Die von Roussel gepriesenen weiblichen Tugenden der Sanftmut und Empfindsamkeit werden dabei unmittelbar an die physiologische Disposition des Organismus rückgebunden – ein Erklärungsmodell, das in der Folgezeit immer wieder aufgegriffen wird und durch das die Grenzen zwischen Körper und Geist semantisch permeabel gehalten werden.

Das Merkmal der Sensibilität, das die positiven Konnotationen der Kreativität und der Empfindsamkeit mit einschließt, hat jedoch auch seine Kehrseite, ist doch der weibliche Körper gerade aufgrund seiner Sensibilität stärker anfällig für Krankheiten:

> Sans pouvoir déterminer l'influence précise que l'organisation de ces parties a dans le caractère & dans les fonctions de la femme, on peut néanmoins assurer que la plûpart des attributs physiques & moraux qui lui sont propres y tiennent plus ou moins, ainsi que la disposition particulière qu'elle semble avoir à certaines maladies.[49]

Diese Schilderungen zeigen deutlich, dass die Etablierung des Erklärungsmodells ‚Nervensystem‘ nicht zu einer geschlechtsspezifischen Enthierarchisierung des Organismus führt, sondern durch den Verweis auf die Sensibilität der weiblichen Reproduktionsorgane abermals auf die Vorstellung der Frau als genuin fragiles Wesen abhebt.[50] Die Frau wird damit auf ihre körperliche Differenz zurückgeworfen und aufgrund ihrer

---

[47] Brachet: „Étude du physique et du moral de la femme“, S. 68. Die Schlussfolgerungen dieser Sensibilität gelten sowohl für das *physique* als auch für die *facultés intellectuelles*. Auch der Umstand, dass die Frau nichts ‚Großes‘ je zustande gebracht, nichts erfunden habe, wird auf ihre körperliche Disposition zurückgeführt; vgl. ebd., S. 73, 75.

[48] Vgl. Honegger: *Die Ordnung der Geschlechter*, S. 144. Ähnliche Ideen wie Roussel entwickelt auch Brachet: „Etude du physique et du moral de la femme“, S. 77f.

[49] Pierre Roussel: *Système physique et moral de la femme ou Tableau philosophique de la Constitution, de l'Etat organique, du Tempérament, des Mœurs, & et des Fonctions propre au Sexe*. Paris: Vincent 1775, S. 22-24.

[50] Die hier vorgezeichnete Pathologisierung des weiblichen Nervensystems wird sich bis ins frühe 20. Jahrhundert erhalten und in den Theorien von Möbius *Über den physiologischen Schwachsinn des Weibes* erneut manifestieren. Vgl. Honegger: *Die Ordnung der Geschlechter*, S. 194.

organischen Beschaffenheit pathologisiert. Die Nerven bilden dabei nur die Disposition für eine grundsätzliche Fragilität, während Menstruation, Schwangerschaft oder Menopause im 19. Jahrhundert immer häufiger als ernsthafte Störungen oder Krankheiten aufgefasst werden. So urteilt der Historiker und Moralphilosoph Michelet: „La femme, est-elle responsable? Sans doute, elle est une personne; mais c'est une personne *malade*, ou, pour parler plus exactement encore, une personne *blessée* chaque mois, qui souffre presque constamment et de la blessure et de la cicatrisation.“[51] Die Schilderungen der körperlichen Vorgänge der Frau nehmen dabei mitunter einen dramatischen Charakter an und evozieren Gefangenschaft und Unheil.[52] Aufschlussreich ist in dieser Hinsicht Michelets Schilderung des menstruelles Leidens der Frau als ein Naturspektakel:

> Bien souvent assis, et pensif, devant la profonde mer, j'épiais la première agitation, d'abord sourde, puis sensible, puis croissante, redoutable, qui rappelait le flot au rivage. [...] Mais avec combien plus d'émotion encore, avec quelle religion, quel tendre respect, je notais les premiers signes, doux, délicats, contenus, puis douloureux, violents, des impressions nerveuses qui périodiquement annoncent le flux, le reflux, de cet autre océan, la femme![53]

Durch die hier evozierte Situation einer Kontemplation wird das Leiden der Frau ästhetisch überhöht, zugleich aber auch als unveränderlicher, unergründlicher Vorgang der Natur ausgewiesen. Problematisch sind die Darstellungen der weiblichen „souffrance“ vor allem dort, wo sie eine gesellschaftliche Unmündigkeit der Frau implizieren oder in der Wahl ihrer Metaphorik Funktionslosigkeit, Unkontrollierbarkeit oder den Zusammenbruch von Autorität suggerieren.[54] Der Physiologe Eduard Pflüger bezeichnet die Menstruation als periodisches ‚Unwohlsein‘ mit „un-

---

[51] Jules Michelet: *L'Amour*. Paris: Hachette 1858, S. 391.

[52] „Many a young life is battered and forever crippled in the breakers of puberty; if it crosses these unharmed and is not dashed into pieces on the rock of childbirth, it may still ground on the ever-recurring shallows of menstruation, and lastly, upon the final bar of menopause ere protection is found on the unruffled waters of the harbor beyond the reach of sexual storms“, so zitieren Smith-Rosenberg und Rosenberg den amerikanischen Gynäkologen George Engelmann. Carroll Smith-Rosenberg / Charles Rosenberg: „The Female Animal: Medical and Biological Views of Woman and Her Role in Nineteenth-Century America“. In: *The Journal of American History* 60.2 (1973), S. 332-356, hier: S. 336f.

[53] Michelet: *L'Amour*, S. 4.

[54] Vgl. Emily Martin: „Medical Metaphors of Women's Bodies. Menstruation and Menopause“. In: Katie Conboy / Nadia Medina / Sarah Stanbury (Hgg.): *Writing on the Body. Female Embodiment and Feminist Theory*. New York: Columbia University Press 1997, S. 15-41, hier: S. 27-29. Dabei wird der weibliche Organismus z.B. mit der verwaltungsökonomischen Organisation einer Fabrik oder einer Großstadt parallelisiert, deren Unterbrechung oder Zusammenbruch verheerende Folgen hat, vgl. ebd. 22f.

terschwelligen Reizungen“ und einer „krampfartigen Entladung“, während Richard von Krafft-Ebbing die Krankheitsartigkeit so weit führt, die „geistige Integrität des menstruierenden Weibes“ in Frage zu stellen.[55] Die physische Schwäche bedeutet also immer auch eine Beeinträchtigung der geistigen Fähigkeiten, während umgekehrt den Frauen von einer allzu großen Betätigung des Intellekts (als genuin männliche Beschäftigung) als gesundheitsgefährdend abgeraten wird: „Uebermässige Gehirnthätigkeit macht das Weib nicht nur verkehrt, sondern auch krank.“[56] Die gesellschaftliche Funktion der Frau beschränkt sich, dies lässt sich in den Augen der Mediziner und Anthropologen der Zeit einwandfrei aus ihrer nervlichen und organischen Disposition ableiten, auf die Reproduktion – und in diesem Bereich wird ihr dann sogar die Fähigkeit zugesprochen, das Leiden zu sublimieren.[57]

Aufgrund der Pathologisierung des weiblichen Organismus und seiner reproduktionslogischen Eigenschaften wird der Krankheit der Frau im 19. Jahrhundert eine gänzlich andere Bedeutung zugewiesen als der des Mannes. Während die Krankheit für diesen die Unterbrechung der gesundheitlichen Ordnung darstellt, ist sie für jene integraler Bestandteil eines zyklischen Programms.[58] Es wird also deutlich, dass die Krankheit für das weibliche Geschlecht zum ‚Normalfall‘ wird. Für die Konzeptualisierung der Frau im 19. Jahrhundert ergibt sich eine grundsätzliche Ambivalenz, ein essentialistisch begründeter Widerspruch aus Normalität und Abweichung, der sich vordergründig aus dem Körper ableitet, aber immer auch die geistigen, moralischen, physiologischen Eigenschaften umfasst.[59]

---

55 Vgl. Fischer-Homberger: „Krankheit Frau“, S. 220f.

56 Paul Julius Möbius: *Über den physiologischen Schwachsinn des Weibes* [1900]. Halle a.S.: Carl Marhold 1903, S. 27.

57 „Tous les jours, je suis étonné de voir un être aussi frêle et quelquefois aussi voisin de la maladie, abandonner tous les plaisirs du monde pour prodiguer jour et nuit à son enfant les soins les plus pénibles pendant des mois et plus, partager et deviner ses souffrances, prévoir ses besoins, pleurer et agir sans cesse, et ne calculer que le bonheur de le soigner, et cette jouissance soutenir ses forces et lui fournir des ressources dont on ne l’aurait pas crue capable.“ Brachet: „Etudes du physique et moral de la femme“, S. 84.

58 „Where men’s disease [...] was far more likely to be regarded as a disruption, an interruption in normal healthy progress, women were held to be locked in a constant round of chronic sickness marked out by menstruation, childbirth, lactation, and climacteric. [...] The idea of the female body as a cell of sickness persisted with a tenacity which seems extraordinary.“ Wood: *Passion and Pathology*, S. 20f.

59 Auch Sarasin analysiert diesen dem Weiblichen zugeschriebenen Abweichungsstatus, der nicht ‚aufgeht‘. Einerseits wird eine essentielle Geschlechterdifferenz der Inkommensurabilität behauptet, andererseits stellt man diese Differenz des Weiblichen dann doch wieder in Relation zu einem männlichen ‚Normalkörper‘: „Buchez / Trélat beschreiben die Frau ausschließlich als Abweichung von der männlichen Norm, die selbst nicht expliziert wird: Das Gehirn der Frau ist ‚we-

Die Grenze zwischen Kranksein und Frausein wird durchlässig – oder anders gesagt, die Krankheit wird zum Normalzustand der Frau.

3. Zwischen Sonderfall und Normalfall: Die Hysterikerin

Eine besondere Position innerhalb der beschriebenen Tendenz einer Pathologisierung des Weiblichen kommt der Hysterikerin zu – und mit gleichem Recht könnte man behaupten, sie bilde das Modell der „kranken Frau" *par excellence*.[60] Bei keinem anderen Krankheitsbild sind die Grenzen zwischen psychischer und physischer Ätiologie derart durchlässig wie bei der Hysterie[61], und bei keiner anderen Krankheit gibt es eine stärkere Assoziation zwischen pathologischer Disposition und weiblichem Geschlecht.[62] Für Jean-Louis Brachet ist die Hysterie „la maladie nerveuse des femmes", und er ergänzt: „elle est même, selon quelques auteurs,

---

niger groß', die Vorderhirnlappen ‚weniger entwickelt', die Nerven hingegen ‚größer und weicher', [...] die Knochen ‚weniger stark' etc. In solchen Texten wird deutlich, wie die angeblich essentielle Differenz schließlich als Abweichung erscheint, die den privilegierten und bereinigten Ort des Redens von dessen Objekt trennt." Sarasin: *Reizbare Maschinen*, S. 196.

60 Einschlägige kulturwissenschaftliche und wissenschaftshistorische Studien sind, neben den bereits genannten von Bronfen, Didi-Huberman, Gilman, Schaps und Showalter: Ilza Veith: *Hysteria. The History of a Disease*. Chicago / London: University of Chicago Press 1965; Etienne Trillat: *Histoire de l'hystérie*. Paris: Robert Laffont 1973; Lucien Israël: *Die unerhörte Botschaft der Hysterie*. München / Basel: Reinhardt 1987; Katherine Cummings: *Telling Tales. The Hysteric's Seduction in Fiction and Theory*. Stanford: Stanford University Press 1991; Marc S. Micale: *Approaching Hysteria. Disease and Its Interpretations*. Princeton: Princeton University Press 1995; Peter Melville Logan: *Nerves & Narratives. A Cultural History of Hysteria in 19th-Century British Prose*. Berkeley / Los Angeles / London: University of California Press 1997. Den Fokus auf das 19. Jh. legen die Studien von Janet Beizer: *Ventriloquized Bodies. Narratives of Hysteria in Nineteenth-Century France*. Ithaca / London: Cornell University Press 1994; Dorion Weickmann: *Rebellion der Sinne. Hysterie – Ein Krankheitsbild als Spiegel der Geschlechterordnung (1880-1920)*. Frankfurt a.M. / New York: Campus 1997.

61 Elaine Showalter beschreibt anhand verschiedener Quellen, dass die Hysterie zunächst als eine körperliche Störung aufgefasst wird, die den Geist angreift, später umgekehrt als Geisteskrankheit, die sich durch körperliche Beschwerden äußert, und schließlich als ein Verhalten, welches den Anschein von Krankheit hervorruft. Vgl. Showalter: *Hystories*, S. 14.

62 Die Figur des männlichen Hysterikers wird lange Zeit kontrovers diskutiert, etabliert sich aber als wirkliche Option erst im späten 19. Jahrhundert mit Charcot. Noch im 20. Jahrhundert impliziert die Hysterie eine Effeminierung des Kranken. Vgl. zu Männlichkeit und Hysterie Schmersahl: *Krankheit und Geschlecht*, S. 216-230; vgl. auch Edelman: *Les métamorphoses de l'hystérique*, S. 147-178.

l'apanage exclusif de leur sexe, sa maladie spéciale."[63] Auf der einen Seite scheint die Hysterikerin im ausgehenden 19. Jahrhundert die ideale Frau darzustellen, dem Arzt Richet beispielsweise erscheint sie als Frau schlechthin: „On peut même dire que les hystériques sont femmes plus que les autres femmes".[64] Auch die Historikerin Nicole Edelman konstatiert: „La figure de la femme hystérique participe à la construction de celle de *la* femme."[65] Auf der anderen Seite bildet sie das dezidierte Negativbild der ‚normalen' Frau, insofern sie nicht im Rahmen einer bestimmten sozialen Ordnung ‚funktionieren' will und mit Erotik, Rebellion und Dissimulation assoziiert wird.[66]

Kaum eine Krankheit hat den Medizinern im 19. Jahrhundert in gleicher Weise Anlass geboten, sie zu definieren, visualisieren, festzuschreiben, und dies, obwohl (oder gerade weil) die vielgestaltige Symptomatik der Hysterie dem medizinischen Versuch einer eindeutigen nosologischen Bestimmung zuwiderlief. Die Hysterie gilt als flüchtig und ungreifbar, als „protéiforme et indéfinissable",[67] mithin als Grenze des Erkenntnisvermögens[68] oder als gar als „Grenze des Repräsentationssystems".[69] Bereits ein kursorischer Überblick über die Geschichte der Hysterie zeigt die Wechselhaftigkeit und Unsicherheit in der Bestimmung der Krankheit, aber auch die stabile Assoziation mit dem weiblichen Geschlecht. Der Begriff ‚Hysterie' geht auf Hippokrates zurück, der den Namen in Anlehnung an den griechischen Begriff ‚hystera' (Gebärmutter) wählt und damit den Grundstein für die Annahme eines genuin weiblichen Leidens legt.[70] Zu dem wechselhaften Vorstellungsbereich der Hysterie leistet

---

63 Brachet: *Traité de l'hystérie*, S. 1.

64 Charles Richet: „Les démoniaques d'aujourd'hui". In: *Revue des deux mondes* 37 (1880), S. 340-372, hier: S. 346.

65 Edelman: *Les métamorphoses de l'hystérique*, S. 12.

66 „Im Diskurs der Hysterie des 19. Jahrhunderts wird so der Typus einer anomischen Frau charakterisiert und diffamiert, der das Negativbild gegenüber der normal funktionierenden Frau schlechthin repräsentiert." Schaps: *Hysterie und Weiblichkeit*, S. 10f. Auch Katrin Schmersahl beschreibt die Vorstellung eines ‚männlichen Protests', der von der Hysterikerin ausgehe. Vgl. Schmersahl: *Krankheit und Geschlecht*, S. 279-301.

67 Edelman: *Les métamorphoses de l'hystérique*, S. 7.

68 Schaps: *Hysterie und Weiblichkeit*, S. 7.

69 Bronfen: *Das verknotete Subjekt*, S. 110.

70 Dem *Corpus Hippocraticum* zufolge sind vor allem „alte Jungfrauen, junge Witwen, ferner unfruchtbare und sterile Frauen betroffen", wobei eine Austrocknung des Uterus als Ursache angesehen wird. Diese Annahme einer uterinen Genese der Krankheit bleibt bis ins 19. Jahrhundert hinein bestehen. So steht in dem entsprechenden Eintrag des Dictionnaire *Panckoucke* immer noch der Uterus im Zentrum und bildet den Grund dafür, dass die männliche Hysterie verneint wird: „car le mot hystérie implique la non-existence de cette maladie chez l'homme." Louyer Villermay: „Hystérie". In: *Dictionnaire des sciences médicales* vol. 23. Paris: Panckoucke 1818, S. 226-272, hier: S. 230.

auch Platon in seiner Schrift *Timaios* (360 v. Chr.) einen nachhaltigen Beitrag, indem er von einem im Körper der Frau herumwandernden Uterus ausgeht und damit frühzeitig das Bild der ‚flüchtigen', beweglichen Frau prägt, während Galen die Bedeutung sexueller Faktoren akzentuiert.[71] Von der Antike bis ins 17. Jahrhundert hinein bleibt die Hysterie eine Krankheit des Uterus, die mit sexueller Abstinenz oder dem Ausbleiben der Menstruation in Verbindung gebracht wird und als deren Symptome vor allem Ersticken, Erbrechen, Konvulsionen und Sprachstörungen aufgeführt werden.[72] Im Mittelalter ist die Hysterie weniger an sexuelle Abstinenz als vielmehr an Ausschweifung gekoppelt; sie wird mit Ketzerei in Verbindung gebracht und verfolgt.[73] Im 17. Jahrhundert zeigen sich erste Tendenzen, einen zerebralen Ursprung für die Krankheit anzunehmen, die Nerven und Leidenschaften (sogenannte *passions*) werden als Ursachen in Betracht gezogen.[74] Dabei wird an der uterinen Theorie festgehalten und die Krankheit bleibt weiterhin weiblich konnotiert. Die angelegte Ambiguität aus uteriner und neurologischer Begründung setzt sich auch im 18. Jahrhundert fort[75] und hat bis zum Ende des 19. Jahrhunderts Bestand.

Wirft man einen näheren Blick auf das 19. Jahrhundert, das sich auf besonders prominente (und auch spektakuläre) Weise mit der Hysterie auseinandergesetzt hat, so ist sowohl die Vielzahl der Traktate und Studien auffällig, als auch die Heterogenität der darin formulierten Erklärungsansätze.[76] Das einflussreiche *Dictionnaire des sciences médicales*, nach sei-

71 Vgl. Schaps: *Hysterie und Weiblichkeit*, S. 19f, 28.

72 Beizer: *Ventriloquized Bodies*, S. 4.

73 Ebd., S. 5.

74 Edward Jordan (1578-1632) prägt den Begriff der ‚vapours' und damit die Vorstellung von Dämpfen, die aus dem Uterus aufsteigen und den Verstand verwirren können; Charles Lepois (1563-1633) fasst als Erster die Hysterie als Nervenkrankheit auf; Thomas Willis (1622-1675) formuliert eine Theorie des zerebralen Ursprungs der Hysterie, vgl. Schaps: *Hysterie und Weiblichkeit*, S. 36f. Es ist der Verdienst Thomas Sydenhams (1674-1689), die Hysterie als eine Form des seelischen oder geistigen Leidens aufzufassen, vgl. ebd., S. 39.

75 Vor allem Cullen und Pinel beschäftigen sich mit der Hysterie. William Cullen (1710-1790) begründet die Neuro-Physiologie und -Pathologie und führt das Wort der Neurose ein; Philippe Pinel (1745-1826) bezieht bei seiner Analyse des menschlichen Geistes die Affektionen mit ein und fasst die Hysterie, gemeinsam mit der Hypochondrie, als Neurose auf, die ohne eine organische Veränderung entstehen kann, vgl. ebd., S. 41-43.

76 „Für die Bedeutung des Themas Hysterie bereits in der Zeit vor Charcot zeugt, daß in jeder Dekade des 19. Jahrhunderts das Sujet der Hysterie [...] quantitativ an der Spitze aller Dissertationsthemen steht, die sich mit den Pathologien des menschlichen Geistes auseinandersetzen. Neben den Dissertationsarbeiten existieren Einzelstudien und Traktate über die Hysterie, eine große Anzahl von Abhandlungen über die Hysterie in Studien [...]. All diese in ihrer Vielzahl kaum zu überblickenden Arbeiten und Schriften [...] weisen auf eine vehemente Präsenz

nem Herausgeber kurz „Le Panckoucke" genannt, bringt in dem Eintrag über die Hysterie von Jean Baptiste de Louyer Villermay (1818) verschiedene ‚alte' und neue Argumente zusammen, und setzt dabei einmal mehr den Akzent auf die organisch festgeschriebene Differenz zwischen den Geschlechtern.[77] Der Verweis auf die Bedeutung des Uterus und die Feinheit der Nerven als Begründung für die erhöhte ‚Anfälligkeit' der Frau für den Einfluss ihrer Genitalorgane bildet einen argumentativen Zirkelschluss und dient abermals der Zementierung einer rein ‚weiblichen' Erkrankung. Der vermeintlichen Eindeutigkeit der postulierten uterinen Ätiologie zum Trotz sind die im Panckoucke aufgeführten Ursachen für die Erkrankung nahezu unüberschaubar:

> 1° *Causes physiques*. Une constitution délicate, un tempérament nerveux, une sensibilité exquise, une éducation molle, efféminée, des soins trop recherchés, un genre de vie analogue, un système utérin ardent et lascif, l'éruption difficile, ou le dérangement du tribut périodique, la continence volontaire ou forcée, quelquefois l'onanisme ou les irritations spéciales de la matrice.
>
> 2° *Causes morales*. Une imagination brûlante, l'habitude de tout ce qui peut exalter les sens et cette faculté intellectuelle, un cœur trop tendre ou facile à enflammer, enfin toutes les affections pénibles de l'âme; mais surtout un amour contrarié et un sentiment de jalousie très-violent; mais examinons plus en détail l'influence de ces agens divers, et prévenons d'abord, que quand une jeune personne ou une femme est disposée à l'invasion de cette maladie, il suffit souvent, pour en déterminer les accès, d'une cause très-légère, et quelquefois même d'un simple incident.[78]

Auffällig sind hier die Pluralität der möglichen Gründe für eine hysterische Erkrankung, das Nebeneinander von physischen und psychischen Ursachen, das Zusammenwirken verschiedener Faktoren – eine (determinierende) nervöse Konstitution auf der einen Seite, ein betont geringfügiges, situationsbezogenes Auslösemoment auf der anderen – und schließlich die generelle Vagheit und Unbestimmtheit der Aussagen. Den Unsicherheiten und Widersprüchen, die aus dieser Pluralität resultieren,

---

(imaginär oder real) der sog. weiblichen Pathologie in der ersten Hälfte des 19. Jahrhunderts hin." Karin Westerwelle: *Ästhetisches Interesse und nervöse Krankheit. Balzac, Baudelaire, Flaubert*. Stuttgart / Weimar: Metzler 1993, S. 73f.

77 „Cette différence de résultats ou de sympathies dépend d'abord de l'organisation propre de la femme, qui est douée d'une sensibilité bien plus vive; mais elle provient davantage de la disposition même du système reproducteur. En effet l'utérus, situé beaucoup plus profondément, est lié d'une manière bien plus intime à toute l'économie: vivifié par une plus grande quantité de vaisseaux et de nerfs, il est, en outre, chargé de fonctions bien plus importantes." Villermay: „Hystérie", S. 228.

78 Ebd., S. 231.

versucht man in der Folgezeit ein Ende zu bereiten. Der Mediziner Jean-Louis Brachet etwa problematisiert die widersprüchliche Forschungslage und schlägt vor, zunächst eine „idée de la femme" zu definieren.[79] Um der Hysterie-Forschung eine sichere Grundlage zu geben, stellt er seinen Erläuterungen über die Krankheit in dem *Traité de l'hystérie* (1847) ausführliche „Études du physique et du moral de la femme" voran, worin er die sowohl physiologische als auch intellektuelle *sensibilité* der Frau hervorhebt, die ihre Rolle als Mutter und Liebende begründet und sie zugleich für die Krankheit empfänglich macht. Das fragile weibliche Nervensystem wird damit als Ursache für die Hysterie betrachtet.[80] Aufgrund der engen semantischen Verflechtung von ‚dem Weiblichen' und ‚der Hysterie', ist jedoch erneut eine Vielzahl an Ursachen denkbar und damit keine ätiologische Eindeutigkeit erreicht.[81]

Einen positivistischen Anspruch verfolgt auch Brachets Zeitgenosse Pierre Briquet, der als einer der ersten die Hysterie im Gehirn lokalisiert und sie damit vom weiblichen Genitalapparat loslöst.[82] In seinem *Traité clinique et thérapeutique de l'hystérie* (1859) konzipiert er die Hysterie als eine neuro-zerebrale Krankheit, womit die Frau erneut zu einem durch und durch schwachen und leidenden Wesen stilisiert wird, wie Nicole Edelman resümiert: „L'hystérique est donc une figure de souffrance et de faiblesse."[83] Abermals wird die Hysterie in gleichem Maße an die physiologische Disposition der Frau wie auch an ihre gesellschaftliche Position geknüpft.[84] Die Ablösung der uterinen Erklärungsmuster durch neurolo-

---

[79] „Aussi nous ne devons pas nous étonner qu'à travers les nombreux écrits qui ont été publiés, qu'au milieu des opinions multipliées qui ont été émises, on trouve un si grand nombre de paradoxes et de contradictions. Nous verrons plus tard à quoi cela tient: pour cela il importe de donner d'abord une idée de la femme, de son physique, de ses facultés et de son caractère." Brachet: „Études du physique et du moral de la femme", S. 62f.

[80] „C'est cette flexibilité de sensibilité qui la [= la femme] rend si malléable, si facile à recevoir toutes les impressions, toutes les modifications et de l'éducation et des usages." Ebd., S. 72.

[81] Zu diesem Ergebnis kommt auch Nicole Edelman in ihrer umfassenden Studie über die Hysterie im 19. Jahrhundert: „Toutes les femmes peuvent donc devenir hystériques et, à lire Brachet, tout peut provoquer l'hystérie en agissant directement ou indirectement sur le système nerveux cérébral: une affection de l'estomac, de l'utérus, du péritoine, une péritonite, une névralgie, un coup de froid, la suppression des règles, l'onanisme, l'oisiveté, les chatouilles, le dégoût du fromage, une piqûre, une odeur..." Edelman: *Les métamorphoses de l'hystérique*, S. 47.

[82] Vgl. ebd., S. 59.

[83] Ebd., S. 61.

[84] Diese deterministische Verflechtung von Faktoren unterstreicht Briquet, indem er sie in seinen „Conclusions" über die „Causes qui provoquent l'hystérie: Influence du sexe" listenartig aufführt: „7° La femme a dans la société une mission noble et de la plus grande importance, celle d'élever l'enfance, de soigner [...]; 8°

gische impliziert also nur scheinbar eine Entkopplung der Krankheit vom weiblichen Geschlecht. In der Konzeptualisierung der Frau als ein sensibles Wesen wird die Hysterie stattdessen erneut zu einem ‚Normalfall' für die Frau: „L'hystérie est donc une manifestation passionnelle propre à la sensibilité nerveuse des femmes. Elle répète des phénomènes normaux en les amplifiant."[85]

Trotz (oder vielleicht gerade wegen) der zahlreichen medizinwissenschaftlichen Bemühungen um Eindeutigkeit bleibt die Krankheit Hysterie im 19. Jahrhundert extrem wandelbar, und dies betrifft in gleichem Maße ihre Ursachen, ihre Symptomatik und ihre Behandlungsweisen.[86] Ein nachhaltiges epistemologisches Problem ergibt sich auch aus dem immer wieder geäußerten Vorwurf der Simulation. Der Verdacht einer lediglich gespielten Hysterie gründet zum einen in der vielgestaltigen Symptomatik der Krankheit selbst, die bisweilen den Anschein erweckt, sie würde die Symptome anderer Krankheit imitieren oder simulieren,[87] dabei jedoch ohne feststellbaren organischen Befund bleibt, zum anderen in der Konzeptualisierung der Hysterikerin als physisch und psychisch überreizte Person, deren exzessive Imaginationskraft die hysterischen Symptome hervorzubringen in der Lage ist:[88] „De toutes les fonctions de l'entende-

---

Pour remplir ce but, elle a été douée d'un mode spécial de sensibilité qui est fort différent de celui de l'homme; 9° C'est dans ce mode de sensibilité que se trouve la source de l'hystérie;" Pierre Briquet: *Traité clinique et thérapeutique de l'hystérie*. Paris: Baillière et Fils 1859, S. 51.

85 Ebd., S. 62.

86 Zu Beginn des Jahrhunderts empfiehlt der „Panckoucke" diverse Zerstreuungen und leichte Betätigungen: „Ne permettez pas que les jeunes personnes s'abondonnent à un repos absolu ou à l'oisivité: exigez au contraire que leurs journées soient remplies par des occupations simples et variées, par des récréations convenables, par des promenades fréquentes, dans lesquelles on se propose un but; c'est le moyen d'affaiblir ou de dissiper les passions dominantes." Villermay: „Hystérie", S. 265. Im Gegensatz dazu wird Frauen gegen Ende des 19. Jahrhunderts sehr häufig die sogenannte *rest cure* empfohlen – namentlich von Weir Mitchell (1829-1914), der zugleich als Arzt und Autor tätig war –, die die Kranke ganz im Gegenteil von jeglicher Betätigung entbindet: „The Weir Mitchell rest cure, often prescribed for women intellectuals and artists in the United States and England, required the patient to spend six weeks or more in bed without any work, reading, or social life, and to gain large amounts of weight on a high-fat diet. Many women found the treatment itself maddening, and indeed Mitchell wanted the treatment to be more unpleasant than the symptoms so that patients would be eager to get out of bed." Showalter: *Hystories*, S. 50f.

87 Vgl. Schmersahl: *Krankheit und Geschlecht*, S. 202f.

88 In dieser Vorstellung werden abermals misogyne Annahmen über die weibliche Natur reproduziert: „Despite Charcot's insistence that hysteria was neither a sexual disorder nor limited to women, both he and his staff repeatedly fell back on stereotypes that equated it with female personality. Hysterics were seen as vain and preoccupied with their appearance, deceitful and self-dramatizing." Showal-

ment, l'imagination est celle qui d'abord dispose le plus à cette maladie, et qui, par suite, la détermine le plus souvent. […] enfin elle est quelquefois produite par l'empire de l'exemple, et se contracte par une sorte d'imitation."[89] Indem neben dem Aspekt der Simulation auch derjenige der Imitation, also der Nachahmung und Wiederholung, als ein Bestandteil der hysterischen Ätiologie aufgefasst wird, verfällt die Beobachtung und Erforschung der Hysterie in die Aporie, möglicherweise selbst die Phänomene hervorzubringen, die zu untersuchen sie angetreten ist.

Jean-Martin Charcot, der als einer der Ersten psychogene und hereditäre Ursachen der Krankheit annimmt und die Hypnose als Therapieform einsetzt, tritt schließlich für die Echtheit und Objektivität der hysterischen Phänomene ein,[90] obwohl gerade seine Behandlungsmethode die Hysterikerinnen in nie dagewesener Weise als öffentliches Spektakel in Erscheinung treten lässt. In seiner Wirkungsstätte, der Klinik *La Salpêtrière*, wurde in den 80er-Jahren des 19. Jahrhunderts „ein wechselseitiger Reiz [...] errichtet zwischen Medizinern, die gierig waren auf Bilder der Hysterie, und Hysterischen, die voller Zustimmung in die Theatralität ihrer Körper überbordeten. So wurde die Klinik der Hysterie zu einem Schauspiel, zur *Erfindung der Hysterie*."[91] Das Bild, das man sich im 20. Jahrhundert von ‚der' Hysterikerin macht, und das von so unterschiedlichen Gruppierungen wie den frühen Surrealisten oder den poststrukturalistischen Feministinnen aufgegriffen wurde, ist mithin dasjenige, das Charcots „optisch[e] Maschine der Salpêtrière"[92] hervorgebracht und geprägt hat. Man kann also von einer Wechselwirkung zwischen den Behandlungspraktiken und ihren zeitgenössischen Literarisierungen ausgehen, wobei Charcots Klinik als ein Spiegelkabinett fungiert, in dem die Hysterikerinnen gleichsam lernen, wie ein hysterischer Anfall auszusehen hat.[93]

Der hohe Grad an Visualität, der Charcots Behandlungs- und Dokumentationspraktiken kennzeichnet, kann als Kulminationspunkt eines zunehmend souveränen, präzisen *regard médical* betrachtet werden, durch den der Kranke zum Objekt der Erkenntnis wird und das Sehen für den

---

ter: *Hystories*, S. 34. Vgl. auch Didi-Huberman: „Verdächtigungen: Das Symptom als Lüge". In: *Die Erfindung der Hysterie*, S. 88.

89 Villermay: „Hysterie", S. 235.

90 Vgl. Schaps: *Hysterie und Weiblichkeit*, S. 51.

91 Didi-Huberman: *Die Erfindung der Hysterie*, S. 8.

92 Ebd., S. 21.

93 „Charcot's images of the hypnotized hysterical woman inspired novels and plays, which in turn influenced popular understanding of the hysterical trance. [...] these theatrical poses and fictional heroines taught women how hysterics looked. The performances took place in a hall of mirrors, for the hysterics were coached and surrounded by pictures of *grande hystérie*." Showalter: *Hystories*, S. 35f.

Prozess der Wissensgenerierung konstitutiv.[94] Gleichzeitig wird in den zahlreichen Fotographien von Hysterikerinnen eine dezidierte Zurschaustellung der kranken Frauen deutlich, eine Form des Voyeurismus, der nicht zuletzt auch erotische Konnotationen birgt.[95] Eine solche Erotisierung der Hysterikerin wird bereits in frühen Darstellungen sichtbar, beispielsweise in dem bereits zitierten Artikel des „Panckoucke".[96] Zum einen gelten darin im Besonderen sinnliche, in diesem Fall zudem als ‚exotisch' ausgewiesene Frauen als für die Krankheit ‚anfällig', zum anderen trägt die Tradition einer uterinen Begründung der Krankheit zu einer Sexualisierung des hysterischen Körpers bei und kulminiert schließlich in der Verknüpfung von Hysterie und Nymphomanie.[97] Der rund um die Hysterikerin entworfene Bildkomplex stellt aber nur einmal mehr eine Verdichtung der generellen Tendenz dar, die Figur der kranken Frau zu ästhetisieren, ein Phänomen, das Diane Price Herndl unter dem Stichwort der „fashionable disease" beschrieben hat.[98] In verschiedenerlei Hinsicht wird eine kränkliche Erscheinung in der zweiten Hälfte des 19. Jahrhunderts zu einer Modeerscheinung und mündet in Figuren wie der *femme fragile* oder der ‚schönen Leiche'.[99] Auf deutliche Weise gehen also die

---

[94] Didi-Huberman referiert unter dem Stichwort „Das ist die Wahrheit" die Argumentationslogik Charcots, für den die Fotographien einen nicht zu leugnenden Wahrheitsstatus haben: „Das vorgebrachte Argument, mit dem dies alles für einen eventuellen Krittler unanfechtbar bleibt: ich erfinde nicht – (denn) ich nehme die Dinge wie sie sind – (denn) ich photographiere sie." Didi-Huberman: *Die Erfindung der Hysterie*, S. 39.

[95] Vgl. ebd., S. 94f; vgl. auch S. 166f, 191.

[96] „[...] on l'observe [cette maladie] fréquemment parmi celles qui ont le teint brun ou très coloré, les yeux noirs et vifs, la bouche grande, les dents blanches et les lèvres d'un rouge incarnat, les cheveux abondans, le système pileux fourni et couleur de jais, et dont les caractères sexuels sont très-prononcés; enfin, les saisons les plus chaudes et les températures les plus élevées favorisent l'invasion de cette maladie." Villermay: „Hystérie", S. 234.

[97] Selbst der „frigiden" Hysterikerin wurde ein „deutlicher Hang zur Erotik" unterstellt, wie Schmersahl anhand verschiedener Quellen ausführt. Unabhängig davon, ob die Hysterikerin nun als sexuell indifferent oder aber schamlos und lasziv designiert wurde, bewegte sie sich jenseits der bürgerlichen heteronormativen und monogamen Matrix, vgl. Schmersahl: *Krankheit und Geschlecht*, S. 237f.

[98] Vgl. Price Herndl: *Invalid Women*, S. 23.

[99] Vgl. Bronfen: *Nur über ihre Leiche*; zur Figur der „schönen Leiche" in Frankreich und speziell zu der in diesem Kontext einflussreichen *Dame aux Camélias* vgl. Susanne Goumegou / Marie Guthmüller / Annika Nickenig: *Schwindend schreiben. Briefe und Tagebücher schwindsüchtiger Frauen im französischen 19. Jahrhundert*. Köln / Weimar / Wien: Böhlau 2011, insbesondere S. 11-42. Die Schwindsucht eignet sich dabei in besonderem Maße für eine ästhetische Stilisierung, weil bei ihr eine imaginäre Entkörperlichung der Kranken und eine gezielte Akzentuierung des leidenden Körpers und der Leidenschaften an sich zusammenkommen. Eine umfassende Auseinandersetzung mit der kulturellen Anschlussfähigkeit der Krankheit leistet die Dissertation Eva Siebenborns mit dem Arbeitstitel *Die Dar-*

medizinischen Entwürfe weiblicher Krankheit ins kulturelle Imaginäre ein, während umgekehrt ästhetische resp. ästhetisierende Darstellungsverfahren für die Herstellung eines medizinischen Wissens relevant sind.

Eine nachhaltige Prägung erhält die Figur der Hysterikerin aber vor allem durch die Arbeiten Sigmund Freuds, der in seiner Konzeption der Krankheit bei Charcots Idee einer traumatischen Genese der Hysterie anknüpft, jedoch sehr verschiedene Behandlungsmethoden hervorbringt. Freud verabschiedet sich von Hypnose und Suggestion und entwickelt, in Zusammenarbeit mit seiner Patientin Bertha von Pappenheim, die sogenannte *talking cure*, eine Technik, bei der verborgene und verdrängte Konflikte dadurch aufgelöst werden, dass der Patient sie in Form freier Assoziation verbalisiert. In seinem Werk „Zur Ätiologie der Hysterie" arbeitet der Begründer der Psychoanalyse die Bedeutung von Erinnerungen und vorzeitiger sexueller Erfahrung für die Entstehung hysterischer Phänomene heraus. Bereits in diesem frühen Text wird der Prozess der Suche nach den Symptomen der Krankheit selbst thematisiert, insofern Freud die Arbeit des Arztes mit einer archäologischen Forschungsreise vergleicht, bei der sich der Forschende in „wenig bekanntes Gebiet" begibt, um dort „das Trümmerfeld in Angriff [zu] nehmen, den Schutt weg[zu]schaffen und von den sichtbaren Resten aus das Vergrabene auf[zu]decken."[100] In seinem einige Jahre später erschienen „Bruchstück zu einer Hysterie-Analyse" geht der Autor explizit auf den Aspekt der (narrativen) Konstruktion einer Krankengeschichte ein, und auch methodisch nehmen die Erzählung der Patientin sowie das Interaktionsverhältnis zwischen Analytiker und Hysterikerin einen größeren Stellenwert in Freuds eigenem Text ein. Freud anerkennt die theoretische Bedeutsamkeit der „Unfähigkeit der Kranken zur geordneten Darstellung ihrer Lebensgeschichte" und entwirft das therapeutische Verhältnis als Weg zur Auflösung des Konflikts. Vor dem Hintergrund dieser Entwicklung lässt sich die zugespitzte Aussage treffen, dass die Technik der Psychoanalyse in der Figur der Hysterikerin ihren Ursprung hat. Einmal mehr kommt also der Figur der kranken Frau ein gleichsam wissenschaftsgenerierendes Potential zu.

Der kursorische Überblick über die einzelnen medizinischen Definitionsversuche und Darstellungsmodi der Hysterie zeigt, dass die Bestimmung der Krankheit immer wieder von einer vorgängigen Wesenheit der

---

stellung der Schwindsucht im medizinischen und literarischen Diskurs in Frankreich im 19. Jahrhundert. Zu einer Romantisierung der Krankheit vgl. Clark Lawlor: *Consumption and Literature. The Making of the Romantic Disease*. Basingstoke: Palgrave Macmillan 2006 sowie Susan Sontag: *Krankheit als Metapher*. München / Wien: Hanser 1980, insbesondere Kap. 4.

100 Sigmund Freud: „Zur Ätiologie der Hysterie" [1896]. In: dsb.: *Hysterie und Angst*. Studienausgabe Bd. VI. Hg. v. Alexander Mitscherlich. Frankfurt a.M.: Fischer 1971, S. 53-81, hier: S. 54.

Frau abgeleitet wird, und dass die Verfahren zur Ermittlung einer Erkenntnis und ihr jeweiliges Ergebnis unauflöslich miteinander verknüpft sind. Mit Elisabeth Bronfen lässt sich deshalb feststellen, dass

> das, was sich charakterisieren und klassifizieren lässt, [...] nicht die Symptome [sind], die die Hysterie über die Jahrhunderte als Syndrom produziert hat, sondern vielmehr deren diskursive Funktion innerhalb medizinischer und ästhetischer Texte. Denn innerhalb der so außerordentlich flexiblen und proteischen Geschichte dieser Idee bleiben sich ihre charakteristischen Kennzeichen immer gleich: Die Sprache der Hysterie zwingt denjenigen, der sich mit ihr auseinandersetzt, zu der Erkenntnis, daß er keine Definition finden, seinen Gegenstand nicht identifizieren kann. Damit aber bezeichnet sie genau die Grenze des Repräsentationssystems, das die hysterische Symptomatologie nicht nur zu klassifizieren sucht, sondern auch selbst produziert.[101]

Die Darstellungen der Hysterie durch die Ärzte liefern oftmals ein genaueres Bild über die jeweiligen medizinischen Vorstellungen ab als über die Krankheit selbst – und dies bedeutet, wie Janet Beizer zugespitzt formuliert, dass die Hysterie im 19. Jahrhundert gleichsam all das versinnbildlicht, was man fürchtet und begehrt.[102] Folgt man dieser Perspektive, dann wird die Hysterie zu einer Krankheit, deren Bilder und Ausdrucksformen in Abhängigkeit von den jeweiligen kulturellen und sozialen Bedingungen ihrer Zeit stehen und umgekehrt in der Lage sind, eben diese zu spiegeln.[103] Ohne die Idee einer ‚gemachten' Krankheit überstrapazieren zu wollen, kann also konstatiert werden, dass die Hysterie in ihrer Symptomatik wie keine andere Krankheit mit ihren jeweiligen Repräsentationen in einem Wechselverhältnis steht.

---

101 Bronfen: *Das verknotete Subjekt*, S. 110.

102 Beizer: *Ventriloquized Bodies*, S. 3.

103 Schaps: *Hysterie und Weiblichkeit*, S. 7. Vgl. auch Zizek: „In dem Wortspiel von ‚Hysterie' und ‚Historie' liegt eine Wahrheit: Die symbolische Identität des Subjekts ist immer historisch determiniert und hängt von einem bestimmten ideologischen Kontext ab." Slavoj Zizek: *Lacan. Eine Einführung*. Frankfurt a.M.: Fischer 2008, S. 51. Noch deutlicher bringt dies Karin Westerwelle zum Ausdruck: „Das Phänomen der Hysterie ist nicht leicht zu definieren. Jedoch kann festgestellt werden, was die Pathologie der Hysterie nicht ist: nämlich jene Krankheit, die von dem Organ der Gebärmutter verursacht wird. Folglich ist jene Beziehung, die Jahrhunderte lang für ihr Entstehen verantwortlich gemacht wird, eine fiktiv-imaginäre oder konzeptuelle. Der Diskurs, der mit ihr arbeitet, sie ausbaut, mit ihr gesellschaftspolitisch operiert, ist ein Artefakt. Die Hysterie *ist* nicht einfach, sondern ihr Auftreten verdankt sich der Zusammenlagerung und Ballung kultureller und gesellschaftlicher Strukturen und Faktoren. Der Diskurs über die Hysterie erzeugt die Hysterie, wobei das Bedingungsgefüge, der Kulturstatus des Menschen oder der Frau, immer schon gegeben ist." Westerwelle: *Ästhetisches Interesse*, S. 55.

4. Repräsentationen. Zum Einflussverhältnis von Literatur und Medizin

An der Herstellung eines medizinischen (oder auch kulturellen) Wissens über Krankheit und Geschlecht sind, das lässt sich aus dem bisher Gesagten ableiten, komplexe Prozesse der Repräsentation beteiligt. Die Geschlechterdifferenz, wie wir sie heute kennen, ist Thomas Laqueur zufolge das Ergebnis einer im Vorgang der Darstellung vollzogenen Konstruktion: „Durch ‚Literatur', überhaupt durch Repräsentation, erhält er [der sexuelle Unterschied] seinen Gehalt. Nicht nur, daß die Einstellungen gegenüber dem Geschlechtsunterschied ‚literarische Texte hervorbringen und strukturieren'; Texte schaffen den Unterschied der Geschlechter."[104] Ebenso wie die Entstehung eines Wissens über Körper und Geschlechterdifferenz aus dem gesellschaftlichen Bedürfnis hervorgeht, „darüber zu sprechen",[105] ist das darin implizierte Normdenken im Hinblick auf Krankheit und Geschlecht das Ergebnis eines diskursiven Repräsentationsvorgangs.

Nicht zufällig ist gerade Sigmund Freud mit seinen Studien zur Hysterie einer der ersten Mediziner, der die erkenntnisbildende Funktion der Repräsentation erkannt und zu einem konstitutiven Merkmal in der Behandlung hysterischer Patienten erklärt hat. In Freuds „Bruchstück einer Hysterie-Analyse" wird ein mögliches Wissen über die Krankheit an die Form der Erzählung gebunden, so dass die epistemologische Bedeutung von Narrativität deutlich wird:

> Eine lückenlose und abgerundete Krankengeschichte voranschicken, hieße den Leser von vornherein unter ganz andere Bedingungen versetzen, als die des ärztlichen Beobachters waren. [...] Diese erste Erzählung ist einem nicht schiffbaren Strom vergleichbar, dessen Bett bald durch Felsmassen verlegt, bald durch Sandbänke zerteilt und untief gemacht wird. Ich kann mich nur verwundern, wie die glatten und exakten Krankengeschichten Hysterischer bei den Autoren entstanden sind.[106]

Die „erste Erzählung", von der Freud hier spricht, und die er bildlich mit der unfassbaren Naturgewalt des Wassers in Analogie setzt, ist die Darstellung der Krankheit aus Sicht des Patienten, die nicht ohne weiteres zugänglich ist, sondern vom Arzt erst entschlüsselt und transformiert werden muss.[107] Freud macht also explizit, dass die Fallgeschichte das

104 Laqueur: *Auf den Leib geschrieben*, S. 31.

105 Ebd., S. 135.

106 Freud: „Bruchstück einer Hysterie-Analyse", S. 95.

107 Tatsächlich beleuchtet Freud beide unsicheren Aspekte bei der Entstehung einer „Krankengeschichte" – die Unzuverlässigkeit der Patientenerinnerung, die aufschlussreich sein kann, aber auch die Unzuverlässigkeit des Arztes, die eher technischer Natur ist: „Ich werde nun mitteilen, auf welche Weise ich für diese Kran-

Ergebnis eines (erzähl)technischen Vorgangs der Glättung, der Abstraktion, kurz: der Narrativierung ist. Auf diese Weise wird sie dem Roman vergleichbar,[108] sie wird lesbar wie ein literarischer Text, bei dem gerade die Lücken und Brüche Aufschluss geben über die jeweils verborgene Erfahrung oder das zugrundeliegende Trauma:

> Es ist eben diese „eingehende Darstellung, wie man sie vom Dichter zu erhalten gewohnt ist“ [Freud], die es, wie es weiter heißt, gestattet, „Einsicht in den Hergang einer Hysterie zu gewinnen.“ Die literarische Darstellung tritt m.a.W. nicht in einen Gegensatz zum Wissen, sondern hat ausdrücklich epistemische Funktion. Von daher sind auch die Besonderheiten, die die hysterische Erzählung aufweist, und die Freuds Darstellungsweise zum Teil wiederholt, in erkenntnistheoretischer Hinsicht aufschlussreich. [...] Voller „Lücken und Rätsel“, zerrissener Zusammenhänge, Wiederholungen und Korrekturen weist die hysterische Erzählung alle Merkmale eines *Bruchstücks* auf.[109]

Die von Laqueur nachgezeichnete Erfindung des ‚Two-Sex-Models‘ und Freuds Überlegungen zur narrativen Entstehung der Krankengeschichte sind aber nur Beispiele dafür, dass in jede wissenschaftliche Darstellung Prozesse der Abstraktion, Selektion und Reduktion eingelassen sind, Verfahren also, die zugleich Bestandteil einer kulturell eingebundenen Ästhetik sind.[110] Dies gilt auch für den Einsatz spezifischer rhetorischer oder bildgebender Mittel, mit denen Evidenz, Plausibilität, Eindeutigkeit oder Autorität erzielt werden sollen. Gerade die Vorstellungen darüber, was als „objektiv“ zu gelten hat und wie eine solche Objektivität in der Darstellung erreicht werden kann, sind historischen Veränderungen und ästhetischen Prämissen unterworfen.[111] Die Kategorie Geschlecht, über

---

kengeschichte die technischen Schwierigkeiten der Berichterstattung überwunden habe. Diese Schwierigkeiten sind sehr erheblich für den Arzt, der sechs oder acht solcher psychotherapeutischer Behandlungen täglich durchzuführen hat und während der Sitzung mit dem Kranken selbst Notizen nicht machen darf, weil er das Mißtrauen des Kranken erwecken und sich in der Erfassung des aufzunehmenden Materials stören würde. Es ist auch ein für mich noch ungelöstes Problem, wie ich eine Behandlungsgeschichte von langer Dauer für die Mitteilung fixieren könnte.“ Ebd., S. 89.

108 Steven Marcus beschreibt Freuds Fallgeschichte über Dora aufgrund ihrer verwickelten Struktur, ihrer Rahmenhandlung, ihrer thematischen Analogien und Variationen als einen Roman: „Freud is as much a novelist as he is an analyst.“ Steven Marcus: „Freud and Dora: Story, History, Case History“. In: Charles Bernheimer / Claire Kahane (Hgg.): *In Dora's Case. Freud – Hysteria – Feminism.* New York: Columbia University Press 1985, S. 56-91, hier: S. 79.

109 Nusser / Strowick: „Intersektionen. Überlegungen zum Verhältnis von Krankheit und Geschlecht“, S. 13.

110 Vgl. Laqueur: *Auf den Leib geschrieben*, S. 192.

111 In ihrem Versuch, die Geschichte, die Bedingungen, und schließlich die Moralisierung von Objektivität nachzuzeichnen, beschreiben Daston und Galison einen

die in Traktaten und Lexikoneinträgen eines Brachet, Roussel oder Villermay ein Wissen hergestellt werden soll, ist dabei jedoch nicht nur das Ergebnis eines Repräsentationsvorgangs, sondern stellt zugleich den daran geknüpften Bildfundus bereit: „[...] the natural sciences have found sexuality appealing not just as a subject for intensive investigation but as a source of images, metaphors and symbols. The distinction between nature and culture, like that between women and men, is one of value."[112] Auch in einem (natur)wissenschaftlichen Sprechen über Krankheit sind somit genuin literarische Darstellungsformen wie Vergleiche, Symbole und Metaphern beteiligt.

Die konstitutive Bedeutung von Metaphern bei der Darstellung von Krankheit bildet auch den argumentativen Ansatzpunkt der Kulturkritikerin Susan Sontag. In ihrem Essay *Illness as a Metaphor* (1978) setzt sie sich kritisch mit der gesellschaftlichen Konstruktion von Krankheit, insbesondere von Tuberkulose und Krebs auseinander und stellt heraus, dass die jeweils an die Krankheit geknüpften Metaphern zugleich Träger moralischer Urteile sind und daher „niemals unschuldig" sein können.[113] Auch der Literaturwissenschaftler Thomas Anz formuliert die Feststellung, dass „Krankheitsvorstellungen im Dienst der Legitimation sozialer Normen und Werte" stehen, weist aber zugleich darauf hin, dass sich diese Maßstäbe verändern:

> Der aufgeklärte Moralismus tendierte dazu, den Kranken mit Schuldzuweisungen für normwidriges Verhalten zu belasten, die

---

wesentlichen Bruch in der Vorstellung von Objektivität als ein „Bild der Natur". Während es bis ins späte 18. Jahrhundert hinein um die Darstellung einer „naturgemäße[n] Harmonie", einer „ideale[n] Mittelform" geht, Genauigkeit also prinzipiell mit Schönheit zusammengedacht wird, muss in der zweiten Hälfte des 19. Jahrhunderts Objektivität auf mechanische Weise ‚gesichert' werden: „Fotografische Darstellungen beteiligten sich zusammen mit Röntgenbildern, Lithographien, [...] am – allerdings niemals völlig erfolgreichen – gemeinsamen Kampf um die Eliminierung der menschlichen Intervention zwischen Objekt und Abbildung. Interpretation, Selektivität, Kunst und das Urteilsvermögen selbst begannen alle als subjektive Versuchungen zu gelten, die mechanischen oder technischen Schutz erforderlich machten." Daston / Galison: „Das Bild der Objektivität", S. 47, 57.

112 Jordanova: *Sexual Visions*, S. 19.

113 Wesentlicher Kritikpunkt ist dabei auch, dass das metaphorische Sprechen es ermöglicht, von der individuellen Krankheit auf einen gesamtgesellschaftlichen Zustand zu schließen: „Krankheiten sind immer schon als Metaphern benutzt worden, um den Vorwurf, eine Gesellschaft sei korrupt oder ungerecht, zu beleben. [...] Die Bildersprache der Krankheiten wird verwendet, um Besorgnis über die gesellschaftliche Ordnung auszudrücken, und die Gesundheit ist etwas, von dem angenommen wird, daß jedermann darüber Bescheid weiß. Solche Metaphern projizieren nicht die moderne Vorstellung einer besonderen Hauptkrankheit, bei der die Gesundheit selbst zum strittigen Thema wird." Sontag: *Krankheit als Metapher*, S. 78, 90.

> Ursache der Krankheit in ihm selbst zu suchen; die Moderne hingegen neigt dazu, das kranke Subjekt zu exkulpieren, die Ursachen seiner Krankheit in sozialen Verhältnissen oder kulturellen Normen zu lokalisieren und statt den Kranken diese zu belasten.[114]

Aus diesem Grund lehnt Anz die von Sontag aufgebrachte Unterscheidung zwischen einem metaphorischen und einem ‚eigentlichen' Sprechen über Krankheit ab und plädiert für eine historische Perspektive, „die um die Vergänglichkeit, die Wandlungen und die Bedingtheit medizinischer Vorstellungen weiß".[115] Folgt man dieser Perspektive, wird nicht nur die Grenzlinie zwischen metaphorischer und eigentlicher Darstellung problematisch, sondern ebenso eine eindeutige Differenzziehung zwischen ‚rein' wissenschaftlicher und ‚rein' literarischer Konstruktion von Krankheit. Stattdessen scheint es gerade der Transfer von wissenschaftlichem Wissen und literarischen Repräsentationsformen zu sein, der eine fruchtbare Annäherung an die Figur der „kranken Frau" erlaubt.

Die nachfolgenden Analysen sind daher einer wissenspoetologischen Herangehensweise verpflichtet, was bedeutet, dass wissenschaftliche und literarische Texte die gleichen Verfahren teilen, dass sie miteinander in Relation (oder auch in Konkurrenz) treten und dass sie mit denselben Mitteln analysiert werden können.[116] Der nachgezeichnete wissenshistori-

---

114 Anz: *Gesund oder krank*, S. 18.

115 Ebd., S. xiii.

116 Marc Föcking formuliert das Selbstverständnis eines solchen wissenspoetologischen Ansatzes: „Die Erweiterung der Materialbasis auf Texte nicht-literarischer Diskurse, deren rhetorische Strukturen ebenso der literaturwissenschaftlichen Analyse zugänglich sind wie die literarischer Texte; die Relationierbarkeit von nicht-literarischen und literarischen Diskursen und Texten eben auf Grund gemeinsamer rhetorischer Verfaßtheit; der „Austausch" nicht nur inhaltlicher, sondern auch diskurs- oder textstruktureller Elemente zwischen „Wissenschaft" und „Literatur" – das sind unabdingbare Prämissen eines literaturwissenschaftlich-interdiskursiven Ansatzes." Föcking: *Pathologia litteralis*, S. 7. Als weitere rezente Forschungsbeiträge zu dieser Diskussion vgl. Joseph Vogl: „Robuste und idiosynkratische Theorie". In: *KulturPoetik* 7.2 (2007), S. 249-258 und Roland Borgards: „Wissen und Literatur. Eine Replik auf Tilmann Köppe". In: *Zeitschrift für Germanistik* 17.2 (2007), S. 425-428. An jüngeren Publikationen vgl. insbes. Roland Borgards / Harald Neumeyer / Nicolas Pethes / Yvonne Wübben: *Literatur und Wissen. Ein interdisziplinäres Lexikon*. Stuttgart: Metzler 2013; Lutz Danneberg / Friedrich Vollhardt (Hgg.): *Wissen in der Literatur im 19. Jahrhundert*. Tübingen: Niemeyer 2002; Ralf Klausnitzer: *Literatur und Wissen. Zugänge – Modelle – Analysen*. Berlin: de Gruyter 2008; Thomas Klinkert / Monika Neuhofer: *Literatur, Wissenschaft und Wissen seit der Epochenschwelle um 1800. Theorie – Epistemologie – komparatistische Fallstudien*. Berlin: de Gruyter 2010; Nicolas Pethes: „Literatur- und Wissenschaftsgeschichte. Ein Forschungsbericht". In: *Internationales Archiv für Sozialgeschichte der Literatur* 28.1 (2003), S. 181-231; Joseph Vogl: *Poetologien des Wissens um 1800*. München: Fink 2010. Aus systemtheoretischer Sicht nähert sich die Studie von Thomas Klinkert: *Epistemologische*

sche Kontext dient den im Folgenden analysierten literarischen Texten daher sowohl als Hintergrundfolie wie auch als Bezugspunkt. Entscheidend dabei ist, dass die medizinischen Konstruktionen von Krankheit und Geschlecht an konkrete Darstellungsmuster gebunden sind, durch welche sie hervorgebracht und modelliert werden. Die Pathologisierung des Weiblichen bildet einen Kristallisationspunkt der Herstellung von Wissen und Wissenschaftlichkeit, oder anders gesagt: Geschlecht wird in diesem Kontext zu einer Wissenskategorie. Ebenso wie in literarischen Prosatexten sind dabei die Repräsentationen von Krankheit und Geschlecht das Ergebnis eines Narrativs. Jedoch unterscheiden sich die literarischen Erzeugnisse ganz wesentlich darin, dass der Narration oder Repräsentation hier keine Bemühung um Kohärenz und Vereindeutigung zugrunde liegt, sondern im Gegenteil die Erschaffung semantischer Offenheit. Aus diesem Grund sind die wissenshistorisch an die Hysterie geknüpften Parameter der Imitation und Theatralität, die von zeitgenössischen Beobachtern als Simulation beanstandet werden, in ihrem Zusammenhang mit dem Prinzip des Imaginären für die Literatur gerade produktiv. Erst vor dem Hintergrund der wissenschaftlichen Modellierung pathologisierter Weiblichkeit, und nur in direkter Auseinandersetzung mit einer solchen, gewinnt die Wiederbelebung der Figur der kranken Frau in der Literatur von Schriftstellerinnen ihre notwendige Sprengkraft. Gerade im Rahmen einer solchen diskursübergreifenden Interaktion nämlich werden über die Repräsentation von Krankheit und Geschlecht hinaus auch Fragen der Herstellung von Wissen, von Autorität und Autorschaft ausgehandelt.

Fiktionen. Zur Interferenz von Literatur und Wissenschaft seit der Aufklärung. Berlin / New York: de Gruyter 2010.

Kontextualisierung

III. „MYSELF IN DISGUISE“. DOPPLUNGEN, SPIEGELUNGEN UND SPALTUNGEN IN SYLVIA PLATHS *THE BELL JAR*

Die neunzehnjährige Esther Greenwood, Protagonistin in Sylvia Plaths Roman *The Bell Jar* (1963), wird in den Text eingeführt als intelligente Musterschülerin und erfolgreiche Stipendiatin. Ausgerechnet in dem Sommer, den sie als Praktikantin in der Redaktion einer hochrangigen New Yorker Modezeitschrift verbringt, bemerkt die junge Frau eine wachsende Teilnahmslosigkeit und ein bis dahin unbekanntes Gefühl der Entfremdung. Es gelingt ihr nicht mehr, die Hochglanzbilder von Weiblichkeit aus den Illustrierten und die unterschiedlichen sie umgebenden Identitätsentwürfe und Rollenmuster der Erwachsenenwelt mit ihrem eigenen Erleben in Übereinstimmung zu bringen. Anstelle der Euphorie und Entschlossenheit, die von ihr erwartet werden, empfindet Esther eine offenkundige Handlungsunfähigkeit:

> It was becoming more and more difficult for me to decide to do anything in those last days. And when I eventually *did* decide to do something, such as packing a suitcase, I only dragged all my grubby, expensive clothes out of the bureau and the closet and spread them on the chairs and the bed and the floor and then sat and stared at them, utterly perplexed. They seemed to have a separate, mulish identity of their own that refused to be washed and folded and stowed.[1]

In Esthers rückblickender Beschreibung eines ihrer letzten Abende in New York wird deutlich, dass ihre Handlungsunfähigkeit mit der Schwierigkeit einer Identitätsfindung in Zusammenhang steht. Die Kleidungsstücke, die gleichsam ein Eigenleben besitzen und als widerspenstig und sperrig erscheinen, lassen sich als Versinnbildlichung der von außen gesetzten Rollenbilder lesen, die von der jungen Frau nicht angenommen, bewältigt und eingeordnet werden können. Die Diskrepanz zwischen einem inneren Zustand und einer äußeren (Ver-)Kleidung bildet den Ursprung der von Esther empfundenen Selbstentfremdung. Die depressive Erkrankung, die sich in New York abzuzeichnen beginnt und sich bei Esthers Rückkehr nach Boston immer deutlicher manifestiert, wird dabei an die Konformität geschlechtsspezifischer Rollenbilder geknüpft, welche die Protagonistin in einer fortgesetzten Bewegung aus Aneignung und Abwehr durchläuft.

Der unter dem Pseudonym Victoria Lucas in England erschienene Roman *The Bell Jar* der Autorin Sylvia Plath wurde sehr bald als ein „fe-

[1] Plath: *The Bell Jar*, S. 104. Im Folgenden zitiert als BJ.

ministischer Schlüsseltext"[2] rezipiert und als ein Manifest der kritischen Auseinandersetzung mit der Rolle junger Frauen in den amerikanischen 50er- und 60er-Jahren gelesen. In Esthers Schicksal erkannte man die Situation der Frauen wieder, die die amerikanische Publizistin Betty Friedan in ihrem ebenfalls 1963 erschienenen Buch *The Feminine Mystique* darstellt: Frauen, die mit den Normen und Erwartungen ihrer Zeit haderten und sich in der konformen Rolle als Mutter, Ehe- und Hausfrau eingeengt fühlten.[3] Plaths Roman lässt sich in diesem Sinne als eine literarische Ausgestaltung der Annahme lesen, dass die patriarchalische Gesellschaft Frauen krank mache.[4] Die in der zitierten Passage sichtbare Verwendung einer Motivik der Verkleidung und Maskierung ist ebenfalls in diesem Zusammenhang lesbar und lässt sich mit Judith Butlers Konzept der Travestie zusammendenken, dem zufolge die stereotype Gemachtheit und Wiederholbarkeit normativer Rollenmuster an die Stelle einer „eigentlichen", „inneren" Identität rücken.[5] Plaths Roman geht dabei über die inhaltliche Auseinandersetzung mit der Präsenz geschlechtsspezifischer Rollenbilder hinaus und verhandelt die Problematik einer Normalisierung von Identität vor allem auf der Ebene von Schreibweisen. In der retrospektiven und autodiegetischen Erzählsituation des Textes spiegeln sich die zeittypischen Diskurse der amerikanischen Gesellschaft, und damit

---

2 Schlichter: *Figur der verrückten Frau*, S. 34.

3 Betty Friedan analysiert in *The Feminine Mystique* die Bedeutung medialer Weiblichkeitsbilder für die Konstruktion von Vorstellungen über Glück und Erfüllung der Frau innerhalb der traditionellen Sphärentrennung, und diskutiert somit gleichsam auf theoretischer Ebene die Geschlechterrollen, die Plath literarisch ausgestaltet. Der von Friedan konstatierte „Weiblichkeitswahn" (so der deutsche Titel) ergibt sich der Autorin zufolge aus der Diskrepanz zwischen der erlebten Wirklichkeit und den internalisierten gesellschaftlichen Vorstellungen: „The suburban housewife – she was the dream image of the young American women and the envy, it was said, of women all over the world. The American housewife – freed by science and lavor-saving appliances from the drudgery, the dangers of childbirth and the illnesses of her grandmother. She was healthy, beautiful, educated, concerned only about her husband, her children, her home. She had found true feminine fulfillment. [...] In 1960, the problem that has no name burst like a boil through the image of the happy American housewife." Betty Friedan: *The Feminine Mystique*. New York: Norton [1963] 1983, S. 18ff. Mit der Bezeichnung eines ‚Problems ohne Namen' umschreibt Friedan ein bei Frauen beobachtbares Phänomen, das aufgrund der Ungreifbarkeit und Nebulosität des Leidens der Hysterie vergleichbar ist.

4 Dieser Aspekt wird in der Forschung zu Sylvia Plaths Roman immer wieder hervorgehoben: „In [...] *The Bell Jar*, it is the repressive patriarchal society's norms, and specifically its socialization process that early on give the impetus to the ‚disease' that will later develop into madness serious enough to require incarceration." Elaine Martin: „Mothers, Madness, and the Middle Class in *The Bell Jar* and *Les mots pour le dire*". In: *The French American Review* 5.1 (1981), S. 24-47, hier: S. 26.

5 Vgl. Butler: *Gender Trouble*, S. 186.

zugleich die daran geknüpften Kategorien des Normalen und Pathologischen, aber auch psychiatriekritische Ansätze zur Problematisierung einer solchen Normbildung.

Beginnend mit der Erkrankung in New York schlägt der Roman den Bogen über die mehrstufige Behandlung der Protagonistin bei unterschiedlichen Ärzten und in verschiedenen Hospitälern in Boston bis hin zu einer zumindest angedeuteten Genesung, die den Text beschließt. Im Folgenden wird die „Fallgeschichte Esther Greenwood“, als die der Roman lesbar ist, unter besonderer Berücksichtigung des Kontextes analysiert, der sowohl als metaphorisches Bezugsfeld als auch als diskursiver Rahmen für die erzählte Krankheitsgeschichte fungiert. Dabei wird gezeigt, mit welchen literarischen Mitteln Plaths Roman die für die frühen 60er-Jahre gängigen Zuschreibungen und Normalisierungen verhandelt und in Frage stellt, und auf welche Weise die Protagonistin Esther Greenwood die herrschenden Rollenmuster erprobt und zugleich unterwandert. (1.) In einem ersten Schritt wird daher zunächst darauf eingegangen, wie der Text bestehende Formen der Pathologisierung und Medikalisierung des Weiblichen reflektiert. Es lässt sich zeigen, dass die Darstellung der Krankheit mit der Erzählsituation der Selbstbeobachtung konvergiert, insofern sich in dieser Selbstbeobachtung Blickmuster und Darstellungsformen medizinischer Praktiken spiegeln. Das Schreiben, das vordergründig der Verarbeitung der eigenen Erkrankung dient, wird dabei seinerseits immer wieder pathologisiert oder als Abweichung markiert und führt schließlich zu einer Aufspaltung des Ich in eine beobachtende und eine beobachtete Instanz. (2.) Der sowohl als Symptom wie auch als Ergebnis der Selbstbeobachtung beschreibbare Prozess der Aufspaltung verlängert sich im Text auf figurativer Ebene in dem Entwurf einer ganzen Reihe von Doppelgängerfiguren, die teils begehrte, teils unliebsame Persönlichkeitsanteile der Protagonistin verkörpern. Obwohl die Abspaltung dieser widersprüchlichen Rollenentwürfe der Protagonistin eigentlich zur Bewahrung einer intakten Integrität der Subjektposition dient, ist die Wirkung jener Doppelgänger eine primär bedrohliche. Neben den Mechanismen, mit denen der Roman anhand des Doppelgängermotivs die Übermacht und Nachahmung medialer Rollenbilder reflektiert, wird deshalb auch auf die generischen Implikationen, insbesondere die Anleihen an die Gothic Novel und die Kategorie des Unheimlichen, eingegangen. (3.) Die Strategien der Abwehr und Aneignung, die anhand des Doppelgängermotivs zum Tragen kommen, werden schließlich vor dem Hintergrund zeitgenössischer gesellschaftlicher Diskurse beleuchtet. Dabei zeigt sich, dass der von der Protagonistin unternommene Versuch einer Retablierung der eigenen gebrochenen Identität nur auf Kosten einer Abwertung anderer Formen der Abweichung vollzogen werden kann. Abschließend wird daher kritisch auf die problematische Dimension der von Esther eingesetzten Prozesse der Selbstviktimisierung sowie die darin implizierte Fortführung normativer Denkstrukturen eingegangen. Entgegen den Aussagen der autodiegetischen Erzählinstanz, die ein Primat der Innerlichkeit und Subjektivität formuliert, um zugleich zu postulieren, ihr psychischer Zustand stünde nicht in Zusammenhang mit den Geschehnissen der Zeit, wird dabei, im Zuge einer kontrapunktischen Lektüre, das Augenmerk gerade auf den Kontext des Romans und die politischen Implikationen der darin eingesetzten Metaphorik gelegt. Anhand der Analyse von *The Bell Jar* lässt sich zeigen, dass der im Text unternommene Rekurs auf den zeitgenössischen historischen Kontext das strategische Ziel verfolgt, die pathologisierte Weiblichkeit unter Aneignung bestehender Opferpositionen zu konturieren. Die eingesetzte Kontextualisierung wird dabei als produktiver Umgang mit vorherrschenden Diskursen der 50er- und 60er-Jahre verstehbar, die dazu dient, der medizinisch und geschlechterpolitisch fundierten Matrix von Norm und Abweichung ihre Gültigkeit abzusprechen.

1. Szenen der Prüfung. Selbstbeobachtung und Medikalisierung des Weiblichen

Der Roman *The Bell Jar* ist als eine aus subjektiver Perspektive geschilderte Fallgeschichte lesbar, steht doch die Erkrankung und psychiatrische Behandlung der Protagonistin Esther Greenwood im Zentrum.[6] Den Ausgangspunkt der erzählten Geschichte bilden die Sommerwochen, die Esther in der Redaktion der New Yorker Modezeitschrift *Ladies' Day* verbringt – eine Zeit, die sie mit einer Vielzahl an unbekannten Eindrücken und aufregenden Erfahrungen konfrontiert, aber auch mit ihrer eigenen Orientierungslosigkeit. Die in den ersten zehn Kapiteln des Romans erzählten Episoden ihres Aufenthaltes in der Großstadt konzentrieren sich auf drei zentrale Themenkomplexe: den von Zweifeln begleiteten beruflichen Lebensentwurf; das Verhältnis zu gleichaltrigen jungen Frauen in Form konkurrierender Wertvorstellungen und Rollenmodelle; und schließlich die Suche nach einer sexuellen Identität. Die Themen, die Esther umtreiben, werden verschränkt mit Erinnerungen an ihre Beziehung zu dem Medizinstudenten Buddy Willard in der nahen Vergangenheit, in der Esthers gesellschaftliche Rolle als Frau sowie ihre eigenwilligen und bisweilen widersprüchlichen Ambitionen und Ideen zu regelmäßigen Konflikten geführt hatten. Die Sprunghaftigkeit der Erzählweise bildet dabei den Gemütszustand der unsicheren, zweifelnden Protagonistin ab.

[6] Vgl. dazu Henry Schveys Auseinandersetzung mit der Frage, ob es sich bei *The Bell Jar* um einen Bildungsroman oder eine klassische ‚Fallgeschichte' handelt. Henry I. Schvey: „Sylvia Plath's *The Bell Jar*: *Bildungsroman* or Case History". In: *Dutch Quarterly Review of Anglo-American Letters* 8 (1978), S. 18-37, vgl. insbes. S. 22ff.

Der zweite Teil des Textes, der ebenfalls zehn Kapitel umfasst, fokussiert auf die Zeit nach Esthers Rückkehr nach Boston, wo sich die Krankheit weiter verschlimmert und Esther mehrere Ärzte und Psychologen aufsucht, die ihr neben starken Psychopharmaka auch eine schmerzhafte Elektroschocktherapie verschreiben. Nach einem Selbstmordversuch beginnt ein längerer Aufenthalt in der Klinik, wo Esther abermals mit festgefügten Strukturen von Norm und Abweichung konfrontiert ist und sich die in der „Außenwelt" gängigen hierarchisierenden Vorstellungen im Hinblick auf das, was als krank oder gesund zu gelten hat, strukturell wiederholen. Die Behandlungsmethoden der damaligen Zeit werden dabei in all ihrer Drastik aus Esthers Perspektive wiedergegeben, wobei sich die Wahrnehmung der kranken Protagonistin mit kritischen Ansätzen der entstehenden Antipsychiatriebewegung deckt[7], etwa in der Beschreibung von Elektroschocks (BJ 143f), den Folgen einer Lobotomisierung (vgl. BJ 192) oder der Darstellung der anderen Patienten als entindividualisierte, gleichgeschaltete Masse, als „shop dummies, painted to resemble people and propped up in attitudes counterfeiting life." (BJ 142) Die fortgesetzte Suche nach den Konturen ihrer Identität manifestiert sich in Esthers literarischen Schreibbemühungen, bei denen sie versucht, ihre eigene Rolle innerhalb der gesellschaftlich gesetzten Normen zu verorten. Der Roman lässt sich folglich als eine unabschließbare Selbstbeobachtung lesen, im Zuge derer das eigene Ich zum Objekt der Darstellung wird. Esthers Krankheit, die den Anlass liefert, rückblickend einen Text über ihren Sommer in New York, über die Zeit davor und die Monate danach zu verfassen, steht deshalb mit dem Prozess des Schreibens in unmittelbarem Zusammenhang. Den Schluss der erzählten Handlung bildet ein letztes Auftreten vor der Ärzteschaft, der Esther sich vor ihrer Entlassung zu stellen hat, und der sie mit einem neu erlangten Selbstbewusstsein gegenübertritt.

Komplizierter als die *histoire* der Krankheit (und die Aufteilung in jeweils 10 Kapitel Erkrankung in New York – Krankheit und Genesung in Boston) ist die Erzählform des Textes, insofern der chronologisch nachvollziehbaren Abfolge von Erkrankung und Genesung eine durch (pro- und analeptische) Zeitsprünge, Assoziationen, Querverweise und Kommentare durchsetzte Narrationsweise gegenübergestellt ist. Im Folgenden soll daher der Frage nachgegangen werden, welche Bedeutung dieser retrospektiven Erzählhaltung zukommt und was für ein alternatives Wissen über Krankheit dabei generiert wird. In der frühen Rezeption des Textes

---

7 Als paradigmatische Publikationen aus dem Umfeld der Anti-Psychiatrie-Bewegung vgl. Thomas Szasz: „The Myth of Mental Illness". In: *American Psychologist* 15 (1960), S. 113-118; Ronald D. Laing: *The Divided Self. An Existential Study on Sanity and Madness*. Harmondsworth: Penguin 1960; Erving Goffman: *Asylums. Essays on the Social Situation of Mental Patients and other Inmates*. New York: Doubleday Anchor 1960.

hat man die Aufspaltung in ein erzählendes und ein erlebendes Ich als Verweis auf eine Distanz zwischen beiden Ebenen aufgefasst, so dass „die kritische Perspektive der jungen Esther durch die Anspielung auf ihr krankhaftes Verhalten in Frage [ge]stellt“ wird.[8] Dabei beläuft sich der Verweis auf die Ebene der Gegenwart, d.h. auf die Zeitebene der rückblickend erzählenden Esther, innerhalb des Textes auf ganze zwei Sätze: „For a long time afterward I hid them [all those free gifts] away, but later, when I was all right again, I brought them out, and I still have them around the house. I use lipsticks now and then, and last week I cut the plastic starfish off the sunglasses case for the baby to play with it.“ (BJ 3) Allein in dieser beiläufigen Bemerkung wird die zeitliche Distanz zwischen der Situation des Erzählens und den erzählten Ereignissen kenntlich gemacht. Der Verweis auf eine nunmehr eingetretene Mutterschaft („for the baby to play with it“) und auf eine Verbesserung des seelischen Zustandes („when I was all right again“) ist mehrfach als Zeichen für das Einfinden in eine Position der Gesundheit und eine angepasste Frauenrolle gelesen worden.

Die Sprunghaftigkeit des Romans und die Überlagerung verschiedener Erzählstränge erscheinen auf diese Weise als narrative Umsetzung einer sich vollziehenden Erinnerungsleistung. Den rückblickend ausgewählten Episoden kommt möglicherweise ein kausaler und in gewissem Sinne „ätiologischer“ Charakter zu: sowohl die Erfahrungen in der New Yorker Modewelt als auch die Jugenderinnerungen, die Schulzeit und die Beziehung mit Buddy Willard, die schnelllebige Großstadt und die beengenden Vororte werden von der Erzählerstimme als Ursachen des psychischen Zusammenbruchs deklariert und auf diese Weise in ihrer ‚krankmachenden‘ Eigenschaft zusammengeführt.[9] Interessanter als die Frage nach dem autobiographischen Gehalt des Romans, die viele Forscher zu beantworten versuchen[10], ist dabei der Umstand, dass Plath durch die retrospektive Erzählhaltung in der Ich-Perspektive eine dezidiert autobiographisch kodierte Schreibweise einsetzt. Entgegen den Konventionen des Genres führt diese Konstellation jedoch nicht zu dem Erschreiben einer einheitli-

---

8 Schlichter: *Figur der verrückten Frau*, S. 51.

9 „These two stories [the stories of Buddy Willard and of Esther's summer in New York] do not mathematically equal one another. Rather they circle each other, each story expressed through imagistic mini-narratives embedded within the matrix created by the other similarly condensed story fragment. This relationship of stories, in which frame and focus, cause and effect – the elements of scientific formulation and equation – shift location and displace each other, inaugurates a dynamic to Esther's deathly inward spiraling.“ Emily Miller Budick: „The Feminist Discourse of Sylvia Plath's *The Bell Jar*“. In: *College English* 49.8 (1987), S. 872-885, hier: S. 878.

10 Susan R. van Dyne: „The Problem of biography“. In: Jo Gill (Hg.): *The Cambridge Companion to Sylvia Plath*. Cambridge / New York: Cambridge University Press 2006, S. 3-20.

chen Subjektposition, sondern bewirkt, ganz im Gegenteil, eine Spaltung im Inneren der Protagonistin. Die retrospektive Schreibhaltung wäre demnach nicht als Beweis der Genesung zu sehen, wie im Folgenden deutlich wird, sondern als narrative Umsetzung einer grundsätzlichen Problematik der Selbstbeobachtung, die den Roman in seiner Gesamtanlage bestimmt.

Die Bedeutung des Schreibens als eine problematische Kategorie zeigt sich nicht zuletzt bei einer näheren Analyse der Darstellung von Krankheit innerhalb des Romans. Anhand der individuellen Erkrankung der Esther Greenwood verhandelt Plaths Roman die zu der Zeit aktuellen Diskurse über Krankheit und Geschlecht, insbesondere wenn man den Text als eine autodiegetische Fallgeschichte liest.[11] Die Problematik einer geschlechtsspezifischen Determinierung wird dabei anhand der konkreten Darstellung von Esthers Erkrankung und Behandlung ausgefaltet. Die medizinische Konstellation ist innerhalb des Romans immer zugleich von einer geschlechtsspezifischen Hierarchie geprägt. Ob in den Sprechstunden bei dem Arzt Dr. Gordon, den Esther nach ihrem Nervenzusammenbruch als erstes aufsucht,[12] oder in den Diskussionen mit ihrem Freund Buddy, der zugleich Medizinstudent ist, stets wird die Deutungsmacht über den weiblichen Körper und die weibliche Psyche von den Männern reklamiert. Buddy versieht Esther mit fragwürdigen Diagnosen, während er seine eigene Gesundheit hervorhebt,[13] er pathologisiert insbesondere Esthers Vorhaben, niemals zu heiraten – „You're crazy" –, aber auch ihren Hang zur Unentschlossenheit und bescheinigt ihr „the perfect setup of a true neurotic" (BJ 93). Die im Roman dargestellte psychische Krankheit der Protagonistin wird zudem durch zahlreiche Momente physischer Einschränkung oder Versehrtheit ergänzt, die sich als Konsequenz der be-

---

11 So gilt auch für *The Bell Jar*, was Elaine Showalter als Kernaussage des Psychiatrieromans von Frauen charakterisiert: „In scores of literary and journalistic works produced between 1920 and the early 1960s, from inmate narratives protesting against the asylum to autobiographical novels and poems, schizophrenia became the bitter metaphor through which English women defined their cultural situation. Individually and collectively, these narratives provide the woman's witness so marginal or absent in the nineteenth-century discourse on madness; they give us a different perspective on the asylum, on the psychiatrist, and on madness itself; and they transform the experiences of shock, psychosurgery, and chemotherapy into symbolic episodes of punishment for intellectual ambition, domestic defiance, and sexual autonomy." Showalter: *Female Malady*, S. 210.

12 „Doctor Gordon's features were so perfect he was almost pretty. I hated him the minute I walked in through the door. [...] ‚Suppose you try to tell me what you think is wrong.' I turned the words over suspiciously, like round, sea-polished pebbles that might suddenly put out a claw and change into something else. What did I *think* was wrong? That made it sound as if nothing was *really* wrong, I only *thought* it was wrong." (BJ 128ff)

13 „He was very proud of his perfect health and was always telling me it was psychosomatic when my sinuses blocked up and I couldn't breathe." (BJ 73)

schränkten Möglichkeiten von Frauen in der Gesellschaft der 50er-Jahre begreifen lassen.[14]

Der deutliche Fokus auf eine Pathologisierung von Esthers Persönlichkeit wird erweitert durch eine umfassende Darstellung der Pathologisierung des weiblichen Körpers. So scheinen sämtliche medizinische Situationen des Romans gynäkologische zu sein – Krankheit ist also durchgehend weiblich konnotiert.[15] Immer wieder wird vor allem die Medikalisierung der Reproduktionsabläufe thematisiert, etwa indem die Folgen der Insulinbehandlung, der Esther sich zu unterziehen hat, mit dem Zustand der Schwangerschaft verglichen werden: „I never seemed to get any reaction. I just grew fatter and fatter. Already I filled the new, too-big clothes my mother had bought, and when I peered down my plump stomach and my broad hips I thought [...] I looked just as if I was going to have a baby." (BJ 192) Die von Esther konstatierte Parallele gründet nicht nur in dem unangenehmen Umstand der Gewichtszunahme, sondern auch in einer Einschränkung der eigenen Möglichkeiten.[16] Indem der Zustand der Schwangerschaft, der in der gesellschaftlichen Werteordnung für eine

---

14 So erleidet Esther im Verlauf der Erzählung einen Beinbruch, eine schwere Lebensmittelvergiftung, einen Stromschlag, eine Vergiftung durch Schlaftabletten und einen postkoitalen Blutsturz. Die Literaturwissenschaftlerin Marilyn Boyer sieht in diesen Versehrtheiten des Körpers immer auch eine Versinnbildlichung eines Zusammenbruchs der weiblichen Ausdrucksmöglichkeiten: „For Sylvia Plath, writing the disabled body in *The Bell Jar* engenders a series of intimate encounters with the ineffectualiy of language. [...] The female body is inebriated, poisoned, broken, assaulted, depressed, shocked, overdosed, and bled. In most cases here, the agency, however indirect, is male, which gives one license to say that in the Plathian worldview, the disabled female body is a phenomenon brought about by a hegemonic, patriarchal system." Marilyn Boyer: „The Disabled Female Body as a Metaphor for Language in Sylvia Plath's *The Bell Jar*". In: *Women's Studies* 33 (2004), S. 199-223, hier: S. 199f.

15 Diese Vermutung äußert auch Linda Wagner-Martin: „Plath makes this clear by choosing to include medical situations pertaining women's health and reproductive processes: each of the medical segments has to do with women and women's lives." Linda Wagner-Martin: *The Bell Jar: a Novel of the Fifties*. New York: Twayne 1992, S. 32. Zur Tendenz einer Pathologisierung des weiblichen Reproduktionsorganismus vgl. Martin: „Medical Metaphors of Women's Bodies. Menstruation and Menopause".

16 Auch NóraSelléi geht auf diese Parallele ein und konstatiert darüber hinaus eine Ähnlichkeit in der Behandlung von Schizophrenie-Patientinnen in den 60er-Jahren und der *rest cure* der ausgehenden 19. Jahrhunderts, die man Hysterikerinnen verordnete: „Both of them imply femininity and the female body as ‚natural', whereas both are sociocultural notions: forced ‚fattening', feeding, obedience to nurses, total passivity, deprivation of any physical movement, and, at a more abstract level, the question of autonomy and dependency". Nóra Séllei: „The Fig Tree and the Black Patent Leather Shoes: the Body and its Representation in Sylvia Plath's *The Bell Jar*". In: *Hungarian Journal of English and American Studies* 9.2 (2003), S. 127-154, hier: S. 149.

junge Frau als normal, wenn nicht als erstrebenswert gilt, von Esther dazu genutzt wird, ihre eigene Krankheit zu bebildern, wird eine Verkehrung der herkömmlichen Zuordnungen von Norm und Abweichung bewirkt.

Die hier angelegte Semantik, in der Krankheit vor allem als weibliche Krankheit erscheint und in der zugleich Weiblichkeit im Modus des Pathologischen modelliert wird, wird im Roman weiter mitgeführt. In der Schilderung der Entbindung einer gewissen Mrs. Tomolillo, in der die Frau zum Objekt degradiert ist, lässt sich verfolgen, wie der weibliche Körper in der Darstellung gleichsam fragmentiert wird:

> The woman's stomach stuck up so high I couldn't see her face or the upper part of the body at all. She seemed to have nothing but an enormous spider-fat stomach and two little ugly spindly legs propped in the high stirrups, and all the time the baby was being born she never stopped making this unhuman whooing noise.
> Later Buddy told me the woman was on a drug that would make her forget she'd had any pain and that when she swore and groaned she really didn't know what she was doing because she was in a kind of twilight sleep.
> I thought it sounded just like the sort of drug a man would invent. Here was a woman in terrible pain, obviously feeling every bit of it or she wouldn't groan like that, and she would go straight home and start another baby, because the drug would make her forget how bad the pain had been, when all the time, in some secret part of her, that long, blind, doorless and windowless corridor of pain was waiting to open up and shut in her again. (BJ 65f)

Die Gebärende ist in dieser Darstellung, die Esthers Wahrnehmung als Beobachterin wiedergibt, nichts als ein riesiger, grotesker Bauch, während der Kopf unsichtbar bleibt. Die angedeutete Entmenschlichung der Frau innerhalb des Geburtsvorgangs wird begleitet von der Vorstellung, eine solche Degradierung der Frau zur ‚Gebärmaschine' diene der Stabilisierung einer männlich-medizinischen Ordnung. Esther konstatiert die perfide Logik der ausgeschütteten Hormone, die dazu angelegt sind, Frauen die mit der Geburt verbundenen Leiden vergessen zu machen, damit sie ihren Reproduktionsaufgaben weiterhin ordnungsgemäß nachkommen. Ein Ineinandergreifen von Medikalisierung und Geschlechterdifferenz wird auch im weiteren Verlauf der Textpassage evoziert, insofern darin eine postnatale Arbeitsteilung sichtbar wird, bei der sich die männlichen Ärzte der weiblichen Wunde widmen, und die Schwestern dem Neugeborenen.[17] Hier klingt der in der medizinischen Entwicklung im 19. Jahr-

---

17 „As soon as the baby was born the people in the room divided into two groups, the nurse tying a metal dog tag on the baby's wrist and swabbing its eyes with cotton on the end of a stick and wrapping it up and putting it in a canvas-sited cot, while the doctor and Will started sewing up the woman's cut with a needle and a long thread." (BJ 67) Linda K. Buntzen geht näher auf diese Textpassage

hundert begonnene Konflikt zwischen Ärzten und Hebammen hinsichtlich einer Deutungshoheit über den schwangeren Körper an.[18] Der Umstand, dass dieselbe Mrs. Tomolillo Esther später in der psychiatrischen Klinik als paranoide Anstaltsinsassin und unheimliche Doppelgängerin wiederbegegnen wird (vgl. BJ 178), akzentuiert die Bedeutung der Figur für Esthers Krankheit sowie die stereotype Gleichung von Frausein, Körpersein und Wahnsinn.

Es ist für die Gesamtaussage des Textes bezeichnend, dass Esthers Klinikaufenthalt und die an den Status als Patientin geknüpfte Objektposition nicht in erster Linie als ein Bruch mit ihrer bisherigen Lebenssituation dargestellt werden, sondern dass vielmehr die stationäre Behandlung als eine direkte Verlängerung der „Welt außerhalb" erscheint. Der Sommer in New York bildet nur den Höhepunkt einer ganzen Serie von Preisen, Auszeichnungen und Stipendien, die auf den großen Ehrgeiz der jungen Frau zurückgehen, die aber auch eine Situation ständiger Disziplinierung und Selbstbeobachtung implizieren. Esthers Gelehrsamkeit, ihre Eigenschaft des schnellen Begreifens und Lernens, wird dabei zu einer „education in suicide"[19] und zugleich zu einem zentralen Bestandteil ihrer Erkrankung. Die Erfahrung permanenter (Über-)Prüfung erzeugt ein Gefühl der Austauschbarkeit und Sinnlosigkeit von Leistungen, die

---

ein: „The problem, as Plath dramatizes here, is that men have usurped the privilege of giving birth from women. The doctors are all male and they are entirely responsible for the emergence of a new creature in the world. To Esther's mind, they have deprived the woman of her consciousness of both the pain and pleasure of birth and used her body for their own purposes, their own ends. The woman and her baby are their opus, their engineering feat." Lynda K. Buntzen: „Women in *The Bell Jar*: Two Allegories". In: Harold Bloom (Hg.): *Sylvia Plath*. New York / Philadelphia: Chelsea House 1989, S. 121-131, hier: S. 128.

18 Vgl. Kap. II in dieser Arbeit, FN 43.

19 Diesen Begriff prägt Wagner-Martin, die darin die makabre Zuspitzung der vorbildlichen Gelehrigkeit Esthers sieht. Wagner-Martin: *The Bell Jar*, S. 41. Analog dazu konstatiert Annis Pratt, wie das klassische Muster des Bildungsromans im Falle von Romanheldinnen invertiert wird. Für Frauenfiguren ist eine Entwicklung vorgesehen, bei der diese nicht *auf*wachsen (growing up), sondern in ihrer individuellen Entwicklung durch soziale Vorgaben und Rollenmuster eingeschränkt sind: ein ‚growing down'. „In the woman's novel of development [...], the hero does not *choose* a life to one side of society after conscious deliberation on the subject; rather, she is radically alienated by gender-role norms *from the very outset*. Thus, although the author's attempt to accommodate their heroes' *Bildung*, or development, to the general pattern of the genre, the disjunctions that we have noted inevitably make the woman's initiation less a self-determined progression *towards* maturity than a regression *from* full participation in adult life. [...] In most of the novels of development it seems clear that the authors conceive of growing up female as a choice between auxiliary or secondary personhood, sacrificial victimization, madness and death." Pratt: *Archetypal Patterns in Women's Fiction*, S. 36.

Auflösung der eigenen Persönlichkeit im ständigen Sich-Anpassen.[20] Eine deutliche Kontinuität von schulischen bzw. beruflichen und klinischen Examinationen wird zudem in der Tatsache sichtbar, dass die Finanzierung des Privatkrankenhauses durch Esthers Mäzenin Philomena Guinea von ihr wie ein weiteres Stipendium wahrgenommen wird: „Mrs. Guinea [...] was driving me to a private hospital that had grounds and golf courses and gardens, like a country club, where she would pay for me, as if I had a scholarship, until the doctors she knew of there had made me well.“ (BJ 185) Auf diese Weise werden Parallelen offensichtlich zwischen einem leistungsorientierten Bildungssystem und einer Krankenhauswelt, die auf Reintegration, auf Rückkehr zur Normalität ausgerichtet ist.[21] Die scheinbar eindeutige Trennung zwischen ‚normaler' Außenwelt und pathologischer Klinikwelt wird aufgebrochen, so dass die Situation der medizinischen Überprüfung in der Klinik nur die übersteigerte Form einer grundsätzlichen Konstellation in Esthers Leben darstellt.

Esthers ehrgeizige Selbstbeobachtung und die ständige Examinierung und Beurteilung von außen werden während des Krankenhausaufenthalts in verdichteter Weise fortgesetzt. Nicht nur das Verhalten der Kranken wird nun observiert, bewertet und gedeutet, auch der Körper rückt ins Blickfeld, insbesondere in der täglich durchgeführten Visite, die für die Protagonistin eine ständige Demütigung bedeutet:

> The swinging door opposite of my bed flew open, and a whole troop of young boys and girls in white coats came in, with an older, gray-haired man. They were all smiling with bright, artificial smiles. They grouped themselves at the foot of my bed.
> ‚And how are you feeling this morning, Miss Greenwood?'
> I tried to decide which of them had spoken. I hate saying anything to a group of people. When I talk to a group of people I always have to single out one and talk to him, and all the while I am talking I feel the others are peering at me and taking unfair advantage. I

---

20 „The one thing I was good at was winning scholarships and prizes, and that era was coming to an end. I felt like a racehorse in a world without racetracks or a champion college footballer suddenly confronted by Wall Street and a business suit, his days of glory shrunk to a little gold cup on his mantel with a date engraved on it like the date on a tombstone.“ (BJ 77)

21 Viele Sekundärtexte verweisen in diesem Zusammenhang auf die strukturellen Parallelen zwischen Esthers Erinnerungen an ihre Schulzeit, die notwendige Bewährung bei *Ladies' Day* und die finale Szene der Entlassung aus dem Krankenhaus, welche als Tribunal dargestellt ist – „The eyes and the faces all turned themselves toward me, and guiding myself by them, as by a magical thread, I stepped into the room.“ (BJ 244) –, so auch Gayle Whittier: „On later consideration the pattern of the plot appears as circular as a bell jar's circumference, especially since the recurrent ritual of examinations establishes a continuity between the seemingly diverse settings of women's college and private hospital“. Gayle Whittier: „The Divided Woman and Generic Doubleness in *The Bell Jar*“. In: *Woman's Studies* 3 (1976), S. 127-146, hier: S. 130.

> also hate people to ask cheerfully how you are when they know you're feeling like hell and expect you to say ‚Fine'.
> ‚I feel lousy.' (BJ 176f)

Der ärztliche, in der Gruppe anonymisierte Blick instauriert ein epistemologisches und kommunikationsbezogenes Ungleichheitsverhältnis und ruft damit eine irreduzible Matrix von Norm und Abweichung ins Leben, in der der Kranken der Subjektstatus genommen wird.[22] Die Situation der panoptischen Beobachtung und Bewertung des Kranken in der Visite hat Michel Foucault in seinem Buch *Surveiller et Punir* als Teil einer Überwachungsstrategie herausgestellt, im Zuge derer der Patient zum Studienobjekt wird. Foucault erklärt diesen Mechanismus als Bestandteil einer historischen Umkehrung des Sichtbarkeitsparadigmas, insofern die Wirksamkeit der Macht nicht mehr über die offenkundige Demonstration ihrer Anwesenheit transportiert wird, sondern umgekehrt, indem ihr Gegenstand, der Kranke, in den Fokus des Blickfeldes gerückt wird und dadurch aus der Subjekt- in die Objektsituation gerät:

> Une des conditions essentielles pour le déblocage épistémologique de la médecine à la fin du XVIIIe siècle fut l'organisation de l'hôpital comme appareil à ‚examiner'. Le rituel de la visite en est la forme la plus voyante. [...] L'inspection d'autrefois, discontinue et rapide, est transformée en une observation régulière qui met le malade en situation d'examen presque permanent. [...] quant à l'hôpital lui-même, qui était avant tout un lieu d'assistance, il va devenir lieu de formation et de collation des connaissances: retournement des rapports de pouvoir et constitution d'un savoir. L'hôpital bien ‚discipliné' constituera le lieu adéquat de la ‚discipline' médicale;[23]

Die von Foucault beschriebene Sichtbarmachung, der das Individuum im Zuge seiner Disziplinierung unterzogen wird, lässt sich ganz direkt auch auf den Titel des Romans beziehen. Das Motiv der Glasglocke evoziert dann nicht nur die von der Protagonistin geäußerte Empfindung der Isolation und Teilnahmslosigkeit, sondern auch ihre exponierte Position auf dem wissenschaftlichen Untersuchungstisch. Tatsächlich entspricht Es-

Titel

[22] Auch Gayle Whittier konstatiert, dass hierarchische Beziehungen innerhalb des Romans immer wieder über das Verhältnis von Zuschauer und Beobachtetem verhandelt werden, über die klare Trennung von Subjekt- und Objektstatus: „[...] the primary division in the novel is that between the spectator and the participant; and if Sylvia Plath resolved this division in her mythic treatment of pain in her poems, Esther Greenwood, her close counterpart and persona, ultimately can do so only by resorting to the chill tone of the clinician examining a strange phenomenon: her own life.“ Ebd., S. 128.

[23] Michel Foucault: *Surveiller et punir. Naissance de la prison*. Paris: Gallimard 1975, S. 217f.

thers Gefühl, in der Klinik beständig beobachtet, beurteilt und getestet zu werden,[24] dem ganz normalen Klinikalltag.

> The nurse was shaking down the thermometer she had just removed from my mouth.
> „You *see*, it's normal.“ I had looked at the thermometer before she came to collect it, the way I always did. „You *see*, it's normal, what do you keep taking it for?“
> I wanted to tell her that if only something were wrong with my body it would be fine, I would rather have anything wrong with my body than something wrong with my head, but the idea seemed so involved and wearisome that I didn't say anything. I only burrowed down further in the bed. (BJ 182)

Die Ritualisierung der Untersuchung, die sich in der täglichen Geste des Temperaturmessens durch die Krankenschwester manifestiert, verfestigt Esthers Rolle als Kranke und verhindert auf diese Weise, dass sich eine Normalität einstellen kann. Innerhalb des Systems Klinik wird also, aufgrund konkreter Erwartungen, Diagnosen und Instrumente, ein bestimmtes Wissen von Krankheit sowie ein konkretes Bild vom Kranken hergestellt. Es ist geradezu als tragische Ironie anzusehen, dass Esthers Sensibilität für die Machtmechanismen in ihrer Umgebung den Ärzten dabei als Charakteristikum einer krankhaften, möglicherweise paranoiden Geistesverfassung gilt.

So manifestiert sich die sich verschlechternde psychische Verfassung der Protagonistin darin, dass sie die sie umgebende Welt als beunruhigend, künstlich und alptraumhaft wahrnimmt. Die Befindlichkeit unter der ‚Glasglocke' lässt nicht nur die eigene Person, sondern auch die Außenwelt verändert erscheinen: „To the person in the bell jar, blank and stopped as a dead baby, the world itself is a bad dream.“ (BJ 237)[25] Die Außenwelt wird von ihr nur in verzerrter Form, als unwirklich wiedergegeben. So ist auch eines der ersten Merkmale für Esthers Erkrankung ihre Wahrnehmung der New Yorker Großstadt als feindselig:

> New York was bad enough. By nine in the morning the fake, country-wet freshness that somehow seeped in overnight evaporated

---

[24] Das Überprüft-Werden ist eine wiederkehrende Vorstellung Esthers: „I lay on my bed under the thick white blanket, and they entered my room, one by one, and introduced themselves. I couldn't understand why there should be so many of them, or why they would want to introduce themselves, and I began to think they were testing me, to see if I noticed there were too many of them, and I grew wary.“ (BJ 186f) Vgl. auch BJ 189, 206.

[25] Die in dem Roman rekurrente Thematisierung und Problematisierung einer gesellschaftlich für die Frau vorgezeichneten sozialen Rolle als Mutter wird hier ergänzt durch die Veranschaulichung der eigenen Befindlichkeit über das Bild des toten Babys. Dies lässt sich als eine bewusste Tendenz zur Regression verstehen, die sich schließlich auch in der Schrift niederschlägt.

> like the tail end of a sweet dream. Mirage-gray at the bottom of their granite canyons, the hot streets wavered in the sun, the car tops sizzled and glittered, and the dry, cindery dust blew into my eyes and down my throat. (BJ 1)

Das Flimmern und Lärmen der Stadt dringt hier buchstäblich auf und in die Figur ein, deren Körpergrenzen auf diese Weise durchlässig erscheinen. Die im Kontrast zur Regungslosigkeit der Protagonistin stehende Belebtheit und Bedrohlichkeit der Außenwelt hat ihren Ursprung in Esthers erhöhter Sensibilität für die Vorgänge um sie herum. In ihrer Wahrnehmung verdichten sich Eindrücke von außen und evozieren ein Gefühl des Ausgeliefertseins, während Esther selbst aus den Situationen immer mehr heraustritt und als Person zu verschwinden droht. Damit kehrt sich die an die Beobachterposition geknüpfte Prämisse der geschärften Wahrnehmung um und wendet sich gegen die junge Frau: „I felt myself melting into the shadows like the negative of a person I'd never seen before in my life." (BJ 10) Zugleich ist hier die für Esther charakteristische Position der analytischen Beobachterin benannt, ihre Neigung zur genauen Observation:

> I liked looking at other people in crucial situations. If there was a road accident or a street fight or a baby pickled in a laboratory jar for me to look at, I'd stop and look so hard I never forgot it.
> I certainly learned a lot of things I never would have learned otherwise this way, and even when they surprised me or made me sick I never led on, but pretended that's the way I knew things were all the time. (BJ 13)

Das genaue Beobachten von Situationen und Menschen erscheint hier als eine Methode, sich die Dinge intensiv einzuprägen, von ihnen gänzlich durchdrungen zu werden, bis hin zu einem Zustand körperlicher Übelkeit. Die Kehrseite dieser Beobachtungsobsession ist ein Gefühl apathischer Entfremdung, die in einer selbstvernichtenden Wahrnehmung des eigenen Ich kulminiert. Esther beschreibt dies angesichts einer Situation, in der sie sich von den Geschehnissen ausgeschlossen fühlt:

> I felt myself shrinking to a small black dot against all those red and white rugs and that pine paneling. I felt like a hole in the ground. [...] It's like watching Paris from an express caboose heading in the opposite direction – every second the city gets smaller and smaller, only you feel it's really you getting smaller and smaller and lonelier and lonelier, rushing away from all those lights and that excitement at about a million miles an hour. (BJ 16)

Die Instabilität der eigenen Identität und die Empfindsamkeit gegenüber äußeren Einflüssen erweisen sich auch in Bezug auf Esthers Mitmenschen als ein Problem der Durchlässigkeit von Grenzen. Die in ihrem Umfeld entworfenen Bilder, Rollen und Verhaltensweisen werden für sie zu (unerreichbaren) Lebensmodellen und zum Spiegel für ihre eigene instabile Identität. Zum einen drückt die übersteigerte Empfindsamkeit gegenüber äußeren Einflüssen also ein Charakteristikum von Esthers Krankheit aus; zum anderen tritt in dieser permanenten Selbstüberprüfung ein generelles Merkmal weiblicher Selbstartikulation zutage, das die Literaturwissenschaftlerin Sigrid Weigel als „schielenden Blick" bezeichnet.[26] Sie verweist damit auf die für Frauen notwendige Anpassungsfähigkeit an kulturell festgelegte Stereotype idealer Weiblichkeit.

Welche Bedeutung aber haben der Befund einer Medikalisierung des Weiblichen und die Analogie von klinischen und gesellschaftlichen Formen der Beobachtung und Überprüfung? Und wie werden diese Aspekte auf narratologischer Ebene umgesetzt? Für den vorliegenden Zusammenhang ist entscheidend, dass in der retrospektiven und distanzierten Erzählhaltung die beschriebenen Mechanismen der medizinischen Inblicknahme reproduziert werden, führt doch die narrative Selbstbeobachtung zu einer Objektivierung der eigenen Person und damit zu einer Ich-Spaltung. Aufgrund der engen Verflechtung der Zeitebenen und der fließenden Grenzen zwischen den Zuständen vor, während und nach der Erkrankung lässt sich die Erzählerstimme nicht ohne weiteres als Ort der Autorität und Normalität auffassen. Der Text selbst widerspricht einer eindeutigen binären Konstruktion eines nachträglich ‚gesunden', ‚normalen', erzählenden Ich auf der einen Seite gegenüber einem kranken, erzählten, abweichenden Ich auf der anderen, insofern das Schreiben selbst auf ambivalente Weise mit dem thematischen Komplex der Krankheit in Zusammenhang gebracht wird. Es ist also die internalisierte Beobachtung, die in Plaths Roman nicht nur erzählt wird, sondern die auch zu einem erzähllogischen Problem wird. Denn zum einen ist Esthers Unfähigkeit zu schreiben ein erstes Symptom für ihre Erkrankung (vgl. BJ 114ff), zum anderen ist ihr Wunsch nach schreibender Selbstverwirklichung aus gesellschaftlicher Sicht ein Zeichen der Abweichung, das von ihren Mitmenschen kritisch beurteilt wird und das sie aufgeben müsste, um sich anzupassen und einzufügen.

---

26 „[I]n dem Zwischenraum von ‚nicht mehr' und ‚noch nicht' (nach der Zerschlagung des Spiegels) muss die Frau den schielenden Blick lernen, d.h. die Widersprüche zum Sprechen bringen, sie begreifen, in ihnen leben, aus Rebellion und Antizipation Kraft schöpfen". Sigrid Weigel: „Der schielende Blick. Thesen zur Geschichte weiblicher Schreibpraxis". In: Inge Stephan / dsb.: *Die verborgene Frau. Sechs Beiträge zu einer feministischen Literaturwissenschaft*. Hamburg / Berlin: Argument Verlag 1988, S. 83-137, hier: S. 105. Eine vergleichbare Semantik verwendet auch Elisabeth Lenk in ihrem Aufsatz „Die sich selbst verdoppelnde Frau", auf den Weigel sich explizit rückbezieht: „Das Verhältnis der Frau zu sich selbst läßt sich zeigen am Spiegel. Der Spiegel, das sind [...] die vorweggenommenen Blicke der Anderen." Elisabeth Lenk: „Die sich selbst verdoppelnde Frau". In: *Ästhetik und Kommunikation* 25 (1976), S. 84-87, hier: S. 87.

> My mother kept telling me nobody wanted a plain English major. But an English major who knew shorthand was something else again. Everybody would want her. She would be in demand among all the up-and-coming young men and she would transcribe letter after thrilling letter.
> The trouble was, I hated the idea of serving men in any way. I wanted to dictate my own thrilling letters. (BJ 76)

> I also remembered Buddy Willard saying in a sinister, knowing way that after I had children I would feel differently, I wouldn't want to write poems any more. (BJ 85)

Das Schreiben bildet das essentielle Lebensmotiv in Plaths Roman, es ist sowohl Ursprung von Ehrgeiz, Motivation und Selbstbestätigung als auch Anlass für Selbstzweifel. Überdies, so verdeutlichen die zitierten Textpassagen, ist das Schreiben von Bedeutung für Esthers eigenes Selbstverständnis und für ihr Verhältnis zur Außenwelt – es ist also situiert an der Schnittstelle von Selbst- und Fremdwahrnehmung. Vor diesem Hintergrund bedeutet der von Mrs. Greenwood für ihre Tochter vorgesehene Beruf der Sekretärin eine untragbare Verkehrung ihrer Ambitionen; die Verkürzung der Schriftzeichen in der Stenographie spiegelt in Esthers Wahrnehmung zugleich die ‚Verkürzung' oder Beschränkung der gesellschaftlichen Rolle der Frau auf die Funktion als Diensthelferin des Mannes.[27] Die Zusammenführung der Themen Schrift und Krankheit wird zu einem komplexen Kommentar über das Wechselspiel aus individueller Devianz und gesellschaftlichen Normalisierungsprozessen.

Als aufschlussreich erweist sich in diesem Zusammenhang vor allem, auf welche Weise die Prozesse der Narrativierung und Fiktionalisierung, d.h. die Verhandlung von Leben und Schreiben innerhalb des Romans selbst zu einem handlungstragenden Element werden. Nachdem sie von

[27] Eine unzulässige Verkürzung nimmt Esther sowohl im Falle der Stenographie wie auch hinsichtlich von Formeln im naturwissenschaftlichen Unterricht wahr: „The day I went into physics class it was death. / A short dark man with a high lisping voice, named Mr. Manzi, stood in front of the class in a tight blue suit holding a little wooden ball. Then he started talking about let a equal acceleration and let t equal time and suddenly he was scribbling letters and numbers and equal signs all over the blackboard and my mind went dead. [...] I knew chemistry would be worse, because I'd seen a big chart of the ninety-odd elements hung up in the chemistry lab, and all the perfectly good words like gold and silver and cobalt and aluminium were shortened to ugly abbreviations with different decimal numbers after them. If I had to strain my brain with any more of that stuff I would go mad." (BJ 41f) In dem Gegensatz zwischen verkürzender, technisierter Sprache auf der einen und poetischer Sprache auf der anderen Seite schwingt auch die Opposition zwischen ‚männlichem' und ‚weiblichem' Schreiben mit. Zur Bedeutung der Materialität der Schrift im Hinblick auf Ab-/Verkürzung als Sinnverkürzung vgl. Jeffrey Howlett: „Sylvia Plath's The Bell Jar as Counter-Narrative". In: *Journal of American Studies of Turkey* 10 (1999), S. 39-48, hier: S. 41f.

der abgelehnten Bewerbung für den Literaturkurs und von der Untreue ihrer Jugendliebe Buddy erfährt, fasst Esther angesichts des langen vor ihr liegenden Sommers in Boston den Entschluss, einen autobiographischen Roman zu schreiben:

> Then I decided I would spend the summer writing a novel. [...] Back on the breezeway, I fed the first, virgin sheet into my old portable and rolled it up. From another, distant mind, I saw myself sitting on the breezeway, surrounded by two white clapboard walls, a mock orange bush and a clump of birches and a box hedge, small as a doll in a doll's house.
> A feeling of tenderness filled my heart. My heroine would be myself, only in disguise. She would be called Elaine. Elaine. I counted the letters on my fingers. There were six letters in Esther, too. It seemed a lucky thing. (BJ 119f)

Deutlich ist der Unternehmung ein eskapistischer Ansatz eingeschrieben: der autobiographische Roman als Reaktion auf zwei zentrale vom Scheitern bedrohte Lebensprojekte – die Poesie und die Beziehung – führt weniger zu einer Annäherung an die eigene Identität als vielmehr zu einer zusätzlichen Distanzierung oder Aufspaltung. Esther betrachtet sich selbst von außen, nimmt sich als etwas Lebloses wahr, als „doll in a doll's house" (BJ 120). Nicht allein aufgrund dieser Ich-Dissoziation, auch aufgrund der nominalen Ähnlichkeit erinnert die Passage an eine frühere Episode in New York, in der ebenfalls die spontane Erfindung eines falschen Namens, gleichsam einer zweiten Persönlichkeit, dazu dienen soll, die ‚eigentliche' Identität zu schützen. Als Esther während ihrer nächtlichen Abenteuer mit ihrer Freundin Doreen jungen Männern begegnet, die ihr unbehaglich erscheinen, stellt sie sich mit einem anderen Namen vor: „‚My name's Elly Higginbottom,' I said. ‚I come from Chicago.' After that I felt safer. I didn't want anything I said or did that night to be associated with me and my real name and coming from Boston." (BJ 11) Die zum Zwecke der Stabilisierung vorgenommene Selbst-Verdopplung, die auch lautmalerisch in dem Namen Higginbottom zum Ausdruck kommt, verfehlt jedoch ihren Zweck und führt viel eher zu einer Distanzierung und Spaltung des Selbst.[28]

Nicht nur die Autorin Sylvia Plath wählt für die Erstveröffentlichung ihres Romans ein Pseudonym (Victoria Lucas), was der Plath-Biograph Alfred Alvarez als Rücksichtnahme auf Freunde und Familie deutet, vor allem aber als Beweis für Plaths kritische Haltung zum eigenen Schrei-

---

28 Esthers Entwurf eines New Yorker Alter Ego zum Schutz ihrer eigenen Persönlichkeit wird von Gayle Whittier ironisch kommentiert, trifft aber exakt das zentrale Dilemma der Figur: „It is in response to Doreen's dualities that Esther creates her first deliberate *persona*, as if to fight doubleness with doubleness [...]. She feels safer because she has conformed to the world of disguise." Whittier: „The divided woman and generic doubleness in *The Bell Jar*", S. 135.

ben.[29] Auch auf der intradiegetischen Ebene findet eine solche Selbstverdopplung statt – und nur auf dieser Ebene lässt sich darin eine Bedeutung lesen. Die Zweiheit Esther / Elaine verweist auf eine fehlende Konfrontation mit der eigenen Situation.[30] Das Scheitern der Protagonistin bezüglich ihrer Schreibversuche und der daran gekoppelte Fluchtversuch werden von der narrativen Perspektive ironisch gebrochen:

> I sat like that for about an hour, trying to think what would come next, and in my mind, the barefoot doll in her mother's old yellow nightgown sat and stared into space as well. [...] At that rate, I'd be lucky if I wrote a page a day.
> Then I knew what the trouble was.
> I needed experience.
> How could I write about life when I'd never had a love affair or a baby or even seen anybody die? (BJ 120f)

In der Vorstellung, ‚etwas erlebt haben zu müssen', offenbart sich zum einen die Vorstellung von Authentizität als Teil des autobiographischen Anspruchs, zum andern wird auch der Widerspruch des Versuchs deutlich, über das Schreiben des Romans der emotionalen Apathie zu entgehen. Die äußere Situation, das Dilemma der Identitäts- und Entscheidungsfindung, wird direkt in den Autobiographieversuch übertragen, wo dieselbe Handlungsunfähigkeit herrscht wie in Esthers Realität:

> Elaine sat on a breezeway in an old yellow nightgown of her mother's waiting for something to happen. It was a sweltering morning in July, and drops of sweat crawled down her back, one by one, like slow insects. [...] Inertia oozed like molasses through Elaine's limbs. That's what it must feel like to have malaria, she thought. (BJ 120f)

Die zitierte Passage bildet den Ausgangspunkt für einen Roman im Roman und spiegelt in verdichteter Weise die Situation der Schreibenden. Über die angedeutete Unbeweglichkeit der Figur Elaine wird die Symptomatik der Depression aufgegriffen, Krankheit und Narration gehen eine Verbindung ein. Esthers Selbstbeobachtung kulminiert an dieser Stelle also in einer Selbstverdopplung, die durch den Vorgang des Schreibens hervorgerufen wird.

---

[29] Alfred Alvarez: „Sylvia Plath". In: Charles Newman (Hg.): *The Art of Sylvia Plath*. A symposium. Bloomington / London: Indiana University Press 1971, S. 56-78, hier: S. 57.

[30] „[...] if Elaine stands in dependent relation to her author, Esther in turns feels herself the puppet of powers she cannot comprehend, as if she too were a character in a novel (Plath's further irony is that of course she is)." Stan Smith: „Attitudes Counterfeiting Life: The Irony of Artifice in Sylvia Plath's *The Bell Jar*". In: Harold Bloom (Hg.): *Sylvia Plath. Modern Critical Views*. New York / Philadelphia: Chelsea House Publishers 1989, S. 33-48, hier: S. 42.

In seinem Aufsatz über *Das Unheimliche* (1919) betrachtet Sigmund Freud die kritische Selbstbeobachtung als zentrales Charakteristikum der literarischen Doppelgängerkonstellation:

> Im Ich bildet sich langsam eine besondere Instanz heraus, welche sich dem übrigen Ich entgegenstellen kann, die der Selbstbeobachtung und Selbstkritik dient, die Arbeit der psychischen Zensur leistet und unserem Bewußtsein als ‚Gewissen' bekannt wird. Im pathologischen Falle des Beobachtungswahnes wird sie isoliert, vom Ich abgespalten, dem Arzte bemerkbar. Die Tatsache, daß eine solche Instanz vorhanden ist, welche das übrige Ich wie ein Objekt behandeln kann, also daß der Mensch der Selbstbeobachtung fähig ist, macht es möglich, die alte Doppelgängervorstellung mit neuem Inhalt zu füllen und ihr mancherlei zuzuweisen, vor allem das, was der Selbstkritik als zugehörig zum alten überwundenen Narzißmus der Urzeit erscheint.[31]

Die von Freud beschriebene Abspaltung als Konsequenz der Selbstbeobachtung wird auch in *The Bell Jar* sichtbar und vollzieht sich als unmittelbare Folge des Schreibvorgangs.[32] So erkennt Esther anhand ihrer eigenen Handschrift fremde, regressive Anteile im eigenen Ich:

> I didn't tell him [Doctor Gordon] about the handwriting, which bothered me most of all.
> That morning I had tried to write a letter to Doreen, down in West Virginia, asking whether I could come and live with her and maybe get a job at her college waiting on table or something.
> But when I took up my pen, my hand made big, jerky letters like those of a child, and the lines sloped down the page from left to right almost diagonally, as if they were loops of string lying on the paper, and someone had come along and blown them askew. (BJ 130)

Der in diesem Brief imaginierte Ausbruchsversuch wird über die Form, in der er zur Darstellung kommt, d.h. über die Charakterisierung der Handschrift als kindlich und unbeholfen, seinerseits als unreif ausgewiesen. Der

---

31 Sigmund Freud: „Das Unheimliche". In: dsb.: *Psychologische Schriften*. Studienausgabe Band IV. Hg. v. Alexander Mitscherlich. Frankfurt a.M.: Fischer 1970, S. 241-274, hier: S. 258.

32 Aufschlussreich ist in diesem Kontext auch eine Szene, die sich im Krankenhaus abspielt und bei der Esther beobachtet, wie ihre Kleidung mit einem Etikett versehen wird: „I leaned across the gate of the door to see what she was writing, and it was E. Greenwood, E. Greenwood, E. Greenwood." (BJ 188) Sie lässt sich in Zusammenhang mit der eingangs zitierten Passage verstehen, in der die Kleidungsstücke als Versinnbildlichung einzelner individueller Identitätsentwürfe gelesen werden können. Auch hier wird die Kleidung mit einer konkreten Identität markiert, es geht jedoch weniger um individuelle Selbstentwürfe, sondern um einen von außen festgeschriebenen und hier im Modus der Serialität erscheinenden Status als Patientin „E. Greenwood".

Impuls, das Schriftstück vor den Augen des Psychiaters Doctor Gordon zu verbergen, impliziert die Annahme, dieser könne damit einen unverstellten Einblick in die versehrte, gleichsam gespaltene Psyche der Schreibenden erhalten. Die Idee der Schrift als ‚Spiegel der Seele' und als Motor der inneren Spaltung wird gestützt durch andere Passagen innerhalb des Romans, in denen der tatsächliche Spiegel zumeist eine Verzerrung und Fragmentierung des Selbst bewirkt.[33] Dabei erfüllt das Schreiben gerade nicht die intendierte Funktion der Selbstfindung, ganz im Gegenteil: der Prozess des Schreibens bringt die Aufspaltung des Individuums in ein schreibendes, beobachtendes und in ein beschriebenes, beobachtetes Ich allererst hervor. Die erzählspezifische Konstruktion des Romans, die in der Situation der retrospektiven Selbstbeobachtung und in der ausgestellten Schreibsituation eine Verdopplung und Wiederholung der medizinischen Objektivierung der Krankenrolle bewirkt, bildet dabei den Hintergrund für eine Reihe weiterer figurativer und motivischer Dopplungen, Doppelgänger und Aufspaltungen, in denen sich das narratologische Strukturprinzip wiederholt.

2. Faszination und Abwehr. Zur Figur der Doppelgängerin

Die in der Textstruktur angelegte Aufspaltung zwischen einer jungen und einer erwachsenen, einer kranken und einer gesunden, einer erzählten und einer erzählenden Esther, kennzeichnet den psychischen Zustand der Protagonistin, die uneins mit sich selbst ist. Die Selbstentfremdung, die sowohl in dem Motiv der Handschrift wie auch dem des Spiegels zum Ausdruck gebracht wird, schlägt sich zusätzlich in einer Reihe von Doppelgängerfiguren nieder, die Esthers Geistesverfassung verkörpern und die sowohl auf alternative Lebensmodelle wie auf die Gefangenschaft in vorgegebenen Stereotypen verweisen.[34] Sigmund Freud definiert das

---

33 „If I looked in the mirror while I did it, it would be like watching somebody else, in a book or a play. But the person in the mirror was paralyzed and too stupid to do a thing." (BJ 147f); „At first I didn't see what the trouble was. It wasn't a mirror at all, but a picture. You couldn't tell whether the person in the picture was a man or a woman, because their hair was shaved off and sprouted in bristly chicken-feather tufts all over their head. One side of the person's face was purple, and bulged out in a shapeless way, shading to green along the edges, and then to a sallow yellow. The person's mouth was pale brown, with a rose-colored sore at either corner. The most startling thing about the face was its supernatural conglomeration of bright colors. I smiled. The mouth in the mirror cracked into a grin. A minute after the crash another nurse ran in. She took one look at the broken mirror, and at me, standing over the blind, white pieces, and hustled the young nurse out of the room." (BJ 174f)

34 „All of the female characters are doubles for Esther – possible roles she tries and then discards, because they do not fit her self and because her own sense of self is

Phänomen des Doppelgängers durch das Auftreten einer gleichen Erscheinung, aber auch als „Identifizierung mit einer anderen Person, so daß man an seinem Ich irre wird oder das fremde Ich an die Stelle des eigenen versetzt, also Ich-Verdopplung, Ich-Teilung, Ich-Vertauschung".[35] Die Mädchen Doreen und Betsy, mit denen Esther sich in New York anfreundet, und die frühere Schulfreundin Joan, der sie im Krankenhaus wiederbegegnet, sind der Protagonistin aber nicht im Erscheinungsbild ähnlich, sie repräsentieren vielmehr ein jeweils ungelebtes Leben und verkörpern „alle unterbliebenen Möglichkeiten der Geschicksgestaltung, an denen die Phantasie noch festhalten will, und alle Ich-Strebungen, die sich infolge äußerer Ungunst nicht durchsetzen konnten, sowie alle die unterdrückten Willensentscheidungen, die die Illusion des freien Willens ergeben haben."[36] Im Folgenden soll der Funktion dieser Doppelgängerinnen auf motivischer und auf struktureller Ebene nachgegangen werden.

Während der New York-Episode dominiert die kontrastive Kombination der Figuren Doreen und Betsy, die moralisch konnotiert ist und eine klare Matrix von Norm und Abweichung zu bilden scheint. Während Betsy, das nette, unbeschwerte Mädchen vom Lande, gänzlich in der Rolle der gutaussehenden und ehrgeizigen jungen Dame aufgeht und damit die

---

so fragmented." Buntzen: „Women in *The Bell Jar*: Two Allegories." S. 122. Lameyer sieht eine Erklärung für Plaths Einsatz von Doppelgängerfiguren in dem Umstand, dass die Autorin selbst im Zuge ihrer Doktorarbeit zu diesem Motiv bei Dostojewski gearbeitet hat, vgl. Gordon Lameyer: „The Double in Sylvia Plath's *The Bell Jar*". In: Edward Butscher (Hg.): *Sylvia Plath. The Woman and the Work*. New York: Dodd, Mead & Company 1977, S. 143-165. Tatsächlich arbeitet auch Esther an einer Arbeit über das Motiv der „twins in Joyce" (BJ 33, 122f). Doppelgänger finden sich überdies nicht nur innerhalb des Romans, sondern auch in den Erzählungen Sylvia Plaths: hier treten Figuren mit ähnlichen Schicksalen oder in ähnlichen Situationen auf wie in *The Bell Jar*, beispielsweise die Beschreibung eines Klinikaufenthalts in der Kurzgeschichte *Tongues of Stone*. Andere Erzählungen enthalten Charaktere mit den gleichen Namen wie in *The Bell Jar*, erzählen jedoch um diese Figuren herum eine völlig andere Geschichte, wie etwa Esther und Mrs. Nolan in *Mothers*. Zu den Kurzgeschichten vgl. Melody Zajdel: „Apprenticed in a Bible of Dreams: Sylvia Plath's Short Stories". In: Linda W. Wagner (Hg.): *Critical Essays on Sylvia Plath*. Boston / Massachusetts: G. K. Hall & Company 1984, S. 182-193. Die Figur des Doppelgängers funktioniert also bei Sylvia Plath sowohl auf inter- als auch auf intratextueller Ebene.

35 Freud: „Der Doppelgänger", S. 257.

36 Ebd., S. 258f. Freud bezieht sich in seinen Ausführungen über das literarische Motiv des Doppelgängers auch auf die Schriften seines Schülers Otto Rank, den Gordon Lameyers zufolge auch Sylvia Plath rezipiert haben soll, vgl. Lameyer „The Double in Sylvia Plath's *The Bell Jar*", S. 143f. In diesem Aufsatz aus dem Jahre 1914 untersucht der Psychoanalytiker vor allem die in literarischen Texten des 19. Jahrhunderts (insbesondere Hoffmann, Wilde Dostojewski, Musset) auffällige Verbindung von Doppelgängertum, Todesangst und Narzissmus und nimmt gleichzeitig eine pathologische, neurotisch oder paranoid ausgeprägte Veranlagung der Dichterpersönlichkeiten selbst an.

unkritische Anpassung an das Programm der Zeitschrift *Ladies' Day* verkörpert, verhält sich Doreen grundsätzlich aufmüpfiger als die anderen Mädchen in der Redaktion und imponiert Esther mit ihrem Sarkasmus und ihrer rebellischen Haltung. Beide Tendenzen, sowohl der Drang zu widerständiger Aufsässigkeit als auch der Wunsch nach ordnungsgemäßer Anpassung, sind auch in Esther angelegt und geraten miteinander in Konflikt.

Aufgrund Esthers mangelnder Fähigkeit, sich von ihrer Außenwelt abzugrenzen, geht der Einfluss dieser kontrastiv angelegten Orientierungsfiguren sehr weit und kulminiert in all seiner Ambivalenz zum Zeitpunkt der Rückreise. So tritt Esther ihren Heimweg in Betsys Dirndl-Kleid an, belässt jedoch wie zum Zeichen des Widerstands gegen das daran geknüpfte *good girl*-Image die Blutstriemen auf ihren Wangen, Spuren einer mit Doreen verbrachten Party-Nacht. Auf diese Weise wird das über die Kleidung evozierte Bild gebrochen: „I hadn't, at the last moment, felt like washing off the two diagonal lines of dried blood that marked my cheeks. They seemed touching, and rather spectacular, and I thought I would carry them around with me, like the relic of a dead lover, till they wore off of their own accord." (BJ 112f) Die ambivalente Dopplung des Ungehorsams Doreens und der Angepasstheit Betsys ist Esther also auf den Leib geschrieben, während sie von New York nach Boston fährt, und diese widersprüchlich konnotierte Ausstattung wird sie während der kommenden Wochen zu Hause nicht ablegen.[37] Abermals wird damit die Verknüpfung zwischen Kleidung (auch lesbar als Verkleidung oder Maskierung) und Identitätsentwurf deutlich[38]; das äußere Auftreten wird zur Versinnbildlichung ihrer psychischen Verfassung.

Die zunächst eindeutig erscheinende Kontrastierung, die in Esthers Erscheinungsbild kombiniert wird und dabei in Opposition gerät, ist schon an früherer Stelle in Frage gestellt. Der Roman hinterfragt die von den Freundinnen verkörperten Lebenskonzepte und stellt die beiden Identitätsmodelle in ihrer Widersprüchlichkeit aus. So steht Betsy einerseits für naturverbundene Authentizität, andererseits wird sie semantisch an den Bereich des Konsums und der trügerischen Bildwelt der Zeitschriftencover gekoppelt, was die Illusion einer einheitlichen Persönlichkeit durch den Verweis auf die Gemachtheit derselben demontiert: „They imported Betsy straight from Kansas with her bouncing blonde ponytail and Sweetheart-of-Sigma-Chi smile. [...] Later on, the Beauty Editor persuaded Betsy to cut her hair and made a cover girl out of her, and I still

37 „I was still wearing Betsy's white blouse and dirndl skirt. They drooped a bit now, as I hadn't washed them in my three weeks at home. The sweaty cotton gave off a sour but friendly smell." (BJ 127)

38 „[...] and no matter what she wears, dresses designate and signify her body – the only difference is the meaning, not the process of signification". Séllei: „The Fig Tree and the Black Patent Leather Shoes", S. 138.

see her face now and then, smiling out of those ‚P.Q.'s wife wears B.H. Wragge' ads." (BJ 6) Die Natürlichkeit und Authentizität erweisen sich damit als medial herstell- und wandelbar, als Oberflächenphänomen.

Eine ähnliche Inkongruenz lässt sich für die Figur Doreen beobachten, die in Esthers Augen Überlegenheit und Unkonventionalität verkörpert, und zugleich eine verborgene Seite von Esther selbst: „Doreen had intuition. Everything she said was like a secret voice speaking straight of my own bones." (BJ 7) Jedoch ist die scheinbare Autonomie und Selbstbestimmtheit brüchig, und ihre Ansichten zeichnen sich durch Trivialität aus, die jede Form von tatsächlicher Unabhängigkeit und Emanzipation verhindert.[39] So reproduziert Doreen die Vorstellung, dass die weibliche Rolle darin bestehe, attraktiv, und nicht intelligent zu sein.[40] Ihre Form des Widerstandes gegen Konventionen bewegt sich damit auf einer Ebene oberflächlicher Rebellion und Dissidenz, tastet jedoch die Rolle der Frau innerhalb der Geschlechterhierarchien nicht an.

Sowohl Betsy als auch Doreen dienen Esther deshalb nicht nur als Orientierungsfiguren, sondern auch als Personen, von denen sie sich abgrenzt, umso stärker, je mehr Gemeinsamkeiten bestehen. Auffällig ist hier vor allem Esthers ambivalente Haltung gegenüber Doreen, welche nach einem gemeinsamen Ausflug ins New Yorker Nachtleben von Bewunderung in Abwehr umschlägt: „I think I still expected to see Doreen's body lying there in the pool of vomit like an ugly, concrete testimony to my own dirty nature." (BJ 23) Offenbar ist es gerade die empfundene innere Verwandtschaft mit Doreen, die es Esther, vor dem Hintergrund internalisierter gesellschaftlicher Urteile, zu einer Notwendigkeit werden lässt, die bei der Freundin sichtbaren verwandten Anteile, d.h. das Andere im Eigenen abzuwehren: „I made a decision about Doreen that night. I decided I would watch her and listen to what she said, but deep down I would have nothing at all to do with her. Deep down, I would be loyal to Betsy and her innocent friends. It was Betsy I resembled at heart." (BJ 22) Die Abgrenzung auf der einen Seite führt wiederum zu einer Identifizierung auf der anderen. Esther oszilliert unablässig zwischen verschiedenen Rollenmodellen, ohne dabei eine stabile eigene Position zu finden. Doreens Gegenwart erinnert Esther nicht nur an die negativen Anteile ihrer Persönlichkeit, sondern auch an ihre eigene Spaltung und Uneindeutig-

---

39 „‚And what, may I ask, are two nice girls like you doing all alone in a cab on a nice night like this?' He had a big, wide, white toothpaste-ad smile. ‚We're on our way to a party,' I blurted, since Doreen had gone suddenly dumb as a post and was fiddling in a blasé way with her white lace pocketbook cover." (BJ 8)

40 „‚Jay Cee's ugly as sin,' Doreen went on coolly. ‚I bet that old husband of hers turns out all the lights before he gets near or he'd puke otherwise.' Jay Cee was my boss, and I liked her a lot, in spite of what Doreen said. She wasn't one of the fashion magazine gushers with fake eyelashes and giddy jewelry. Jay Cee had brains, so her plug-ugly looks didn't seem to matter." (BJ 5f)

keit, welche abzuwehren naturgemäß keine Abhilfe schaffen kann, sondern die Problematik nurmehr potenziert.

In diesem Zusammenhang steht auch der Versuch, sich nach dem nächtlichen Abenteuer, ihrer Begegnung mit Sexualität und der Erfindung der Ersatzpersönlichkeit Elly / Elaine, einer Art heiligen Reinigung zu unterziehen, um wieder eins zu werden und die Spaltung zu tilgen. Auf ironische Weise wird das Scheitern dieses Versuchs dargestellt, als Esther von ihren abgespaltenen Rollen unfreiwillig wieder eingeholt wird. Die Dissoziation in zwei Persönlichkeiten, eine brave und eine wilde Esther, verfolgt die Protagonistin:

> I thought if I pretended to be asleep the knocking might go away and leave me in peace, but I waited, and it didn't. ‚Elly, Elly, Elly,' the first voice mumbled, while the other voice went on hissing, ‚Miss Greenwood, Miss Greenwood, Miss Greenwood,' as if I had a split personality or something. (BJ 21)

Die verschiedenen sozialen Rollen, die Esther während ihres New York-Aufenthalts entwirft und ausagiert, werden hier simultan aufgerufen. Die diskursive Ich-Entzweiung macht sich an dieser Stelle gleichsam selbständig, wie es typisch ist für die Doppelgängerfigur, und stellt die Möglichkeit einer eindeutigen oder einheitlichen Persönlichkeit grundsätzlich in Frage.

Neben der triangulär angeordneten Figurenkonstellation (Esther / Doreen / Betsy) in der ersten Romanhälfte ist die Doppelgängerproblematik in der zweiten Hälfte des Textes auf die Figur Joan konzentriert. Diese scheint Esther gegen deren Willen zu verfolgen und ihr Schicksal zu imitieren. Dies manifestiert sich bereits in dem Umstand, dass Joan in derselben psychiatrischen Klinik untergebracht ist:

> Joan's room, with its closet and bureau and table and chair and white blanket with the big blue C on it, was a mirror image of my own. It occurred to me that Joan, hearing where I was, had engaged a room at the asylum on pretense, simply as a joke. That would explain why she had told the nurse I was her friend. I had never known Joan, except at a cool distance. ‚How did you get here?' I curled up on Joan's bed. ‚I read about you,' Joan said. (BJ 195)

> Joan had walk privileges, Joan had town privileges. I gathered all my news of Joan into a little bitter heap, though I received it with surface gladness. Joan was the beaming double of my old best self, specially designed to follow and torment me. (BJ 204f)

Joan tritt hier explizit als „beaming double", als Spiegelung auf, ihre Unterbringung in der Klinik bildet ein „mirror image" zu Esthers Räumlichkeiten. Die Wiederholung ihres eigenen Lebenswegs durch die Andere muß Esther daher als unheimlich und grotesk erscheinen. Sie fühlt sich verfolgt, und dies interessanterweise nicht von einer Fremden, sondern von einer gleichsam älteren Version ihrer selbst. Es ist also gerade die Ähnlichkeit der beiden Patientinnen, die ein Konkurrenzverhältnis zwischen ihnen entstehen lässt. Aufschlussreich ist in diesem Zusammenhang die Auffassung Otto Ranks über das Doppelgängermotiv in der Literaturgeschichte, insofern „die Vergangenheit eines Menschen ihm unentrinnbar anhaftet und ihm zum Verhängnis wird, sobald er versucht, sich ihrer zu entledigen".[41] So wird deutlich, dass Joan sehr stark mit Esthers Schicksal verknüpft, dass sie ihr buchstäblich auf den Fersen ist und scheinbar doch immer ein Stückchen voraus, und dass gerade diese Nähe Esthers starke Ablehnung hervorruft:

> In spite of the creepy feeling, and in spite of my old, ingrained dislike, Joan fascinated me. It was like observing a Martian, or a particular warty toad. Her thoughts were not my thoughts, nor her feelings my feelings, but we were close enough so that her thoughts and feelings seemed a wry, black image of my own. Sometimes I wondered if I had made Joan up. Other times I wondered if she would continue to pop in at every crisis of my life to remind me of what I had been, and what I had been through, and carry on her own separate but similar crisis under my nose. (BJ 219)

Die Gleichzeitigkeit von Differenz und Ähnlichkeit („separate but similar"), die das Verhältnis der beiden Figuren kennzeichnet, ist Bestandteil von Esthers Krankheit. In der Forschung wurde vielfach die Verstrickung auf Leben und Tod der Figuren Esther und Joan benannt und der Suizid Joans als Voraussetzung der Heilung oder Wiedergeburt Esthers gelesen.[42] Esthers eigene Vermutung, sie habe Joan vielleicht lediglich erfunden, verringert die Bedeutung der Figur keineswegs, verschiebt aber den Fokus: unabhängig davon, ob es sich um die Internalisierung stereotyper Rollenbilder handelt oder um die Projektion unliebsamer Bestandteile des eigenen Ich nach außen, Esthers Fall ist an der Schnittstelle zwischen Innenwelt und Außenwelt, Fremd- und Selbstwahrnehmung verortet.

Traditionell ist dem Entwurf einer Doppelgängerfigur die Ambivalenz aus Schutz und Bedrohung eingeschrieben, sowie auf allgemeiner Ebene die Frage nach den Konturen von Individualität und Identität.[43]

---

41 Otto Rank: „Der Doppelgänger". In: *Imago. Zeitschrift für Anwendung der Psychoanalyse auf die Geisteswissenschaften* III.2 (1914), S. 97-164, hier: S. 100.

42 Vgl. Bettina Plesch: *Die Heldin als Verrückte. Frauen und Wahnsinn im englischsprachigen Roman von der Gothic Novel bis zur Gegenwart*. Pfaffenweiler: Centaurus 1995, S. 465f.

43 „Die Frage nach dem Ganzen, dem Ungeteilten, dem Individuum, der Individualität, der Subjektivität, die Frage nach der Wahrnehmung wie die Frage nach der Selbstwahrnehmung, nach dem Ich, nach dem Subjekt ist aufgeworfen". Ingrid Fichtner (Hg.): *Doppelgänger. Von endlosen Spielarten eines Phänomens*. Bern / Stuttgart / Wien: Paul Haupt 1999, S. vii. In einem abschließenden Kapitel geht Fichtner speziell auf das (seltenere) Phänomen des weiblichen Doppelgängers ein. Als weitere Publikationen zur Figur des Doppelgängers vgl. Christof Fode-

Neben dem bedrohlichen und unheimlichen Charakter, den die Figur einnehmen kann, dient sie der Abspaltung von Wesenszügen, die den Protagonisten gefährden und deshalb auf andere Figuren projiziert werden. Die amerikanischen Literaturwissenschaftlerinnen Sandra Gilbert und Susan Gubar haben diesen Mechanismus für die Literatur von Frauen im 19. Jahrhundert untersucht und sehen in der häufigen Verdopplung der Romanheldin ein strategisches Potential.[44] Die Abspaltung dient dazu, Abweichendes und Pathologisches zur Darstellung zu bringen, ohne dabei die Protagonistin ‚anzutasten'. Aus diesem Grund ist der Entwurf eines *mad double* gerade im 19. Jahrhundert häufig mit der Thematik der Krankheit verknüpft: „fantasies in which maddened doubles functioned as asocial surrogates for docile selves, metaphors of physical discomfort [...], along with obsessive depictions of diseases like anorexia, agoraphobia, claustrophobia."[45] Der Figur Joan käme in diesem Sinne eben jene Funktion des „mad double" zu, dessen abschließende Eliminierung letztlich die Heilung und Reintegration der Heldin ermöglicht.

In der Literatur des 20. Jahrhunderts verkompliziert sich das Verhältnis jedoch. Der Doppelgänger besetzt literaturhistorisch immer seltener (zumindest immer seltener allein) die Position des Wahnsinns, stattdessen beginnt die Hauptfigur ihrerseits, die Abweichung zu verkörpern.[46] In Plaths Roman scheint es sich so zu verhalten, als seien Heldin

---

rer: *Ich-Eklipsen. Doppelgänger in der Literatur seit 1800*. Stuttgart: Metzler 1999; Andrew Webber: *The doppelgänger. Double visions in German literature*. Oxford: Claredon Press 2003; Peter Dettmering: *Zwillings- und Doppelgängerphantasie. Literaturstudien*. Würzburg: Königshausen & Neumann 2006; Victor Ieronim Stoichità (Hg.): *Das Double*. Wiesbaden: Harrassowitz 2006; Dimitris Vardoulakis: *The Doppelgänger. Literatures' Philosophy*. New York: Fordham University Press 2010.

44 Einschlägiges (und politisch signifikantes) Beispiel für diese Beobachtung ist das Figurenverhältnis von Jane Eyre und Bertha Rochester in Charlotte Brontës *Jane Eyre*, welches bereits im Titel der Studie von Gilbert und Gubar zitiert wird und auf plakative Weise verdeutlicht, dass erst die auf den Dachboden gesperrte Wahnsinnige die Ordnung und das angepasste Verhalten im Innern des Hauses ermöglicht: „Examining the psychosocial implications of a ‚haunted' ancestral mansion, such a tale explores the tension between parlor and attic, the psychic split between the lady who submits to male dicta and the lunatic who rebels." Gilbert / Gubar: *The Madwoman in the Attic*, S. 86.

45 Vgl. ebd., S. xi.

46 „[...] women writing in the repressive conditions of Victorian England used the mad double as an authorial mouthpiece, a true expression of their repressed and forbidden ideas and emotions. But in nineteenth century literature, it is the double who is mad. In the twentieth century works in this study, it is the protagonist, not the double who is mad. Rather, the double represents society's mores and symbolizes society's definition of sanity. [...] the solution to the dilemma is to declare society mad and the ‚mad' protagonists sane." Martin: „Mothers, Madness, and the Middle Class in *The Bell Jar* and *Les mots pour le dire*", S. 37.

und Gefährtin gleichermaßen ‚verrückt'. Der Doppelgänger ist hier aber nicht mehr primär als komplementäre Figur angelegt, sondern als supplementäre, von der eine gewisse Gefährdung ausgeht, ein Gefühl des Verfolgt- oder Bedrohtwerdens. Die verschiedenen Doubles suchen Esther heim und verdeutlichen auf diese Weise die Unabgeschlossenheit und Wiederholbarkeit ihrer Identität.

Vor dem Hintergrund der augenfälligen Doppelgänger-Thematik lässt sich eine formale Nähe des Romans *The Bell Jar* zum Genre der Gothic Novel konstatieren.[47] Viele Merkmale dieses traditionell von Frauen bedienten Genres finden sich in Plaths Text wieder und funktionieren gerade im Kontext der dargestellten psychischen Krankheit: die Bedrohlichkeit der Außenwelt, die schon den Romanbeginn kennzeichnet und an eine Parallelisierung von Innen- und Außenraum gekoppelt ist, der Einsatz von Elementen des Phantastischen und Beängstigenden, die Rahmung und Verschachtelung der Handlungsstränge sind klassische Versatzstücke dieser Gattung.[48] Insofern die Gothic Novel von jeher der Thematisierung von Wahnsinn und abseitigen Bewusstseinszuständen dient und auf diese Weise, im Verweis auf das Unheimliche, die Kehrseite der Normalität aufzeigt, scheint sie auch dazu geeignet, die spezifisch ‚schizophrene' gesellschaftliche Rolle der Frau, ihre Selbstentfremdung zwischen „self-fear and self-disgust“ und ihre Gefangenschaft zur Sprache zu bringen.[49]

Die Doppelgängerthematik und der Rekurs auf das Genre des Schauerromans beschränken sich dabei nicht auf die Ebene der Figuren, son-

47 Bettina Plesch bezeichnet den Roman Plaths als „Anstaltsroman“ und führt aus: „Das Irrenhaus ist der von der Gothic Novel übernommene Raum, in dem die Auseinandersetzung der Protagonistin mit ihren Bedürfnissen und Ängsten stattfindet. Alle Romane [neben Plath untersucht Plesch Texte von Jennifer Dawson, Janet Frame, Hannah Green u.a.] stehen im Kontext von Kreativität und Wahnsinn, thematisieren die Konfrontation eines nicht den Konventionen entsprechenden weiblichen Ich mit einer patriarchal strukturierten Gesellschaft, die als nicht kontrollierbar und erstickend erfahren wird.“ Plesch: *Die Heldin als Verrückte*, S. 14. Zur weiblichen Gothic Novel vgl. Juliann E. Fleenor (Hg.): *The Female Gothic*. Montréal / London: Eden Press 1983.

48 „[...] durch Handlungsstrukturen, Bilder, Motive und Metaphern der Gothic novel – wie dem (Innen)raum, den Träumen der Protagonistinnen, den Doublefiguren und dem Spiegel – werden psychische Grenzerfahrungen dargestellt. Im zwiespältigen Verlangen der Heldin, sich autoritären Strukturen zu unterwerfen, drückt sich ein Konflikt zwischen Abhängigkeit und Unabhängigkeit aus: keineswegs nur ein psychischer, individueller Konflikt, sondern einer, der in Zusammenhang mit Geschlechterrollen und der Organisation einer patriarchalisch ausgerichteten Gesellschaft gesehen werden muß.“ Plesch: *Die Heldin als Verrückte*, S. 12.

49 „Spatial imagery, images of enclosed rooms or houses, suggest either the repressive society in which the heroine lives or the heroine herself, and sometimes, confusingly, both.“ Fleenor: *The Female Gothic*, S. 12.

dern erstrecken sich auf die Raumstrukturen des Textes. Während die als normal designierte Außenwelt in die Klinikwelt hineinreicht, etwa in Form stereotyper Bilder, scheint umgekehrt das Hospital samt seiner Bewohner auch strukturell die ‚normale' Sphäre zu imitieren und gewissermaßen als *mad double* zu fungieren, bei dem die standardisierten Mechanismen und Konstellationen besonders hervortreten: „The figures around me weren't people, but shop dummies, painted to resemble people and propped up in attitudes counterfeiting life." (BJ 141f) Nicht nur werden alltägliche Tätigkeiten der Welt außerhalb nachgeahmt;[50] auch spiegeln sich zwischenmenschliche Hierarchien, wie die zwischen Lehrern und Schülern oder Eltern und Kindern, innerhalb des Krankenhauses in den Verhältnissen zwischen Ärzten und Patienten und zwischen genesenden und unheilbaren Kranken.[51] In der Klinikanalge existiert eine hierarchische Klassifikation der Patienten auf einer Skala, die besonders pathogene Fälle von solchen mit Aussicht auf baldige gesellschaftliche Reintegration trennt, und dies manifestiert sich in der räumlichen Trennung in verschiedene Abteilungen und Häuser (vgl. BJ 204ff). Diese wertende Klassifizierung der Patienten je nach ‚Krankheitsgrad' verstärkt die wechselseitige Beobachtung untereinander sowie die Angst und Selbstbeobachtung des Einzelnen: „Either I got better, or I fell, down, down, like a burning, then burnt-out star, from Belsize, to Caplan, to Wymark and finally, after Doctor Nolan and Mrs. Guinea had given me up, to the state place next door." (BJ 209) Auf diese Weise entsteht ein graduelles System von Abweichungen, in dem sich neue Normen und Hierarchien herausbilden.

Durch die Wiederholung von Klassifizierungen und Machtverhältnissen der Außenwelt wird das Krankenhaus zum Mikrokosmos, zur kondensierten und sichtbar gemachten Miniaturversion der tatsächlichen Gesellschaft, zum strukturellen Doppelgänger. Auf der einen Seite kann also eine Kontinuität zwischen den normgenerierenden Mechanismen der ‚normalen' Welt und denen der Klinikwelt, in der Esther sich zurechtfinden muss, konstatiert werden. Auf der anderen Seite bewirkt gerade diese Dopplung eine Dissoziation der eindeutigen Zuordnung von Gesundheit

---

50 „For the rest of the evening I listened to DeeDee thump out some of her own songs on the great piano, while the other women sat around playing bridge and chatting, just the way they would in a college dormitory [...]." (BJ 206)

51 Eine solche Beobachtung macht auch Elaine Showalter. In ihrer Untersuchung über die Entwicklung des Wahnsinns hin zu einer *female malady*, führt sie aus, dass die herrschenden gesellschaftlichen Klassifizierungen, die zu einer Gegenüberstellung von Norm und Abweichung führen, sich in den Asylen wiederholen: „In planning and constructing the new asylums, Victorian reformers were inevitably reproducing structures of class and gender that were ‚moral,' that is, ‚normal,' by their own standards. In the façades they created for the houses of madness, they defined their façades of sanity as well. Inside the asylum, lunatics were to be classified and segregated according to the nature of their disorders, but also according to their social class and sex." Showalter: *The Female Malady*, S. 34.

und Norm vs. Krankheit und Abweichung. Die klare Trennung beider Bereiche wird dadurch in Frage gestellt, dass sowohl innerhalb der Alltagswelt als auch innerhalb der Welt im Krankenhaus Hierarchisierungen, Trennungen und Spaltungen hervorgebracht werden.

Die Klischeehaftigkeit, die als ein weiteres Charakteristikum der Gothic Novel oder des Schauerromans gilt, bietet in der zitierenden Wiederaufnahme bestimmter Elemente die Möglichkeit, die Künstlichkeit und Gemachtheit der eigenen Parameter herauszustellen. So wird in Plaths Text der starre und moralisch konnotierte Gegensatz Doreen vs. Betsy in seiner Eindeutigkeit vom Text selbst in Frage gestellt, indem die plakative Gegenüberstellung der Rollenzuweisung gut und böse in zugespitzter und plakativer Weise abermals wiederholt wird. In einem Kinofilm beobachtet Esther stereotype weibliche Rollenmuster, die wie nochmalige Verdopplungen ihrer eigenen Doppelgänger erscheinen:

> The movie was very poor. It starred a nice blond girl who looked like June Allyson but was really somebody else, and a sexy black-haired girl who looked like Elizabeth Taylor but was also somebody else, and two big, broad-shouldered boneheads with names like Rick and Gil.
> It was a football romance and it was in Technicolor. [...] Finally I could see the nice girl was going to end up with the nice football hero and the sexy girl was going to end up with nobody, because the man named Gil had only wanted a mistress and not a wife all along and was now packing off to Europe on a single ticket. (BJ 41f)

Durch die Plakativität der stereotyp beschriebenen Filmhandlung wird die kontrastiv-moralische Figurenkonstellation des Romans ironisch gespiegelt: die Rollen der Illusionsfilmwelt imitieren nicht nur auf pointierte Weise das Verfahren des Romans, sondern verweisen auf einen mehrfach verschachtelten Nachahmungsprozess, in dem die zweitklassigen Schauspielerinnen echte Stars imitieren, welche ihrerseits stereotype Geschlechterbilder abbilden. Dabei wird zugleich evoziert, dass für das Verhältnis der Geschlechter nur ganz bestimmte Plots vorgesehen sind, deren beständige Wiederholung den normierenden Charakter ihrer Inhalte bedingt.

Die mehrfache Wiederholung bzw. wiederholte Abbildung von Stereotypen dient dem Text letztlich dazu, auch das zugrunde gelegte Original in Frage zu stellen. Wie in Judith Butlers Konzept der Travestie lässt sich die Wiederholung nicht nur als ein Prozess der Normierung betrachten, sondern vor allem als ein Verfahren zu deren Überwindung. Die übersteigerte Wiederholung von Rollenmustern dient in diesem Fall, ganz im Sinne der Performativitätsidee, der subversiven Herausstellung stereotyper Normen, ihrer Wirkmechanismen und ihrer Künstlichkeit: „*In imitating gender, drag implicitly reveals the imitative structure of gender itself –*

as well as its contingency.“[52] Plaths Text lässt sich also als eine solche Wiederholung und Travestie („drag“) vorgeschriebener Rollenbilder auffassen. Durch den Verweis auf die Artifizialität und Reproduzierbarkeit der vorgeführten Bilder verlieren diese ihre naturalisierende und normierende Wirkung, so dass die Protagonistin – und mit ihr der Leser – in eine kritische Distanz dazu treten kann.

Die Figur der Doppelgängerin bzw. das daran geknüpfte Verfahren Verfahren der Doppelung wird also, so lässt sich konstatieren, vom Text in mehrfacher Weise eingesetzt. Es wird zunächst auf der Ebene der Figuren offenbar, erstreckt sich aber auch auf die Strukturen und die generische Zuordnung des Romans. Eine zusätzliche Entsprechung findet die Verdopplung schließlich in dem beschriebenen Verfahren der Textherstellung, das im Modus der Parodie und Travestie steht. Auf der Handlungsebene des Textes wird also eine Problematik von Imitation und Abwehr zur Darstellung gebracht, über die der Text in seiner narratologischen Konstruktion hinausgeht. In der figurativen Konstellation des Textes spiegelt sich auf diese Weise das zugrunde liegende Prinzip aus Differenz und Wiederholung, das damit einen produktiven Nutzen erfährt.

3. Abwehr und Aneignung als Formen der Subjektkonstitution

Schenkt man den Beteuerungen der Autorin Glauben, dann nimmt sich die Bedeutung des politischen Kontextes der 50er- und 60er-Jahre für den Roman gering aus. Plaths eigenen Worten zufolge besteht ihr Anliegen eher in der Darstellung universal-menschlicher Probleme als in der konkreten historischen Bezugnahme:

> My poems do not turn out to be about Hiroshima, but about a child forming itself finger by finger in the dark. They are not about the terrors of mass extinction, but about the bleakness of the moon over a yew tree in a neighbouring graveyard. Not about the testament of tortured Algerians, but about the night thoughts of a tired surgeon. In a sense, these poems are deflections. I do not think they are an escape. For me, the real issues of our time are the issues of every time – the hurt and wonder of loving; making in all forms, children, loaves of bread, painting, building; and the conservation of life of all people in all places, the jeopardizing of which no abstract doubletalk of ‚peace‘ or ‚implacable foes‘ can excuse.[53]

Plaths dezidierte Absage an ein politisch inspiriertes Schreiben und die Fokussierung auf individuelle Leiderfahrungen zielen darauf ab, die Inhal-

---

52 Butler: *Gender Trouble*, S. 187.

53 Plath 1962 zit. nach Charles Newman: „Candor is the only Wile. The Art of Sylvia Plath“. In: dsb. (Hg.): *The Art of Sylvia Plath. A symposium*. Bloomington / London: Indiana University Press 1971, S. 21-55, hier: S. 33.

Bedeutung v. Historie u. Politik im Roman

te zu enthistorisieren und dabei allein eine poetische Wirkung zu erreichen; ihrer Aussage ist jedoch ebenso zu misstrauen wie Esthers Ausspruch zu Beginn des Romans bezüglich der Hinrichtung von Ethel und Julius Rosenberg:

> It was a queer, sultry summer, the summer they electrocuted the Rosenbergs, and I didn't know what I was doing in New York. I'm stupid about executions. The idea of being electrocuted makes me sick, and that's all there was to read about in the papers – goggle-eyed headlines staring up at me on every street corner and at the fusty peanut-smelling mouth of every subway. *It had nothing to do with me*, but I couldn't help wondering what it would be like, being burned alive all along your nerves. (BJ 1, Hervorhebung AN).

Die vehemente Abwehr einer politischen Bedeutung, die Verneinung der Möglichkeit, das eigene Leben und Schreiben innerhalb des historischen Kontextes zu situieren und zu deuten, lädt geradezu dazu ein, den Roman – ganz im Sinne einer „kontrapunktischen Lektüre"[54] – gegen den Strich zu lesen. Es stellt sich die Frage, weshalb die Krankheit der Protagonistin schließlich dennoch mit den zur Entstehungszeit des Romans medial omnipräsenten Bildern der Folter und des Elektrischen Stuhls zusammengeführt wird – und dies an einer so prominenten Stelle, dem Incipit des Romans. Sowohl die Aussagen der Autorin als auch die der Erzählerstimme werfen die Frage auf, welche zeittypischen Diskurse bewusst oder unbewusst aus der Erzählung ausgeblendet werden, sich jedoch, gewissermaßen gegen die manifeste Autorintention, in ihren Text einschreiben und sich an die offenkundige Thematisierung von Krankheit und Weiblichkeit andocken.

Wesentlicher und sinnstiftender historischer Bezugspunkt für den Roman ist der Kalte Krieg: die Allgegenwart von Kontrolle und Überwachung der McCarthy-Ära, in welcher das Individuum, abermals in Analogie zum Titel des Romans, zu einem „gläsernen Menschen" wird, das ambivalente Postulieren und zugleich Durchbrechen eines Ideals von Privatheit, und schließlich die Verfolgung von verdächtigen Staatsfeinden

Kalter Krieg + Überwachung

---

[54] Der von Edward Said geprägte Begriff des *contrapuntal reading* bezeichnet eine methodische Herangehensweise, die den Blick auf das lenkt, was der Text an den Rand drängt, verschweigt oder ausblendet. Axel Dunker bezeichnet die kontrapunktische Lektüre als ein Verfahren, das sich „auf den Einschluß dessen richtet, was wegen der scheinbaren gesellschaftlichen Autonomie der Literatur ausgeschlossen wurde, sich aber dadurch in einem stetigen Abgrenzungsprozeß davon befindet". Axel Dunker: *Kontrapunktische Lektüren. Koloniale Strukturen in der deutschsprachigen Literatur des 19. Jahrhunderts*. München: Fink 2008, S. 10. Vgl. auch Edward Said: *Culture and Imperialism*. London: Vintage 1994, insbes. S. 78f. Die Möglichkeit einer kontrapunktischen Lektüre als analytisches Instrumentarium lässt sich auch außerhalb des konkreten Feldes postkolonialer Literatur praktizieren und letztlich, diskursanalytisch gedacht, ganz allgemein auf Texte übertragen, die ihrerseits mit Formen des Ausschlusses operieren.

basierend auf der Kernidee des *inner enemy*, schlagen sich in *The Bell Jar* nieder.[55] Die bereits für den medizinischen und edukativen Handlungsstrang beschriebene permanente Situation der Überprüfung, die Bedrohlichkeit von inneren wie äußeren Räumen und Esthers zeitweilige Züge von Paranoia lassen sich mehr oder weniger unmittelbar auf diesen Hintergrund zurückführen, nicht zuletzt deshalb, weil der zitierte Passus eine konkrete zeitliche Situierung vorgibt („the summer they electrocuted the Rosenbergs").

Das wegen Spionageverdacht am 19. Juni 1953 hingerichtete jüdische Ehepaar Rosenberg bildet den Auftakt zu einer ganzen Reihe von Opferfiguren, mit denen sich Esther im Verlauf der Handlung identifiziert und deren Schicksal sie sich gewissermaßen aneignet. An vielen Stellen findet dabei eine nicht unproblematische Identifizierung mit Marginalisierten oder Fremden statt, die der semantisch-symptomatischen Kennzeichnung des eignen pathologischen Zustands als Zustand der Entfremdung entspringt. Die Parallelisierung der Ausgrenzungsmechanismen von Frauen und derjenigen anderer ‚Anderer' ist in der Plath-Forschung häufig sehr wohlwollend aufgefasst worden.[56] Die im Roman sichtbaren Strategien der Identifizierung sind jedoch in der Regel nicht dazu angelegt, ein allgemeines Statement über die Problematik gesellschaftlicher Ausgrenzungsmechanismen zu liefern, sondern dazu, dem eigenen Selbsthass ein Gesicht zu geben – und dieses ist durchgehend fremd und negativ konnotiert, ein Zeichen wachsender Entfremdung von sich selbst: „The face in the mirror looked like a sick Indian." (BJ 112); „I looked yellow as a Chinaman." (BJ 8); „I noticed a big, smudgy-eyed Chinese woman staring

---

55 „By the mid-50s ‚the norm', a single-dimensional conformity based on image, seemed to have achieved the status of official language. Dissent within and about the norm was muted. Those speaking a different language were by definition Alien, subject to surveillance by the national security state." Pat Macpherson: *Reflecting on The Bell Jar*. London / New York: Routledge 1991, S. 1. – Deborah Nelson legt den Fokus auf die Widersprüchlichkeit des Dogmas der *privacy*, die im Zuge ihrer notwendigen Absicherung und Überwachung zugleich auch wieder verletzt wurde; darüber hinaus wurde die Spannung von *containment* und *privacy* zu einem narrativen Problem: „The cold war scripted the privacy crisis. What I call the sudden visibility of privacy was produced by the excesses of cold war security […]. [I]n addition to generating a privacy crisis of its own, as we know well from histories of this period, the cold war provided a language and a narrative to the dilemma of privacy in modernity more generally." Deborah Nelson: *Pursuing Privacy in Cold War America*. New York: Columbia University Press 2002, S. xii.

56 „In Plath's novel women are continually defined – and frequently define themselves – in terms of the marginalized other. They are seen as members of oppositional classes that belong outside the mainstream of white middle class experience." Howlett: „Sylvia Plath's The Bell jar as Counter-Narrative", S. 40.

idiotically into my face. It was only me of course." (BJ 17)[57] In der willkürlichen Parallelisierung des Selbstbildes mit verschiedenen Figuren des ‚Anderen' oder Exotischen werden komplexe Prozesse der Marginalisierung undifferenziert zusammengeworfen. In der genauen und strengen Beobachtung der Anderen manifestiert sich derselbe klinische Blick, der auch die Examination des Eigenen kennzeichnet.[58] Dieser Umstand legt nahe, dass das abspaltende *Othering* der Doppelgängerfiguren mit der Selbstbeobachtung der Heldin in Zusammenhang steht oder sogar unmittelbar daraus hervorgeht.

Neben den genannten Beispielen einer im Text ausagierten Analogisierung bzw. Kontextualisierung der eigenen Krankheit bietet sich das der Geheimdienstarbeit für Russland und der Auslieferung von Informationen über die Atombombe beschuldigte kommunistische Ehepaar Rosenberg in besonderer Weise für eine Bezugnahme an, insofern der Roman dabei auf bereits vorhandene gesellschaftliche Ausgrenzungsdiskurse zurückgreifen kann. Der Fall Rosenberg war vor allem deshalb ein solch öffentlicher Skandal, weil in den Anschuldigungen gegen das Ehepaar sich auch antisemitische Vorwürfe ihren Weg bahnten, wie etwa die Unterstellung einer Komplizenschaft mit dem russischen Bolschewismus oder die Vorstellung, Juden könnten aufgrund ihrer ewigen „Heimatlosigkeit" ihrem jeweiligen Aufenthaltsort keine nationale Loyalität entgegenbringen, sondern müssten ihren Gaststaat früher oder später verraten.[59] Wie Pat

57 Diese Strategien des Otherings im Sinne einer Exotisierung finden sich auch im Bereich der Schriftlichkeit wieder, die als Spiegelbild der Psyche fungiert. „The letters grew barbs and rams' horns. I watched them separate, each from the other, and jiggle up and down in a silly way. Then they associated themselves in fantastic, untranslatable shapes, like Arabic or Chinese. I decided to junk my thesis." (BJ 124)

58 Zu diesem Urteil kommt auch Claudia Benthien, auch wenn sie sich an dieser Stelle primär auf Plaths Erzähltexte bezieht: „Die Erzählinstanz beschreibt die Gesichtshaut wie ein Mensch mit dem Blick auf das Fremde einer anderen Kultur, wie ein plastischer Chirurg oder ein Dermatologe. [...] Das beschreibende Auge sieht so genau hin, wie es kulturell nicht gucken darf: detaillgetreu [sic], medizinisch, sachlich. Es blickt auf das Antlitz des Gegenübers wie auf tote Materie, auf strukturiertes Fleisch, und nicht auf ein menschliches Gesicht." Claudia Benthien: „The wall of my skin. Ich-Fragilität und Körpergrenzen bei Sylvia Plath". In: dsb.: *Im Leibe wohnen. Literarische Imagologie und historische Anthropologie der Haut.* Berlin: Spitz 1998, S. 146-158, hier: S. 148. Benthiens Einschätzung, die rassenspezifisch markierten Darstellungen der Haut würden nicht mit moralischen Urteilen über das Innere der Figuren verknüpft, soll an dieser Stelle widersprochen werden. Vielmehr ist gerade in diesen äußerlichen Zuschreibungen auch eine Abwertung der Person impliziert, ein Vorgang, der dann wiederum als Folie für den Ausdruck des eigenen Unbehagens genutzt wird.

59 „Kaufman's rhetoric depends on – but does not name – the disease metaphor for Communism, to explain the death threat Their pathological system carries against Our health. Our bodily security must be defended against Their invasive

MacPherson ausführt, wurde in den 50er-Jahren eine kommunistische Gesinnung im öffentlichen Diskurs pathologisiert, zugleich wurde speziell Ethel Rosenberg aufgrund ihrer politischen Arbeit die Qualität als Mutter abgesprochen.[60] Beide Aspekte, die zugeschriebene Krankheit und die unzureichende Erfüllung der gesellschaftlich festgelegten Mutterrolle, können Esther als Identifikationsmatrix dienen. Die semantische Parallelführung von Krankheit und politischer Dissidenz macht jedoch den Roman noch lange nicht zu einem dezidierten Gegendiskurs zur gängigen Ideologie der 50er-Jahre.[61] Ganz im Gegenteil lässt sich konstatieren, dass Esthers Schulterschluss mit den Marginalisierten ihrer Zeit nur einem ersten Blick standhält, und dass die im Text vollzogene Umwertung von Krankheit und Gesundheit, Norm und Abweichung, auf Kosten anderer binärer Denkschemata vonstatten geht, die nun ihrerseits das narrative Universum ordnen und Esthers Identität absichern.

Neben den dargestellten Strategien der Aneignung und Analogisierung setzt der Roman daher zudem Prozesse der Abwehr in Szene, deren Funktion ähnlich gelagert ist, insofern sie auf eine Überwindung der identitären Spaltung abzielen. Paradigmatisch ist in diesem Zusammenhang eine im Krankenhaus situierte Passage, die Esther als Patientin zeigt, die aber bereits als eine bedeutende Etappe in Richtung Genesung verstehbar ist. Augenfällig ist dabei zunächst die unreflektierte Verwendung von Rassismen und kolonialen Stereotypen, etwa in der Beschreibung des im Krankenhaus angestellten „Negro“:

> Usually it was a shrunken old white man that brought our food, but today it was a Negro. The Negro was with a woman in blue stiletto heels, and she was telling him what to do. The Negro kept grinning and chuckling in a silly way. Then he carried a tray over to

---

germ warfare, carried by ‚secret ... forces among our own people‘ [...] such as the Rosenbergs, who become more and more Them than Us in this formulation. [...] The disease metaphor was anti-Communism's most effective weapon in the war for America's hearts and minds.“ Macpherson: *Reflecting on The Bell Jar*, S. 33.

60 „[...] the woman's unnatural strength is associated with pathology and foreign invasion of the otherwise secure Family. Ethel Rosenberg as wife-and-mother is supposed to be the source of security at the very center of our national security. [...] As in *The Crucible*, men of conscience rally to purge the diseased state by accusing the deviant woman who has betrayed family and community at once.“ Ebd., S. 38.

61 Diese Ansicht vertritt Jeffrey Howlett: „It follows that through the process of counter-memory, it is possible to reconstruct the obliterated evidence of the past. Given the inseparable nature of power and knowledge in Foucault's system, I propose that novelists must also use a form of counter-memory in order to challenge official forms of discourse. ‚Counter-narrative‘, as I wish to label this form, also shortens its vision to the near horizon and relates the experience of the ‚low‘ elements – the body, intuition, the emotions and folk life – in order to challenge the metaphysical knowledges generated in the interest of power.“ Howlett: „Sylvia Plath's The Bell Jar as Counter-Narrative“, S. 40.

> our table with three lidded tin tureens on it, and started banging the tureens down. The woman left the room, locking the door behind her. All the time the Negro was banging down the tureens and then the dinted silver and the thick, white china plates, he gawped at us with big, rolling eyes. […] The Negro had come back and was starting to collect the empty plates of people who hadn't dished out any beans yet. ‚We're not done,' I told him. ‚You can just wait.' ‚Mah, mah!' The Negro widened his eyes in mock wonder. […] Now I knew perfectly well you didn't serve two kinds of beans together at a meal. Beans and carrots, or beans and peas, maybe, but never beans and beans. The Negro was just trying to see how much we would take. (BJ 180f)

Esthers Darstellung des „Negro" in der Rolle als zugleich unterwürfiger und arglistiger *servant* erinnert an erste Schilderungen von ‚Wilden' in europäischen Reiseberichten des 19. Jahrhunderts: der Figur werden rollende Augen, unverständliche, dümmlich wirkende Laute, unlautere Absichten und eine offensichtliche Unterlegenheit zugeschrieben.[62] Esthers Unzufriedenheit mit dem Verhalten des „Negro" gipfelt schließlich in einer aggressiven Geste von Seiten der sonst so passiven Patientin:

> I rose from the table, passing round to the side where the nurse couldn't see me below the waist, and behind the Negro, who was clearing the dirty plates. I drew my foot back and gave him a sharp, hard kick on the calf of the leg. The Negro leapt away with a yelp and rolled his eyes at me. ‚Oh Miz, oh Miz,' he moaned, rubbing

[62] Diese Stereotypen lassen sich insbesondere in europäischen Reisetexten und literarischen Adaptionen des 18. und 19. Jahrhunderts finden, in denen qua Imagination und Projektion das Bild vom Wilden als Gegenstück zur eigenen Zivilisation entworfen wird. „Dasselbe Unvermögen, das Phänomen archaischer Kultur intellektuell zu bewältigen, welches in politischer Hinsicht zum Einsatz gewalttätiger Mittel hinführte, begünstigte in philosophisch-psychologischer Hinsicht die Neigung zur Diskriminierung der Vertreter anderer Rassen. Die Verlegenheit des Europäers angesichts einer solchen Kulturberührung wich in der Regel nicht dem ernsthaften Bemühen um eine sachliche Erforschung der fremden Kultur, sondern schlug in eine unnuancierte und generelle Verurteilung des Eingeborenen um, der als ‚Barbar' und ‚Wilder' ein für alle Mal deklassiert wurde. Indem man selbstgerecht die eigene Lebensform zur absoluten Norm erhob und alles, was davon abwich, als minderwertig und pervertiert brandmarkte, führte man eine durch keinerlei wissenschaftliche Überlegung fundierte Trennung zwischen Kultur und Natur ein und wies dem Eingeborenen den zweiten Bereich zu, während man sich ganz selbstverständlich zum Herrn der Schöpfung einsetzte, ohne sich auch nur über die mit solcher Anmaßung verbundenen Verantwortlichkeiten Rechenschaft zu geben." Urs Bitterli: *Die Wilden und die Zivilisierten. Grundzüge einer Geistes- und Kulturgeschichte der europäisch-überseeischen Begegnung*. München: Beck 1976, S. 84f. Vgl. außerdem zum kolonialen Stereotyp des „minderbemittelten Barbars" Jochen Dubiel: *Dialektik der postkolonialen Hybridität. Die intrakulturelle Überwindung des kolonialen Blicks in der Literatur*. Bielefeld: Aisthesis 2007, S. 54-63.

> his leg. ‚You shouldn't of done that, you shouldn't, you reely shouldn't.' ‚That's what *you* get,' I said, and stared him in the eye. (BJ 181f)

Die Apathie und Ohnmächtigkeit, die Esther während ihres wochenlangen Aufenthalts in der Klinik verspürt hat, wandelt sich an dieser Stelle in ein impulsives Aufbegehren gegen eine empfundene Ungerechtigkeit. In dieser Szene, die in der Forschung häufig als positives Zeichen der Genesung gelesen wurde,[63] lässt sich vielmehr eine deutliche rassistische Abgrenzung von dem ‚Anderen' erkennen, der in seiner kulturellen Differenz eine noch höhere Stufe der ‚Abweichung' verkörpert als die kranke Esther. Dabei ist gerade die von Newman zwar bemerkte aber kaum kommentierte Tatsache signifikant, dass die Abgrenzung den entscheidenden Schritt in Richtung Reintegration bedingt.[64] Die erstarkende Aktivität und Selbstbestimmtheit der Hauptfigur ist nur möglich, indem diese eine andere Position als die schwächere und abweichende deklariert. Damit reproduziert der Text eine koloniale Geste, die dem Fremden nur eine sekundäre Bedeutung zukommen lässt – als Hintergrundfolie, auf der qua Kontrast eine positivierende Darstellung des Eigenen erst möglich wird: der degenerierte ‚Neger' dient als Kulisse für Esthers beginnende Regeneration.

Die auf diese Weise eingesetzte Strategie des *Otherings* wiederholt sich in Bezug auf die Doppelgänger-Figur Doreen. In einer ambivalenten Mischung aus Faszination und Distanzierung wird die Abwehr der Figur nicht zuletzt über die Zuordnung exotischer Kategorien bewirkt: „She had an interesting, slightly sweaty smell that reminded me of those scallopy leaves of sweet fern you break off and crush between your fingers for the musk of them." (BJ 5) Ähnlich exotisierend-signifikant wie die Assoziation mit Moschusduft und Farnblättern ist die Darstellung Doreens

---

[63] „Curiously enough, the aesthetic detachment which isolated her in the outside world confers on her, within the asylum, a peculiar source of strength. Surrounded by the insane and perverse, shorn of worldly hypocrisy, her self-pity is expanded to empathy. As she is able to become tolerant of her ‚peers', she is able to finally sympathize with herself." Newman: „Candor is the only Wile", S. 42. Newman zitiert die gesamte Textpassage über die Begegnung mit dem ‚Negro' ohne jede Erwähnung der darin enthaltenen rassistischen Bilder. Lediglich die Beobachtung, dass Esthers Vision paranoide Züge annimmt, wird dem Auszug vorangestellt: „It is in this context [her institutionalization] that we see her suspicion has become paranoiac, her vision schizophrenic. Yet just how undescriptive such labels are is clearly shown in her own undiagnostic analysis." Ebd., S. 40.

[64] Im Anschluss an das Zitat steht eine Passage, in der Esther sich erneut gegen ihre Umwelt auflehnt und das Untersuchungsinstrumentarium einer Krankenschwester zerbricht. Diese Formen der Unangepasstheit verhelfen ihr zum ‚Aufstieg' in das Privatkrankenhaus von Dr. Nolan, lassen sich also als Schritt in Richtung Besserung deuten.

als „dusky as a bleached-blonde Negress" (BJ 11), die Beschreibung ihrer Haare: „I couldn't see her face because her head was hanging down on her chest and her stiff blonde hair fell down from its dark roots like a hula fringe" (BJ 21) oder die Bemerkungen über ihre bräunlich durchschimmernde Haut: „her skin had a bronzy polish under the pale dusting powder" (BJ 7). Kennzeichnend ist dabei jeweils die Kontrastierung zwischen einer hellen ‚Außenansicht', die sich als künstliche Fassade oder Verkleidung entpuppt, und einer ‚dunklen' Doreen im ‚Innern', was den Vorwurf einer Verstellung impliziert. Die derart konstruierte ‚eigentliche' Persönlichkeit, die sich hinter einer sorgfältig inszenierten Künstlichkeit verbirgt und erst in einem Moment des Kontrollverlustes zum Vorschein kommt, dient Esther als Ausdruck des eigenen Selbsthasses, fungiert also als Negativbild, als „testimony to my own dirty nature." (BJ 23)

Eine zusätzliche Exotisierung der Figur Doreen wird im Zusammenhang mit ihrer Darstellung als willenloses Objekt männlicher Begierde vollzogen. Besonders wird dabei auf ihre Körperlichkeit fokussiert[65] bis hin zur Beschreibung ihrer Brüste, „that [...] had popped out of her dress and were swinging out slightly like full brown melons" (BJ 17).[66] Dass im Zuge dieser problematischen Zuschreibungen von der Person Doreen selbst nicht viel übrig bleibt, sie gewissermaßen tatsächlich zum schattenhaften Doppelgänger wird und verschwindet, wird ebenfalls im Text

---

65 „Doreen wasn't saying a word, she only toyed with her cork placemate and eventually lit a cigarette, but the man didn't seem to mind. He kept staring at her the way people stare at the great white macaw at the zoo, waiting for it to say something human." (BJ 10f)

66 Den Zusammenhang von Hautfarbe und Sexualität sowie die generelle rassenspezifische Farbausstattung in Plaths Texten analysiert Renée Curry in ihrem Kapitel: „‚White: It is a Complexion of the Mind'". Sie attestiert Plath „an understanding of whiteness – and its associated purity, cleanliness, and virtuousness – as lacking, particularly lacking in regard to love and sexuality. This scenario, which depicts whiteness as sexually lacking and colorfulness or darkness as sexually fulfilling or excessive, occurs repeatedly throughout her poetry." Renée R. Curry: „‚White: It Is a Complexion of the Mind': The Enactment of Whiteness in Sylva Plath's Poetry". In: dsb.: *White Women Writing White. H.D., Elizabeth Bishop, Sylvia Plath, and Whiteness.* Westport / London: Greenwood Press 2000, S. 123-168, hier: S. 124. Curry ist eine der wenigen Forscherinnen, die sich kritisch mit der rassenspezifisch geprägten Bildlichkeit auseinandersetzt, ihre Aussagen zu Plaths Lyrik treffen gleichermaßen auf den Roman zu: „Plath's [...] investment in depicting a whiteness that lacks unless marked by features of racial Otherness, along with the sheer accumulation of color, whiteness and blackness in her poetry, evinces Plath as a poet both produced by the racial politics of the 1950s United States and superficially aware of a need to focus particularly on racial politics. Although Plath might claim her own whiteness and its lack for particular purposes, the only real subject matter she scrutinizes in her poetry is that of the self spiralling in on the self. She considers her relationship to Others and ‚colorfulness' only insofar as it affects her own sense of attractiveness." Ebd.

kenntlich: „There was nobody in the hall. The carpet stretched from one end of the hall to the other, clean and eternally verdant except for a faint, irregular dark stain before my door as if somebody had by accident spilled a glass of water there, but dabbed it dry again.“ (BJ 23) Von Doreen bleibt nichts zurück als ein versehentlich verursachter und sogleich wieder ausgewischter Fleck auf dem Flurteppich – und gerade diese Geste des Verwischens lässt sich mit dem psychischen Vorgang der Verdrängung parallel setzen. Die Abwehr der Figur ist also mehrfach in ihrer verborgenen „Dunkelheit“ begründet und gipfelt schließlich in der Metaphorisierung als dunkler Fleck, der als unliebsame Spur bestehen bleibt.

Aber nicht nur die Figuren werden zum Zwecke der Abwehr exotisiert, auch die Thematik der Krankheit selbst wird auf diese Weise verfremdet, etwa in Esthers binnenfiktionalem Romanversuch. Die Symptome, die man im Kontext des Romans als Anzeichen für eine Depression oder Schizophrenie lesen würde, assoziiert Esther / Elaine erstaunlicherweise mit dem tropischen Virus Malaria, wodurch die Krankheit deutlich von der aktuellen Situation fortgerückt wird: „It was a sweltering morning in July, and drops of sweat crawled down her back, one by one, like slow insects. [...] Inertia oozed like molasses through Elaine's limbs. That's what it must feel like to have malaria, she thought.“ (BJ 120) Diese Skizzierung – die Hitze, die Unfähigkeit sich zu bewegen, die Anwesenheit von Insekten – enthält gängige Motive kolonial geprägter Texte über das Fremde, wie sie sich im 20. Jahrhundert bei Autoren wie Joseph Conrad oder Louis-Ferdinand Céline finden lassen,[67] und bewirkt damit eine deutliche Verfremdung des dargestellten Zustands.

---

67 Bei Louis-Ferdinand Céline wird die Darstellung des Pathologischen an das Klima gekoppelt: „Depuis trois mois, je rends tout... La diarrhée. Peut-être aussi que c'est la fièvre; j'ai les deux... Et même je n'en vois plus clair sur les cinq heures... C'est à ça que je vois que j'en ai de la fièvre parce que pour la chaleur, n'est pas, c'est difficile d'avoir plus chaud qu'on a ici rien qu'avec la température du pays!... En somme, ça serait plutôt les frissons qui vous avertiraient qu'on est fiévreux...“ Louis-Ferdinand Céline: *Voyage au bout de la nuit* [1932]. Paris: Gallimard 1952, S. 164. Auch Insekten und Tiere der Wildnis finden hier Erwähnung und werden mit Krankheit konnotiert, vgl. ebd., S. 156f. In Joseph Conrads Roman *Heart of Darkness* werden die Afrikaner durch den Vergleich mit Ameisen entmenschlicht: „A lot of people, mostly black and naked, moved about like ants. [...] Six black men advanced in a file, toiling up the path. They walked erect and slow, balancing small baskets full of earth on their heads, and the clink kept time with their footsteps. Black rags were wound around their loins, and the short ends behind waggled to and fro like tails. I could see every rib, the joints of their limbs were connected together with a chain whose bights swung between them, rhythmically clinking. [...] All their meagre breasts panted together, the violently dilated nostrils quivered, the eyes stared stonily hill-up. They passed me within six inches, without a glance, with that complete, deathlike indifference of unhappy savages.“ Joseph Conrad: *Heart of Darkness* [1902]. London: Penguin 1994, S. 22f.

Die von Esther unternommene rassenspezifische Abwertung ihrer Freundin Doreen wird durch eine sexualitätsspezifische Stigmatisierung ergänzt, was insbesondere deutlich wird in Esthers Ablehnung der Figur Joan. In einer Situation, in der sich beide Mädchen im Krankenhaus wiederfinden und Joan ihr gegenüber Zuneigung und Vertrautheit ausdrückt, reagiert Esther mit schroffer Zurückweisung: „That's tough, Joan,' I said, picking up my book. ‚Because I don't like you. You make me puke if you want to know.'" (BJ 220) Das Othering, auch in Doreens Fall an deren sexuelle Identität gekoppelt, ist in Bezug auf Joan die Konsequenz von Esthers Mutmaßung über deren lesbische Veranlagung und geht so weit, dass Esther sie geradezu als Außerirdische und als warzige Kröte wahrnimmt (vgl. BJ 219) und mit dieser Zuschreibung vollends entmenschlicht.

Vor dem Hintergrund der bereits ausgeführten Rolle der Doppelgängerfiguren innerhalb des Romans sowie angesichts der Bedeutung der Selbstbeobachtung als Ursache für eine Selbstspaltung der Protagonistin, lässt sich sowohl in Doreens rassenspezifisch wie in Joans geschlechtsspezifisch begründeter Ablehnung die von Julia Kristeva formulierte These bestätigt sehen, wonach das Fremde in uns selbst seinen Ursprung hat, so dass die Allgegenwart der verschiedenen Persönlichkeitsverdopplungen eine neue Relevanz erhält:

> Par ailleurs, Freud note que le moi archaïque, narcissique, non encore délimité par le monde extérieur, projette hors de lui ce qu'il éprouve en lui-même comme dangereux ou déplaisant en soi, pour en faire un *double* étranger, inquiétant, démoniaque. L'étrange apparaît cette fois-ci comme une défense du moi désemparé: celui-ci se protège en substituant à l'image du double bienveillant qui suffisait auparavant à le protéger, une image de double malveillant où il expulse la part de destruction qu'il ne peut contenir.[68]

Die Figuren, die die Integrität, Reinheit und Gesundheit des Ich bedrohen, werden deshalb als krank und deviant modelliert, werden pathologisiert oder sogar enthumanisiert. Es geht also weniger darum zu entscheiden, ob Esther im Laufe des Romans eine Rückkehr zur Normalität gelingt, sondern um die Frage, mit welchen Mitteln und welchen Konsequenzen über die Thematik von Krankheit und Genesung andere Diskurse mit in den Text hineingetragen und (möglicherweise unwillkürlich) damit in Verbindung gebracht werden. Auch „externe" gesellschaftliche Diskurse werden auf diese Weise innerhalb einer Matrix von Normalität und Abweichung, Gesundheit und Pathologie konfiguriert.

Eine andere Funktion erfüllt die eingangs anhand der Rosenberg-Analogie beschriebene Strategie des Umgangs mit fremden Schicksalen im Modus der Aneignung und Besetzung einer Opferposition. Die

---

[68] Julia Kristeva: *Étrangers à nous-mêmes*. Paris: Gallimard 1988, S. 271.

Opferposition

Krankheit ist für Esther der Anlass, das eigene Schicksal mit dem gesellschaftlich ‚anerkannter' Opfer zu parallelisieren oder stilisieren, etwa in der Beschreibung ihrer Lebensmittelvergiftung als Folter:

> I sat on the toilet and leaned my head over the edge of the washbowl and I thought I was losing my guts and my dinner both. The sickness rolled through me in great waves. After each wave it would fade away and leave me limp as a wet leaf and shivering all over and then I would feel it rising up in me again, and the glittering white torture-chamber tiles under my feet and over my head and on all four sides closed in and squeezed me to pieces. (BJ 44)

Neben dieser unspezifischen Assoziation findet eine starke Identifikation mit den Rosenbergs statt, die bereits im allerersten Satz genannt werden und vor allem in ihrer Rolle als auf dem Elektrischen Stuhl Hingerichtete eine scheinbar adäquate Parallele bilden für Esthers Erleiden der Elektroschocktherapie – umso mehr, als diese Erfahrung in Esther die Vorstellung einer Bestrafung weckt:

> Then something bent down and took hold of me and shook me like the end of the world. Whee-ee-ee-ee-ee, it shrilled, through an air crackling with blue light, and with each flash a great jolt drubbed me till I thought my bones would break and the sap fly out of me like a split plant. I wondered what terrible thing it was I had done. (BJ 143)

Beide Ereignisse werden als Grenzerfahrung wahrgenommen und allein aufgrund dieser existentiellen Qualität vergleichbar gemacht: „It had nothing to do with me, but I couldn't help wondering what it would be like, being burned alive all along your nerves. I thought it must be the worst thing in the world." (BJ 1). Die Erzählerstimme evoziert die Vorstellung einer Bestrafung, um dem unbeschreiblichen Schmerz eine wenigstens minimale Erklärung oder Sinnhaftigkeit zu attributieren.

Der Literaturwissenschaftler James E. Young konstatiert, dass in *The Bell Jar* auch die jüdische Opferperspektive mit aufgerufen wird, wenn auch weitaus zurückhaltender als in Plaths Lyrik.[69] Bereits die Namensge-

---

[69] „Auf ihrer Suche nach Metaphern, die ihren privaten Schmerz ausdrücken konnten, griff Sylvia Plath mithin nach den extremsten Bildern, die ihrer Phantasie verfügbar waren, den Bildern ‚von jüdischer Art'." James E. Young: *Beschreiben des Holocaust*. Frankfurt a.M.: Suhrkamp 1997, S. 208. In Plaths Lyrik ist eine häufig nicht unproblematische Identifikation mit der Figur des Juden explizit angelegt, beispielsweise in ihrem Gedicht „Daddy", in dem die Vaterfigur zugleich zur faschistischen Bedrohung wird: „Daddy / I never could talk to you / The tongue stuck in my jaw. // It stuck in a barb wire snare. / Ich, ich, ich, ich, / I could hardly speak. / I thought every German was you. / And the language obscene. // An engine, an engine / Chuffing me off like a Jew. / A Jew to Dachau, Auschwitz, Belsen. // I began to talk like a Jew. / I think I may well be a Jew." Sylvia Plath: „Daddy", in: *Ariel*. Frankfurt a.M.: Suhrkamp 1979, S. 106ff.

bung der Protagonistin lässt sich als Verweis auf die jüdische Kultur und die Ambivalenz aus Opfer und Errettung verstehen, die das biblische *Buch Esther* kennzeichnet.[70] Der Holocaust wird dabei nicht literarisch nachgestaltet oder explizit gemacht, sondern fungiert als diskursiv verfügbares Ereignis, das herangezogen wird, um den eigenen seelischen Schmerz zu bebildern.[71] Es handelt sich um eine Aneignung, die im wesentlichen dazu dient, auf der Folie bestehender und gesellschaftlich präsenter Darstellungen der eigenen Befindlichkeit Ausdruck zu verleihen.[72] Die Aneignung einer semantisch vorstrukturierten Opferposition auf der einen Seite, die Abspaltung und Projektion von unliebsamen Anteilen der eigenen Persönlichkeit auf der anderen, dies sind die beiden Strategien, mit denen Plaths Roman sich dem Stereotyp der kranken Frau nähert.

Auf der Figurenebene wird dies über das Doppelgängermotiv geleistet. Dabei werden, in Ermangelung anderer ‚Modelle', eine Reihe von stereotypen Rollenbildern aufgerufen und wiederholt. Die kontrastive Anordnung der Orientierungsfiguren Esthers und die Offenlegung der daran geknüpften Zuschreibungen in ihrer Widersprüchlichkeit verweisen aber, gerade in der Wiederholung, auf deren Konstruktionscharakter. Die Doppelgängerthematik dient folglich dem Verweis auf die Gemachtheit und Wiederkehr von Rollenbildern, auf die Gefangenschaft in überkommenen Mustern und Stereotypen.

Das Motiv des Doubles verweist zudem auf eine innere Gespaltenheit der Protagonistin Esther, die auf den Vorgang des Schreibens selbst zurückführbar ist. Die vielgestaltigen Doppelgängerinnen bilden eine figurative Umsetzung jenes Wiederholungsprinzips, das dem Roman strukturell zugrunde liegt. In der rückblickenden Selbstbeobachtung der eigenen Krankheit wird zudem der observierende Blick des Arztes auf die Kranke wiederholt, und damit die Aufspaltung in Subjekt und Objekt der

70 Vgl. Young: *Beschreiben des Holocaust*, S. 193. Der Bezug lässt sich schließlich auch auf die Krankheit übertragen, die in ihrem Doppelstatus aus Leid und Läuterung über die Rosenbergs schließlich auch an den Holocaust geknüpft wird. Die Begründung für die Wahl der Holocaust-Metaphorik sieht Young weniger in ihrer tatsächlichen Eignung, sondern ihrer Öffentlichkeitswirksamkeit: „Daß Plath sich für den Tropus des Holocaust-Juden entscheidet, hängt nicht so sehr damit zusammen, daß diese Metapher a priori adäquat wäre, als vielmehr damit, daß der Holocaust-Jude als Metapher für Leiden seinen Platz im gesellschaftlichen Bewußtsein hat." Ebd., S. 195.

71 Ebd., S. 191. Wichtig ist in diesem Zusammenhang James E. Youngs Hinweis, dass zwischen 1961 und 1963, zum Entstehungszeitpunkt von *The Bell Jar*, „die Ereignisse des Holocaust ans Licht der Öffentlichkeit kamen und, wenn schon nicht kollektives Wissen, so doch kollektive Erinnerung wurden." Ebd., S. 192.

72 „Juden, Juden als Opfer, und ihr eigenes Gefühl, Opfer zu sein, scheinen miteinander verschmolzen, zuerst in ihrer Metapher von den Rosenbergs, danach in den wiedererinnerten Bildern ihrer Elektroschock-Therapie, und verknüpfen auf diese Weise zwei von einander unabhängige Lebensrealitäten." Ebd., S. 194.

Darstellung. Die Erzählstimme partizipiert also an der Objektivierung der kranken Frau, während sie zugleich das eigene Verfahren offenlegt. Der Mechanismus der Verdopplung und der Vorgang des Schreibens erscheinen beide sowohl als Element des Pathologischen wie auch als Möglichkeit zu seiner Überwindung.

Das im Text ausagierte *Othering*, das als dezidierte Kompensation der durch die Selbstbeobachtung verursachten Ich-Spaltung gesehen werden kann, stellt die vorherrschende Strategie des Romans dar und impliziert eine problematische Geste der Aneignung. Dabei lässt sich zugleich ein Verfahren der Kontextualisierung beobachten, im Zuge dessen die im Roman aufgerufenen Themen- und Problemfelder (Weiblichkeit, Mutterschaft, Gesundheit, Natürlichkeit) in ihrem spezifischen zeithistorischen Rahmen situiert werden und auf diese Weise ihren traditionellen Essentialismus verlieren. Wie in vielen der hier untersuchten Texte wird in Plaths Roman das Schreiben als ein Prozess reflektiert, der unter geschlechtsspezifischen Vorzeichen steht und dessen identitätsstiftendes Potential zu zerbrechen droht; gleichzeitig lassen die im Text verwendeten Strategien eine Ahnung darüber entstehen, wie eben jener Zusammenbruch metatextuell überwunden werden kann.

IV. Das Virus Verbrechen. Zur Verflechtung von Krankheit, Geschlecht und „Rasse“ in Ingeborg Bachmanns *Der Fall Franza*

Der Fall Franza (1978) wurde von Ingeborg Bachmann als Teil ihres *Todesarten*-Zyklus geplant, ist jedoch erst posthum veröffentlicht worden und ein Fragment geblieben.[1] Das übergreifende Thema der *Todesarten*-Prosatexte sind die Gewaltverhältnisse innerhalb der österreichischen Nachkriegsgesellschaft, in der die Verbrechen der Vergangenheit im Verborgenen fortbestehen. Ebenso wie die anderen Texte des Zyklus, darunter auch Bachmanns wohl berühmtester Roman *Malina*, geht der *Franza*-Roman den Verflechtungen von gesellschaftlichen und intimen Machtbeziehungen nach. Die Protagonistin Franza leidet an einer unbestimmten Krankheit, deren Ursprung in ihrer Ehe mit dem angesehenen Mediziner Leopold Jordan zu suchen ist, und die damit als Ergebnis eines ungleichen Geschlechterkampfes, als Krankmachung oder ‚Kränkung‘ im wörtlichen Sinne lesbar wird. Jordan fügt Franza seelisches und physisches Leid zu, das sich in Angstzuständen und hysterischen Symptomen manifestiert. Dabei wird die Krankheit Franzas im Modus einer Fallgeschichte wiedergegeben und in weiten Teilen aus der Perspektive ihres jüngeren Bruders, Martin Ranner, erzählt.[2] Nachdem seine Schwester ihn nach einem psychischen Zusammenbruch zu Hilfe ruft, versucht er, die Ursachen ihres Leidens zu ergründen und nimmt sie, zunächst widerstrebend, mit auf seine Forschungsreise nach Ägypten, wo sie wieder gesund zu werden hofft, wo sie aber schließlich den Tod finden wird. Die Geschichte, die Martin ausgehend von den bruchstückhaften Erzählungen Franzas und seiner eigenen Kindheitserinnerungen zu rekonstruieren versucht, stellt dabei nicht nur eine medizinische, sondern zugleich eine kriminalistische

---

1 Zur komplizierten Editionsgeschichte des Textes vgl. die von Monika Albrecht und Dirk Göttsche herausgegebene Kritische Ausgabe des „Todesarten“-Projekts, die mit einem umfassenden textkritischen Kommentar ausgestattet ist: Ingeborg Bachmann: *Das Buch Franza* [1978]. *„Todesarten“-Projekt.* Kritische Ausgabe Band 2. Hg. v. Monika Albrecht / Dirk Göttsche. München / Zürich: Piper 1995. (Im Folgenden zitiert als BF) – Vgl. ferner Robert Pichl: „‚Das Buch Franza‘ – ein Wendepunkt im *Todesarten*-Projekt von Ingeborg Bachmann“. In: Bernhard Fetz / Klaus Kastberger (Hgg.): *Die Teile und das Ganze. Bausteine der literarischen Moderne in Österreich.* Wien: Peter Zsolnay 2003, S. 266-275.

2 In der Kritischen Ausgabe des „Todesarten“-Projekts wird der Text aus Gründen der Werkgenese mit dem Titel „Das Buch Franza“ bezeichnet. Gleichwohl ist das Romanfragment nach Bachmanns Tod als „Der Fall Franza“ bekannt geworden und wird in der Forschung auch häufig weiterhin so bezeichnet. Obwohl aufgrund des in dieser Arbeit gesetzten medizinhistorischen Fokus’ immer wieder von dem „Fall Franza“ die Rede sein wird, verwende ich im Folgenden die einschlägige Kritische Ausgabe als Arbeitsgrundlage.

Fallgeschichte dar, drängt sich doch dem Bruder der Verdacht auf, dass an Franza ein Verbrechen verübt wurde. Bereits in der programmatischen Vorrede des Romans wird herausgestellt, dass die im Roman dargestellte „Todesart" der Protagonistin nicht allein auf die Krankheit zurückzuführen ist:

> Das Buch ist aber nicht nur eine Reise durch eine Krankheit. Todesarten, unter die fallen auch Verbrechen. Das ist ein Buch über ein Verbrechen.
> Es ist mir, und wahrscheinlich auch Ihnen oft durch den Kopf gegangen, wohin der Virus Verbrechen gegangen ist – er kann doch nicht vor zwanzig Jahren plötzlich aus unsrer Welt verschwunden sein, bloß weil hier Mord nicht mehr ausgezeichnet, verlangt, mit Orden bedacht und unterstützt wird. [...] [Dieses Buch] versucht, mit etwas bekanntzumachen, etwas aufzusuchen, was nicht aus der Welt verschwunden ist. Denn es ist heute nur unendlich viel schwerer, Verbrechen zu begehen, und daher sind diese Verbrechen so sublim, daß wir sie kaum wahrnehmen und begreifen können, obwohl sie täglich in unserer Umgebung, in unsrer Nachbarschaft begangen werden. Ja, ich behaupte und werde nun versuchen, einen Beweis zu erbringen, daß noch heute sehr viele Menschen nicht sterben, sondern ermordet werden. (BF 77f)

In ihrer direkt an den Leser adressierten Vorrede formuliert die Autorin die These, dass sich die vormals auf gesellschaftlicher Ebene verübten Verbrechen nun im privaten Raum fortsetzen. Der Text überführt also die augenscheinliche Thematik der intimen Machtbeziehungen zwischen Mann und Frau in eine Problematik von historisch-gesellschaftlicher Tragweite. Die damit an programmatischer Stelle angedeutete Verflechtung von „großer" und „kleiner" Geschichte durchzieht den gesamten Roman und gipfelt schließlich in der vielzitierten Wendung vom ‚Faschismus zwischen den Geschlechtern': „Du sagst Faschismus, das ist komisch, ich habe das noch nie gehört als Wort für ein privates Verhalten [...]. Aber das ist gut, denn irgendwo muß es ja anfangen, natürlich, warum redet man nur davon, wenn es um Ansichten und öffentliche Handlungen geht." (BF 53) Dass die an dieser Stelle formulierte Analogie keine Erfindung der Autorin ist, sondern zur Entstehungszeit des Romans die öffentliche Debatte in Deutschland und Österreich prägt, ist in der Forschung bereits festgestellt worden.[3] Bachmanns Text postuliert das Ziel, Kontinuitäten sichtbar zu machen und einen „Beweis" dafür zu liefern, dass die Verbrechen der Vergangenheit, womit die Verbrechen des Nationalsozialismus gemeint sind, nicht „plötzlich aus unsrer Welt verschwun-

---

3 Vgl. dazu exemplarisch Herbert Uerlings: *„Ich bin von niedriger Rasse". (Post-) Kolonialismus und Geschlechterdifferenz in der deutschen Literatur*. Köln / Weimar / Wien: Böhlau 2006, insbes. S. 116f.

den“ sind, sondern unsichtbar weiter verübt werden.[4] Dergestalt enthält er auch eine Reflexion über die Möglichkeiten der Literatur, Verbrechen darzustellen. Was in diesem Zusammenhang bislang unberücksichtigt geblieben ist, ist die zentrale Bedeutung der Krankheit, sowohl für die erzählte Geschichte als auch für die programmatischen Überlegungen der Vorrede. Sie ist zu gleichen Teilen Handlungselement und Metapher[5] und steht damit für etwas anderes, das im literarischen Text erst sichtbar gemacht werden muss.

Wenn der Roman auf die Semantik der Krankheit rekurriert, um die Ungreifbarkeit des Verbrechens darzustellen, dann scheint die kranke Protagonistin sich dabei in die Rolle des Opfers einzufügen und das klassische Modell einer aufgrund von gesellschaftlichen Machtverhältnissen krankgemachten Frau zu bedienen. Was aber in der Logik der Vorrede zunächst voneinander getrennt wird – die Krankheit auf der einen, das Verbrechen auf der anderen Seite als verschiedene mögliche ‚Todesarten‘

---

4 In Bachmanns poetologische Ausführungen fließen verschiedene Einflussquellen ein, darunter der französische Schriftsteller Jules Barbey d'Aurevilly, der in seiner Erzählung „Vengeance d'une Femme“ von den Verbrechen zu erzählen weiß, „welche die Gesellschaft täglich, heimlich und straflos, mit entzückender Sorglosigkeit begeht,“ und die auch die Bedeutung der Literatur berühren: „Und tatsächlich wirken diese Verbrechen, wenn auch weniger auf die Sinne, so doch umso lebhafter auf das Denken; und das Denken ist doch schließlich das Tiefste in uns. Demnach vermag der Romancier eine ganz neue Art unbekannter Tragik aus jenen mehr intellektuellen als physischen Verbrechen zu schöpfen, welche der Oberflächlichkeit der greisen materialistischen Gesellschaft minder verbrecherisch erscheinen, weil kein Blut dabei fließt und der Mord nur in dem Reich der Sitten und der Gefühle vollführt wird...“ Jules Barbey d'Aurevilly: *Die Rache einer Frau*. In: *Die Teuflischen* [1874]. München: Heyne 1968, S. 233-269, hier: S. 233ff. [Der Text wird hier in der deutschen Übersetzung zitiert, auf die Bachmann sich bezogen hat.] Als weitere intertextuelle Bezüge nennt die Kritische Ausgabe Honoré de Balzacs Erzählung „Albert Savarus“ sowie Bertolt Brechts *Buch der Wendungen*, worin dieser ebenfalls die Vielzahl gesellschaftlich tolerierter Verbrechen hervorhebt: „Es gibt viele Arten zu töten. Man kann einem ein Messer in den Bauch stechen, einem das Brot entziehen, einen von einer Krankheit nicht heilen, einen in eine schlechte Wohnung stecken, einen durch Arbeit zu Tode schinden, einen zum Selbstmord treiben, einen in den Krieg führen usw. Nur weniges davon ist in unserem Staate verboten.“ Bertolt Brecht: *Me-ti / Buch der Wendungen* [1942]. In: *Gesammelte Werke* Band 12. Prosa 2. Frankfurt a.M.: Suhrkamp 1967, S. 417-585, hier: S. 466.

5 So führt auch Johanna Bossinade in ihrer Monographie über Ingeborg Bachmann aus: „Bachmann entlehnt die Krankheits-Metapher [...] dem Diskurs der Medizin mit dem Symptomfeld des Schmerzes, den psychologischen Wissenschaften mit den Zeichen Spaltung und Wahn, der Justiz mit ihrer Nomenklatur der Verbrechen, sowie den Wertdiskursen von Ethik und Religion mit der Beziehung zum Nächsten und dem Verratsproblem.“ Johanna Bossinade: *Kranke Welt bei Ingeborg Bachmann. Über literarische Welt und psychoanalytische Interpretation*. Freiburg: Rombach 2004, S. 105.

– wird in der Begrifflichkeit des „Virus Verbrechen" auf unerwartete Weise wieder zusammengebracht und in eine Ambivalenz überführt. Die aufgerufene Bildlichkeit der Ansteckung unterwandert eine eindeutige Zuordnung von Gesundheit und Täterschaft auf der einen, Krankheit und Opferstatus auf der anderen Seite, und evoziert vielmehr eine Kontinuität zwischen beiden Bereichen, die erklärungsbedürftig ist. Bachmanns Romanfragment, so deutet sich bereits in der Vorrede an, verhandelt die Figur der kranken Frau innerhalb einer komplexen Täter-Opfer-Matrix, die eine eindeutige Auflösung des ‚Falls Franza' verbietet.

Die gesellschaftspolitische Kontextualisierung der beschriebenen pathologischen (Geschlechter-)Konstellation ist für Bachmanns Roman somit in mehrfacher Hinsicht relevant. (1.) Bei der folgenden Lektüre des Textes soll daher zunächst nachgezeichnet werden, wie der Roman Franzas Krankheit als einen medizinischen und zugleich kriminalistischen Fall entwirft, wobei die pathologisierende Behandlung der Protagonistin durch ihren Ehemann maßgeblich dazu beiträgt, dass diese tatsächlich Symptome einer Hysterie ausbildet. (2.) In einem zweiten Schritt wird dargelegt, auf welche Weise Franza ihr eigenes Schicksal mit demjenigen der Opfer von Kolonialismus und Nationalsozialismus in Analogie setzt und dadurch ihre eigene Beschädigung mit vorstrukturierten gesellschaftlichen Opferdiskursen zum Ausdruck bringt. (3.) Abschließend lässt sich aufzeigen, dass die von Franza gezogenen Parallelen innerhalb der narratologischen Konstruktion des Textes distanziert und problematisiert werden und dass damit die Protagonistin einer unzulässigen Geste der Selbstviktimisierung überführt wird. Die Zusammenführung von geschlechtsspezifisch codierter Krankheit und gesellschaftlichen Machtverhältnissen dient somit einem zweifachen Zweck. Zum einen werden in dieser semantischen Verflechtung Darstellungs- und Schreibweisen offengelegt, die das Individuum qua Observation zu einem medizinischen ‚Fall' werden lassen. Zum anderen generiert die pathologische Konstellation eine Täter-Opfer-Matrix, die Analogien zu anderen zeitgenössischen Machtstrukturen erlaubt, dabei aber eine reduktionistische Zuordnung vermeidet. Indem die pathologisierte Weiblichkeit in Bachmanns Roman also einer dezidierten Kontextualisierung unterzogen wird, wird das Stereotyp der kranken Frau nicht nur dekonstruiert, sondern es fungiert in seiner Wiederholbarkeit zugleich als Kritikfigur im Hinblick auf andere gesellschaftspolitische Machtstrukturen.

1. Franzas ‚Fallwerdung'

In der eingangs zitierten programmatischen Vorrede zu *Der Fall Franza* wird eine Zusammenfassung über den Inhalt des Textes gegeben und zugleich eine Einschränkung formuliert, die wesentlich ist:

> Der Inhalt also, der nicht der Inhalt ist, sieht so aus: ein junger Mann, Assistent an einem Wiener Institut, Geologe, der sich zuletzt umentschließen wird, die Zeitalter zugunsten des Zeitalters aufgibt und Historiker wird, ein Mann von achtundzwanzig Jahren, in Wien wohnhaft, aus Kärnten stammend, trifft vor einer Reise, zu der ihm ein irrtümlich zugefallenes Stipendium verhilft, mit seiner Schwester zusammen, die schwerkrank aus einer Klinik in Baden bei Wien verschwunden ist. Diese ältere Schwester nun, ihr Sterben, ist in diesem Buch, und die Begleitung, die ihr Bruder ihr gibt, der am Ende aller Bindungen ledig wird. (BF 77)

Die Vorrede setzt zunächst dazu an, den Gegenstand des Romans vorzustellen, nimmt die getroffenen Aussagen jedoch im gleichen Schritt zurück[6] („Der Inhalt also, der nicht der Inhalt ist") und markiert auf diese Weise eine Differenz zwischen einem manifesten und einem ‚eigentlichen' Inhalt des Textes.[7] Tatsächlich ist das, was in *Der Fall Franza* auf der Inhaltsebene geschieht, nicht das, was eigentlich erzählt werden soll, liegt doch das zentrale Interesse des Textes bei den „inwendigen Schauplätzen", wie es in der Vorrede weiter heißt. Auf mehrfache Weise wird der Leser des Textes somit darauf vorbereitet, die äußere Handlungsebene als bloß vordergründig zu lesen und hinter dem sichtbaren Krankheitsverlauf der Protagonistin etwas Anderes zu vermuten.

Die dreiteilige Struktur des Romanfragments ist dabei eng an Franzas Krankheit und an die „Begleitung, die ihr Bruder ihr gibt", angelehnt. Der erste Teil des Textes, der mit „Heimkehr nach Galicien" übertitelt ist, umfasst Martin Ranners Suche nach der Schwester, die ihm ein hilferufendes Telegramm hatte zukommen lassen, und das Wiedersehen der Geschwister im Haus der Großeltern im Gailtal.[8] Sowohl Franzas aktuelle

---

6 Sigrid Weigel sieht dieses Verfahren als charakteristisches Merkmal der Bachmannschen Schreibweise: „Es ist eine Schreibweise, die erzählt und im Erzählen die Strukturen des Erzählens zerstört. Sie *erzählt und streicht das Erzählen durch.*" Sigrid Weigel: „‚Ein Ende mit der Schrift. Ein anderer Anfang'. Zur Entwicklung von Ingeborg Bachmanns Schreibweise". In: *text + kritik. Sonderband Ingeborg Bachmann.* 1984, S. 58-92, hier: S. 65.

7 In der Forschung ist dieser Passus als konkrete Lektüreanweisung aufgefasst worden: „Der Leser solle sich nicht von der oberflächlichen Plotstruktur verführen lassen, denn die Handlung sei, so warnt die Autorin, nicht der Inhalt. Bachmann sensitiviert hier den Leser, auf etwas anderes hin zu lesen, nämlich auf ein Problem, die problematische Struktur des Verbrechens." Angelika Rauch: „Die Über(be)setzung der Vergangenheit: Ingeborg Bachmanns *Der Fall Franza*". In: *The German Quarterly* 65.1 (1992), S. 42-54, hier: S. 42.

8 Trotz der irreführenden Schreibweise ist also in Bachmanns Roman mit „Galicien" das Dorf in Kärnten gemeint (Gallizien), und nicht etwa die spanische Provinz (Galicien) oder die Region in Polen und der Ukraine (Galizien). Die Ambivalenz kann aber als durchaus gewollt verstanden werden, nicht zuletzt aufgrund des hohen jüdischen Bevölkerungsanteils in Galizien insbesondere seit Mitte des

Krankheit, die Martin als „Krankheit des Damals“ (BF 170) bezeichnet, als auch die Erinnerungen an ihre glückliche und elternlose Kindheit in den Nachkriegsjahren werden aus der Perspektive des Bruders wiedergegeben.[9] Bereits in diesem ersten Teil des Textes sind damit verschiedene Zeitebenen ineinander gelagert: die Vergangenheit schiebt sich immer wieder in Form von Gesprächen und Erinnerungen in die Gegenwart hinein und wird zum Referenzrahmen des Hier und Jetzt. Das zweite Kapitel, „Die Jordanische Zeit“, das auf der äußeren Handlungsebene die Schiffsüberfahrt der Geschwister Ranner nach Ägypten wiedergibt, setzt sich indes fast ausschließlich aus Franzas Rückblicken auf ihre Ehejahre mit Leo Jordan zusammen. Im Gegensatz zum ersten Teil des Romans ist das Mittelstück damit stärker der Perspektive Franzas verpflichtet, wobei eine interne Fokalisierung auf die Protagonistin und direkte Figurenrede eingesetzt werden. Die Ehe erweist sich für Franza rückblickend als eine geschlechtsspezifisch konfigurierte Machtbeziehung, in der Jordan seine berufliche Tätigkeit als Arzt auf den privaten Bereich ausdehnt und Franza dabei zum Untersuchungsobjekt deklariert, bis sie schließlich tatsächlich darüber krank wird. Der dritte Teil des Romans, „Die ägyptische Finsternis“, beschreibt Martins und Franzas Aufenthalt in Ägypten, wo Franza ihre Krankheit zu heilen und das Erlittene zu vergessen sucht, wo aber Vergangenheit und Gegenwart weiterhin verflochten bleiben und die traumatischen Erinnerungen an ihre Wiener Zeit an der Seite von Jordan einen Neuanfang und eine Genesung verhindern.

Die Figur Martin Ranner wird von Beginn an als ein Leser oder Dechiffrierer modelliert, dem der ‚Fall Franza‘ Rätsel aufgibt. Die bruchstückhafte Nachricht der Schwester – ihr Telegramm – und die Lücken in der Geschichte zwingen ihn zu einer tastenden Vorgehensweise, die der Spurensuche eines Detektivs gleicht. Martin wird systematisch als ein solcher Detektiv semantisiert, der sich mit einer Vermutung über eine konkrete Täterschaft auf die Suche nach einem Verbrechen macht, noch „ehe er den geringsten Beweis in der Hand hatte“ (BF 131).[10] Zunächst ohne

19. Jahrhunderts. Zu Bachmanns Bezugnahme auf die jüdische Position vgl. das letzte Unterkapitel dieses Kapitels.

9 Für die Genealogie des Romans ist grundsätzlich festzustellen, dass „die Perspektive des Bruders bzw. des personalen Erzählmediums zunehmend diejenige der zerstörten Franza verdrängt.“ Michèle Pommé: *Ingeborg Bachmann – Elfriede Jelinek. Intertextuelle Schreibstrategien in* Malina, Das Buch Franza, Die Klavierspielerin *und* Die Wand. St. Ingbert: Röhrig Universitätsverlag 2009, S. 35. Pommé zufolge wird auf diese Weise die Position der Figuren, und insbesondere diejenige der Protagonistin relativiert. Vgl. ebd., S. 37.

10 Neva Slibar hat den Roman im Hinblick auf seine Verbindungen zum Kriminalgenre und zur Kategorie des Unheimlichen genauer untersucht. Neva Slibar: „Angst, Verbrechen, das Unheimliche – Genre- und Motivumwandlungen der Angstliteratur in Ingeborg Bachmanns Spätprosa“. In: Dirk Göttsche / Hubert

jede Kenntnis über den Aufenthaltsort seiner Schwester oder die Hintergründe ihrer Flucht aus einer Klinik geht er, „der nur die Gedankenarbeit sah", vor „wie unter einem Zwang, wie ein Kriminalinspektor, der einen Haussuchungsbefehl hat" (BF 140). Auch in dem Haus, in dem Franza zehn Jahre lang mit ihrem Mann gelebt hat, stößt Martin jedoch lediglich auf die Abwesenheit seiner Schwester:

> Er stand da, wirklich wie ein Detektiv, als müßte er jetzt zuerst einmal Kreidestriche machen und Fuß- und Gläserspuren sichern, um sich genau erinnern zu können, wo jeder gestanden war, wo jemand gesessen war und mit wem [...]. Da stand er in dem Salon, der eine Menge sagen konnte, aber nichts über Franza, die, Gläser hin- und hertragend, herumgegangen und überall gewesen war [...]. (BF 141f)

In den zitierten Textstellen deutet sich eine Parallele an zwischen Martins buchstäblicher Suche nach seiner Schwester an konkreten Räumen und Schauplätzen und einer Rekonstruktion der Ereignisse in seiner Erinnerung. Diese Perspektive wird dadurch gestützt, dass Martin, „um sein kleines Kriminalrätsel lösen zu können" (BF 148), sich schließlich nach Galicien in Kärnten begeben muss, wo die Geschwister ihre Kindheit verbracht haben – und damit auf eine Reise in die Vergangenheit. Auf Ebene der unmittelbaren Gegenwart gibt es allenfalls Spuren, die auf Franzas Fehlen verweisen und daher auch den Täter nicht preisgeben: „Hier war offenbar jeder und alles unschuldig an dem Fehlen von allem, besonders an dem von Franza." (BF 147) Die einzigen manifesten Indizien, die Martin finden kann, sind das von Franza aufgegebene Telegramm und die Dokumente, die sich in ihrem Schreibtisch befinden:

> [E]r [riß] die Schreibtischladen auf, er sah sie ganz rasch durch, Mappen, Steuerunterlagen, Mappen, Krankengeschichten, Manuskriptseiten, Belegexemplare, alles von Franzas Kinderhandschrift säuberlich beschriftet, immer wieder Mappen, dann kam er zur letzten rechten unteren Lade, und in der fand er das, was er auch nicht gesucht hatte. Es lagen ein paar Blätter da, von ihr beschrieben, nein Briefanfänge, immer ganz kurze, Hand war gut, denn Franzas Hand, ihre steile Schülerinnenhandschrift aus dem Villacher Gymnasium, die hatte offenbar keine Entwicklung mehr durchgemacht, die war noch fünfzehnjährig, als hätte das Kriegsende die Schrift abgeschlossen. Aufsatzschrift, sehr deutlich, aber nichts, was zu erkennen gab, wer dieser Mensch war. (BF 144f)

Die bei der Suche nach Indizien aufgefundenen Hinweise bestehen ausschließlich aus Schriftstücken: auf der einen Seite scheinbar rein sachbezogene Unterlagen (die aber Jordans analytische Übermacht verraten),

---

Ohl (Hgg.): *Ingeborg Bachmann – Neue Beiträge zu ihrem Werk*. Würzburg: Königshausen & Neumann 1993, S. 167-185.

auf der anderen Seite Briefe an den Bruder, in denen dringliche, aber niemals ausgesendete Hilferufe formuliert sind.[11] Indem Martin versucht, aufgrund von Franzas „Schülerinnenhandschrift“ Auskunft über ihren Zustand zu erhalten, wird die Vorstellung aufgerufen, aus der Handschrift ließen sich Charakterzüge der Schreibenden ablesen, – nur um diese Erwartung wieder zu enttäuschen. Auf plakative Weise wird hier die Schrift zur Spur (*trace*) im dekonstruktivistischen Sinne, d.h. zu einem Verweis auf etwas Nichtsichtbares und zugleich zu einem subversiv eingesetzten Schreibverfahren.[12] In Franzas Schrift lässt sich nun allerdings gerade keine markante Persönlichkeit feststellen, sondern vielmehr eine frühzeitig unterbrochene Entwicklung. Die Kindlichkeit, die graphologisch zum Ausdruck kommt, ist auch hier, ähnlich wie im Fall Esther Greenwood in Plaths *The Bell Jar*, Ausdruck einer Lebenskrise und eines Mangels an Selbstbehauptung.[13]

Noch deutlicher als zuvor tritt Martin in dieser Situation als Leser auf. Seinem Beruf als Geologe und Historiker gemäß verkörpert er den Entzifferer, der anhand von Fund- und Bruchstücken eine Geschichte zu rekonstruieren versucht. Der Text benennt ihn explizit mit dem Verweis auf den berühmten Ägyptologen des 19. Jahrhunderts als „Champollion [...], der erstmals Helle in eine Schrift brachte“ (BF 131), und ruft damit den Vorgang der Dechiffrierung auf.[14] Franza ist in dieser Perspektive nicht allein im Sinne einer Handschrift oder eines Textes zu enträtseln, sondern, in Analogie zu Martins Forschungsobjekten, im Sinne einer „Textur“ (BF 163f):

---

[11] „Lieber Martin, ich weiß nicht, wo ich anfangen und wie ich es sagen soll. Mein lieber Martin, es ist so entsetzlich, ich habe ja nur Dich und deswegen schreibe ich Dir. Lieber Martin, ich bin so verzweifelt, ich muß Dir schreiben... Ende. [...] Er streckte die Füße von sich und sah sich diese Briefanfänge an. Was hatte seine Schwester bewogen, an ihn Briefe zu schreiben, die kaum über die Anrede hinausgingen, und warum lagen die hier in dieser Lade.“ (BF 145)

[12] Zum Begriff der Spur im Kontext von Erinnerung und Geschichte vgl. auch das Handbuch von Nicolas Pethes und Jens Ruchatz: „Der materiellen Anwesenheit der S.[pur] steht die Abwesenheit derjenigen Kraft gegenüber, die sie einst hervorbrachte: [...] Während die S.[pur] also einerseits Vergangenes festhält und in materieller Evidenz präsentiert, zeigt sie andererseits die Uneinholbarkeit der Vergangenheit und das Voranschreiten der Zeit an. Die Verschränkung von Präsenz und Absenz belegt die Bewegung der Geschichte.“ Jens Ruchatz / Michael Schödlbauer: „Spur“. In: Nicolas Pethes / Jens Ruchatz (Hgg.): *Gedächtnis und Erinnerung. Ein interdisziplinäres Lexikon*. Reinbek bei Hamburg: Rowohlt 2001, S. 558-562, hier: S. 559.

[13] Vgl. dazu das Plath-Kapitel in dieser Arbeit, S. 85.

[14] Der französische Forscher Jean-François Champollion lebte von 1790 bis 1832 und wurde durch seine Entzifferung der dreisprachigen Inschrift auf dem Stein von Rosette berühmt, die es ihm ermöglichte, die ägyptischen Hieroglyphen zu entschlüsseln.

> Und ehe Martin von seiner Schwester etwas wissen mochte und zu einem Bild kam, wollte er herausfinden, wie sie auf ihrem Boden beschaffen war, nein, mehr als das, denn den Boden kannte er noch einigermaßen, aber was sich dann überlagert und verschoben hatte, was gewandert war, sich gefaltet hatte und was Mächtigkeiten erreichte von solchen Höhen. Schöne Worte hatte sie in der Geologie. Mächtigkeit. Und welche Einschlüsse waren da noch in ihrer Person. (BF 190f)

Indem Martin seine geologischen Metaphoriken auf die Schwester projiziert, wird diese selbst zu einer Gesteinsschicht stilisiert, wobei der vertraute „Boden" die Kindheit und Jugend darstellt,[15] die weiteren Schichten, Überlagerungen und Verschiebungen hingegen spätere Erfahrungen, die Abdrücke oder „Einschlüsse" hinterlassen haben. Auch Martins wiederkehrende Bezeichnung Leo Jordans als „Fossil" fügt sich in diese Semantik ein und spielt nicht nur auf Alter und Autorität des Professors an, sondern auch auf die Prägung, die dieser auf dem ‚Gestein' Franza hinterlassen hat.[16] Indem Martins Suche nach den Ursprüngen von Franzas Krankheit in geologisch-archäologische Begrifflichkeiten gefasst wird, wenn er versucht herauszufinden, weshalb seine Schwester „geschliffen [wurde] von Schmerzen und irgendwas, was er in seinem Gebiet nicht erforschen hatte können" (BF 163), evoziert der Text eine Ähnlichkeit zu Sigmund Freuds Metaphorisierung der Arbeit des Psychoanalytikers. Freud vergleicht in seiner Schrift „Zur Ätiologie der Hysterie" die Aufgabe desjenigen, der sich auf die Suche nach den Ursachen der hysterischen Erkrankung begibt, mit einer archäologischen Forschungsreise in unbekanntes Gebiet, wo inmitten eines „Trümmerfeld[es] mit Mauerresten, Bruchstücken von Säulen, von Tafeln mit verwischten und unlesbaren Schriftzeichen" das „Vergrabene" aufgedeckt und zu einer sinnvollen Botschaft zusammengesetzt werden muss.[17] Auch für Franzas Krankheit ist

---

[15] In einer früheren Textpassage wird die Parallelisierung zwischen der geographischen Beschaffenheit des galizischen Gailtals, in dem die Geschwister Ranner aufgewachsen sind, und Franzas ‚psychologischer Beschaffenheit' noch deutlicher herausgestellt: „Wenigstens hatte das Fossil nie diesen Boden hier betreten, war nie an die Siegel und Namen herangekommen, mit denen hier alles verschlüsselt war, und nie hatte er die Franza gekannt, die mit den Kürbisleuchtern herumgegangen war, mit ihm die Nachmittage auf dem Heustadel Gänge durchs Stroh und Heu gegraben hatte". (BF 152f)

[16] Den Romanauftakt bildet der Satz: „Der Professor, das Fossil, hatte ihm die Schwester zugrunde gerichtet." (BF 131) Fossile fungieren seit dem 19. Jahrhundert als „‚Gedächtnis' einer von Katastrophen unterbrochenen Erdgeschichte". Dietmar Schmidt: „Fossil". In: Nicolas Pethes / Jens Ruchatz (Hgg.): *Gedächtnis und Erinnerung. Ein interdisziplinäres Lexikon*. Reinbek bei Hamburg: Rowohlt 2001, S. 177.

[17] Freud: „Zur Ätiologie der Hysterie", S. 54. Vgl. auch das wissenschaftshistorische Kapitel in dieser Arbeit, S. 59. In Analogie zu diesem Vorgehen durch die Romanfigur Martin schlägt Sigrid Weigel in ihrer Lektüre des Textes eine Herange-

entscheidend, dass ihre Zeichen nicht einfach zu lesen sind; deutlich ist jedoch, dass der Text klassische Merkmale der Hysterie aufruft:[18]

> – sie stotterte, er hatte nicht mehr recht verstanden, was sie zuletzt gesagt hatte, nur daß sie noch immer etwas zu sagen versuchte und nicht reden konnte. [...] Ich – sie kam wieder nicht weiter, und sie weinte nicht nur, es war noch etwas andres, das von dem Weinen noch die Tränen hatte, sie zitterte und ihr Körper tat etwas mit ihr, was er nicht niederhalten konnte mit den Armen, in einer Konvulsion, in immer stärkeren Zuckungen, sie schlotterte und wollte ihn wegstoßen und krampfte sich dann wieder an ihn [...]. (BF 155)

Franza leidet unter unbestimmten, aber vehementen Symptomen, die sich sowohl auf der Ebene des Körpers (Konvulsionen, Zuckungen) als auch auf der Ebene der Sprache (Stottern, Stocken) manifestieren, und die sich auch auf der formalästhetischen Ebene des Romans, in der parataktischen Reihung und den Verkürzungen der Sätze ablesen lassen. Der hysterische Körper scheint eine „unerhörte Botschaft“[19] zu vermitteln, die keinen sprachlichen Ausdruck findet, die aber den Anderen zu einer Entzifferung zwingt.

Freuds Konzeptualisierung der Hysterie als eine Krankheit, die ihren Ursprung in traumatischen Ereignissen hat und diese unverarbeiteten und unvergessenen Erfahrungen in Wiederholungen zum Ausdruck bringt, lässt sich auch für die Figur Franza behaupten. Wenn Martin Ranner diagnostiziert, dass seine Schwester an der „Krankheit des Damals litt, viele Merkmale auch dieser Krankheit trug“ (BF 170), dann ist damit vor allem die übermächtige Präsenz von Erinnerungen an die Vergangenheit in der Gegenwart umschrieben.[20] Martin kann aber in dieser Konstellation nur deshalb zum Analytiker oder Entzifferer seiner Schwester werden, weil diese in der Vergangenheit buchstäblich zum Text gemacht wurde – bzw., wie der Titel des Romans expliziert – zu einem Fall. Abermals deutet sich

---

hensweise vor, die sie als „archäologische Arbeit an der Entzifferung [von] Textspuren“ bezeichnet und bei der die „veränderten Pläne, Abbrüche, Neuanfänge, Verschiebungen und Neukonzeptualisierungen“ in den Blick genommen werden sollen, um dem Textstatus als Fragment gerecht zu werden. Sigrid Weigel: *Ingeborg Bachmann. Hinterlassenschaften unter Wahrung des Briefgeheimnisses*. Wien: Paul Zsolnay 1999, S. 512f.

18 Analog zu den Schwierigkeiten hinsichtlich einer eindeutigen Diagnose der Hysterie bzw. im Hinblick auf die häufig vielgestaltige, diffuse Symptomatik der Krankheit heißt es im Text: „– eine Krankheit, von der der Befund noch nicht erhoben war, ein Geheimnis gleich Krankheit.“ (BF 192) Zu weiteren Parallelen zwischen Freuds und Bachmanns Darstellungsweisen der Hysterie vgl. Pommé: *Ingeborg Bachmann – Elfriede Jelinek*, insbes. S. 65-74.

19 So der Titel der Studie von Lucien Israël: *Die unerhörte Botschaft der Hysterie*.

20 Die Struktur des Textes, die sich durch ein konsequentes und permanentes Ineinanderschieben von Zeit- und Raumebenen auszeichnet, lässt sich als unmittelbare Konsequenz der Krankheit der Protagonistin auffassen.

also hier die für die Hysterie typische Überlagerung von Körper, Psyche und Text an, die die Krankheit als Ergebnis kultureller Prozesse der Imagination und Repräsentation ausweist.

Der Prozess, der die Protagonistin Franza zu einem ‚Fall' ihres Ehemanns Leo Jordan werden lässt, wird vor allem im zweiten Teil des Romanfragments wiedergegeben, in dem die junge Frau in einem Gespräch mit ihrem Bruder auf ihrer gemeinsamen Fahrt nach Ägypten zu rekonstruieren versucht, „wann es [ihr Leiden] denn angefangen" (BF 226) hat. Aus Franzas bruchstückhaften Erinnerungen geht hervor, dass Jordan sein ärztliches Tätigkeitsfeld auch innerhalb der Ehe ausgeübt und auf diese Weise die hierarchische Beziehung zwischen Arzt und Patient auf das Verhältnis von Mann und Frau verlängert hat. Von Anfang an beansprucht er die Deutungshoheit über Franza und ihre (Lebens-)Geschichte und entwertet ihre Erinnerungen und ihre persönliche Sicht auf die Dinge als Fehlleistungen, schreibt ihnen also etwas Pathologisches zu.[21] Indem er eine beständige Analyse seiner Frau vornimmt, „zerlegt und pulverisiert" (BF 187) er ihre Geschichten und degradiert sein Gegenüber zum Objekt: „Warum ist mir das nie aufgefallen, daß er alle Menschen zerlegte, bis nichts mehr da war, nichts geblieben außer einem Befund." (BF 219) Jordans Strategien sind umso wirkungsvoller, als er gezielt subtile Hinweise auf seine Observationen liefert:

> Ich weiß nicht, ob er damals schon wollte, daß ich das Zeug finde, später aber gewiß, er wollte es. Vielleicht aber auch nur, weil ich einmal zu finden angefangen hatte. Von da an fand ich öfters ein Blatt, manchmal nur mit wenigen Notizen. Ich habe lange gebraucht, um das zu verstehen, es ging so lange, mindestens über ein Jahr, dann verstand ich, daß wirklich ich gemeint war. Er bearbeitete mich, er bereitete mich vor, seinen Fall. Er hetzte mich hinein in einen Fall. Und jedes Blatt, das er mich finden hieß, das hetzte mich weiter. (BF 57)

Indem Jordan die Beobachtung seiner Frau nicht versteckt, sondern die entsprechenden Notizen auffindbar hält, macht er seine Frau zur Mitwis-

---

[21] Als Franza ihrem Mann von ihrer ersten Liebe und ihren ersten Küssen erzählt, die sie mit Bezug auf ihren aus London stammenden Geliebten als „englische Küsse" bezeichnet, erklärt Jordan ihre Erinnerungen und ihre Wortwahl für nichtig und setzt seine eigene Deutung an die Stelle: „Jordan, der ohne Interpretation keinen Satz durchgehen ließ, unterbrach sie, das ist allerdings interessant, was du da sagst, englische Küsse, das ist eine Fehlleistung, denn du wirst gemeint haben angelische, und sie sagte heftig, nein, aber nein, und er sagte, unterbrich mich bitte nicht immer, und er studierte das kleine Problem und analysierte ihre Küsse, von der sprachlichen Seite her und dann von der Erlebnisseite, [...] bis sie ihre englischen Küsse gewogen, zerlegt und pulverisiert, eingeteilt und untergebracht wußte, sie waren nun säuberlich und sterilisiert an den richtigen Platz in ihrem Leben und mit dem richtigen Stellenwert gekommen." (BF 186f)

serin im Hinblick auf ihre eigene Vertextung oder Fall-Werdung.[22] Auf diese Weise zwingt er diejenige, die zu einer Rebellion nicht mehr in der Lage ist, zur Partizipation. Jordans Analyse wird zu einer performativen Handlung, die bei der beobachteten Person hervorbringt, was sie zu registrieren vorgibt: einen pathologischen Zustand. Die scheinbar zufällig herumliegenden Beweisstücke erzeugen zunächst Verdachtsmomente, und sorgen dann gezielt für eine hermeneutische Paranoia Franzas, erzeugen also eine Art Laborsituation, durch die Franza zum Objekt gemacht und buchstäblich in den Fall „hineingehetzt" wird. Auf diese Weise gelingt es dem Text zu zeigen, dass Franza nicht eigentlich krank ist, sondern mit den Mitteln der Schrift dazu gemacht wird.[23]

Die in Jordans Beobachtungsprotokollen angelegte Objektivierung Franzas lässt sich auch formal ablesen, insofern die designierte Patientin darin zu einem Kürzel verkommt und somit ihrer Persönlichkeit beraubt wird: „F.s Vorliebe für Zungenkuß stop, Gier nicht Sinnlichkeit stop, ich glaube, ich ersticke noch vor Lachen, F. bei Telefongespräch beobachtet. F. vermutlich lesbisch. [...] F. zur Rede gestellt. F. bittet um Verzeihung, hätte E. nie getan. Insofern Unterschied. stop." (BF 216) Das im Telegrammstil gehaltene Protokoll markiert nicht nur die emotionale Distanz des Analysierenden, sondern reiht Franza als Einzelfall zugleich in eine Reihe von weiteren Fällen ein („E."),[24] wodurch sich ihr individueller Wert auf ihre pathologischen Besonderheiten reduziert. Ausgehend von der Verkürzung des Namens bedarf es schließlich nur noch eines geringfügigen Schrittes bis zur völligen Auslöschung der Person. So stellt Jordan nicht nur Beobachtungen über seine Frau an, er lässt auch an entscheidenden Stellen ihren Namen vollständig verschwinden:

> [I]ch las die Korrekturfahnen [...] und da sah ich, daß bei dem Dank an die Mitarbeiter [...] mein Name fehlte, es war eigentlich nicht das Fehlen des Namens, das ich bedauerte, nein, es war ein Signal für etwas anderes. Er wollte mich auslöschen, mein Name

---

22 Ein ähnlicher Vorgang wird in Gisela Elsners Erzählung *Eine Zerreißprobe* beschrieben, auch hier wird die beobachtete Person absichtlich zur Zeugin ihrer Beobachtung (bzw. Überwachung) gemacht und auf diese Weise in den Wahnsinn getrieben, auch hier ruft also der Verdacht ein verdächtiges Verhalten hervor. Vgl. das Kapitel zu Gisela Elsner in dieser Arbeit.

23 Wie in der medizinischen *observation* des 19. Jahrhunderts hat die schriftliche Fixierung einen konstitutiven Anteil bei der Herstellung eines Falls und führt zu einer entscheidenden Mehrfachbedeutung: Die Begrifflichkeit der Observation umschließt sowohl den Vorgang als auch das (textuelle) Ergebnis einer Beobachtung; die Begrifflichkeit des Falls umfasst die Textsorte wie auch die epistemologische Herangehensweise.

24 Zu einem späteren Zeitpunkt des Romans wird deutlich, dass Jordan bereits andere Ehefrauen hatte, die ebenfalls auf ungeklärte Weise zu Tode gekommen sind – auch in dieser kriminalistischen Perspektive ist Franza also Teil einer (Mord-) Reihe, vgl. BF 207.

> sollte verschwinden, damit ich danach wirklich verschwunden sein konnte. (BF 208f)

Indem Jordan in seiner Publikation Franzas Namen aus der Liste der Mitarbeiter herausstreicht, tilgt er rückwirkend ihre Beteiligung an der Forschung, die ihm zum Ruhm gereicht, und leugnet ihre Arbeit. Franza erlebt diese textuelle Auslöschung als Vorbereitung für ihre existentielle Auslöschung und empfindet die lähmende Angst, von Jordan ermordet zu werden.[25] Von ihrem Ehemann zunehmend in die Unselbständigkeit gedrängt, entwickelt sie ein „Gehabe", das sich zu einer allumfassenden Angststörung auswächst und in einer „Angst vor der Angst" (BF 59) kulminiert.[26] Dieses psychische Leiden geht mit körperlichen Symptomen einher, die Franza noch auf ihrer Fahrt nach Ägypten begleiten: auf ihrer Haut haben sich „Blasen" (BF 206) gebildet, die aufplatzen, am Hals findet sich ein „Würgmal", das sie selbst als Symbol für ihre „Zerblätterung" (BF 208) auffasst. Mit der Metapher der Zerblätterung ist einmal mehr der Verweis darauf geliefert, dass die von Jordan vorgenommene Festschreibung, Objektivierung und Auslöschung mit den Mitteln der Schrift vorgenommen werden. Durch die Hervorhebung der diskursiven Machtmechanismen reflektiert der Roman nicht zuletzt seine eigene textuelle Verfasstheit und damit den Umstand, dass erst durch die Perspektivierung und durch die Zusammensetzung der einzelnen Bestandteile zu einem Narrativ eine ‚Fallgeschichte' konstituiert wird. In dieser Hinsicht ist auch die doppelte Titelführung des Romans – als ‚Buch Franza' und als ‚Fall Fanza' – aufschlussreich und zeigt einen Zusammenhang auf: *indem* Franza zum Fall gemacht wird, wird sie auch zum Gegenstand eines Textes, zum Buch, und umgekehrt.

Franzas Krankheit stellt sich damit sowohl als das Ergebnis einer Konstruktion dar, wie auch als Folge geschlechtsspezifischer Machtstrukturen, und deckt sich in dieser Hinsicht mit den Charakteristika der Hysterie als „Artefakt":[27] „Verdorben, durch hundert Geschichten, Fälle, Hysterie, vielleicht wähle ich das Beispiel, weil das mit einer Geschlechtskrankheit zu tun hat, dieses, was war." (BF 225f) Die Hysterie bietet für Franza eine Erklärungsmatrix, insofern sich durch das aufgerufene Topos eine Kontinuität weiblicher Krankheiten und Kränkungen nachzeichnen

---

[25] „Was hätte ich sagen können. Mein Mann, verzeih diesen lächerlichen Ausdruck, dem nichts entspricht, ermordet mich. Ich werde ermordet, helft mir. Das hätte ich sagen müssen, aber stell dir vor, in dieser Gesellschaft, wenn einer kommt und sagt: ich werde ermordet. Bitte wie und von wem und warum, bitte Angaben, Beweise." (BF 77)

[26] Eine umfassende Auseinandersetzung mit der Thematik der Angst in Bachmanns Todesarten-Zyklus leistet Christine Kanz: *Angst und Geschlechterdifferenz. Ingeborg Bachmanns „Todesarten"-Projekt in Kontexten der Gegenwartsliteratur*. Stuttgart / Weimar: Metzler 1999.

[27] Vgl. Westerwelle: *Ästhetisches Interesse*, S. 55.

lässt. An Franzas Fallwerdung partizipieren aber nicht nur Jordans Beobachtungen und Analysen, sondern letztlich auch Martins detektivische Lektüre der Symptomatik seiner Schwester, insofern er die Rolle des Enzifferers einnimmt, sie die rätselhaft Erkrankte. Es ist in dieser Hinsicht bezeichnend, dass Bachmann vor allem im ersten und letzten Textteil eine männliche Erzählperspektive wählt, wodurch die binäre Matrix aus Subjekt und Objekt, Mann und Frau, Arzt und Patient reaktualisiert wird. Das Aufgreifen der Hysterie als Inbegriff pathologisierter Weiblichkeit geht also notwendig mit bestimmten Schreibweisen und Darstellungsmustern einher, die dieses Bild allererst hervorbringen und die im Roman unter veränderten Vorzeichen imitiert werden. Im Zentrum des Textes steht somit nicht das Stereotyp der kranken Frau als festgefügte Kategorie, sondern der kontextabhängige Prozess seiner Herstellung.

2. Die „Krankheit Damals". Analogien und Kontexte zur dargestellten Hysterie

Wenn Martin Franzas Leiden als „Krankheit des Damals" bezeichnet, findet er damit einen nichtmedizinischen Begriff für die Tatsache, dass die hysterische Symptomatik der Protagonistin, ihr Zittern, Stottern und ihre Angst, auf traumatische Erfahrungen innerhalb ihrer Ehe zurückgehen, die bis in die Gegenwart hineinreichen.[28] Diese Konstellation sich wiederholender Erfahrungen wird in der Struktur des Textes gespiegelt, insofern insbesondere das zweite Kapitel, „Die Jordanische Zeit", das während der Überfahrt nach Ägypten spielt, Franzas Erinnerungen an die Beziehung zu Leo Jordan zum Gegenstand hat.[29] Durch das Erzählprinzip der Nachträglichkeit wird auch angedeutet, dass Franzas Fluchtversuch zum Scheitern verurteilt ist, dass sie Wien also nicht verlassen kann, sondern von ihrer Vergangenheit fortwährend begleitet wird: „sie fuhr mit ganz Wien, das schlingerte, mit ihrem endlosen Lamento, und schlug an die Kabinentür, als müsse sie heraus aus Wien, aus ihrer Wohnung, oder heraus aus

---

[28] Zur Nachträglichkeit des Traumas vgl. den von Elisabeth Bronfen u.a. herausgegebenen Sammelband zum Trauma: „Mit der ihm eigenen Nachträglichkeit umschreibt [das Trauma] im gegenwärtigen philosophischen und kulturtheoretischen Diskurs die Spuren, die solche Ereignisse, die nicht in das subjektive oder historische Wissen integriert werden können, in der Sprache hinterlassen haben." Sigrid Weigel: „Télescopage im Unbewußten. Zum Verhältnis von Trauma, Geschichtsbegriff und Literatur". In: Elisabeth Bronfen / Birgit R. Erdle / Sigrid Weigel (Hgg.): *Trauma. Zwischen Psychoanalyse und kulturellem Deutungsmuster*. Köln / Weimar / Wien: Böhlau 1999, S. 51-76, hier: S. 51.

[29] Für eine umfassende Analyse der Erzählsituation in dem Kapitel die „Jordanische Zeit" vgl. Gabriele E. Otto: *Weibliches Erzählen? Entwicklung der Erzählverfahren in Ingeborg Bachmanns Prosa*. Würzburg: Königshausen & Neumann 2009, S. 53-59.

einem Operationssaal“ (BF 251). Es wird also deutlich gemacht, dass die Krankheit der Protagonistin nicht losgelöst von einer konkreten historischen Situation besteht, sondern immer an diese rückgebunden bleibt. In der Darstellung der Krankheit taucht der kulturelle Kontext der 60er-Jahre als permanenter Bezugspunkt auf und liefert eine diskursive Matrix, in welche Franzas Leiden eingerückt wird, und welche sie sich zugleich aneignet.

Konsequenterweise ist der dritte und unzugänglichste Teil des Romanfragments, „Die ägyptische Finsternis“, vollkommen durchdrungen von Bezügen, Rekursen und Rückblenden auf die Zeit in Wien. Die Wahrnehmungen und Eindrücke der Gegenwart während der Reise werden beständig an Erfahrungen aus der Vergangenheit rückgekoppelt. Obwohl Franza die ägyptische Wüste als „Heilanstalt“ imaginiert, als „unverlaßbare[s] Purgatorium“ (BF 248), manifestiert sich die Krankheit in der Fremde immer deutlicher. Die bestehende Symptomatik intensiviert sich in Ägypten, wird gleichsam ‚buchstäblich‘, d.h. die psychischen Leiden werden in physische übersetzt. Dabei stechen zwei Ereignisse besonders heraus, die Franzas ‚Zerstörung‘ zu beschleunigen scheinen. Am Tag der feierlichen Eröffnung des Assuan-Staudamms lässt sich Franza mit der erklärten Absicht, „vom Nilschlamm geheilt [zu] werden“ (BF 269), von ihrem Bruder am Strand eingraben, bis sie schließlich einer Mumie gleicht. Ohne zu bemerken, dass der Schlamm langsam trocknet und sich in eine harte Schicht verwandelt, ist Franza mit einem Mal bewegungsunfähig und wie lebendig begraben:

> Franza wand sich im Schlamm, in den Mund rann der Sand, in die Augen, sie erstickte schon. Noch eine Regung, dann würde sie wirklich ersticken. Wenn sie schrie, dann würde der Sand zustoßen und ihr die Luftröhre füllen. Martin zog sie hoch, und es gelang ihm nicht, sie zu bewegen, er schlug die erstarrten Schlammstücke von ihr. Warum hast du denn nichts gesagt, warum hast du denn nichts! Sie taumelte ins Wasser mit tränenden Augen, spuckte den Sand aus, tauchte in den Nil. Ich wollte ja immer schreien, immer wollte ich schreien. Aber ich habe ja nie schreien können.
> „Wenn das Ersticken anfing, ging ich rechtzeitig aus dem Zimmer.“ (BF 270f)

In ihrem Eingegrabensein, das sie zur Unbeweglichkeit zwingt und sie zu ersticken droht, erkennt Franza eine Analogie zu ihrer Ehe, in der sie ebenfalls reglos und sprachlos gemacht wurde, so dass sie nicht um Hilfe rufen konnte. Die Zeit- und Wirklichkeitsebenen gehen an dieser Stelle ineinander über, die aktuelle Erfahrung wird von der vergangenheitsbezogenen Erinnerung überlagert, die psychische und die körperlich-symptomatische Ebene treten in Konvergenz miteinander. Der Text macht auf diese Weise deutlich, dass die kurze Episode über sich selbst hinaus weist und etwas Allgemeineres über Franzas Zustand aussagt: „Sie war nicht nach Luxor gekommen, sondern an einen Punkt der Krankheit, nicht durch die Wüste, sondern durch eine Krankheit." (BF 269)[30]

Ein Ineinanderschieben verschiedener Zeitebenen lässt sich auch für eine der letzten Passagen des Romans beobachten, in der Franza an der Pyramide von Gizeh das Opfer einer Vergewaltigung wird und dabei die sexuelle Gewalt erinnert, die sie durch Jordan erfahren hat:

> [S]ie zog sich wieder an der Quader [der Pyramide] hoch, er wollte mich nur erschrecken, und in Wien, er auch, er wollte mich nur erschrecken, ich bin zu gut erschrocken, schon damals, sie brauchen es, sie machte die Zeitschriften und Nachschlagewerke in Wien auf und ging an der Bibliothek entlang und blätterte in den Büchern, sie zog sich an der Bibliothek hoch, mit der letzten Kraft, Exhibitionismus, Satyriasis, damals hätte sie schon nachsehen und denken sollen, sie war aber nur an der Bibliothek kleben geblieben mit abgewendetem Kopf und hatte zu ihm gesagt, nein. Nein. Laß mich aus dem Zimmer gehen, und er hatte sie, als sie sich lösen wollte, wieder an die Bibliothek mit den harten Kanten gestoßen und das getan, nicht um diese Franziska zu umarmen, sie, die dort in Wien seine Frau war, wie hatte sie das so ganz vergessen können, den Stoß, vor allem daß es darum gegangen war, sie zu erschrecken, tausend Volt Schrecken, die Wiederholung, vor dem Ermordetwerden. [...] Sie wollte laufen in dem schweren zähen Sand und kam etwa noch fünfzig Meter weiter, es waren keine Kameltreiber da, nicht einer, nicht ein einziger, und keine Frau Rosi war im Hinterzimmer, die schlief schon, die hatte Ausgang. Der Mann packte sie von hinten, fast sanft wie sie noch merkte, sie fiel gegen die Steinwand, er hielt sie mit schwachen Armen umklammert, dann stieß er ihr noch einmal den Kopf gegen das Grab, und sie hörte keinen Laut aus sich kommen, aber etwas in sich sagen: Nein. Nein. Die Wiederholung. Die Stellvertretung. (BF 320ff)

Während sich Franza in der gewaltsamen Umklammerung eines Fremden befindet, durchlebt sie die von ihrem Ehemann erfahrene Gewalt noch einmal, oder genauer: erst durch die Vergewaltigung in Ägypten durch ei-

---

[30] Nachdem Franza in Ägypten eigentlich zu gesunden schien, löst die Episode im Nilschlamm eine neuerliche traumatische Erinnerung an ihre Fallwerdung aus: „Jetzt fing das wieder an, und Martin hatte, ohne es zu wollen, schuld daran. Dann kippte Franza weiter mit ihren Gedanken, ihre Hände und Füße verdrehten sich, und sie kippte wieder weiter, und wiederholte etwas von den Kürzeln in Jordans Mappen, der Fall F., ich zu einem Fall gemacht! Dann jammerte sie übergangslos: mein Körper, er ist ganz beleidigt, an jeder Stelle beleidigt. Ich kann so nicht weiterleben. Ich kann das nicht, wie oft muß ich noch in den Nil tauchen, damit das abgewaschen wird von ihm." (BF 271) Durch diesen gedanklichen Konnex wird Franzas ‚Einmauerung' im Nilschlamm tatsächlich als eine symbolische ‚Ermordung' begreifbar, zumal sie das Ereignis als Voraussicht auf den Tod deutet: „Ich habe gewußt, wie ich tot sein werde. Im Schlamm habe ich es gewußt." (BF 269)

nen Fremden wird die Vergewaltigung durch ihren eigenen Ehemann erinnerbar. Die Wiederholung ist hier auch im psychoanalytischen Sinne verstehbar, sie stellt die Aktualisierung einer traumatischen Erfahrung aus der Vergangenheit dar und macht das Unverfügbare sichtbar. Die Verflechtung der Zeitebenen wird in dieser Passage auch narrativ nachvollzogen, insofern die beiden zeitlich entfernten Gewaltereignisse im selben Tempus wiedergegeben werden. Die Wand der Pyramide wird in Franzas Vorstellung zur Bibliothek in Wien und ihr „Nein" lässt sich als das Echo auf eine Verneinung verstehen, die sie Jordan gegenüber niemals in der Lage war zu artikulieren. Erst in der traumatischen Wiederholung wird das schmerzhafte Erlebnis wieder verfügbar. Aufgrund dieser Überlagerung können die dargestellten Ereignisse in Ägypten nicht losgelöst betrachtet werden von den Erfahrungen in und Erinnerungen an die Zeit in Wien, sondern nur in Abhängigkeit von diesen. Die Vergangenheit in der Heimat und die dort erlittene Entsubjektivierung affizieren bis ins Letzte die Begebenheiten und Wahrnehmungen in der Fremde und den Versuch der Rückfindung zu sich selbst.

Ergänzt wird dieses Ineinanderschieben von Vergangenheit und Gegenwart durch die Interrelation von ‚großer' und ‚kleiner' Geschichte, die sich in einer wiederkehrenden Einbettung der persönlichen Ereignisse Franzas in den historischen Kontext äußert. Franza selbst reflektiert diesen Zusammenhang im Anschluss an ihr Erlebnis im Nilschlamm:

> War das ein geschichtlicher Augenblick, fragt sie ironisch, morgen ist doch der 15. Mai, in den Geschichtsbüchern wird etwas stehen von diesem Tag, den ich am Vortag gesehen habe. Was habe ich denn gesehen, eine Limousine, ein Schiff und Rosenblätter. Dann werden sie die Schleusen öffnen, das Wasser wird kommen. Die Geschichte wird den Wassertag verzeichnen. Und ich war lebendig begraben. Meine Geschichte und die Geschichte aller, die doch die große Geschichte ausmachen, wo kommen die mit der großen zusammen. Immer an einem Straßenrand?[31] Wie kommt das zusammen? (BF 270)

---

[31] Indem Franza hier über die Geschichte „am Straßenrand" reflektiert, rekurriert sie auf ein Ereignis in ihrer Jugend, das im ersten Teil des Romans erzählt wird: auf den Einmarsch englischer Truppen in ihr Heimatdorf am Ende des Zweiten Weltkriegs. Für Franza ist es zum damaligen Zeitpunkt unglaublich, dass das historische Ereignis der Befreiung durch die Alliierten sich vom Straßenrand betrachtet so ganz anders darstellt: „Was kam, war anders, als sie es sich vorgestellt hatte, und kümmerte sich nicht um zwei Kinder und Galicien und war keine Streitmacht, sondern es kamen ganz gemächlich vier Panzer in einem ordentlichen Abstand, sie meinte, umfallen zu müssen, weil das zuviel war, man konnte nicht einen Tag und einen Augenblick in einer Fünfzehnjährigen kulminieren lassen, der einmal in die Geschichtsbücher eingehen würde, mit Datum, wenn auch unter Auslassung Galiciens und zweier Kinder auf einer Landstraße. Die Panzer waren auf der Höhe der Kinder, und die Soldaten lachten, einige winkten, engli-

Franza stellt in dieser Passage die Partikularität einzelner Begebenheiten (Limousine, Schiff, Rosenblätter) dem ganzheitlichen Kontinuum der großen Geschichte gegenüber und spiegelt darin das Verhältnis zwischen ihrer eigenen, persönlichen Erfahrungen und der „Geschichte aller", in die sich das eigene Schicksal kontrastiv einrücken lässt. Einerseits reflektiert sie auf diese Weise, wie aus disparaten oder zufälligen Ereignissen eine ganzheitliche Erzählung konstruiert wird, die dann in die „Geschichtsbücher" eingeht, andererseits nutzt sie die Historiographie, um ihrem Leben einen Sinn zu verleihen. Indem sie sich wie eine Mumie eingraben lässt, und während sie die ägyptischen Grabstätten besichtigt, schreibt sie sich in eine Geschichte ein, die größer und älter ist als sie selbst:

> Martin konnte erst wieder mit Franza rechnen, als sie die ausgekratzten Zeichen sah, in Dêr el-Báhari, in dem Tempel der Königin Hatschepsut, von der jedes Zeichen und jedes Gesicht getilgt war auf den Wänden, durchgehend die Zerstörung, aber keine durch Plünderer und keine durch Archäologen, sondern zu ihrer Zeit zerstört oder nach ihrem Tod, [von] dem dritten Tuthmosis. Siehst du, sagte sie, aber er hat vergessen, daß an der Stelle, wo er sie getilgt hat, doch sie stehen geblieben ist. Sie ist abzulesen, weil da nichts ist, wo sie sein soll. (BF 274)

In dem Schicksal der ägyptischen Königin Hatschepsut (1490-1468 v. Chr.), deren bildliche Darstellungen an den Wänden der Pyramiden zerstört worden sind, erkennt Franza ihre eigene Geschichte, die Auslöschung ihres Namens durch Jordan wieder. Damit wird ihr Bemühen sichtbar, die Zerstörung gegen den Strich zu lesen, nämlich als Verweis auf etwas, das verschwunden ist, das aber eine Leerstelle hinterlassen hat und damit zu einer Spur dessen wird, was gewesen ist.

Franzas Parallelisierung zwischen der Geschichte der ägyptischen Königin und ihrer eigenen impliziert die Annahme einer Kontinuität geschlechtsspezifischer Gewalt mit eliminatorischen Folgen. Indem die kranke Protagonistin diese Analogie als Erklärungsmodell für ihre eigene ‚Zerstörung', und damit für ihre Krankheit heranzieht, situiert sie den ‚Kampf zwischen den Geschlechtern' auf verschiedenen, historisch entlegenen Kontexten und ebnet die Unterschiede zwischen ihnen ein. Das Ende der Pyramiden-Passage: „Die Wiederholung. Die Stellvertretung" gibt dieses Verfahren explizit wieder: Franzas Schicksal erscheint als Wie-

---

sche Soldaten, sagte sich Franza, die nicht wußte wie englische Soldaten aussahen, aber so vieles, was sie nicht wußte, wußte sie in dieser Zeit doch sofort, und sie rannte neben den Panzern her, die aber nicht nach Galicien abdrehten, sondern, ohne zu verlangsamen, weiterfuhren, in Richtung Villach, einfach an ihr vorbei. [...] Sie schaute den Panzern nach, dann wieder zurück, aber da kam nichts mehr, niemand besetzte die Dörfer und Straßen, es war kaum glaublich, daß so der Frieden kam, auf einer Landstraße, und eine Staubfahne stand hinter ihm." (BF 178f)

derholung eines unablässig perpetuierten Vorgangs der Gewalt und zugleich begibt sie sich stellvertretend in die Position ihrer ägyptischen Vorgängerin. Die Absolutsetzung einer Position des weiblichen Opfers, das durch männliche Gewalt buchstäblich ausgelöscht wird, lässt sich dabei als eine Geste der Aneignung und Universalisierung verstehen.[32] Franzas Identifikation wird dabei ergänzt von einem diffusen Täterbild, das die „Weißen“ als ahistorische Gruppe von gewalttätigen Männern entwirft: „Die Weißen. Hier [in Ägypten] waren sie endlich nicht mehr. Hier mußte sie sich nie mehr umdrehen und sie hinter sich gehen hören und fürchten, gewürgt zu werden, an eine Wand zu fallen vor Schreck, aus einem Auto in den Schnee gestoßen zu werden.“ (BF 255) Die hier bezeichneten „Weißen“, denen Franza während ihrer Reise entkommen zu sein meint, lassen sich zum einen als Kolonisatoren verstehen, zum anderen als Verweis auf den verhassten Ärztestand, zu dem auch ihr Mann zählt.

Im Zuge der Absolutsetzung der weiblichen Opferposition bei gleichzeitiger Nivellierung historischer Kontexte greift Franza auf Topoi kolonialer Gewaltherrschaft zurück, um die eigene Unterdrückung durch Jordan zu bebildern. So werden Jordans Beobachtungen und Analysen ihrer Person nicht nur als „Erforschung“, sondern überdies als „Explorationen“ benannt, womit ein traditionsreiches semantisches Feld kolonialer Eroberung aufgerufen wird:

> Bei einer der Explorationen, die Jordan mit ihr anstellte, fiel ihr die Frühlingsgeschichte ein, und sie ließ den Frieden weg und das andre, auch den Frühling in Galicien, weil das Jordan natürlich nicht interessierte, sondern nur die Sache mit den ersten Küssen und eine zu erforschende Franziska [...]. (BF 186)

Vor dem Hintergrund von Jordans psychiatrischem Interesse an seiner Ehefrau scheint in den „Explorationen“ zugleich Freuds berüchtigte Wendung von der zu erforschenden Frau als „dark continent“[33] auf, wo-

---

32 Besonders deutlich wird dieser Vorgang der Aneignung und Stellvertretung in einer Situation am Bahnhof von Kairo, in der Franza beobachtet, wie eine Frau von einem Mann gewaltsam festgehalten wird. Franza sieht sich selbst in der Rolle dieser Frau und imaginiert sich explizit an „ihrer Statt“: „Immer wird hier die Frau sein, Franza nickte und ging, ich bin die Frau geworden, das ist es. Sie stieg in den Wagen und fuhr zum Hotel zurück. Ich liege dort an ihrer Statt. Und mein Haar wird, zu einem langen, langen Strick gedreht, von ihm in Wien gehalten. Ich bin gefesselt, ich komme nie mehr los.“ (BF 308)

33 „Vom Geschlechtsleben des kleinen Mädchens wissen wir weniger als von dem des Knaben. Wir brauchen uns dieser Differenz nicht zu schämen; ist doch auch das Geschlechtsleben des erwachsenen Weibes ein *dark continent* für die Psychologie“. Sigmund Freud: „Die Frage der Laienanalyse“ [1926]. In: *Gesammelte Werke* Bd. XIV. Hg. v. Anna Freud. Frankfurt a.M.: Fischer 1963, S. 209-286, hier: S. 241.

durch eine weiblich-geschlechtsspezifische und eine kulturell-‚rassen'-spezifische Andersheit ineinander geblendet werden.[34] Franzas Inszenierung als ‚Eingeborene' ist bereits im ersten Teil des Textes angelegt, in dem ihr Bruder sie, im Rückblick auf die Ankunft der Alliierten in ihrem Heimatdorf in Galicien, als „barfüßige Wilde" (BF 149) erinnert. Franza wird als ein junges Mädchen portraitiert, das die Ankunft der militärischen Befreier unter Rückgriff auf das topische Bildarsenal kolonialer Eroberung imaginiert und freudig erwartet. Bereits zu diesem Zeitpunkt stilisiert die Protagonistin sich implizit als koloniales Opfer, indem sie sich die Alliierten als Kolonisatoren und Österreich als zu eroberndes Land vorstellt und dabei den Vorgang des ‚Besetzens' romantisch umcodiert.[35] Bezeichnenderweise ist es aber eben dieser Komplex der Kolonialphantasien der jungen Franza, die bei Jordans „Explorationen" seiner zu erforschenden Ehefrau ausgespart werden („sie ließ den Frieden weg"), was sich als Hinweis darauf lesen lässt, dass die handelnden Figuren aktiv daran beteiligt sind, den historischen Kontext als bloßen Hintergrund für die eigene Befindlichkeit zu instrumentalisieren.

In Franzas rückblickender Rekonstruktion ihrer ehelichen Zerstörung gewinnt das Modell kolonialer Ausbeutung im Verlauf der Handlung zusehends an Bedeutung. Franza sieht eine deutliche Parallele zwischen ihrer schrittweisen Entsubjektivierung durch Jordan (ihrer Fallwerdung, ihrem Krankgemachtwerden) und der buchstäblichen Vernichtung der Ureinwohner Australiens:

> [D]as hab ich begriffen, ich bin von niedriger Rasse. Oder müßte es nicht Klasse heißen, denn ich <bin> ausgebeutet, benutzt worden, genötigt, hörig gemacht, meine goldne gallizische Haut abgezogen, ich ausgeweidet, mit Wiener Stroh ausgestopft. In

---

[34] Vgl. zu den kolonialen Implikationen dieser Begrifflichkeit des ‚dark continent' bei Freud und zu Bachmanns unkritischer Übernahme dieser Perspektive Sara Lennox: „‚White Ladies' und ‚Dark Continents'. *Ingeborg Bachmanns* Todesarten-*Projekt aus postkolonialer Sicht*". In: Monika Albrecht / Dirk Göttsche (Hgg.): „Über die Zeit schreiben". Literatur- und kulturwissenschaftliche Essays zu Ingeborg Bachmanns *Todesarten*-Projekt. Bd. 1. Würzburg: Königshausen & Neumann 1998, S. 13-31.

[35] „Besetzen, das war ein Wort, an dem Franza herumhoffte und mit dem sie herumlief, sie stellte sich unendlich viele Soldaten vor, mit Gewehren im Anschlag, die jeden Quadratmeter besetzten, ein Heuschreckenschwarm, der jeden Meter Galicien ausforschte und durchstreifte. Und Vergewaltigen, das war ein anderes Wort, unter dem Franza sich frühlingszeitraubende Dinge vorstellte, und da sie mit niemand sprechen konnte, wurden Vergewaltigung und Streitmächte zu ersehnten Idolen". (BF 176) Vgl. zu den problematischen Implikationen dieser euphemistischen Kolonialphantasien Monika Albrecht: „‚Sire, this village is yours'. Ingeborg Bachmanns Romanfragment *Das Buch Franza* aus postkolonialer Sicht". In: dsb. / Dirk Göttsche (Hgg.): *„Über die Zeit schreiben". Literatur- und kulturwissenschaftliche Essays zu Ingeborg Bachmanns* Todesarten-*Projekt*. Bd. 3. Würzburg: Königshausen & Neumann 2005, S. 159-169.

> Australien wurden die Ureinwohner nicht vertilgt, und doch sterben sie aus, und die klinischen Untersuchungen sind nicht imstande, die organischen Ursachen zu finden, es ist eine tödliche Verzweiflung bei den Papuas, eine Art des Selbstmordes, weil sie glauben, die Weißen hätten sich aller ihrer Güter auf magische Weise bemächtigt. [...] Er hat mir meine Güter genommen. Mein Lachen, meine Zärtlichkeit, mein Freuenkönnen, mein Mitleiden, Helfenkönnen, meine Animalität, mein Strahlen, er hat jedes einzelne Aufkommen von all dem ausgetreten, bis es nicht mehr aufgekommen ist. Aber warum tut das jemand, das versteh ich nicht, aber es ist ja auch nicht zu verstehen, warum die Weißen den Schwarzen die Güter genommen haben, nicht nur die Diamanten und die Nüsse, das Öl und die Datteln, sondern den Frieden, in dem die Güter wachsen, und die Gesundheit, ohne die man nicht leben kann [...], ich bin eine Papua. (BF 230ff)

Explizit überträgt Franza in diesem inneren Monolog ihre geschlechtsspezifische Unterdrückung in den Bedeutungsbereich anderer historischer Machtverhältnisse: Rasse und Klasse. In der Gewaltherrschaft über die Ureinwohner Australiens und Neuguineas findet Franza eine Parallele zu ihrer eigenen Pathologisierung, indem sie existentielle Enteignung (Nüsse, Öl) mit ideeller (Zärtlichkeit, Frieden) gleichsetzt. Der Vergleich von ehelicher und kolonialer Gewalt, wie er an dieser Stelle zum Ausdruck gebracht wird, impliziert eine problematische Gleichsetzung von Faschismus, Rassismus, Sexismus und Logozentrismus, die im diskursiven Gefüge der Gesellschaft der 60er-Jahre präsent ist[36] und die lange von der feministischen Bachmann-Forschung unkritisch übernommen wurde.[37] Die Reduktion komplexer Prozesse von Marginalisierung und Minoritätenbildung äußert sich in Franzas undifferenzierter Denkweise: „Eine kurze Zeit war sie darum, ohne daß sie <es> zu sagen vermocht hätte, immer auf Seiten der Neger oder der Überschwemmten oder der Umzingelten, die allerdings keine Hautfarbe hatten, aber davon sagte sie niemand etwas, nur hie und da zu Alda". (BF 233f) Franzas Solidarisierung mit den ‚Umzingelten' ihrer Zeit ist dabei auf derart plakative Weise naiv und willkürlich, dass eine deutliche Distanz zu der Figur und ihren Äuße-

---

36 Hintergrund der Analogie ist eine seit Mitte der 60er-Jahre im deutschsprachigen Raum rege Debatte über (Neo)Kolonialismus und schließlich eine Ineinssetzung von Frauen und Kolonisierten, die in dem Diktum gipfelt, Frauen seien „die Neger aller Völker", vgl. Monika Albrecht: „‚Es muß erst geschrieben werden'. Kolonisation und magische Weltsicht in Ingeborg Bachmanns Romanfragment *Das Buch Franza*". In: dsb. / Dirk Göttsche (Hgg.): *„Über die Zeit schreiben". Literatur- und kulturwissenschaftliche Essays zu Ingeborg Bachmanns* Todesarten*-Projekt.* Bd. 1. Würzburg: Königshausen & Neumann 1998, S. 59-91, hier: S. 65f.

37 Zu einer kritischen Auseinandersetzung mit diesem blinden Fleck der Bachmann-Forschung vgl. Lennox: „‚White Ladies' und ‚Dark Continents'".

rungen im Text lesbar wird, und auch andere pathos-trächtige Ausrufe, wie der Papua-Vergleich, in ihrer Berechtigung in Frage gestellt werden.

Das semantische Feld der Krankheit dient in Bachmanns Roman jedoch nicht nur der Konstruktion einer universalisierten Opferposition, die letztlich mit einer Einebnung unterschiedlicher historischer und geographischer Zusammenhänge einhergeht; die Metaphorik des Pathologischen wird überdies verwendet, um kulturelle Differenzen gezielt hervorzuheben. Unabhängig von Franzas eigener Befindlichkeit wird Krankheit daher als kontextabhängige Kategorie beleuchtet, insofern sich die Protagonistin von ihrem eigenen kulturellen Hintergrund distanziert, eine (Über)Identifizierung mit den ‚Einheimischen' vornimmt und zugleich eine romantisierte Vorstellung von dem Leben in der Wüste hegt. Franza, die zuvor in einer „sterilisierte[n] Villa" lebte, mit der sie „nie ein Leiden in Zusammenhang gebracht hätte" (BF 218), sieht nun die abweichenden Hygienestandards des bereisten Landes als Möglichkeit einer ‚ursprünglicheren' Lebensweise und betrachtet die Angst der Weißen vor Krankheiten als zivilisatorischen Irrweg. Die entsprechenden Anweisungen aus dem Reiseführer der Geschwister werden stichwortartig wiedergegeben[38] und zugunsten einer Rückbesinnung auf die ‚eigentlichen' Grundbedürfnisse verworfen.

> Wer fürchtet hier die von den Weißen katalogisierten Bakterien. Wer wäscht einen Becher aus, wer kocht das Wasser ab, wer laust die Salatblätter, wer nimmt den Fisch unter die Lupe? Hunger, Durst, wiederentdeckt, die Gefahr, wiederentdeckt, die Ohren, die Augen geschärft auf die Außenwelt gerichtet, das Ziel wiedergewußt. Ein Dach über dem Kopf, ein Nachtlager, Schatten, ein wenig Schatten. Das Benzin soll reichen, kein Reifen platzen, keine Zündkerze verschmutzen, die Achse nicht brechen. (BF 259)

Franza nimmt die Reduktion auf die grundlegenden Körperfunktionen und -sinne als Hinwendung zu einem intensiveren Lebensmodus wahr, zu einem Leben ‚an sich', zu dem die westlichen klinischen Praktiken den Zugang verstellen. Zugleich klingt in dieser Fokusverschiebung das Moment einer Rückkehr („*wieder*entdeckt", „*wieder*gewußt") zu einem Zustand an, von dem die „Weißen" sich entfernt und entfremdet haben, wodurch das koloniale Stereotyp aufgerufen wird, die Fremden oder gar „Wilden" bildeten eine frühere Stufe der menschlichen Zivilisation. Sehr deutlich wird in diesen Textbeispielen, dass die Figur Franza, dem klassi-

---

38 „Es ist nicht ratsam außerhalb der guten Hotels. / Frisches Obst möglichst geschält. / Wenn nicht möglich, mit Seife waschen. / Dann in Kaliumpermanganat 10 Minuten stehen lassen. / Leitungswasser zu Trinkzwecken nur in großen Städten. / Nur abgekochtes Wasser und dünnen Tee oder Sprudel. / Als Vorbeugungsmaßnahme bei starkem Mückenbefall jede Woche 2 Tabletten Resochin Bayer. / Bilharziakrankheit, ägyptischer Blasen- und Darmwurm, Roter Hund, genannt Nilfriesel, häufig auftretend". (BF 258)

schen kolonialen Schema folgend, die sie umgebende Fremde als Projektionsfläche nutzt, um ihren eigenen Zustand, ihre Krankheit, mit Sinn zu versehen.[39]

Neben dem Rückgriff auf den kolonialen Kontext und ein daran geknüpftes Bildarsenal ist der Text geprägt von Bezügen auf den historischen Kontext des Nationalsozialismus, und auch in diesem Fall greift er auf die darin angelegte Matrix von Opfer und Täterschaft zurück und macht sie sich zu eigen. Ein Beispiel für eine solche Bezugnahme, in der eine dezidierte Aneignung der Opferposition sichtbar wird, ist Franzas Gaskammertraum,[40] in dem sie selbst zum jüdischen Opfer wird und Jordan zum faschistischen Täter:

> Heut nacht hab ich geträumt, ich bin in einer Gaskammer, ganz allein, alle Türen sind verschlossen, kein Fenster, und Jordan befestigt die Schläuche und läßt das Gas einströmen und, wie kann ich sowas träumen, wie kann ich nur, gleich möchte man um Verzeihung bitten, er wäre unfähig, es zu tun, keiner würde es mehr verabscheuen, aber nun träum ich es doch und drücke es so aus, was tausendmal komplizierter ist. (BF 215)

Abermals wird hier das Gefühl von Isolation und Ausweglosigkeit über die Bildlichkeit einer existentiellen und historisch sehr konkret markierten Bedrohung zum Ausdruck gebracht und in ein körperliches Ersticken

---

39 „Aktueller als [...] Egalisierung und Universalisierung ist in der postkolonialen Debatte um die Formen der interkulturellen Begegnung ein eher noch problematischerer Blick in die Fremde, der jedoch auf seine Weise ebensosehr im Spiegelkabinett gefangen bleibt. Das ist die eurozentrische Projektion geläufiger Verstehens- und Vorstellungskategorien auf den fremden Anderen in dem Sinn, daß ein Gegenbild zum Eigenen geschaffen wird, sei es ein idealisierendes und insofern kritisch selbstrelativierendes oder aber ein die eigene Überlegenheit zweckdienlich bestätigendes Gegenbild“. Karl S. Guthke: *Der Blick in die Fremde. Das Ich und das Andere in der Literatur*. Tübingen / Basel: Francke 2000, S. 2.

40 Einen größeren Stellenwert hat der Gaskammer-Traum übrigens in *Malina*, wo sich eine vergleichbare Analogisierung von Faschismus und Patriarchat erkennen lässt: „Die Kammer ist groß und dunkel, [...] es gibt keine Fenster und keine Türen. Mein Vater hat mich eingeschlossen, und ich will ihn fragen, was er vorhat mit mir, aber es fehlt mir wieder der Mut, ihn zu fragen, und ich schaue mich noch einmal um, denn eine Tür muß es geben, eine einzige Tür, damit ich ins Freie kann, aber ich begreife schon, da gibt es nichts, keine Öffnung, jetzt keine Öffnungen mehr, denn an allen sind schwarze Schläuche angebracht, angeklebt rings um die Mauern, wie riesige angesetzte Blutegel, die etwas aus den Wänden heraussaugen wollen. [...] Mein Vater nimmt ruhig einen ersten Schlauch von der Wand ab, ich sehe ein rundes Loch, durch das es hereinbläst, und ich ducke mich, mein Vater geht weiter, nimmt einen Schlauch nach dem anderen ab, und eh ich schreien kann, atme ich schon das Gas ein, immer mehr Gas. Ich bin in der Gaskammer, das ist sie, die größte Gaskammer der Welt, und ich bin allein darin. Man wehrt sich nicht im Gas.“ Ingeborg Bachmann: *Malina* [1971]. Frankfurt a.M.: Suhrkamp 1980, S. 182f.

übersetzt. Das als undarstellbar[41] geltende Verbrechen der Ermordung der europäischen Juden in den Gaskammern wird hier als Vergleichsmoment verwendet, um die eigene empfundene Bedrohung zum Ausdruck zu bringen. Franzas Relativierung („wie kann ich nur, gleich möchte man um Verzeihung bitten") lässt sich dabei auf zweifache Weise als Versuch der Entschuldigung angesichts dieses Traumes verstehen: zum einen als Verzeihung gegenüber Jordan, der doch „unfähig [wäre], es zu tun", zum andern als Eingeständnis einer vollkommen unangemessenen Darstellung, als Unrecht denjenigen gegenüber, die erfahren mussten, was Franza nur imaginiert. Auch in ihrer Erinnerung an die Abtreibung, zu der Jordan sie genötigt hatte, zieht Franza eine Parallele zu den Gewaltverbrechen der Nationalsozialisten, insofern sie den behandelnden Ärzten gegenüber den Wunsch äußert, den abgetriebenen Fötus behalten zu dürfen, „[d]amit es nicht in den Verbrennungsofen kam." (BF 253) Ihre Wahrnehmung der „sterilisierten, schneeweißen Chirurgen" als „weiß[e] Teufel" fügt sich in ein diffuses Täterbild ein, das sich aus Ärzten, Kolonisatoren und schließlich Faschisten zusammensetzt und auf die Vernichtung von Leben hinwirkt.[42]

Franzas Überidentifikation mit den Opfern des Nationalsozialismus zur Kennzeichnung ihrer persönlichen Kränkung durch ihren Mann gipfelt in ihrem Besuch bei dem ehemaligen SS-Arzt Körner, den sie in Kairo mit dem erklärten Ziel aufsucht, von diesem „ausgemerzt zu werden" (BF 313). Ihre Krankheit sieht sie als Ergebnis ihrer Beteiligung an den Forschungen ihres Mannes, der über Spätschäden weiblicher KZ-Insassen arbeitet und aufgrund derer sie sich schließlich selbst als einen „Spätschaden" empfindet. In diese Terminologie geht Franzas forschungsbedingte Auseinandersetzung mit der Thematik ein („Davon bin ich auch krank geworden"), d.h. die von ihr empfundene Parallele ihrer eigenen Erfahrungen und der Inhalte, mit denen sie sich zu befassen hat, insofern sie sich selbst ebenfalls als einen Fall wahrnimmt.

> Mein Mann hat ein Buch geschrieben. Ich habe mitgearbeitet. Sie fing zu murmeln an. Über die Versuche an weiblichen Häftlingen. Über Spätschäden. Sie war kaum mehr zu hören. [...] Habe ich nicht gesagt, daß ich alle Dokumente kenne. Die Sulfonamid- und Phlegmoneversuche, sie gerieten ihr jetzt durcheinander, sie hatte

---

[41] Zur Diskussion des Undarstellbarkeitsparadigmas vgl. Georges Didi-Huberman: *Images malgré tout*. Paris: Minuit 2003.

[42] „'White' is not only used to denote a racial category but it is also used in conjunction with the medical profession, namely as a reference to doctors in their white coats whom Franza regards as ,die weißen Teufel'". Carlotta von Maltzan: „Mythologizing Africa: H.C. Artmann's *africa geht jetzt zur ruh* and Ingeborg Bachmann's *Das Buch Franza*". In: Margarete Lamb-Faffelberger / Pamela S. Saur (Hgg.): *Visions and Visionaries in Contemporary Austrian Literature and Film*. New York: Peter Lang 2004, S. 173-186, hier: S. 181.

> sie nicht mehr paginiert vor sich, sie konnte sie nicht nachschlagen. Gepeinigt suchte sie die Wiener Bibliothekswand ab. Davon bin ich auch krank geworden, dachte sie, und dann fiel ihr endlich ein: die Ausmerzung unerwünschten Volkstums, die Ausmerzung, ja, die direkte Ausmerzung unerwünschter Kranker, die Sterbehilfe, der Gnadentod. 2 ccm Morphium-Scopolamin. (BF 302)

Franzas eigene Degradierung zu einem ‚Fall' durch Leo Jordan wird an dieser Stelle in ihrer Erinnerung mit den an weiblichen KZ-Häftlingen durchgeführten Versuchen enggeführt, was jedoch nur auf Kosten einer Verwischung und Vermengung der einst gewussten Fakten möglich ist („sie gerieten ihr jetzt durcheinander"). Franza fügt sich bewusst in eine vorstrukturierte und historisch durch verschiedene Kontexte angereicherte Opferposition ein, um ihre eigene Krankheit darstellbar zu machen. Die auf diese Weise von der Figur etablierten Parallelen implizieren eine Verabsolutierung der Opferposition, die jedoch keine Schwäche des Textes darstellt, kein blinder Fleck oder unreflektiertes Aufgreifen von Zeitdiskursen, sondern eine Denkungsart, die vom Text in all ihrer Ambivalenz und Problematik ausgestellt und reflektiert wird.

3. „Diese verdammte Anspielung in Person." Franza als Exempel kollektiver Selbstviktimisierung

Für eine vertiefende Auseinandersetzung mit der Bedeutung und Funktion von Franzas selbsterwählter Opferposition ist einmal mehr Bachmanns Vorrede zu ihrem Roman aufschlussreich. Darin wird postuliert, dass es sich bei den „wirklichen" Schauplätzen des Romans um „inwendige" handelt, weshalb sich die im Text beschriebenen Denkweisen, Äußerungen und Handlungen gleichsam als Darstellung psychischer Vorgänge lesen lassen: „Das Ende der Schauplätze, die zweimal im Denken sind, einmal in dem, was zum Verbrechen führt, einmal in dem, in dem das Sterben ausgeführt wird, sind aber andre: das Innen von Menschen, denn alle Dramen finden innen statt". (BF 73) Es gibt also eine semantische Zusammenführung von psychischen Prozessen auf der einen Seite und konkreten Räumen oder Schauplätzen auf der anderen. Die innerhalb des Geistes, innerhalb der Psyche stattfindenden Dynamiken und Bewegungen werden zuallererst als räumliche gekennzeichnet. Franza selbst wird, wie bereits gesehen, im Laufe des Romans tatsächlich immer wieder in ihrer ‚topographischen Beschaffenheit' dargestellt.[43] Die gewählten Begrifflichkeiten

---

[43] „[...] hier wurde seine Schwester geschliffen von Schmerzen und irgendwas, was er in seinem Gebiet nicht erforschen hatte können, und der Schliff seiner Schwester, die aus der Neuzeit war und nicht aus dem Mesozoikum, den vermochte er nicht zu beschreiben und zu bestimmen, nur das Gestein gab einen Halt, hatte Struktur, Textur, Fundpunkte." (BF 163f) Auch Sara Lennox hebt die im Roman

von „Schauplatz“ und „Drama“ und der dabei evozierte Aspekt der Performativität lassen die Vermutung zu, dass der Text den Charakter eines Lehrstücks besitzt. Franza wird in dieser Perspektive zu einer Allegorie auf die massenpsychologischen Prozesse eines österreichischen Kollektivs,[44] zu einer ‚Anspielung‘, wie Martin es formuliert: „Diese Andeuterin! Diese verdammte Anspielung in Person.“ (BF 173)

Mit den in der Vorrede genannten „Verbrechen, die den Geist verlangen“ (BF 78), die in der Nachkriegsgesellschaft unbemerkt stattfinden, grenzt sich Bachmann explizit von einer Literatur ab, die allein auf die Vergangenheit gerichtet ist, um stattdessen gegenwärtige Prozesse und Vorgänge abzubilden und den Blick auf das Nachleben der (unverarbeiteten) Vergangenheit auf die Gegenwart zu richten.[45] *Das Buch Franza* lässt sich in dieser Perspektive als eine experimentell-literarische Charakterstudie über das Fortwirken faschistischer Verhaltensmuster lesen, wobei die Psyche der Protagonistin paradigmatisch für eine generelle ideologische Disposition der Nachkriegszeit steht.[46] Franza wird in dieser Hinsicht zum Exempel für eine in der österreichischen und deutschen Gesellschaft

---

erkennbare Bedeutung von Geographie und Landschaft für die Psyche hervor, vgl. Sara Lennox: „Geschlecht, Rasse und Geschichte in ‚Der Fall Franza‘“. In: *text+kritik. Sonderband Ingeborg Bachmann.* 1984, S. 156-179.

44 Auch Angelika Rauch vertritt eine solche allegorische Lesart: „Daher kann man Bachmanns Geschichte der Franza eigentlich nicht als Geschichtsdarstellung lesen, sondern muß sie vielmehr als eine Allegorie der psychischen Verarbeitung von Geschichte allgemein betrachten.“ Rauch: „Die Über(be)setzung der Vergangenheit“, S. 43.

45 „Die Massaker sind vorbei, die Mörder unter uns zwar nicht alle festgestellt und überführt, aber ihre Existenz allen bewußt gemacht, nicht nur durch Prozeßberichte, sondern auch durch die Literatur. Trotzdem beschäftigt sich die Literatur noch immer mit der Vergangenheit und ihren nicht tilgbaren Resten. Dieses Buch versucht etwas anderes – das aufzusuchen, was nicht aus der Welt verschwunden ist.“ (BF 74f). Bereits in früheren Erzählungen hatte die Autorin die Kontinuität faschistischer Ideologie zum Gegenstand gemacht, beispielsweise in den Prosatexten „Von Mördern und Irren“ (1961) und „Das Gebell“ (1972).

46 Ulrich Thamer hebt in seiner Lesart des Romans Bachmanns Beschäftigung mit „sozialpsychologischen Faschismusdeutungen vor allem der ‚Kritischen Theorie‘“ hervor, wobei insbesondere Adornos Studien zum autoritären Charakter eine zentrale Bedeutung zukommt, in der dieser den Zusammenhängen zwischen Ideologie und soziologischen Faktoren bei der Hervorbringung eines potentiell faschistischen Individuums nachgeht. Vgl. Theodor W. Adorno: *Studies in the Authoritarian Personality* [1950]. In: dsb.: Gesammelte Schriften. Bd. 9.1. *Soziologische Schriften II.* Hg. v. Rolf Tiedemann. Frankfurt a.M.: Suhrkamp 1997, S. 143-509. Vgl. zu Franzas Auseinandersetzung mit dem Nachwirken des Nationalsozialismus Hans-Ulrich Thamer: „Nationalsozialismus und Nachkriegsgesellschaft. Geschichtliche Erfahrung bei Ingeborg Bachmann und der öffentliche Umgang mit der NS-Zeit und Deutschland“. In: Dirk Göttsche / Hubert Ohl (Hgg.): *Ingeborg Bachmann – Neue Beiträge zu ihrem Werk.* Würzburg: Königshausen & Neumann 1993, S. 215-224, hier: S. 222.

sichtbar werdende Tendenz, sich selbst als Opfer einer fremden (Über)macht zu begreifen und dadurch einem Verdrängen und Vergessen der Verbrechen zuzuarbeiten; sie wird zum Beispiel für einen „autoritären Charakter".

Die Modellierung Franzas zu einer Figur, die über sich selbst hinausweist und generelle in der Gesellschaft verankerte Verhaltensweisen zur Anschauung bringt, wird auf verschiedene Weise erreicht. Nicht nur werden, wie bereits ausgeführt, an mehreren Stellen des Romans die ‚große' und die ‚kleine' Geschichte zur Deckung gebracht, die Protagonistin wird darüber hinaus in kleinen Verweisen auch unmittelbar mit dem Land Österreich enggeführt: „Das kam ihr so schön vor, daß sie sich, wie ein Land plötzlich merkt, daß es sich im Kriegszustand befindet, in einem Zustand befand, für den das Wort Verliebtheit noch immer den besten Dienst tut" (BF 235). Bezeichnend ist hier sowohl die Parallelisierung von interpersonalen und internationalen Vorgängen[47] als auch die deutliche Passivität und Unbewusstheit der Figur gegenüber dem Geschehen, womit ein Verhalten der Unverantwortlichkeit evoziert wird. Eine weitere Zusammenführung von Franza und ‚Austria' bezieht sich auf das Verhältnis zur Vergangenheit:

> [...] das Haus Österreich, das sich mit seinen dreidoppelten Namen immer im Kreis gedreht hatte bis zu seinem Einsturz und davon noch immer an Gedächtnisverlust litt, die Namen hörte für etwas, das es nicht mehr war.
> Martin bemerkte, daß auch Franza von diesem Einsturz mitgerissen wurde und daß sie durch ihre Krankheit noch an der Krankheit des Damals litt, viele Merkmale auch dieser Krankheit trug. (BF 170)

Einerseits wird Franza von dem Einsturz des Hauses Österreichs mitgerissen, andererseits wird an ihrer Figur deutlich gemacht, wie Prozesse der Idealisierung und des Vergessens sich gegenseitig stützen. Die Verdrängung, die auch das Verhalten der Protagonistin kennzeichnet, bildet in dieser Perspektive das Verbrechen der Gegenwart.

---

47 Diese Analogie von Liebesbeziehung und Kriegszustand wird auch in Malina entwickelt: „Nie mehr. / Es ist immer Krieg. / Hier ist immer Gewalt. / Hier ist immer Kampf. / Es ist der ewige Krieg." Bachmann: *Malina*, S. 247. Vgl. zu Bachmanns Konzeptualisierung des Geschlechterkampfes auch den Essay Elfriede Jelineks über die Autorin: „Denn die Liebe ist die Fortführung des Kriegs mit anderen Mitteln. Auf dem Schlachtfeld erfolgt eine oft blutige, manchmal unblutige Vernichtung des Weiblichen, das nie Subjekt werden darf, immer Objekt bleiben muß, Gegenstand von gesellschaftlich nicht anerkannten Arbeitsverträgen, genannt Ehe." Elfriede Jelinek: „Der Krieg mit anderen Mitteln". In: Christine Koschel / Inge von Weidenbaum (Hgg.): *Kein objektives Urteil – nur ein lebendiges. Texte zum Werk von Ingeborg Bachmann*. München / Zürich: Piper 1989, S. 311-320, hier: S. 313.

Franzas Verdrängungsprozesse werden innerhalb des Romans sehr deutlich gezeigt, ganz besonders, indem sie externalisiert werden, sich also nicht nur in ihren Gedanken, sondern auch in ihren Handlungen spiegeln. Bereits unmittelbar nach dem Krieg wird die bis dahin alles dominierende nationalsozialistische Anwesenheit buchstäblich aus dem Bewusstsein der jungen Franza geschoben: „[D]ie rückziehenden Deutschen [...], das mußte die letzte schleppende Bewegung einer Riesenmacht sein, die schon aus Franzas Bewußtsein verschwunden war.“ (BF 174) Auch in einem der ersten Gespräche der erkrankten Franza mit Martin bei ihrem Wiedersehen in Galicien spart sie das Wesentliche konsequent aus: „Franza redete noch immer nicht über Wien, und wenn sie zurückkam aus der Totenstarre, dann begann sie zwar zu reden, viel zu viel, aber über nichts, am liebsten über Entlegenes.“ (BF 174) Nicht zuletzt lassen sich in dem vorliegenden Zusammenhang – und vor dem Hintergrund der These einer narrativen Projektion psychischer Prozesse in den konkreten Handlungsraum – Franzas hysterische Verhaltensweisen als Gesten der Verdrängung deuten: „[S]ie machte fahrige Bewegungen über den neuen Fleck. Aber es ging nicht um den dunkelnassen Fleck, sondern sie machte lauter Bewegungen, als suche sie etwas und wischte an sich herum und durch die Luft mit der Hand“. (BF 167)[48] Die Abreise aus dem Gailtal wird zur dezidierten Absage an die jüngste Vergangenheit und zeigt deutlich, wie im Roman geistige Prozesse als reale Handlungsvorgänge dargestellt werden: „[S]ie klemmte sich immer mehr zwischen die Gepäckstücke ein, die er ihr zuschob, dann hatte er gerade noch Platz und zog die Tür hinter sich zu, als könnten so der Fluß und der Abend und Galicien nicht mitfahren.“ (BF 203f) Die stellenweise als hysterisch codierte Symptomatik der Protagonistin wird also innerhalb des Textes auf der einen Seite als „Krankheit des Damals“ konzipiert, d.h. als Phänomen einer Bewahrung von Erinnerungen, auf der anderen Seite wird sie mit Verdrängung konnotiert, d.h. mit einem Wegschieben der Vergangenheit.

Die an Franza sichtbar werdenden Verdrängungen, die sich in Form eines ‚Wegwischens‘ und ‚aus dem Bewusstsein Schiebens‘, manifestieren, verbinden sich darüber hinaus mit den Aspekten verfehlter Zeugenschaft und Schuld. Franza reproduziert, wenn sie von ihrer Krankheit spricht, sowohl diskursiv als auch somatisch den typischen Nachkriegsdiskurs der Täterseite, „man habe von nichts gewusst“ oder zumindest nichts sagen

48 Auch Martin leistet seinen Beitrag dazu, Schwieriges erst einmal wegzuschieben: „[...] und weil das zu nichts führte, drehte er sich geräuschvoll zur Wand und schaltete sein Denken ab wie vorher das Licht.“ (BF 202) Auch seine Wunschvorstellung, die Schwester könne in die berühmte Mayo-Klinik wie auf einem Fließband auf der einen Seite hinein fahren und auf der anderen gesund heraus kommen (vgl. BF 197), lässt auf einen Unwillen schließen, sich mit den Ursachen und der Komplexität ihrer Krankheit auseinandersetzen, und ist als eine Form der Verdrängung interpretierbar.

können. Auf Martins Frage, warum sie Jordan nicht verlassen habe, nicht geredet habe, antwortet sie: „Weil es damals nicht so schrecklich war. Da wußte ich noch nicht, was er mit mir vorhatte. Es ist nur schwer zu erzählen. Ach, jetzt ist wieder die Luft weg, sie lachte, ihr Atem ging pfeifend". (BF 206) Die schuldhaften Implikationen einer solchen Verweigerung der Zeugenschaft wird besonders deutlich in Franzas Ignorieren der Schicksale von Jordans früheren Ehefrauen:

> Erst jetzt habe ich mich nach den anderen Frauen gefragt und warum die alle lautlos verschwunden sind, warum die eine nicht mehr aus dem Haus geht, warum die andere den Gashahn aufgedreht hat, und jetzt bin ich die dritte [...]. Es ist, als ob über der ganzen Zeit, die im Dunkeln gelegen ist, ein Scheinwerfer anginge, alles liegt da, nackt, gräßlich, unübersehbar, nicht zu übersehende Indizien, und wie bereitwillig habe ich geglaubt, sie seien dumm, verständnislos, defekt gewesen, nichtswürdige Kreaturen, die sich mit einem Abgang ins Schweigen selbst bestraften für ihr Scheitern an einer höheren Moral, an einer Instanz, einem Maßstab, den ich zu dem meinen machen wollte. Ich fühlte mich noch erhoben, geschmeichelt, daß ich vielleicht den Ritterschlag mir verdienen könnte, erdienen mit Bemühen und Mitarbeit und Preisgabe meiner Gedanken, die sich erst zu bilden gehabt hätten. (BF 207)

Das um den Preis des Selbstbetrugs erzielte Gefühl der Erhabenheit macht Franza nicht nur blind für ihre eigene Degradierung zum Fall, sondern besiegelt auch ihre Beteiligung an Jordans Taten – sie wird auf diese Weise vom Opfer zur Mittäterin. In einer früheren Fassung des Textes ist dieses Umschlagen von verdrängtem Mitwissen in Mitschuld noch deutlicher: hier ist Franza explizit an der Vernichtung von Beweismaterial beteiligt, das die wissenschaftliche Forschungsarbeit ihres Mannes zur Zeit des Nationalsozialismus dokumentiert.[49]

> Ich weiß nicht, ob diese Arbeit für ihn belastend war oder nicht, aber ich habe sie [die Karteikarte] weggenommen, nein, zwei Tage lang in der Handtasche herumgetragen, dann habe ich sie weggeworfen, der Frau Rosi zwischen den alten Salat und die Brotreste. Und dann habe ich noch einmal im Eimer gesucht und die Karte herausgezogen und sie in den Kanal fallen lassen, zwischen die Kanalstreifen, in die Kanäle, da schwimmt das jetzt, und ich weiß nicht, war das was oder war das nichts. 1941. Jetzt werde ich es nie wissen, und niemand kann mehr nachsehen. Was war das für ein

[49] Sara Lennox zieht aus der folgenden Passage den Schluss, dass – konträr zu der von Franza formulierten Wendung des „Friedhofs der Töchter" – diese Töchter auch Täter sein können. Sie erkennt in Franza ein „Geschöpf ihrer Zeit", das „dabei mit[hilft], den ‚Virus Verbrechen' zu verbreiten, der tatsächlich nach 1945 nicht aus der Welt verschwunden war". Lennox: „‚White Ladies' und ‚Dark Continents'", S. 49.

> Aufsatz und für welche medizinische Zeitschrift, ich weiß es nicht mehr, ich schwöre. Ich wollte es nie wissen. (BF 64)

Die in dieser Textfassung eindeutige Verweigerung von Zeugenschaft, die in nachfolgenden Bearbeitungen der Autorin wieder getilgt wurde, findet sich auch in späteren Versionen wieder, dort allerdings in weniger offensichtlicher Form sondern nur angedeutet und übertragen auf Situationen des Alltags. Da ist etwa die verweigerte Zeugenschaft bei einem Unfall, die insofern politische Relevanz erhält, als der Fahrer durch problematische Äußerungen und Verhaltensweisen charakterisiert wird: er ist „offenbar ein Verrückter, der ein düsteres Lamento mit Drohungen gegen irgend jemand ausstieß und vom nahen Weltende faselte“ und dessen Reden „mit flammenden hochdeutschen Ausrufen gipfelten: die Schmach, der Mensch ist eine Furunkel, der Eiter quillt aus dem Menschen heraus“ (BF 238). Der Verweis auf die deutsche Ausdrucksweise des Fahrers, seine apokalyptischen Visionen und seine Pathologisierung von Menschen müssen mitbedacht werden, wenn Franza schließlich bei dem Unfall, den offensichtlich dieser Fahrer verursacht, die Aussage verweigert:

> Sie sind Zeuge, schrie der Taxifahrer, Sie sind Zeuge gnädige Frau, und Franziska, die sich von mehreren Personen umringt sah und soviel begriffen hatte, daß ihr Fahrer schuld war, sagte, aber ich habe doch nichts gesehen, und das furchtbare Gebrüll ihres Fahrers, der sie drohend ansah, schüchterte sie so ein, daß sie auch vor dem Polizisten beteuerte, nicht zu wissen, was geschehen war. (BF 239)

Liest man den Roman konsequent als Analyse eines ‚autoritären Charakters‘ und Franza dabei allegorische Figur, dann ist ihr Verhalten an dieser Stelle beispielhaft für die freiwillige Unterwerfung unter eine stärkere Kraft oder Autorität. Jene Fragilität, welche die Protagonistin zum Opfer werden lässt, erhält also hier eine problematische Kehrseite. Ferner ist in diesem Zusammenhang bezeichnend, dass Franza ausgerechnet im Anschluss an ihren Unfall Jordan begegnet, der sich ihrer annimmt, ihr altväterlich ein Glas Wasser reicht und ihr gut zuredet:

> Die Gebauer, die sich verpflichtet fühlte, aus allem eine Szene zu machen, bauschte die Frage auf, und schrie zwischen Tür und Angel, das sei ja hinreißend, die Kleine, sie wisse wohl nicht einmal, wer ihr den Puls gefühlt habe, Jordan, komm her, erklär ihr einmal, wer du bist, und versuchs mit einer kleinen Hypnose, dann saß Jordan an ihrem Diwan und sprach halblaut mit ihr, sie erzählte ihr Taxiunglück, dann daß sie schon gleich nicht habe kommen wollen, und als sie eine Stunde mit ihm gesprochen hatte, fragte er sie, ob sie es noch immer bedaure und sie sagte nein. (BF 241)

Verweigerte Zeugenschaft und unhinterfragte Unterwerfung unter eine ‚höhere Macht‘ sind demnach Franzas Charaktereigenschaften und verweisen auf die Disposition des autoritären Charakters, der in Kontinuität zur Zeit des Nationalsozialismus steht und der die Schuldverstrickung der Gegenwart ausmacht.[50] Franzas Bekanntschaft mit Jordan und ihre Einwilligung in seine Obhut werden nicht ohne Grund über die Herausstellung ihrer Schwäche und Passivität inszeniert, die auch die weitere Beziehung prägen wird. In dem Modus von (scheinbarer) Fürsorge und Schutzbedürftigkeit, Überlegenheit und Unterwürfigkeit wird die Rolle des Mitläufers im semantischen Feld der Krankheit verhandelt, der Patient bewegt sich also zwischen Opfer und Mittäterschaft. Das Kranksein Franzas stellt sich in dieser Perspektive demnach weniger als das Ergebnis eines an ihr verübten Verbrechens dar, sondern als ein freiwilliges Einnehmen der Rolle der Kranken. Die in der früheren Textfassung von Franza vernichtete Karteikarte, Beweisstück für Jordans Verstrickung in das nationalsozialistische Werte- und Wissenschaftssystem, stellt dabei nicht nur das Forschungsprojekt des renommierten Psychiaters über ehemalige weibliche KZ-Häftlinge stark in Frage, sondern auch Franzas Mitarbeit daran, samt ihrer Einschätzung, aufgrund dieser Beschäftigung krank geworden zu sein (vgl. BF 302). Franzas scheinbare Aufopferung wird als wenig ehrenwert entlarvt, berücksichtigt man andere Aussagen von ihr, in denen offenbar wird, dass ihre Motivationen gerade während der Zeit in Wien häufig egoistischer und naiver Natur sind:

> [U]nd dann meinte sie, etwas Abenteuerliches unternehmen zu müssen, weil sie doch nicht einfach in Wien eine unter zahllosen Medizinerinnen sein konnte, nicht eines Tages in einem Spital Handlangerdienste tun mochte, dann fing sie wieder fieberhaft zu arbeiten an, vielleicht konnte sie doch etwas tun, aber es mußte etwas Wirkliches sein, später Afrika oder Asien, unter den härtesten Bedingungen, mit Opferbringen, mit Heroismus, Opferbringen mußte unbedingt dazugehören, und großartig sollte es sein, voller Anstrengung, aber glorreich für sie selber, mit frühem Tod [...]. (BF 233f)

An dieser Stelle wird die problematische Doppelbödigkeit von Franzas Verhalten sehr deutlich, ihre scheinbare Aufopferung entpuppt sich immer mehr als Ruhmessucht, als Pose und als bewusstes Einnehmen der Opferrolle. Dieser Mechanismus lässt sich auch auf Franzas Verhältnis zu den Verbrechen der Nazi-Vergangenheit übertragen: ihr vordergründiges

---

50 Vgl. zur Bedeutung der Verdrängungsleistung in einer nach Aufbau und Modernisierung strebenden österreichischen Nachkriegsgesellschaft Dirk Göttsche: „Ein ‚Bild der letzten zwanzig Jahre'. Die Nachkriegszeit als Gegenstand einer kritischen Geschichtsschreibung des gesellschaftlichen Alltags in Ingeborg Bachmanns *Todesarten*-Projekt". In: Monika Albrecht / dsb. (Hgg.): *„Über die Zeit schreiben". Literatur- und kulturwissenschaftliche Essays zu Ingeborg Bachmanns* Todesarten-*Projekt*. Bd. 1. Würzburg: Königshausen & Neumann 1998, S. 161-202, hier: S. 165f.

Engagement, ihre Mitarbeit an Jordans Projekt, erweist sich als Ausgangspunkt für das Einnehmen der Opferposition. Diese korreliert dann tatsächlich mit dem Aspekt der Krankheit, insofern Franza sich mit kranken oder für krank erklärten jüdischen Frauen beschäftigt.[51]

Die Protagonistin, die sich konsequent selbst unterwirft, sich jedoch als Unterdrückte stilisiert, nimmt schließlich ihre Erkrankung zum Anlass, die Opferposition schlechthin für sich zu reklamieren, die der ‚ausgemerzten Juden', und dies nicht nur symbolisch, sondern in der völligen Beanspruchung des eigentlich unvergleichbaren Schicksals. Als Franza den ehemaligen SS-Arzt Körner in Kairo aufsucht, ist zunächst einmal nicht festzustellen, ob die eigene Verfassung oder das Ziel, dessen Tätigkeiten aufzudecken, im Vordergrund steht: „Ich bin krank, sagte Franza, und da sie meinte, dieser Satz ließe sie blöde erscheinen, fügte sie rasch hinzu: Aber ich bin nicht deswegen gekommen. Ich weiß, wer Sie sind." (BF 300) Erst anschließend stellt sich ihr eigentliches Anliegen heraus, was darin besteht, sich ebenfalls vernichten zu lassen:

> Ich will nicht von Ihnen untersucht werden. Darum geht es doch nicht. Ich will, daß Sie es wieder machen. Und mehr Geld habe ich nicht. Geben Sie mir eine Spritze.
> Hören Sie, sagte er, stand <auf> und kam auf sie zu. Was wollen Sie mir damit sagen?
> Nichts. Ich habe es doch schon gesagt. Ich will nicht mehr leben, ich kann wirklich nicht mehr.
> Wie konnte sie ihm bloß klarmachen, daß sie ausgemerzt werden wollte? Ja, ausgemerzt, das war es. (BF 313)

Franza verlangt an dieser Stelle nach der endgültigen Opferrolle, nach der Verwirklichung einer Vernichtung, mit der sie für immer von der Täter- auf die Opferseite hinübergehen will. Was Franza empfindet ist allerdings kein empathisches Mitfühlen für diejenigen, die tatsächlich unter der nationalsozialistischen Herrschaft getötet wurden, im Vordergrund steht nicht die Fassungslosigkeit angesichts der Ermordung der Juden, sondern ein primär egozentrisch motiviertes Gefühl der Ungerechtigkeit, dieses Schicksal nicht selbst erleiden zu ‚dürfen': „Franza dachte, ich bitte ihn um etwas, was er früher freiwillig getan hat und ohne darum gebeten wor-

---

[51] Es ist diese Form der Identifizierung mit den Opfern, die eine weitere Parallele zur allgemeinen österreichischen Selbstwahrnehmung als Opfer nahe legt: „As a result, Franza's identification comes to resemble the history of Austria's own identification of its experience of the *Anschluß* (Annexation) in 1938 with that of the victims, if not of the Shoah specifically, then of the *Nazizeit* in general." Michael Eng: „Every name in the history is I': Bachmann's Anti-Archive". In: Gisela Brinker-Gabler / Markus Zisselberger (Hgg.): *If we had the word: Ingeborg Bachmann, views and reviews*. Riverside: Ariadne Press 2004, S. 262-284, hier: S. 275.

den zu sein, und jetzt kommt jemand und darf nicht einmal betteln darum und zahlen dafür. Was ist das für eine Welt?“ (BF 314)

In die Rolle des Opfers versetzt Franza sich auch über ihre Wortwahl, über die Analogisierung ihres diskursiven Verhältnisses zu ihrem Täter-Gegenüber. Als Figur, die mehrmals die Zeugenschaft verweigert, zieht sie eine Parallele zwischen der von ihr gegenüber Körner (und Jordan) geäußerten Verzeihung und der eines Zeugen auf der Opferseite während der Nürnberger Prozesse.

> Ihr fiel plötzlich ein, daß sie das zu ihm gesagt hatte: Verzeihen Sie. Und auf dem letzten Blatt, das sie Jordan hingelegt hatte, stand zuunterst: verzeih mir. Nicht mehr ihr Name.
> In dem Nürnberger Prozeßbericht hatte sie nicht mehr weiterlesen können, als der Zeuge B. an der Reihe war, kastriert, Verbrennungen, nachträglich noch Hodenoperation [...]. Der Zeuge B. war ins Stocken gekommen, das stand aber nicht da in dem Protokoll, nein, vielmehr war er auf der Seite plötzlich wie vom Papier und vom Druck verschluckt. [...] Aber dann war wieder das Schweigen nach dieser protokollierten Zeile. Und dann Zeuge B., nachdem die Erde sich einmal um ihre Achse gedreht hatte, damit diese Seite beschrieben werde: Verzeihen Sie, daß ich weine... Sonst war in den ganzen Protokollen kein ‚Verzeihen Sie‘ vorgekommen, und von den Ärzten lauter Sätze über Erlässe und was als rechtsverbindlich erscheinen mußte, und: das konnte ich gar nicht beurteilen. Und: das weiß ich nicht. Und: darüber war mir nichts bekannt. Und: das kann meines Erachtens nicht so beurteilt werden. Immer war von Erachten die Rede, niemals brach ein Schweigen aus, nie kam etwas ins Stocken. (BF 305f)

Franzas Bemühen, sich auf der ‚richtigen‘ Seite der Anklagebank zu positionieren, ihrerseits gegen die Täter auszusagen – „Ich weiß, wer Sie sind.“ (BF 300) – und somit die Kläger- und Opferposition für sich zu reklamieren, fügt sich in dieser Passage nicht nur in das im Text bereits mehrfach bediente Schema gesunder Mann vs. kranke Frau ein, sondern funktioniert zusätzlich über die Gegenüberstellung verschiedener Diskurstypen. Die Opposition von Täter und Opfer wird hier zu einer Opposition von ganzheitlichem gegenüber fragmentarischem Sprechen.[52] Franzas stockendes Erinnern und Erzählen wird von ihr selbst in die Nähe der bruch-

---

[52] Bachmanns Text verweist auf diese Weise auch auf den Umstand, dass die Täter noch während der Gerichtsprozesse häufig keinerlei Schuldeingeständnis formulierten: „An verschwindend wenigen Stellen wurde von ihnen [den Angeklagten] auch jetzt noch ein Mitgefühl für ihre Opfer bekundet, ihr Kopf war ihnen näher als der Gedanke an Tod und Elend, das sie gebracht hatten. Zuweilen war der Ekel vor so viel akademisch aufgezäumter Eloquenz zur Verharmlosung ihrer Rolle kaum erträglich.“ Alexander Mitscherlich / Fred Mielke (Hgg.): *Medizin ohne Menschlichkeit. Dokumente des Nürnberger Ärzteprozesses.* Frankfurt a.M.: Fischer 1997, S. 14.

stückhaften Zeugenaussage gerückt. Sie versucht, allein durch den traumatischen Charakter ihrer Sprache das Erlebte und Wiedergegebene zu legitimieren: „– sie suchte nach einem Wort“; „sagte sie zusammenhangslos“; „sie vermochte nur selber nicht mehr, ihren bestimmten Grund in einen mitteilbaren Satz zu bringen, der Grund war nicht flüssig zu machen, in keiner Rede.“ (BF 302f) Die den kontextuellen Hintergrund bildenden Nürnberger Prozesse und ihre öffentliche Wirkung prägen den Vergangenheitsdiskurs der Zeit und eine auch auf Ebene der Literatur stattfindende Debatte um Erinnerung und Zeugenschaft des Holocaust.[53] Indem Bachmann die Frage nach ‚rechtmäßiger Zeugenschaft‘ auf die Ebene der Diskursivität überträgt, greift sie zugleich die Frage nach den Möglichkeiten und Grenzen einer ‚Literatur nach Auschwitz‘ auf, die Adorno zur Diskussion gebracht hatte.[54]

Bachmanns Text lässt sich demnach als eine Analyse der Psychologie der Nachkriegsgesellschaft lesen, als eine Studie ihrer Unmündigkeit und Traumatisierung, ihrer Verdrängung und Selbstviktimisierung, wie sie sich auf kollektiver Ebene in den Täterstaaten beobachten lässt, die mit dem Ziel der Rehabilitierung nach 1945 die Auseinandersetzung mit der eigenen Schuld vernachlässigten. Gerade aufgrund seines fragmentarischen Status gelingt es dem Roman, die problematischen Aspekte der von Franza beanspruchten Opferposition deutlich zu machen bzw. eine verabsolutierende und enthistorisierende Aneignung der Opferkategorie in Frage

---

[53] Dirk Göttsche weist darauf hin, dass die von Alexander Mitscherlich herausgegebene Dokumentation zu den Nürnberger Ärzteprozessen (1946-57), *Medizin ohne Menschlichkeit* (1960) von Bachmann als Quelle herangezogen wurde, ebenso wie die erste wissenschaftliche Darstellung überhaupt zu diesen Prozessen, François Bayles *Croix gammée contre caducée. Les expériences humaines en Allemagne pendant la deuxième guerre mondiale* (1950), vgl. Göttsche: „Ein ‚Bild der letzten zwanzig Jahre‘“, S. 187f.

[54] „Keinen zwingenderen Beweis für die gegenwärtige kulturelle Aporie jedoch gibt es, als daß die Kritik an jenem ideologischen Wesen des chemisch reinen ästhetischen Fortschritts selbst sogleich wieder zur Ideologie wird. [...] Das besagt aber wohl schließlich nicht weniger, als daß der Boden von Kunst selber erschüttert, daß ein ungebrochenes Verhältnis zum ästhetischen Bereich nicht mehr möglich ist. Der Begriff einer nach Auschwitz auferstandenen Kultur ist scheinhaft und widersinnig, und dafür hat jedes Gebilde, das überhaupt noch entsteht, den bitteren Preis zu bezahlen. Weil jedoch die Welt den eigenen Untergang überlebt hat, bedarf sie gleichwohl der Kunst als ihrer bewußtlosen Geschichtsschreibung. Die authentischen Künstler der Gegenwart sind die, in deren Werken das äußerste Grauen nachzittert.“ Theodor W. Adorno: „Jene zwanziger Jahre“ [1962]. In: dsb.: *Kulturkritik und Gesellschaft II.* Gesammelte Schriften. Bd. 10.2. Hg. v. Rolf Tiedemann. Frankfurt a.M.: Suhrkamp 1997, S. 499-506, hier: S. 506. Bachmanns Roman macht deutlich, dass die Literatur in der Lage ist, über die Verwendung formaler und inhaltlicher Bruchstückhaftigkeit eine Form von Authentizität zu generieren, einen Diskurs der gebrochenen, fragmentarischen Erinnerung also zu imitieren.

zustellen. Die Modellierung der Figur Franza ist dazu angelegt, die psychische Disposition aufzuzeigen, die das Verbrechen der Nachkriegszeit bedeutet: Verdrängung, mangelnde Auseinandersetzung mit der eigenen Partizipation (die sich als obsessive Aufarbeitung ausgibt), verweigerte Zeugenschaft, kompensatorische Projektionen, Selbststilisierung zum Opfer. Die dominierenden zeitgenössischen Diskurse und Kontexte – Vergangenheitsbewältigung, Neokolonialismus, die gesellschaftliche Rolle der Frau – werden keineswegs einfach nur „nachgesprochen“[55], sondern mit narrativen Mitteln in ihren Funktionsweisen einer Analyse unterzogen. Der ambivalente Status des Kunstwerks, seine Befangenheit in den Verhältnissen einerseits und seine ästhetische Autonomie anderseits[56] ist es, die auf diese Weise die Poetologie des Romanfragments bestimmt. Dabei ist der literarische Text mehr als ein Produkt seiner Zeit mit ‚seismographischer‘[57] Funktion, produziert er doch seinerseits Bedeutungen, hinterfragt und entwirft Geschichtskonzepte. Der Text selbst muss als interpretatorischer gelesen werden, als Metakommentar über das Schreiben über die Zeit.[58]

Bachmanns Roman stellt heraus, wie sowohl die Geschlechterverhältnisse als auch das semantische Feld der Krankheit eine metaphorische

---

55 Albrecht: „Es muß erst geschrieben werden“, S. 63.

56 Michael Eng hebt die Bedeutung der Adornoschen Reflexionen über Kunst für Bachmanns Werke hervor: „Such then is Adorno's characterization of the dual – and dialectical – nature of art works as simultaneously ‚autonomous structures and social phenomena,‘ whose autonomy rises from that very ground against which they seek to resist.“ Eng: „Every name in the history is I“, S. 262. Der Philosoph selbst formuliert das folgendermaßen: „[...] kein authentisches Kunstwerk und keine wahre Philosophie hat ihrem Sinn nach je sich in sich selbst, ihrem Ansichsein erschöpft. Stets standen sie in Relation zu dem realen Lebensprozeß der Gesellschaft, von dem sie sich schieden. Gerade die Absage an den Schuldzusammenhang des blind und verhärtet sich reproduzierenden Lebens, das Beharren auf Unabhängigkeit und Autonomie, auf der Trennung vom geltenden Reich der Zwecke impliziert, als bewusstloses Element zumindest, die Anweisung auf einen Zustand, in dem Freiheit realisiert wäre. Diese bleibt zweideutiges Versprechen der Kultur, solange deren Existenz von der verhexten Realität, letztlich von der Verfügung über fremde Arbeit abhängt.“ Theodor W. Adorno: „Kulturkritik und Gesellschaft“ [1951]. In: dsb.: *Kulturkritik und Gesellschaft I.* Gesammelte Schriften. Bd. 10.1. Hg. v. Rolf Tiedemann. Frankfurt a.M.: Suhrkamp 1997, S. 11-30, hier: S. 16.

57 Stephanie Bird: „Franza and the Righteous Servant“. In: dsb.: *Women Writers and National Identity. Bachmann, Duden, Özdamar.* Cambridge: Cambridge University Press 2003, S. 13-38, hier: S. 16.

58 „The text, having become reflective of its event of ‚textuality‘ [...], becomes historical in the fullest sense, and takes on the task of metacommentary [...], an allegorical writing of (the writing of) history *in time.*“ Eng: „Every name in the history is I“, S. 272.

Matrix bereitstellen, um Täter und Opfer zuzuordnen[59]. Es ist die geschlechtsspezifische Krankheit, die Franzas Opferposition konsolidieren soll, die sie aber eigentlich ‚entlarvt', so dass sich die von ihr formulierten Anklagen letztlich gegen sie selbst richten lassen:

> Ja, er ist böse, auch wenn man heute nicht böse sagen darf, nur krank, aber was ist das für eine Krankheit, unter der die anderen leiden und der Kranke nicht. Er muß verrückt sein. Und es gibt niemand, der vernünftiger wirkt. Ich kann niemand erklären, nirgends hingehen und beweisen, daß er es wirklich ist. Wie furchtbar hat <er> mich gequält, aber nicht spontan, oder nur selten, nein, mit Überlegung, alles war berechnet, Taktik, Taktik, wie kann man so rechnen? (BF 53f)

Der Roman *Der Fall Franza* operiert, so lässt konstatieren, mit einem Verfahren der Kontextualisierung, insofern er die Diskurse seiner Zeit über Vergangenheit, Schuld und Verdrängung, aber auch über Emanzipation und Unterdrückung aufgreift und ihre problematischen Implikationen herausstellt. Gerade indem der Text das individuelle Leiden seiner Protagonistin an die historischen Kontexte anbindet und auf diese Weise Pathologie und Gesellschaft miteinander verknüpft, werden die Figur der kranken Frau und ihre Instrumentalisierbarkeit kritisch in den Blick genommen. Die Wiederholung des Stereotyps der pathologisierten Weiblichkeit dient dazu, die Strukturen von Norm und Abweichung aufzurufen, die dieser semantischen Konstellation zugrunde liegen, dabei jedoch eine unzulässige Reduktion und Übertragung auf andere Kontexte zu unterlaufen. Bachmann wendet sich auf diese Weise gleichermaßen gegen eine Essentialisierung der Opferkategorie, die der semantischen Zusammenführung von Krankheit und Weiblichkeit impliziert ist, wie auch gegen eine Entmündigung oder Entautorisierung von Frauen, die sich im Vorgang der Verschriftung ereignet.

---

59 „Werden Schuldangst und Schuldabwehr der Deutschen auf dem Wege der Überlagerung historischer Konstellationen durch Geschlechterbeziehungen in unterschiedlichen, oft allegorischen Narrativen an das Triebschicksal von Männern und Frauen gefunden, so fungiert die quasi-natürliche Schuld der Geschlechterbeziehung dabei als Deponie für andere Schuldverstrickung, die damit einer sprachlichen Repräsentierung entzogen bleibt." Weigel: *Ingeborg Bachmann*, S. 75.

Spatialisierung

V. Raum als Gedächtnis. Medizinische und (post)koloniale Schreibweisen in Marguerite Duras' „Cycle Indien"

Die Romane der französischen Schriftstellerin Marguerite Duras lassen sich als literarische Übersetzungen universeller Strukturen des Begehrens lesen, wobei das subjektive Erleben und Erleiden der Figuren die intimen Strukturen geschlechtsspezifischer Machtverhältnisse zum Ausdruck bringt. Obgleich Duras' Texte fast immer in einem konkreten historischen Kontext verankert sind, stehen psychische Konstellationen und Dynamiken im Vordergrund: in den von Handlungsarmut und sprachlicher Gleichförmigkeit geprägten Werken faltet sich die Innenwelt der Figuren im Modus von Schmerz und Erinnerung aus. Die Philosophin Julia Kristeva stellt in ihrer Lesart des Duras'schen Œuvres einen Zusammenhang her zwischen der formalen Monotonie der Erzähltexte und dem darin zum Ausdruck gebrachten Schmerz.

> Une séduction malaisée vous entraîne dans les défaillances des personnages ou de la narratrice, dans ce rien, dans l'insignifiable de la maladie sans paroxysme tragique ni beauté, une douleur dont il ne reste que la tension. La maladresse stylistique serait le discours de la douleur émoussée.[1]

Insbesondere in den Romanen und Filmen des „Cycle Indien" werden Krankheit, Schmerz und Erinnerung in den Mittelpunkt gerückt und auf immer wieder neue Art und Weise inszeniert und variiert.[2] Die Figur der kranken Frau bildet dabei jeweils den neuralgischen Punkt, an dem die Narration ihren Ausgangspunkt nimmt. In dem Roman *Le Ravissement de Lol V. Stein* (1964) führt die Trennung von ihrem Geliebten zu einem Zu-

---

1 Julia Kristeva: *Soleil Noir. Dépression et mélancolie*. Paris: Gallimard 1987.

2 Neben den beiden hier besprochenen Texten *Le Ravissement de Lol V. Stein* (1964) und *Le Vice-Consul* (1966) zählen der Roman *L'Amour* (1971) und die Filme *India Song* (1973), *Son nom de Venise dans Calcutta désert* (1974) und *La Femme du Gange* (1976) zu diesem Zyklus. Da in den einzelnen Werken immer wieder dieselben Geschichten erzählt werden, sind es vor allem die narrativen, perspektivischen und medialen Differenzen, die jeweils zu bedeutungstragenden Elementen werden; das Prinzip von „différence et répétition" kommt also hier besonders zum Tragen. Vgl. zum „Cycle Indien" Christiane Blot-Labarrère: *Marguerite Duras*. Paris: Seuil 1992, insbes. S. 139-170; Jean Pierrot: *Marguerite Duras*. Paris: Librairie José Corti 1986, inbes. S. 202-262; Monique Pinthon / Guillaume Kichenin / Jean Cléder: *Marguerite Duras*. Le Ravissement de Lol V. Stein, Le Vice-consul, India Song. Neuilly: Atlande 2005. Zur Bedeutung der Erinnerung vgl. beispielhaft Anne Cousseau: „Une dramaturgie de la mémoire". In: Bruno Blanckeman (Hg.): *Lectures de Duras*. Le Ravissement de Lol V. Stein, Le Vice-Consul, India Song. Rennes: Presses Universitaires de Rennes 2005, S. 31-46.

sammenbruch der Protagonistin und zu einer unabschließbaren Suche nach den Konturen der eigenen Identität. Lol V. Stein, die an einem Zustand innerer Leere leidet, muss ihre Vergangenheit zunächst vergessen, um sie anschließend erneut zu durchleben. Die Frage nach den Ursachen ihrer Krankheit und der Versuch einer Rekonstruktion ihrer Krankengeschichte bilden dabei den Fokus Textes. Auch der Roman *Le Vice-Consul* (1966) verhandelt die Themen Verlust und Krankheit, und auch in diesem Text folgt der Leser dem Irrweg einer Frau, die sich auf der Suche nach ihrer Identität befindet. Während aber im Falle der Figur Lol V. Stein vor allem eine psychische Leere oder Abwesenheit zur Darstellung gebracht wird, zeichnet sich die anonym bleibende Frauenfigur in *Le Vice-Consul* durch einen existentiellen Mangel aus. Als Wahnsinnige, Indigene und Bettlerin verkörpert die zentrale weibliche Figur hier das ‚ganz Andere', die inkommensurable Abweichung zu einem rationalen, (selbst-) zentrierten und autonomen Subjekt der Moderne.

Beiden Texten ist gemeinsam, dass die Erzählung nicht nur der Geschichte einer Krankheit folgt, sondern dass zugleich der Prozess der Rekonstruktion dieser Krankheit durch eine oder verschiedene Erzählerfiguren wiedergegeben wird. Ein großer Teil der *histoire* umkreist nicht nur die großen anthropologischen Themen wie Liebe, Verlust, Krankheit und Schmerz, sondern verfolgt die Entstehung einer (erzählten oder geschriebenen) Geschichte. Diese Konstellation impliziert ein komplexes, häufig verschachteltes Spiel mit Perspektiven, wobei die Narration und die pathologisierte Weiblichkeit gleichsam parallel hervorgebracht werden. Die Figur selbst wird damit als das Ergebnis einer Imaginations- oder Projektionsleistung kenntlich gemacht. Auf diese Weise machen die Texte den Vorgang des Erzählens über Krankheit und über Weiblichkeit zu ihrem eigentlichen Gegenstand.

Das Darstellen der Figur der kranken Frau vollzieht sich in beiden Romanen als ein Aufgreifen und Umschreiben bestimmter vorgängiger Diskursmuster. Duras lehnt sich dabei an geschlechtlich markierte und medizinische Schreibweisen an. In *Le Ravissement de Lol V. Stein* rekurriert die Autorin auf die Gattung der psychologischen Fallgeschichte, um diese Diskursfolie zu konterkarieren: anstelle einer wissenschaftlichen Festschreibung der Frau findet hier eine grundlegende Reflexion über die historischen und ideologischen Bedingungen des Schreibens statt. Die im medizinischen Schreiben vollzogene Inblicknahme des Weiblichen als pathologisches Objekt wird wiederholt, aber zugleich an ihre Grenzen geführt. In *Le Vice-Consul* verdichtet sich die Thematik von Festschreibung und Pathologisierung des Weiblichen unter dem Signum kultureller Differenz: Duras ergänzt ihre diskursiven Bezugsgrößen um das Bildarsenal kolonialer Schreibweisen. Die Objektivierung des Anderen im Vorgang der Narration wird daher in diesem Roman sowohl durchgespielt wie auch problematisiert.

In beiden Texten werden also tradierte Darstellungsmuster aufgegriffen und variiert; dabei lassen sich Strategien der Spatialisierung nachzeichnen, durch welche das zitierte Stereotyp der kranken Frau eine diskursdestabilisierende Funktion erhält. (1.) Im Folgenden wird daher zunächst herausgearbeitet, wie in *Le Ravissement de Lol V. Stein* die Kategorien von Erinnerung und Gedächtnis in Form einer Übertragung auf den Raum zur Darstellung gebracht werden, wobei die psychoanalytische Kategorie der Verschiebung zu einem dynamischen Element innerhalb der triangulär angeordneten Figurenkonstellation wird. (2.) In einem zweiten Schritt wird Duras' Rekurs auf Repräsentationsformen der psychoanalytischen Fallgeschichte skizziert und in seiner Funktionsweise analysiert. Dabei lässt sich zeigen, dass der Roman über die Wiederholung medizinischer Schreibweisen die tradierte Festschreibung des Weiblichen innerhalb diskursiver Machtstrukturen aufgreift und subvertiert. (3.) Diese Konstellation wird schließlich anhand einer Analyse des Romans *Le Vice-Vonsul* noch einmal erweitert, insofern in diesem Text die geschlechtsspezifische Perspektive durch den Einbezug (post)kolonialer Machtstrukturen ergänzt wird. In der Zusammenschau beider Romane ergibt sich ein zweifacher Raumbezug, der zum einen auf die Kategorien von Erinnerung und Vergessen bezogen ist und somit auf innerpsychische Prozesse, zum anderen auf hierarchische Gesellschaftsstrukturen, die im Text in Prozessen der Grenzziehung und Grenzüberschreitung zur Darstellung kommen. Die Spatialisierung fungiert somit als ein Verfahren der Sichtbarmachung, bei dem tradierte Blickverhältnisse und Machtrelationen subvertiert werden.

1. DIE FRAU OHNE EIGENSCHAFTEN. LOL V. STEIN UND DIE KRANKHEIT DES MANGELS

Die Geschichte der Lol V. Stein nimmt ihren Anfangspunkt in einer Ballnacht,[3] in der die Protagonistin zusehen muss, wie ihr Verlobter Michael Richardson sich in eine andere Frau verliebt, Anne-Marie Stretter, mit dieser bis zum Morgengrauen tanzt und schließlich mit ihr den Saal ver-

---

3 Das Motiv des Tanzballs spielt in vielen Texten Marguerite Duras' eine zentrale Rolle. Die darin enthaltene Gegenüberstellung von Intimität und Öffentlichkeit und die kreisende Bewegung des Tanzes lassen sich als Versinnbildlichung eines zirkulierenden Begehrens lesen. Vgl. zu diesem Motiv Annalisa Bertoni: „Un Miroir qui revient': Genèse de la scène du bal dans l'avant-texte de *Le Ravissement de Lol V. Stein* de Marguerite Duras". In: Myriem El Maïzi / Brian Stimpson / Carol J. Murphy (Hgg.): *Marguerite Duras: Ecriture, écritures*. Paris: Minard 2007, S. 91-110; Madeleine Borgomano: *Duras. Une lecture des fantasmes*. Paris: Cistre 1985, S. 150-157; Christophe Meurée: „Anne-Marie Stretter danse. Fonctionnement du bal dans les œuvres de Marguerite Duras". In: Edward Nye (Hg.): *Sur quel pied danser? Danse et littérature*. Amsterdam: Rodopi 2005, S. 277-297.

lässt, ohne jemals zu Lol zurückzukehren. Aufgrund dieser Ausgangssituation muss das titelgebende *ravissement* – so konstatiert Jacques Lacan in seiner Lektüre des Romans – vor allem in seinem zweiten Wortsinn verstanden werden: als Raub (frz. ‚rapt'), insofern Lol ihr Geliebter entrissen wird: „La scène dont le roman n'est tout entier que la remémoration, c'est proprement le ravissement de deux en une danse qui les soude, et sous les yeux de Lol, troisième, avec tout le bal, à y subir le rapt de son fiancé par celle qui n'a eu qu'à soudaine apparaître."[4] Die Erzählung verfolgt minutiös Lol V. Steins unmittelbare Reaktion und ihren späteren Umgang mit diesem Ereignis, die durch eine auffällige Verschiebung gekennzeichnet sind. Solange Lol den Tanzenden zusieht, zeigt sie keinerlei Regung; erst in dem Moment, da das neu formierte Paar den Raum verlässt, bricht sie zusammen: „Anne-Marie Stretter commença à descendre, et puis, lui, Michael Richardson. Lol les suivit des yeux à travers les jardins. Quand elle ne les vit plus, elle tomba par terre, évanouie."[5] In der Folge dieser Ballnacht verfällt Lol in eine wochenlange Agonie, während der sie ihr Elternhaus kaum verlässt und zu sprechen aufhört. Bei ihren einsamen abendlichen Spaziergängen begegnet sie schließlich Jean Bedford, den sie kurze Zeit später heiratet.[6] Die Ehe scheint Lol zunächst aus ihrer Krise zu befreien, jedoch stellen sich die folgenden Jahre mit ihrem Mann und ihren Kindern in U. Bridge als eine Art Erstarrung, als ein Schwebezustand heraus. Erst mit der Rückkehr der Familie nach S. Tahla und dem Beginn langer, zielloser Spaziergänge, die Lol in den Straßen der Stadt unternimmt, wird für die Trauernde eine langsame, tastende Konfrontation mit der schmerzhaften Vergangenheit möglich.

Die Menschen in Lols Umfeld, auf der Suche nach einer Erklärung für ihre Krankheit, deuten die verschobene Reaktion der Verlassenen während des Ballabends als Grund für die Heftigkeit und Nachhaltigkeit ihres Leidens: „Elle payait maintenant, tôt ou tard cela devait arriver,

---

4 Jacques Lacan: „Hommage fait à Marguerite Duras, du Ravissement de Lol V. Stein". In: *Cahiers Renaud / Barrault* 52 (1965), S. 7-15, hier: S. 8. Ein ausführliches *close reading* des Lacanschen Textes leistet Mary Lydon: „The Forgetfulness of Memory: Jacques Lacan, Marguerite Duras and the Text". In: *Contemporary Literature* 29.3 (1988), S. 351-368. Zur gedanklichen und stilistischen Verwandtschaft von Lacan und Duras vgl. ferner Kimberly Philipot van Noort: „The Dance of the Signifier: Jacques Lacan and Marguerite Duras's *Le Ravissement de Lol V. Stein*". In: *Symposium. A Quarterly Journal in Modern Literature* 51.3 (1997), S. 186-201; John O'Brien: „Metaphor between Lacan and Duras: Narrative Knots and the Plot of Seeing". In: *Forum for Modern Language Studies* 29.3 (1993), S. 232-245.

5 Duras: *Le Ravissement de Lol V. Stein*, S. 22. Im Folgenden zitiert als LVS.

6 Deutlich wird im Text Lols Passivität bei dieser Eheschließung zum Ausdruck gebracht. Sie entschließt sich nicht eigentlich zur Heirat, sondern „findet" sich plötzlich „verheiratet": „Un jour d'octobre Lol V. Stein se trouva mariée à Jean Bedford." (LVS 31)

l'étrange omission de douleur durant le bal." (LVS 24)[7] Die „merkwürdige Auslassung" eines unmittelbaren Schmerzes setzt sich auch während ihrer Ehejahre weiter fort, auch wenn diese fälschlicherweise als glückliche Zeit gesehen werden: „Elle paraissait confiante dans le déroulement futur de sa vie, ne vouloir guère changer. En compagnie de son mari on la disait à l'aise, et même heureuse." (LVS 33) Durch den Verweis auf die Scheinhaftigkeit einer glücklichen Ordnung („paraissait") und durch die wiederkehrende Wendung „on dit" / „disait-on", mit der im Text die Meinung der Öffentlichkeit markiert ist, wird diesem Erklärungsansatz bereits der Boden entzogen. Das geregelte und harmonische Familienleben kennzeichnet lediglich die oberflächliche Wiederherstellung einer Ordnung, aber keine tiefgreifende Verarbeitung. Vielmehr bedeuten die Jahre in U. Bridge nur eine weitere zeitliche und psychische Verschiebung[8] der Auseinandersetzung mit der vergangenen Trennung.

In dem Erklärungsversuch von Tatiana Karl, einer Jugendfreundin von Lol V. Stein, die während der Ballnacht Zeugin des Geschehens ist, vollzieht sich zusätzlich eine kausale Verschiebung der Krankheit.[9] Für sie liegen die Ursprünge sehr viel weiter zurück:

> Tatiana Karl, elle, fait remonter plus avant, plus avant même que leur amitié, les origines de cette maladie. Elles étaient là, en Lol V. Stein, couvées, mais retenues d'éclore par la grande affection qui l'avait toujours entourée dans sa famille et puis au collège ensuite. Au collège, dit-elle, et elle n'était pas la seule à le penser, il manquait déjà quelque chose à Lol pour être – elle dit: là. Elle donnait l'impression d'endurer dans un ennui tranquille une personne qu'elle se devait de paraître mais dont elle perdait la mémoire à la moindre occasion. Gloire de douceur mais aussi d'indifférence, découvrait-on très vite, jamais elle n'avait paru souffrir ou être peinée, jamais on ne lui avait vu une larme de jeune fille. (LVS 12)

Das Fehlen eines eindeutigen Ursprungs der Krankheit wird in dieser Beschreibung zu deren Charakteristikum: Lols Leiden scheint nicht in einem vorgängigen Ereignis zu gründen, durch das es erklärbar würde, sondern existiert ohne Grund und ohne Auflösung. Indem ihre Indifferenz und ihr *ennui* hervorgehoben werden, ist sie als eine beständig Abwesende

---

7 Vgl. auch: „La nuit avançant, il paraissait que les chances qu'auraient eues Lol de souffrir s'étaient encore raréfiées, que la souffrance n'avait pas trouvé en elle où se glisser, qu'elle avait oublié la vieille algèbre des peines d'amour." (LVS 19)

8 An dieser Stelle ist die Metapher der Verschiebung also auch im Sinne ihrer psychoanalytischen Bedeutung zu verstehen, d.h. als eine Abwehrfunktion. Vgl. „Verschiebung". In: Laplanche / Pontalis: *Das Vokabular der Psychoanalyse*, S. 605.

9 Schon früh wird deutlich, dass die äußeren Ereignisse und inneren Zustände der Protagonistin nicht von einer einheitlichen und zuverlässigen Erzählinstanz wiedergegeben werden, sondern dass das Geschehen durch die Perspektiven der beteiligten Figuren geprägt ist.

charakterisiert – als eine Figur, die nicht fassbar sein kann, weil sie gar nicht wirklich da (là!) ist.[10] Julia Kristeva hat diese Krankheit, für die es keine kathartische Auflösung gibt, als *maladie de la mort* bezeichnet;[11] Martin von Koppenfels spricht in seiner Lektüre des Textes von einem „Gefühl der Gefühllosigkeit".[12] Ursprung und Symptomatik der Krankheit zeichnen sich durch eine Abwesenheit aus, durch einen Mangel („manque"), oder anders ausgedrückt: Referenz und Form der Krankheit entsprechen sich in ihrer Eigenschaft mangelnder Bestimmbarkeit. Lols Zustand bildet damit sowohl eine Entsprechung wie auch einen deutlichen Kontrast zum klassischen Krankheitsbild der Hysterie. Anders als die Hysterikerin steht nicht die Vielgestaltigkeit der Symptomatik, sondern vielmehr die Abwesenheit einer solchen im Zentrum der Aufmerksamkeit. Vergleichbar mit der Hysterie sind hingegen die Ungreifbarkeit der Krankheit sowie der Umstand, dass ihre Bestimmung in direkter Abhängigkeit von der jeweiligen Betrachtungsposition steht.

Auch ihrem Ehemann Jean Bedford erscheint Lol als eine Abwesende, er beschreibt sie als „dormeuse debout", „effacement continuel" oder „virtualité constante" (LVS 33), wodurch sie gleichsam einer anderen Wirklichkeitsebene, dem Traum bzw. der „Virtualität" zugeordnet wird. Die Leerstelle, in der sich die junge Frau befindet, wird von ihr durch einen rigiden Ordnungswahn ausgefüllt, der zugleich ihre emotionale Erstarrung zum Ausdruck bringt:

> Un ordre rigoureux régnait dans la maison de Lol à U. Bridge. Celui-ci était presque tel qu'elle le désirait, presque, dans l'espace et

---

[10] In ihrer Lektüre der Lacanschen „Hommage" an Marguerite Duras hebt Mary Lydon auch die semantische und lautliche Verbindung zwischen dem weiblichen französischen Artikel „la" und der adverbialen Ortbestimmung „là" hervor; vgl. Lydon: „The Forgetfulness of Memory", S. 359f. Insbesondere vor dem Hintergrund des Lacanschen Ausspruches „LA femme n'existe pas" lässt sich Duras' syntaktische Hervorhebung („elle dit: là") des Wortes „là" als ein Hinweis darauf verstehen, dass Lols Abwesenheit auch auf ihre Weiblichkeit, genauer: auf die Rolle des Weiblichen im Diskurs zurückführbar ist: „Il n'y a pas *La* femme, article défini pour désigner l'universel. Il n'y a pas *La* femme puisque [...] dans son essence, elle n'est pas toute. [...] Il n'y a de femme qu'exclue par la nature des choses qui est la nature des mots". Jacques Lacan: „Dieu et la jouissance de ~~LA~~ femme" [1973]. In: *Livre XX. Encore*. Paris: Seuil 1975, S. 61-71, hier: S. 68.

[11] „Les livres [de Marguerite Duras] [...] nous font côtoyer la folie. Ils ne la montrent pas de loin, ils ne l'observent ni ne l'analysent pour en souffrir à distance dans l'espoir d'une issue, bon gré mal gré, un jour ou l'autre... Tout au contraire, les textes apprivoisent la maladie de la mort, ils font un avec elle, ils y sont de plain-pied, sans distance et sans échappée. [...] Sans guérison ni Dieu, sans valeur ni beauté autre que celle de la maladie elle-même prise au lieu de sa brisure essentielle, jamais, peut-être art ne fut aussi peu cathartique." Kristeva: *Soleil noir*, S. 235.

[12] Martin von Koppenfels: *Immune Erzähler. Flaubert und die Affektpolitik des modernen Romans*. München: Fink 2007, S. 11.

dans le temps. Les heures étaient respectées. Les emplacements de toutes choses, également. On ne pouvait approcher davantage, tous en convenaient autour de Lol, de la perfection. [...] L'agencement des chambres, du salon, était la réplique fidèle de celui des vitrines de magasin, celui du jardin dont Lol s'occupait de celui des autres jardins de U. Bridge. Lol imitait, mais qui? les autres, tous les autres, le plus grand nombre possible d'autres personnes. (LVS 33f)

Die von Lol eingeführte Ordnung erstreckt sich gleichermaßen auf Raum und Zeit und bezweckt die größtmögliche Annäherung an eine Perfektion, die aber lediglich eine Imitation darstellt. Aus diesem Grund ist in Lols Ordnungsbemühungen auch kein individualisierendes Merkmal zu sehen, sondern lediglich der Versuch einer Angleichung an ‚die Anderen', an eine Norm. Auch in der Anlage ihres Gartens folgt sie strengen Ordnungsprinzipien, jedoch auf Kosten der Nutzbarkeit: „Elle désirait des allées régulièrement disposés en éventail autour du porche. Les allées, dont aucune ne débouchait sur l'autre, ne furent pas utilisables. [...] On fit d'autres allées latérales qui coupèrent les premières et qui permirent logiquement la promenade." (LVS 35) Will man Lols regelhafte Errichtung ihrer Umgebung als Ausdruck eines Bemühens lesen, ihre Gedanken und Erinnerungen zu bewältigen, so ist die von ihr begangene Fehlleistung aussagekräftig. Lol kann zwar einzelne Versatzstücke ihrer Vergangenheit im Kopf zurechtlegen und anordnen, wie bei den Gehwegen in ihrem Garten ergeben sich jedoch keine Verbindungslinien und daher kein Funktionswert, sie kann die Gedankenwege nicht abschreiten.

Dass die rigide Organisation ihrer Umgebung ein in den Raum projiziertes Anzeichen für Verdrängung und Vergessen bedeutet, eine Spatialisierung also, das wird deutlich, als Lol beginnt, lange Spaziergänge zu unternehmen. Diese Flanerien[13] ermöglichen mit einem Mal ein Aufbrechen verschütteter Gedanken und die Bewegungen im Raum werden als ein steter Prozess von Erinnern, Vergessen und Wiedererkennen lesbar:

Des pensées, un fourmillement, toutes également frappées de stérilité une fois la promenade terminée – aucune de ces pensées jamais n'a passé la porte de sa maison – viennent à Lol V. Stein pendant qu'elle marche. On dirait que c'est le déplacement machinal de son corps qui les fait se lever toutes ensemble dans un mouvement désordonné, confus, généreux. Lol les reçoit avec plaisir et dans un égal étonnement. De l'air s'engouffre dans sa maison, la dérange, elle en est chassée. Les pensées arrivent. (LVS 45)

---

[13] Susanne Radelhof hat in ihrer Arbeit über Marguerite Duras die literarische Figur des Flaneurs in Lol V. Stein wiedererkannt: Susanne Radelhof: *Konjunktiv Kino. Die Rolle des Ortes bei der Destruktion des Films im Werk von Marguerite Duras.* Diplomarbeit. http://www.cultiv.net/cultranet/1130673115duras_komplett_geordnet.pdf, S. 10 (letzter Zugriff: 04.12.2013).

Lols Gedanken und Erinnerungen entstehen durch die Bewegung ihres Körpers, formieren sich gleichsam automatisch in ihrem Kopf, sobald sie das Haus und die feste Ordnung darin verlässt. Die Unbestimmtheit, Ungerichtetheit der Spaziergänge und die dabei ausgelösten ungeordneten Gedanken werden auf diese Weise zu einem heilsamen Gegengewicht zum starren Alltag und ermöglichen eine in den Plätzen, Straßen und Kreuzungen der Stadt sich materialisierende Erinnerung, die schließlich die verschüttete Erinnerung an die Ballnacht mit einschließt.

> Pensées naissantes et renaissantes, quotidiennes, toujours les mêmes qui viennent dans la bousculade, prennent vie et respirent dans un univers disponible aux confins vides et dont une, une seule, arrive avec le temps, à la fin, à se lire et à se voir un peu mieux que les autres, à presser Lol un peu plus que les autres de la retenir enfin. [...] – Ainsi c'était pour ça qu'elle se promenait, pour mieux penser au bal. [...] Le bal tremblait au loin, ancien, seule épave d'un océan maintenant tranquille, dans la pluie, à S. Tahla. [...] La lumière des après-midi de cet été-là Lol ne la voit pas. Elle, elle pénètre dans la lumière artificielle, prestigieuse du bal de T. Beach. Et dans cette enceinte largement ouverte à son seul regard, elle recommence le passé, elle l'ordonne, sa véritable demeure, elle la range. (LVS 45f)

Die Verarbeitung der traumatischen Vergangenheit ist hier an die Durchquerung der Umgebung geknüpft, die auf diese Weise zum Gedächtnisraum wird. Die Gedanken und Erinnerungen erhalten ein Eigenleben („prennent vie") und drängen sich Lol während ihrer Spaziergänge buchstäblich auf, zwingen sie zu einer Auseinandersetzung. Von der unwillkürlichen Erinnerung gelangt die junge Frau zu einer willentlichen, die sie neu (an)ordnen kann, bis es ihr gelingt, sich in der Vergangenheit wieder ‚aufzuhalten' („le passé, sa véritable demeure"). Dabei wird deutlich, dass die mnemonische Bewegung an die physische Bewegung im Raum gekoppelt ist, oder anders: dass Lols Flanieren ihre beweglich werdenden Gedanken gleichsam abbildet.

Während ihrer Spaziergänge in den Straßen von S. Tahla begegnet Lol einem Mann, dem sie daraufhin mehrmals folgt. Sie beobachtet, wie dieser sich in einem abgelegenen Hotel mit einer jungen Frau trifft, die Lol als ihre Jugendfreundin Tatiana Karl erkennt. Lol positioniert sich im nahen Feld und beobachtet von dort aus die Liebenden: „Une fenêtre s'éclaire au deuxième étage de l'Hôtel de Bois. Oui. Ce sont les mêmes chambres que de son temps. [...] Très vite, elle gagne le champ de seigle, s'y laisse glisser, s'y trouve assise, s'y allonge. Devant elle, il y a la fenêtre éclairée." (LVS 62) Die Bedeutung dessen, was Lol durch die erleuchteten Hotelfenster zu sehen bekommt, wird bald deutlich: Schauplatz der Liebesnächte ist dasselbe Hotel, in dem sie sich vor vielen Jahren mit ihrem Verlobten Michael Richardson getroffen hat – Lol stößt hier also offenbar auf die phantasmatische Wiederholung ihres eigenen, unerfüllten Begehrens.

Von diesem Moment an überlagern sich im Roman rückwärtsgewandte Erinnerungen und gegenwärtiges Erleben. Lol nimmt unter einem Vorwand den Kontakt zu Tatiana Karl wieder auf und lernt in ihrem Haus auch deren Liebhaber Jacques Hold kennen, den Mann, dem sie auf der Straße gefolgt war. Sie beginnt ihrerseits eine Affaire mit Jacques Hold, nimmt also gleichsam Tatianas Stelle ein. Gleichzeitig bleibt sie in engem Kontakt mit der damaligen Freundin und führt mit ihr lange Gespräche über die Vergangenheit; zudem bringt sie Jacques Hold dazu, seine Treffen mit Tatiana fortzusetzen. Auf diese Weise konstruiert sie eine trianguläre Konstellation, in der sie zugleich die Liebhaberin wie auch die Zuschauerin eines Liebespaares verkörpert. Sie reklamiert auf diese Weise nicht nur ihre Rolle als Liebende, die sie mit der Trennung verloren hatte, sondern sie besetzt auch die Position, die ihr im Hinblick auf das Paar Michael Richardson und Anne-Marie Stretter entzogen worden war: die der Beobachterin. Der Blick erweist sich auf diese Weise als konstitutiv für die Refiguration der Vergangenheit.

Im letzten Teil des Romans tritt Lol eine Reise nach T. Beach an, um das alte Casino, den Schauplatz der einstigen Trennung, aufzusuchen; Jacques Hold begleitet sie bei dieser Konfrontation mit der Vergangenheit. Nach ihrer gemeinsamen Rückkehr nehmen die Ereignisse ihren gewohnten Gang, und Lol bezieht wieder ihre Position in dem Kornfeld gegenüber dem Hôtel du Bois. Mit dieser Zirkularität verweigert der Text eine kohärente, kausallogische Entwicklung der Figurenpsychologie oder auch der Handlung.[14] Die Rückkehr an den Ort des traumatischen Urverlustes führt offenbar nicht zu einem Ende, vielmehr verweist der Text bis zuletzt auf die grundsätzliche Prozessualität und Unabgeschlossenheit der psychischen (Re)Konstruktion.

Der von Lol beschrittene Weg folgt strukturell der klassischen psychoanalytischen Herangehensweise an eine traumatische Situation durch deren bewusstes erneutes Durchleben. Lol muss das Ereignis, das sie nicht erleben durfte und das sie nicht erinnern kann, wiederholen.[15] Ihre imagi-

---

14 In diesem Punkt lässt sich Duras' Schreiben an die Poetologie des Nouveau Roman anschließen, wie sie von Robbe-Grillet in seinen Essays *Pour un nouveau roman* formuliert worden ist: „En fait, les créateurs de personnages, au sens traditionnel, ne réussissent plus à nous proposer que des fantoches auxquels euxmêmes ont cessé de croire. Le roman de personnages appartient bel et bien au passé, il caractérise une époque: celle qui marqua l'apogée de l'individu." Alain Robbe-Grillet: *Pour un nouveau roman*. Paris: Minuit 1963, S. 28. Zu weiteren Parallelen (und Differenzen) zwischen der Durasschen Poetologie und den Schreibweisen des Nouveau Roman vgl. Doris Kolesch / Gertrud Lehnert: *Marguerite Duras*. München: edition text + kritik 1996.

15 „Die Psychoanalyse war [zu Anfang] vor allem eine Deutungskunst. [...] Dann aber wurde immer deutlicher, daß das gesteckte Ziel, die Bewußtwerdung des

nierte Reinszenierung der Vereinigung des Liebespaares in der Ballnacht, bei der sie in veränderter Konstellation sich selbst in die Position der bewussten Beobachterin versetzt, transportiert den an ihr praktizierten und bislang nur latent wahrgenommenen Ausschluss an die Oberfläche und macht daher etwas sichtbar, was vorher nur erahnbar war:

> Le corps long et maigre de l'autre femme serait apparu peu à peu. Et dans une progression rigoureusement parallèle et inverse, Lol aurait été remplacée par elle auprès de l'homme de T. Beach. Remplacée par cette femme, au souffle près. Lol retient ce souffle: à mesure que le corps de la femme apparaît à cet homme, le sien s'efface, s'efface, volupté, du monde. [...] L'homme de T. Beach n'a plus qu'une tâche à accomplir, toujours la même dans l'univers de Lol: Michael Richardson, chaque après-midi, commence à dévêtir une autre femme que Lol et lorsque d'autres seins apparaissent, blancs, sous le fourreau noir, il en reste là; (LVS 49f)

Vor dem Hintergrund eines verschachtelten Prozesses der Verschiebung – Lol wird hier durch eine andere Frau ersetzt, die ihrerseits, gemeinsam mit ihrem Liebhaber, als Substitut fungiert für das ‚ursprüngliche' Liebespaar – wird in der zitierten Passage ein Ineinandergreifen des Imaginären und des Realen angezeigt. Lols Verarbeitung ihrer Vergangenheit beschränkt sich nicht auf Gedanken und Erinnerungen, sondern wird auf körperlicher Ebene vollzogen, indem sie in die Konstellation eingreift und ihrerseits zur Liebhaberin Jacques Holds, zum Objekt der Begierde wird (vgl. LVS 187f). Die Figur Jacques Hold ist daher an dem *re-enactment* der für Lol traumatischen Situation auf mehrfache Weise beteiligt. Er nimmt die Rolle ihres Liebhabers ein, er begibt sich aber auch in einen beständigen Dialog mit Lol und versucht über tastende Fragen ihr dabei zu helfen, die Vergangenheit aufzuarbeiten. Das Verhältnis von Annäherung und Abwehr, das die beiden sowohl dialogisch als auch sexuell durchlaufen, wird ebenfalls in den Außenraum projiziert und spiegelt sich in zahlreichen Spaziergängen, bei denen niemals eindeutig auszumachen ist, wer wem folgt und wer wen beobachtet (vgl. LVS 52ff).

Unbewußten, auch auf diesem Wege nicht voll erreichbar ist. Der Kranke kann von dem in ihm Verdrängten nicht alles erinnern, vielleicht gerade das Wesentliche nicht, und erwirbt so keine Überzeugung von der Richtigkeit der ihm mitgeteilten Konstruktion. Er ist vielmehr genötigt, das Verdrängte als gegenwärtiges Erlebnis zu *wiederholen*, anstatt es, wie der Arzt es lieber sähe, als ein Stück der Vergangenheit zu *erinnern*. Diese mit unerwünschter Treue auftretende Reproduktion hat immer ein Stück des infantilen Sexuallebens, also des Ödipuskomplexes und seiner Ausläufer, zum Inhalt und spielt sich regelmäßig auf dem Gebiete der Übertragung, das heißt der Beziehung zum Arzt ab. [...] Der Widerstand in der Kur geht von denselben höheren Schichten und Systemen des Seelenlebens aus, die seinerzeit die Verdrängung durchgeführt haben." Sigmund Freud: „Jenseits des Lustprinzips" [1920]. In: dsb. *Metapsychologische Schriften*. Frankfurt a.M.: Fischer 2007, S. 203f.

Die Kennzeichnung der von der Protagonistin erlittenen Krankheit als eine Krankheit des Mangels und der vom Text hergestellte semantische Zusammenhang zwischen Lols Innenwelt und der Außenwelt, die sie durchschreitet, legen es nahe, den Roman im Licht der Lacanschen Subjekttheorien zu lesen. In dieser Perspektive erscheinen die erzählten Ereignisse um die Figur Lol V. Stein und insbesondere die trianguläre Figurenkonstellation als poetische Ausgestaltung der komplizierten Geschichte einer Ich-Konstitution im Spannungsfeld von Mangel und Begehren.[16] Lacans Auffassung vom Subjekt erschließt sich am deutlichsten ausgehend von seinem berühmten Essay „Le stade du miroir comme formateur de la fonction du Je“ (1949). In seinen Ausführungen zum ‚Spiegelstadium‘ beschreibt Lacan, wie das „Menschenjunge“ (dt. Übers.) mit etwa sechs Monaten beginnt, sein eigenes Spiegelbild zu erkennen. Gegenüber der bis zu diesem Zeitpunkt bloß fragmentarischen Wahrnehmung des eigenen Körpers entsteht beim Anblick des eigenen Spiegelbildes nun ein Bild oder Imago, das als vollkommene Ganzheitlichkeit begriffen und als Ersatz für die imaginierte Einheit mit der Mutter aufgefasst wird:

> C'est que la forme totale du corps par quoi le sujet devance dans un mirage la maturation de sa puissance, ne lui est donnée que comme *Gestalt*, c'est-à-dire dans une extériorité où certes cette forme est plus constituante que constituée mais où surtout elle lui apparaît dans un relief de stature qui la fige et sous une symétrie qui l'inverse, en opposition à la turbulence de mouvements dont il s'éprouve l'animer.[17]

Konnte zuvor die Mutter die Bedürfnisse des Kindes befriedigen und so ein Gefühl der Totalität herstellen, so begründet das Erkennen des eigenen Spiegelbildes eine Auflösung dieser Bindung. Aufgrund der in der Folge entstehenden Lücke wird das im Spiegel erblickte Bild zum Substitut einer vermeintlich vergangenen Ganzheitlichkeit und zum zukünftig angestrebten Ich-Ideal. In dem Entwurf eines imaginären *moi* wird der bisherige Zustand der ‚Zerstückelung‘, der Ich-Mangel, überwunden, zu-

---

16 Es ist bezeichnend, dass diese Triangularität in den anderen Werken des „Cycle Indien“ immer wieder leitmotivisch aufgegriffen wird, so etwa in *L'Amour*, wo die zufällige Begegnung zweier Männer und einer Frau am Strand ein bewegliches Dreieck bildet: „Toujours bat le pas de l'homme qui marche, il ne s'est pas arrêté, il n'a pas ralenti, / mais elle, elle a relevé légèrement son bras dans un geste d'enfant, elle s'en est recouvert les yeux, elle est restée ainsi quelques secondes, / et lui, le prisonnier, ce geste, il l'a vu: il a tourné la tête dans la direction de la femme.“ Marguerite Duras: *L'Amour*. Paris: Gallimard 1971, S. 14. Für die Filme ist relevant, dass das figurative Dreieck tatsächlich in den Raum projiziert wird, so etwa in *La Femme du Gange*.

17 Jacques Lacan: „Le stade du miroir comme formateur de la fonction du Je telle qu'elle nous est révélée dans l'expérience psychanalytique“ [1949]. In: dsb.: *Écrits 1*. Paris: Seuil 1966, S. 89-97, hier: S. 91.

gleich erleidet das Ich dabei jedoch eine Erstarrung („fige") und eine Umkehrung („inverse"). Offensichtlich wird die Restauration einer ursprünglichen Totalität nur über ein Supplement von außen möglich, über eine „Gestalt". Das Spiegelbild ist ebenso wie die Mutter ein Anderes, ein Umweg, über den das Ich eine imaginäre Ganzheit erreichen kann. In diesem Vorgang, so beschreibt es auch die feministische Psychoanalytikerin Elisabeth Grosz, entsteht in der Theorie Lacans das Begehren nach dem Anderen, denn fortan bedarf das Ich des Anderen, um sich selbst zu konstituieren.[18] Das Spiegelstadium bedeutet demnach den Ursprung der libidinösen Energien des Subjekts, die über den Umweg des Anderen auf das eigene Ich gerichtet sind. Der dabei entstehende Mangel gilt umso stärker für das weibliche Geschlecht, als die Frau für Lacan aus der symbolischen Ordnung ausgeschlossen ist, was bedeutet, dass sie in der Sprache allenfalls als Objekt repräsentiert ist.[19]

In Duras' Roman lässt sich diese bei Lacan skizzierte Konstellation wiederfinden. Durch die abrupte Trennung von ihrem Verlobten Michael Richardson erleidet Lol einen Urverlust und befindet sich für lange Zeit in einem Zustand der ‚diffusen Fragmentierung'. Das während ihrer Spaziergänge sichtbar werdende „mouvement désordonné, confus" (LVS 45) erinnert an den von Lacan beschriebenen „corps morcelé", und bringt einen existentiellen Mangel zum Ausdruck, der auch auf formaler Ebene sichtbar wird, etwa in der verkürzten Wiedergabe des Namens Lol[a] V[alerie] Stein, der wiederum in der Verkürzung der Städtenamen (S. Tahla, T. Beach, U. Bridge) seine Entsprechung findet.[20] Um diesen Mangel auszufüllen, richtet Lol ihr Begehren auf Jacques Hold und Tatiana Karl, kreiert also eine analoge Situation zu der traumatischen Ballnacht, mit dem entscheidenden Unterschied, dass sie in diesem Fall den Liebenden zusehen kann, dass ihr der subjektkonstitutive Anblick also nicht entrissen wird.

---

18 „The child identifies with an image of itself that is always also the image of another." Elizabeth Grosz: *Jacques Lacan. A Feminist Introduction*. New York: Routledge 1990, S. 40.

19 Dieser bei Lacan angelegte Gedanke wurde von Denkerinnen des Poststrukturalismus aufgegriffen und strategisch gewendet, so etwa bei Julia Kristeva, die dem Symbolischen das Semiotische an die Seite stellt, oder bei Luce Irigaray, die dem Phallogozentrismus die Polymorphie der weiblichen Sexualität entgegensetzt.

20 Der Umstand, dass aus Lola Valérie Stein im Text Lol V. Stein wird, ist in der Forschungsliteratur bereits mehrfach erwähnt und gedeutet worden. Für Koppenfels ist dabei nicht nur das Fehlen an sich, sondern auch das, was fehlt, von Bedeutung: der a-Mangel, der bei Lol zu beobachten ist und zu dem Lols Freundin Tatiana Karl das Gegenstück einer gewissen a-Überfülle bildet, verweist, mit Lacan, auf den mangelnden Objektbezug der Protagonistin; vgl. Koppenfels: *Immune Erzähler*, S. 317.

> Les yeux rivés à la fenêtre éclairée, une femme entend le vide: se nourrir, dévorer ce spectacle inexistant, invisible, la lumière d'une chambre où d'autres sont.
> De loin, avec des doigts de fée, le souvenir d'une certaine mémoire passe. [...] Et peut-être Lol a-t-elle peur, mais si peu, de l'éventualité d'une séparation encore plus grande d'avec les autres. (LVS 63)

In dieser Konstellation, in der Lol die Liebenden betrachtet und eine imaginäre Identifikation mit Tatiana Karl konstruiert, vollzieht sich sowohl ein Vorgang des Selbstverlustes wie auch der Selbstfindung, der analog zu Lacans Ausführungen zum Spiegelstadium konstruiert ist.[21] Entscheidender Konstituens des Identifikationsprozesses ist dabei, wie die Metaphorik des Spiegels nahelegt, der Blick auf den Anderen zur Vervollständigung oder Supplementierung des Selbst. Nicht die Hinwendung des Verlobten zu einer anderen Person hat Lols Zusammenbruch ausgelöst, sondern der Entzugs des Blicks auf dieses Paar.

> – Autour de moi, recommence Lol, on s'est trompé sur les raisons.
> – J'ai menti.
> Je demande:
> – Quand?
> – Tout le temps.
> – Quand tu criais?
> Lol n'essaie pas de reculer, elle s'abandonne à Tatiana. Nous ne bougeons pas, ne faisons aucun geste, elles nous ont oublié.
> – Non. Pas là.
> – Tu voulais qu'ils restent?
> – C'est-à-dire? dit Lol.
> – Que vouliez-vous?
> Lol se tait. Personne n'insiste. Puis elle me répond.
> – Les voir. (LVS 103)

Insofern der Blick die subjektkonstitutive Identifikation mit dem Anderen bedingt – den Anderen darin zu einem externalisierten Objekt des eigenen Ich macht – wird deutlich, dass Lol die ihr entzogene Konstellation neu aufstellen muss, um die entstandene Lücke zu füllen und den ‚Mangel' zu beheben. Lacan selbst argumentiert in seinen Überlegungen zum Roman, dass Lol sich über den Blick überhaupt erst konstituiere: „Surtout ne vous trompez pas sur la place ici du regard. Ce n'est pas Lol qui regarde, ne serait-ce que de ce qu'elle ne voit rien. Elle n'est pas le voyeur. Ce

---

21 „The mirror stage is the phase of libidinal investment in the image of one's own body [...]. The child identifies with an image that is manifestly different from itself, though it also clearly resembles it in some respects. It takes as its own an image which is other, an image which remains out of the ego's control. The subject, in other words, recognizes itself at the moment it looses itself in / as the other. This other is the foundation and support of its identity, as well as what destabilizes or annihilates it." Grosz: *Jacques Lacan*, S. 41.

qui se passe la réalise."[22] Die Wiederholung der triangulären Figurenaufstellung verweist auf die Prozessualität der von der Protagonistin durchlaufenen Identitätskonstitution.

Der von Duras skizzierten Figurenkonstellation liegt folglich ein dynamisches, unabgeschlossenes Subjektkonzept zugrunde, wie es auch von Jacques Lacan entworfen wird. Das Ich ist weder vorgängig gegeben noch in sich stabil, sondern es ist beständig libidinösen Affekten ausgesetzt und bedarf der Anwesenheit des Anderen, um sich zu konstituieren. Diesen ‚Umweg' bringt der Text durch die engen Entsprechungen von inneren und äußeren Bewegungen zur Darstellung; die trianguläre Konstellation wird, ebenso wie die Suchbewegung, in den Raum projiziert und auf diese Weise konkretisiert, in Form einer Spatialisierung sichtbar gemacht. Lols Krankheit des Mangels und ihr Verhalten nach der traumatischen Ballnacht erklären sich also erst in dem Moment, da man die disparaten Handlungselemente in einen psychischen Innenraum zurückprojiziert und als Bestandteile einer weiblichen Identitätskonstitution erkennt.

2. Narration und Geschlecht. Der Rekurs auf die ärztliche Fallgeschichte

Die Bedeutung der Figurenkonstellation für die Subjektkonstitution der Protagonistin, die im Zuge einer psychoanalytischen Lektüre des Romans erkennbar wird, verkompliziert sich um ein Weiteres, sobald man die narrative Konstruktion des Textes näher in Augenschein nimmt. Die Figur Lol V. Stein erscheint, gerade aufgrund ihrer Krankheit und ihrer expliziten Ungreifbarkeit, als ein Rätsel, das beständig vom Text umkreist wird.

> Lol V. Stein est née ici, à S. Tahla, et elle y a vécu une grande partie de sa jeunesse. Son père était professeur à l'Université. Elle a un frère plus âgé qu'elle de neuf ans – je ne l'ai jamais vu – on dit qu'il vit à Paris. Ses parents son morts.
> Je n'ai rien entendu dire sur l'enfance de Lol V. Stein qui m'ait frappé, même par Tatiana Karl, sa meilleure amie durant leurs années de collège. [...] Tatiana ne croit pas au rôle prépondérant de ce fameux bal de T. Beach dans la maladie de Lol V. Stein. (LVS 11f)

Sowohl in diesem Incipit als auch auf den folgenden Seiten des Romans wird ein Portrait der jungen Protagonistin skizziert, wobei zunächst die Vergangenheit wiedergegeben und dann der Fokus sehr bald auf Lols Krankheit – als „maladie" oder „crise" benannt – gelegt wird. Der Form nach evoziert der Text damit die Anamnese eines Arztes, der zu Beginn seiner Behandlung und zur Ergründung der Krankheit den bisherigen Zu-

22 Lacan: „Hommage fait à Marguerite Duras", S. 12.

stand und Verlauf seiner Patientin verzeichnet.[23] Dieser Befund zeichnet sich durch eine zweifache Besonderheit aus: zum einen sind die zusammengestellten Aussagen, die über die Krankheit Aufschluss geben sollen, keine wirklichen Informationen, sondern auffällig nichtssagend. Sie legen vielmehr Zeugnis von dem ab, was nicht gewusst werden kann, als von einem tatsächlichen Wissen. Zugespitzt formuliert der Erzähler die Einsicht, dass das Eingeständnis des eigenen Nichtwissens der Wahrheit über Lol letztlich am nächsten kommt: „En ce moment, moi seul de tous ces faussaires, je sais: je ne sais rien. Ce fut là ma première découverte à son propos: ne rien savoir de Lol était la connaître déjà. On pouvait, me parut-il, en savoir moins encore, de moins en moins sur Lol V. Stein." (LVS 81)

Zum zweiten deutet sich bereits an dieser Stelle eine Erzählerfigur an, die sich durch eine personale Fokalisierung auszeichnet („je"). Erst nach etwa einem Drittel des Textes wird die Identität des Erzählers vollständig enthüllt und sehr unvermittelt mit der Figur Jacques Hold in Kongruenz gebracht:

> [L]'homme que Lol cherche se trouve tout à coup dans le plein feu de son regard. Lol, la tête sur l'épaule de Tatiana, le voit: il a légèrement chancelé, il a détourné les yeux. Elle ne s'est pas trompée. [...] Enlacées elles montent les marches du perron. Tatiana présente à Lol Pierre Beugner, son mari, et Jacques Hold, un de leurs amis, la distance est couverte, moi.
> Trente-six ans, je fais partie du corps médical. Il n'y a qu'un an que je suis arrivé à S. Tahla. Je suis dans le service de Pierre Beugner à l'Hôpital départemental. Je suis l'amant de Tatiana Karl. (LVS 74f)

Die Figur Jacques Hold, die zuvor in der dritten Person in den Roman eingeführt wurde, fällt an dieser Stelle unvermittelt mit dem Ich-Erzähler zusammen. Es wird also explizit gemacht, dass es sich, der Terminologie Gérard Genettes gemäß, um eine homodiegetische Erzählerfigur handelt, ist diese doch „présent comme personnage dans l'histoire qu'il raconte".[24] Durch diesen plötzlichen Umschlag verändert sich die narrative Konstellation entscheidend. Die Rekonstruktion der Geschichte Lol V. Steins, die Suche nach einer Erklärung für ihre Krankheit, obliegt nicht einer unbeteiligten und übergeordneten Erzählinstanz, sondern einer ins Geschehen involvierten Figur, die für das Zusammentragen der Informationen eine gewisse Anstrengung zu unternehmen hat und die zudem als Arzt gekennzeichnet ist („je fais partie du corps médical"). Es entsteht auf diese Weise die komplizierte Simultaneität einer Geschichte der *Krankheit* auf

---

[23] Eine ähnliche Lektüre verfolgt Kimberly Philipot van Noort in ihrer Lesart des Textes, ohne die medizinische Konstellation systematisch weiterzuverfolgen: „The opening pages of the novel are consecrated to the exposition of details about Lol's past in a form that resembles a psychological profile or introduction to a casestudy." Philipot van Noort: „The Dance of the Signifier", S. 187.

[24] Gérard Genette: *Figures III*. Paris: Seuil 1972, S. 252.

der einen und einer Geschichte der Krankheits*rekonstruktion* auf der anderen Seite, wodurch die narrative Konstellation als Fallbericht sich weiter konkretisiert.[25]

Das Verhältnis zwischen Jacques Hold und Lol V. Stein steht damit in einer spezifischen kulturellen Tradition – der Beziehung des männlichen Arztes und der weiblichen Patientin – und ruft damit die Diskurstradition der psychologischen Fallgeschichte auf. Diese Parallele wird nicht nur daran deutlich, dass Jacques Lol auf ihrem schwierigen Weg in die Vergangenheit begleitet – er begleitet sie, wie bereits erwähnt, buchstäblich auch räumlich zurück nach T. Beach an den Ausgangspunkt der traumatischen Erfahrung –, sondern auch daran, dass er ihr fortwährend in psychoanalytischer Manier Fragen stellt (vgl. LVS 103ff) und ihren ungefilterten Ausführungen über die eigene Lebensgeschichte Aufmerksamkeit schenkt: „Elle parle, se parle. J'écoute attentivement un monologue un peu incohérent, sans importance quant à moi. J'écoute sa mémoire se mettre en marche, s'appréhender des formes creuses qu'elle juxtapose les unes aux autres comme dans un jeu aux règles perdues." (LVS 173) Duras rekurriert also in der Konstruktion ihres Romans implizit auf die Poetologie des ärztlichen Fallberichts und erreicht auf diese Weise eine strukturelle Verdopplung: nicht nur die Geschichte einer weiblichen Krankheit, sondern auch die ihrer Erforschung und narrativen Wiedergabe durch eine männliche Figur wird abgebildet, die Korrelation beider Ebenen wird zum impliziten, aber dominanten Thema des Textes.

In der dargestellten Konstellation kommt Jacques Hold die Funktion zu, die Geschichte der Krankheit Lols zu ermitteln, er sucht, fragt, forscht nach den Ursachen. Dabei legt er selbst beständig offen, dass er alle Informationen über Lol mühsam zusammenstückelt und dabei Lücken und Brüche zu kitten hat:

> Aplanir le terrain, le défoncer, ouvrir les tombeaux où Lol fait la morte, me paraît plus juste, du moment qu'il faut inventer les chaînons qui me manquent dans l'histoire de Lol V. Stein, que de fabriquer des montagnes, d'édifier des obstacles, des accidents. Et je crois, connaissant cette femme, qu'elle aurait préféré que je remédie dans ce sens à la pénurie des faits de sa vie. D'ailleurs c'est toujours à partir d'hypothèses non gratuites et qui ont déjà, à mon avis, reçu un début de confirmation, que je le fais. (LVS 37)

---

25 „Die Erzählung von Lol hat damit zwei Durchgänge: erstens die rekonstruierte Geschichte (die Geschichte des Balls, auf dem sie von ihrem Verlobten verlassen wird, und die vermutlich dadurch hervorgerufene seelische Veränderung: Betäubung, Ich-Verlust, hypnoider Zustand, Verzückung oder Wahn), zweitens die Erzählung der Recherche, die Jacques Hold und andere für diese Geschichte unternehmen. [...] Wie in einer psychoanalytischen Fallgeschichte scheint es also zwei narrative Pole zu geben: einerseits die Geschichte eines Leidens, andererseits die Geschichte der Rekonstruktion dieses Leidens." Koppenfels: *Immune Erzähler*, S. 314.

Jacques Hold verwendet in der Darstellung seiner Herangehensweise an die „histoire Lol V. Stein" eine konkrete Bildlichkeit, in der, ähnlich wie dies etwa auch in Bachmanns *Das Buch Franza* deutlich geworden ist, die zu beschreibende Figur als ein „Terrain" erscheint, das unter geologischen oder archäologischen Gesichtspunkten betrachtet und „geöffnet" werden kann. Die (Re)Konstruktion einer Lebensgeschichte ist diesem Sinne mit der Durchquerung eines unwegsamen Geländes vergleichbar. Jacques Hold beschreibt einen Vorgang, bei dem die Oberfläche eingeebnet („aplanir") oder aufgebrochen („ouvrir") wird, um Klarheit zu schaffen. Der derart umschriebene Prozess erinnert frappierend an die von Sigmund Freud gewählte Metaphorik zur Beschreibung der Aufgabe des Analytikers, der gleich einem Forscher in unbekanntes Gebiet reist und dort eine archäologische Arbeit zu verrichten hat:

> Nehmen Sie an, ein reisender Forscher käme in eine wenig bekannte Gegend, in welcher ein Trümmerfeld mit Mauerresten, Bruchstücken von Säulen, von Tafeln mit verwischten, unlesbaren Schriftzeichen sein Interesse erweckte. Er kann sich damit begnügen zu beschauen, was frei zutage liegt, dann die in der Nähe hausenden, etwa halbbarbarischen Einwohner ausfragen, was ihnen die Tradition über die Geschichte und Bedeutung jener monumentalen Reste kundgegeben hat, ihre Auskünfte aufzeichnen und – weiterreisen. Er kann aber auch anders vorgehen; er kann Hacke, Schaufeln und Spaten mitgebracht haben, die Anwohner für die Arbeit mit diesen Werkzeugen bestimmen, den Schutt wegschaffen und von den sichtbaren Resten das Vergrabene aufdecken. Lohnt der Erfolg seiner Arbeit, so erläutern die Funde sich selbst; [...] die zahlreich gefundenen, im glücklichen Falle bilinguen Inschriften enthüllen ein Alphabet und eine Sprache, und deren Entzifferung und Übersetzung ergibt ungeahnte Aufschlüsse über die Ereignisse der Vorzeit, zu deren Gedächtnis jene Monumente erbaut worden sind.[26]

Unter Rückgriff auf eine Metaphorik, in welcher das menschliche Bewusstsein als aus verschiedenen sich überlagernden Schichten bestehendes geologisches Gebilde erscheint, reflektiert Freud den Umstand, dass der Arzt notwendig einen Vorgang der Rekonstruktion, der Dekryptage und der Interpretation zu leisten hat, um zu den wirklichen Ursprüngen der Krankheit vorzudringen und um aus den Krankheitsbeschreibungen des Patienten eine geschlossene Krankheitsgeschichte – einen Fallbericht – zu modellieren. Analog zu den Ausführungen Freuds findet Jacques Hold in den durch Lol übermittelten Informationen zunächst keine Orientierung, sondern droht, sich inmitten dieser „wenig bekannten Gegend", in diesem „Trümmerfeld" zu verirren. Ebenso mühevoll wie Lol versucht, ihre Vergangenheit wiederzufinden, so ist die Darstellung ihrer Vergangenheit

---

[26] Freud: „Zur Ätiologie der Hysterie", S. 54.

durch Jacques Hold ein komplizierter Vorgang der (archäologischen) Rekonstruktion.

In Freuds bildhaften Ausführungen zur psychoanalytischen Methode, die in seinen Veröffentlichungen zur Hysterie einen zentralen Platz besetzen, werden repräsentationslogische Aspekte zur Sprache gebracht, die auch für den vorliegenden Erzähltext der Autorin Duras entscheidend sind. Zum einen betont Freud, dass die beschriebene Bruchstückhaftigkeit der Krankenerzählung von „große[r] theoretische[r] Bedeutsamkeit" sei und das „notwendige, *theoretisch geforderte Korrelat*" zur Krankheitssymptomatik bilde – mit anderen Worten: der Gegenstand der Krankheitserzählung findet seine Entsprechung in ihrer Form. Zum zweiten gibt Freud an, das Intervenieren des Arztes kenntlich zu machen, seinen Anteil an der Erzählung und damit die eigene Ergänzungsleistung offenzulegen: „Ich habe das Unvollständige nach den besten von mir anderen Analysen her bekannten Mustern ergänzt, aber ebenso wenig wie ein gewissenhafter Archäologe in jedem Falle anzugeben versäumt, wo meine Konstruktion an das Authentische ansetzt."[27] Auch die Hervorhebung des Konstruktionscharakters ist also, zumindest seit Freud, Bestandteil einer Rhetorik der Fallgeschichte.

Ausgehend von der Vielzahl und Vielgestaltigkeit medizinischer Fallberichte, die im 19. Jahrhundert eine maßgebliche Verbreitung und Ausdifferenzierung erleben, ist es kaum möglich, eine einheitliche Poetologie anzunehmen; diese bildet noch immer ein Forschungsdesiderat, das gerade in den letzten Jahren verstärkt Aufmerksamkeit erfahren hat.[28] Dennoch existieren für Fallgeschichten – seien diese als sogenannte *observations* in medizinischen Zeitschriften für ein praktizierendes Fachpublikum geschrieben, seien es die innerhalb medizinwissenschaftlicher Traktate zum Zwecke der Theoriebildung aufgezeichneten Fallgeschichten

---

27 Freud: „Bruchstück einer Hysterie-Analyse", S. 92. Lacan wird in dieser Hinsicht noch einen entscheidenden Schritt weiter gehen als Freud, indem er das zu analysierende psychische Material und seine Interpretation, namentlich den Traum und die Traumdeutung, auf einer Ebene ansiedeln und beides gleichermaßen als Text betrachten wird: „Il y a deux opérations – faire le rêve, et l'interpréter. Interpréter, c'est une opération dans laquelle nous intervenons. Mais n'oubliez pas que dans la plupart des cas, nous intervenons aussi dans la première. [...] Ce que nous allons essayer de faire – prendre l'ensemble de ce rêve et l'interprétation qu'en donne Freud, et voir ce que cela signifie dans l'ordre du symbolique et de l'imaginaire." Jacques Lacan: „Le rêve de l'injection d'Irma" [1955]. In: dsb.: *Livre II. Le moi dans la théorie de Freud et dans la technique de la psychanalyse*. Paris: Seuil 1978, S. 177-192, hier: S. 183f.

28 Vgl. exemplarisch Rudolf Behrens / Carsten Zelle (Hgg.): *Der ärztliche Fallbericht. Epistemische Grundlagen und textuelle Strukturen dargestellter Beobachtung*. Wiesbaden: Harrassowitz 2011; Yvonne Wübben / Carsten Zelle (Hgg.): *Krankheit schreiben. Aufzeichnungsverfahren in Medizin und Literatur*. Göttingen: Wallstein 2013.

eines Brachet, Charcot oder Freud – bestimmbare rhetorische Konventionen, die die Autorität des schreibenden Beobachters begründen und eine hierarchische Konstellation zwischen Arzt und Patient konstruieren und perpetuieren.[29] Im Fallbericht legitimiert der Arzt seine Position über das Genre selbst, d.h. er rekurriert, ohne dies zu explizieren, auf die medizinische Wissenschaft als Institution, wodurch sein einzelnes, konkretes Sprechen zum allgemeinen Diskurs wird.[30] Die Hierarchie zwischen einem beschreibenden Subjekt und einem beschriebenen Objekt ist dabei nicht etwa dem Vorgang des Schreibens vorgängig, sondern wird durch verschiedene Prozesse der Narrativierung allererst hervorgebracht. Dass diese Hierarchie in ihrer historischen Genealogie überdies innerhalb einer geschlechtsspezifischen Matrix verortet ist, ist bereits in der theoretischen Hinführung zu dieser Arbeit ausgeführt worden.[31]

Insbesondere der psychoanalytische Fallbericht ist so angelegt, dass die nur bruchstückhaft gegebene Krankengeschichte in ein geschlossenes, sinnhaftes Narrativ überführt werden muss, ein Umstand, der von Freud in der oben zitierten Passage selbst problematisiert wird. Dadurch ergibt sich eine Konstellation, in der der behandelnde Arzt zugleich zum beobachtenden Subjekt der Erzählung wird, der Patient zu deren Gegenstand. Der Vorgang der Verschriftung, der von der des Beobachtens und Behandelns sowohl zeitlich als auch epistemologisch verschieden ist, ist dabei im Ergebnis nicht mehr sichtbar: die Ebene der Konstruktion wird nachträglich verschleiert.[32] Während der Arzt notwendig in den Therapiepro-

---

29 Vgl. dazu Foucaults Ausführungen über den *regard médical* in *Naissance de la clinique*, insbesondere die Kapitel „Des signes et des cas" und „Voir, savoir".

30 Zum Anspruch wissenschaftlich generalisierbarer Erkenntnis ausgehend vom Einzelfall, durch den Übergang vom besonderen Exemplar zum allgemeinen Modell, vgl. Nicolas Pethes: „‚sie verstummten – sie gleiteten – sie filen'. Zur Epistemologie, Moral und Topik des Falls in Jakob Michael Reinold Lenz' ‚Zerbin'". In: *Zeitschrift für Germanistik* 19.2 (2009), S. 330-345. Marc Föcking expliziert, dass in der ersten Hälfte des 19. Jahrhunderts der medizinische Fallbericht in einem Spannungsfeld zwischen dem auf „Generalisierung und Formalisierung ausgerichteten ‚parti scientifique' und dem individualisierenden ‚parti de l'art'" verortet ist. Föcking: *Pathologia litteralis*, S. 183. Föcking bezieht sich in weiten Teilen auf den Fallbericht der klinisch-anatomischen Schule; im Folgenden werden vor allem die Aspekte herangezogen, die sich auch auf die psychologische Fallerzählung übertragen lassen.

31 Dabei sei noch einmal nachdrücklich auf die Studien von Schmersahl, Jordanova, Honegger und Duden verwiesen, die die Bedeutung der Geschlechterdifferenz für die Konstitution und Legitimation des medizinischen Diskurses seit Ende des 18. Jahrhunderts im europäischen und amerikanischen Raum nachzeichnen.

32 Dies entspricht strukturell dem in der Einleitung beschriebenen Prozess der Naturalisierung von Geschlechterdifferenzen, deren ‚Gewordenheit' bzw. Konstruktion ebenfalls im Nachhinein unkenntlich gemacht wird. Zu den Formen der Narrativierung des Falls Anna O. vgl. Dianne Hunter: „Hysteria, Psychoanalysis, and Feminism: The Case of Anna O." In: Katie Conboy / Nadia Medina / Sarah

zess involviert ist – Freud hat dies in seinen Theorien zur Übertragung und Gegenübertragung zum Ausdruck gebracht –, tritt der Erzähler der Krankheitsgeschichte zwangsläufig in Distanz zum Geschehen, ein Vorgang, der durch die Struktur des Narrativs selbst bedingt ist.[33] Diese Konstellation hat Konsequenzen für die narratologische Beschaffenheit einer Fallgeschichte. Die Perspektive des behandelnden und beschreibenden Subjekts wird darin als ausschließlich und als objektiv gesetzt. Es wird davon ausgegangen, dass sich der Gegenstand der Behandlung erkennen und abbilden lässt, also die grundsätzliche Möglichkeit einer konsistenten Aussage oder Festschreibung des Kranken angenommen.

Duras' Roman bezieht sich auf den Fallbericht und die ihm zugrunde liegende Konstellation zurück, markiert dabei jedoch wesentliche Differenzen. Während im Fallbericht der Arzt den Prozess des Schreibens verbirgt und seine eigene Position außerhalb des Geschehens verortet, somit also eine Spaltung zwischen der (be)handelnden und der schreibenden Instanz erwirkt, bricht diese Differenz in Duras' Roman im Zuge der Enthüllung Jacques Holds unvermittelt ein und hinter dem scheinbar unbeteiligten heterodiegetischen Erzähler tritt ein homodiegetischer hervor, eine beteiligte Figur. Dieser narratologische ‚Clou' des Textes eröffnet zugleich die Möglichkeit einer metapoetologischen Reflexion. Der Erzähler, der zunächst, wie im Fallbericht, versucht, hinter seinem Text zu verschwinden und sich als Akteur und damit modellierende Kraft in dem von ihm erzählten Geschehen unsichtbar zu machen, wird buchstäblich entlarvt und ist zugleich selbst Agent dieser Enthüllung.

Darüber hinaus wird innerhalb des Durasschen Romans deutlich, dass die im Schreiben einer Krankengeschichte generierte Erzählperspektive immer auch eine bestimmte Textstruktur bedingt. Klassischerweise beginnt die Fallgeschichte, ob medizinischer oder psychoanalytischer Prägung, mit der Vorgeschichte des Patienten unter besonderer Fokussierung auf seine Krankengeschichte, beschreibt dann den Zustand des Patienten zum Zeitpunkt der ersten Untersuchung durch den Arzt, und gibt schließlich die gestellte Diagnose wieder, die unternommene Behandlung sowie deren Erfolg oder Misserfolg.[34] Diese Struktur folgt einem klassi-

---

Stanbury (Hgg.): *Writing on the Body. Female Embodiment and Feminist Theory.* New York: Columbia University Press 1997, S. 257-276.

33 Im klassischen Fallbericht wird dies an dem Begriff der *observation* deutlich, der im Kontext der französischen Medizin des 19. Jahrhunderts sowohl die Beobachtung des Patienten durch den Arzt meint als auch das, was im Deutschen als ‚Fallbericht' bezeichnet wird, also die schriftliche Darstellung der Behandlung als Fall. Die Zweideutigkeit des Begriffs *observation* – einerseits die (Be)Handlung, andererseits deren Notat – bringt auf besonders prägnante Weise die Verschmelzung der beiden Vorgänge im Fallbericht zum Ausdruck.

34 Eine solche Grobstruktur beschreibt z.B. Carsten Zelle in seinem Aufsatz „Die Geschichte bestehet in einer Erzählung'. Poetik der medizinischen Fallerzählung

schen literarischen Handlungs- und Spannungsaufbau und ist eher teleologisch denn chronologisch aufgebaut. Die Perspektive des Lesers wird dabei auf den Punkt des ersten Patientenkontaktes gelenkt und damit künstlich auf einen vergangenen Informationsstand gebracht.[35] Auf diese Weise wird dem Leser nahegelegt, die retrospektiv rekonstruierte Diagnose und den Prozess der Wahrheitsfindung des Arztes zu begleiten und sich mit ihm perspektivisch zu solidarisieren. Auch in Duras' Text wird deutlich gemacht, dass alle dargestellten Ereignisse im Licht der Begegnung Jacques / Lol; Erzähler / Figur; Analytiker / Kranke stehen und nachträglich davon ausgehend beleuchtet werden:

> Les dix-neuf ans qui ont précédé cette nuit, je ne veux pas les connaître plus que je ne le dis, ou à peine, ni autrement que dans leur chronologie même s'ils recèlent une minute magique à laquelle je dois d'avoir connu Lol V. Stein. Je ne le veux pas parce que la présence de son adolescence dans cette histoire risquerait d'atténuer un peu aux yeux du lecteur l'écrasante actualité de cette femme dans ma vie. Je vais donc la chercher, je la prends, là où je crois devoir le faire, au moment où elle me paraît commencer à bouger pour venir à ma rencontre [...]. (LVS 14)

In seiner Abhandlung *Bruchstück einer Hysterie-Analyse* verweist Sigmund Freud auf die Distanz zwischen dem fragmentarischen Stand der Informationen zu Beginn einer Behandlung und dem Ergebnis in der nachträglichen Darstellung der Arztes: „Eine lückenlose und abgerundete Krankengeschichte voranschicken, hieße den Leser von vornherein unter ganz andere Bedingungen versetzen, als die des ärztlichen Beobachters waren. [...] Ich kann mich nur wundern, wie die glatten und exakten Krankengeschichten Hysterischer bei den Autoren entstanden sind."[36] In Duras' Roman wird genau dieser Konstruktionsprozess für den Leser sichtbar gemacht. Der Erzähler macht immer wieder sein Nichtwissen explizit, so

---

bei Andreas Elias Büchner (1701-1769)". In: *Zeitschrift für Germanistik* 19.2 (2009), S. 301-316.

35 Diese narratologische Konstellation analysiert Marc Föcking ausgehend von einem Fallbericht Laënnecs: „Laënnec erzählt seine Geschichte nicht chronologisch vom ersten bis zum letzten Datum der *histoire*, er geht vielmehr anachronisch vor, indem er *medias in res* beginnt und so den Fixpunkt des *récit premier* ab Eintritt Maries ins Hospital setzt, dann einen Rückblick einschiebt, zum *récit premier* zurückkehrt und linear bis zur Autopsie weitererzählt. [...] der *ordo artificialis* der Fallgeschichte resultiert nicht aus der traditionellen ästhetischen Forderung größerer Kunsthaftigkeit zur Differenzierung vom *ordo naturalis* pragmatischer Texte wie etwa der Geschichtsschreibung, sondern aus der Verschiebung der *histoire*-internen Figur des medizinischen Beobachters auf die Ebene des *discours*. Der *medias in res*-Einstieg ergibt sich aus dem Eintreten des Patienten in das Blickfeld des Arztes, der Rückblick aus der Patientenerzählung, die der Arzt registriert." Föcking: *Pathologia litteralis*, S. 204f.

36 Freud: „Bruchstück einer Hysterie-Analyse", S. 95.

etwa durch die wiederkehrende Apposition „J'invente", oder durch die bereits zitierte Umschreibung der Konstruktion seiner Geschichte als ein „aplanir le terrain". Auf diese Weise legt er offen, dass er mit Hypothesen operiert, die Lücken in seiner Geschichte füllt und die Brüche kittet.

Was die narrative Instanz also selbst als einen Vorgang der Glättung bezeichnet, bedeutet auch die Annäherung zwischen der (beobachteten) Geschichte und ihrer Darstellung als Erzählung und ebnet den Unterschied zwischen beiden Ebenen ein: beides entspringt schließlich demselben Prozess der Konstruktion oder Erfindung. In dieser metapoetologischen Passage wird ausgesagt, dass die Überführung eines Falls in den Modus der Erzählung zwangsläufig einen Vorgang der Ergänzung, Vervollständigung und Fabulation mit einschließt, dass also das Objekt nicht als Ganzheitliches, Vorgängiges gegeben ist, sondern erst in der Darstellung, in der kausalen Verkettung einer Erzählung, zu einem solchen gemacht wird, und dies mit den Mitteln der Imagination oder Erfindung („invention").

Aufgrund dieser selbstreflexiven Dimension trifft der Roman eine kritische Aussage über die Funktionsweise des Genres Fallgeschichte, das eine ebensolche Konstruktion unternimmt und darin erst sein Objekt herstellt, zugleich aber vorgibt, auf einen der Darstellung vorgängigen Gegenstand zu referieren. Während der Psychoanalytiker Freud diese Problematik in Form methodologischer Vorüberlegungen seinen Ausführungen voranstellen musste, wird der Aspekt der Konstruktion bei Duras bereits in der narrativen Gestaltung des Romans offengelegt: in dem gleichen Maße wie der ‚Fall', die Krankheit Lols, allererst den (Krankheits-) Bericht motiviert, reizen die Unsicherheiten und der Mangel an Information den Prozess einer Fabulation an, der zu einem geschlossenen Narrativ führen soll. Bezeichnenderweise leistet die Erzählerfigur, entgegen ihrer Selbstaussage, genau dies nicht für den Leser, denn die Lücken und Brüche bleiben bestehen, es ergibt sich kein kohärentes Bild der Geschichte von Lols Krankheit. Selbst die vermeintlich gesicherten Informationen verweisen im Duras'schen Roman, in einer Art Umkehrschluss, letztlich nur auf das, was eben *nicht* gewusst und nur *erfunden* werden kann – und verdeutlichen darüber hinaus nur einmal mehr die ‚Eigenschaftslosigkeit' der Figur.

Die aufgezeigte Unbestimmbarkeit der Figur der kranken Frau erstreckt sich auf die Form des Textes und schließlich auch auf die Figur des Erzählers, der von seinem Gegenstand ‚angesteckt' zu werden scheint. Indem Lol den Blick zurückwirft und Jacques Hold zum Referenzpunkt ihrer Identitätssuche macht, gerät dessen Identität ins Wanken und die klare Konturierung seiner Person droht sich aufzulösen: „Pour la première fois mon nom prononcé ne nomme pas." (LVS 113) Liest man Duras' Roman vor allem in Hinblick auf den deklarierten Versuch, in der Darstellung ein Bild von der Krankheit Lols zu geben und das Lücken- und

Bruchstückhafte in ein Narrativ zu überführen, so ist die Erosion der Erzählerposition umso bemerkenswerter. Während der ärztliche Fallbericht klassischerweise dazu dient, eine Figur des Kranken zu modellieren und die eigene Position zu festigen, scheint sich in *Le Ravissement de Lol V. Stein*, in dem die Protagonistin eben nicht exemplarisch, sondern vielmehr eigenschaftslos ist, ein gegenteiliger Prozess abzuspielen: hier gelingt die Abgrenzung zwischen Arzt und Patientin gerade nicht, die ‚Immunität' des Erzählers kann nicht aufrecht erhalten werden.[37] Die narrative Instanz wird auf diese Weise affiziert durch die Krankheit der Unbestimmtheit, was dem ursprünglichen Projekt einer objektiven Darstellung oder *observation* entgegensteht.

Susan Suleiman, die in ihrem Essay „Nadja, Dora, Lol V. Stein" narratologische Parallelen zwischen der Geschichte Lol V. Steins und Freuds berühmten Ausführungen über Dora nachzeichnet, verweist auch auf die entscheidende Differenzqualität zwischen beiden Texten.[38] Im Hinblick auf seinen deklarierten Anspruch, die eigene Verwicklung in die Krankengeschichte offen zu legen, zeigt sich Freud beständig darum bemüht, den eigenen Diskurs nicht affizieren zu lassen, sondern eine klare Grenzlinie zwischen seinen Beschreibungen und den dokumentierten Äußerungen Doras zu ziehen, um seine „narrative mastery" (Suleiman) aufrechtzuerhalten. Jacques Hold hingegen scheint sich bereitwillig mit Lols Identität zu verstricken, indem er seinen Diskurs von ihrer Unbestimmtheit anstecken lässt.[39]

Duras leistet mit dem Verweis auf die Ebene der Konstruktion und durch die Entautorisierung der Erzählerstimme eine wichtige Infragestellung gängiger Erzählmuster, die man, aus feministischer Perspektive, als hegemonial-männlich charakterisieren kann. Dabei wird die klassische

---

37 Vgl. Koppenfels' Lesart des Duras-Textes.

38 Suleiman schlägt eine Brücke von Charcots fotographischen Inszenierungen von Hysterikerinnen (die zugleich der Ästhetisierung und Erotisierung dieser Frauen dienten), über die surrealistische Faszination für das Unbewusste bis hin zu einer Ästhetik der Moderne, in der das Subjekt in Frage gestellt ist, und nennt die Parallelen zwischen der Erzählsituation bei Freud, Breton und Duras: „In both, a male narrator who says ‚I' tells a story, fragmented and discontinuous in its presentation (*récit*) and excruciately self-conscious in its mode of telling (*narration*); the story is about the narrator's involvement with a woman, who by ‚normal' societal standards is mad, and whose madness constitutes the chief fascination she holds for the narrator." Susan Rubin Suleiman: „Nadja, Dora, Lol V. Stein: Women, Madness and Narrative". In: Shlomith Rimmon-Kenan (Hg.): *Discourse in Psychoanalysis and Literature*. London / New York: Methuen 1987, S. 124-151, hier: S. 125f.

39 „When I say that Jacques Hold becomes entangled with Lol, becomes ravished by Lol as he reinvents her own ravishment, I mean precisely that. To be a demonstrator is to be outside, to observe. It is to be where Breton was, where Freud wished to be. Jacques Hold is, and wishes to be, inside; he is *riveted* to Lol." Ebd., S. 142.

Konstellation eines männlichen Subjekts und eines weiblichen Objekts eben nicht umgekehrt, sondern aufgegriffen, die Möglichkeit eines ganzheitlichen, originären Subjekts aber zugleich negiert. Indem die Objektivierung des Weiblichen scheitert und stattdessen die Beobachtungsinstanz in Abhängigkeit von ihrem Gegenstand gezeigt wird, findet in Duras' Text eine Ent-mächtigung gerade im Zitieren der Macht statt. Durch die gebrochene Wiederholung hegemonialer Schreibweisen gelingt also Duras ein Um-Schreiben derselben.

Die Doppelordnung des Textes *Le Ravissement de Lol V. Stein*, bestehend in der „Geschichte eines Leidens" und der „Geschichte der Rekonstruktion dieses Leidens", erhält in dieser Hinsicht eine zusätzliche Funktion. Denn nicht nur die „Geschichte der Rekonstruktion" zeichnet sich durch Prozessualität aus und betont auf diese Weise permanent den Konstruktionscharakter des Textes, den wir gerade lesen; auch die „Geschichte eines Leidens" ist im Entstehen begriffen, und zwar gerade in ihrer essentiellen Abhängigkeit von ihrer Rekonstruktion. Lols ‚Krankheit', als Zusammenbruch und prozessuale Ich-Werdung, funktioniert nur über die Figur des Anderen, dessen Begehren hervorgerufen wird und dessen Narrationstätigkeit Lols Subjektkonstitution bedingt. Aufgrund der unauflösbaren Verbindung zwischen Lols V. Steins Geschichte und der Geschichte der Erzählung kann es weder eine Totalität oder Abgeschlossenheit der erzählten Geschichte geben noch eine Ganzheitlichkeit der Protagonistin. Die Wahrheit über die Hauptfigur des Textes und die Ursprünge ihrer Krankheit sind nicht auszumachen, sondern bestehen in dem fortwährenden Prozess aus Selbstverlust und Selbstfindung. Duras' Rückgriff auf das Genre der Fallgeschichte und deren Gegenüberstellung mit einem als dynamisch angelegten psychischen Modell verweist auf den Aspekt der ‚Geschriebenheit' des Weiblichen, das seinen Ursprung im Imaginären hat und im Symbolischen seine Festschreibung erfährt.

3. Die Irrwege der *Mendiante*. Erzählstrategien in *Le Vice-Consul*

Lässt sich der Roman *Le Ravissement de Lol V. Stein* als eine Reflexion über die diskursiven Formen und Grenzen der Pathologisierung des Weiblichen lesen, so wird dieser Gedanke in dem zwei Jahre später erschienenen Prosatext *Le Vice-Consul* in zugespitzter Form weitergeführt. Das Thema der Konstituierung und Festschreibung der Frau als krank oder abweichend verdichtet sich in diesem Roman durch eine explizite Darstellung der Verschriftung als ein Vorgang der Imagination. Darüber hinaus wird die in der Beziehung zwischen Jacques Hold und Lol V. Stein angelegte Hierarchie zwischen Subjekt und Objekt der Darstellung, zwischen Männlichkeit und Weiblichkeit, um eine weitere Dimension erweitert: um die Differenz zwischen Kolonisator und Kolonisierten, Zentrum und Peripherie. Das Verfahren der Spatialisierung von Machtstrukturen erhält also hier eine zusätzliche Relevanz. Ebenso wie in *Le Ravissement* wird auch in *Le Vice-Consul* die binäre Matrix von Norm und Abweichung aufgerufen und wiederholt, um sie sodann an ihre Grenzen zu führen und zu unterwandern. Durch die konsequente Erweiterung der Problematik auf einen konkreten historischen Kontext hin – die Kolonialgesellschaft in Indochina – wird das Ineinandergreifen von Festschreibung und Pathologisierung des Weiblichen als Verfahren der Konstruktion von Alterität sichtbar gemacht.[40]

Die semantische Verknüpfung von Weiblichkeit und Pathologie wiederholt sich also in *Le Vice-Consul*, wenngleich unter veränderten Vorzeichen. Die dargestellte Krankheit ist nicht „nur" die Folge eines traumatischen Ereignisses und der daran geknüpfte Seinsmangel lässt sich nicht allein auf den Verlust eines geliebten Menschen zurückführen, sondern muss existentiell gefasst werden. Im Fokus steht die Geschichte einer namenlos bleibenden jungen Frau aus Battambang, einer Stadt im heutigen Kambodscha, die aufgrund einer ungewollten Schwangerschaft von ihrer Mutter verstoßen wird und zehn Jahre lang in Armut und Hunger durch Indochina irrt. Auf ihrem leidvollen Irrweg wird sie wahnsinnig, verkauft aus Verzweiflung ihr Kind in Savannakhet an eine Weiße und gelangt schließlich auf komplizierten Wegen bis nach Kalkutta.[41]

> La faim est devenue trop grande, l'étrangeté de la montagne n'a pas beaucoup d'importance, elle fait dormir. La faim la prend à la montagne, elle commence à dormir. Elle dort. Elle se lève. Elle marche, parfois vers les montagnes comme elle marcherait vers le nord. Elle dort. Elle cherche à manger. Elle dort.[42]

---

40 Hier lässt sich also eine deutliche Parallele zu dem Verfahren der Kontextualisierung feststellen, das in Bezug auf die Romane von Sylvia Plath und Ingeborg Bachmann analysiert wurde.

41 Die *mendiante* bildet eine wiederkehrende Figur in den Werken der französischen Autorin und ist dabei konstant mit den Themen Krankheit und Wahnsinn, Familie und Fremdheit, Verirrung und Elend verknüpft. Madeleine Borgomano hat die Geschichte der Bettlerin als „Keimzelle" des Durasschen Werkes bezeichnet. Sie zeichnet nach, wie diese Geschichte sich ausgehend von einer Anekdote in *Barrage contre le Pacifique* weiterentwickelt und bis zu dem Roman *Le Vice-Consul* stetig an Ausdehnung und Komplexität gewinnt: „Proposer pour cette anecdote le nom de ‚cellule génératrice', c'est donc prétendre que la plus grande partie de l'œuvre durassienne et le sens même de son évolution, vont se déployer à partir de là, comme d'une crysalide sort un papillon." Madeleine Borgomano: „L'histoire de la mendiante indienne. Une cellule génératrice de l'œuvre de Marguerite Duras". In: *Poétique* 12 (1981), S. 479-493, hier: S. 481.

42 Marguerite Duras: *Le Vice-consul*. Paris: Gallimard 1966, S. 13. Im Folgenden zitiert als VC.

Konnte der Leser Lol dabei beobachten, in dem Versuch der Überwindung des Ich-Mangels das eigene Subjekt zu konstituieren, eine Identität zu formieren, so verbleibt die Bettlerin in einem Zustand der Anonymität, gekennzeichnet nur durch die Wiederholung des Personalpronomens ‚elle'. Durch die formale Verknappung der ohnehin minimalistischen Durasschen Syntax auf Subjekt und Prädikat hebt der Text die Mittellosigkeit der Figur und ihre Reduktion auf die einfachsten menschlichen Vorgänge hervor. Und während Lol V. Stein im Zuge des Flanierens durch S. Tahla ihre Erinnerungen wiedergewinnt, muss man im Falle der Bettlerin und ihrer Heimatlosigkeit von einem ziellosen Vagabundieren sprechen.

Vor dem Hintergrund dieser Gegebenheiten deutet sich bereits an, dass die Krankheit der Bettlerin kein individuelles Handlungselement darstellt, sondern dass sie als Teil der gesellschaftlichen Matrix der Kolonialgesellschaft funktioniert. Innerhalb des Textes steht deshalb auch nicht allein der Wahnsinn der indigenen Bettlerin im Fokus, sondern parallel zu diesem die Allgegenwärtigkeit der Lepra innerhalb der indischen Bevölkerung. Der Hiatus zwischen den Kolonialherren auf der einen Seite und den Kolonisierten auf der anderen manifestiert sich insbesondere in der Angst der Franzosen und Engländer vor einer Ansteckung und in ihren Bemühungen um Abgrenzung, Abschottung und Immunität.[43] Da die Geschichte der wahnsinnigen Bettlerin und die Ereignisse innerhalb der Kolonialgesellschaft unterschiedlichen Erzählsträngen zugeordnet sind, muss die Frage der Immunität, ähnlich wie im Falle der Erzählposition Jacques Holds, auch auf der Ebene der Diskursivität verstanden werden. Nicht nur haben einzelne Figuren innerhalb der Kolonialgesellschaft Angst vor einer Ansteckung, auch die an das Kolonialsystem geknüpfte Geschichte von Autorität und Universalität droht von der Figur der Bettlerin affiziert zu werden.

Neben der Geschichte der Bettlerin, die nach ihrer jahrelangen Wanderung schließlich nach Kalkutta gelangt, wird in dem Roman eine Gruppe von Europäern dargestellt, die sich um den französischen Botschafter und seine Gattin, Anne-Marie Stretter,[44] gruppieren, und deren vorrangi-

---

[43] „Dans cette perspective, les efforts des blancs pour rester à l'abri de la lèpre reflètent leurs efforts, sur le plan moral, pour ne pas se laisser atteindre par la douleur des indigènes. Ils choisissent pour une vie superficielle mais sûre, à l'abri de la douleur comme de la lèpre. Ils choisissent l'immunité." Mieke Bal: „Un roman dans le Roman: Encadrement ou Enchâssement? Quelques aspects du ‚Vice-Consul'". In: *Neophilologus* 58.1 (1974), S. 2-21, hier: S. 18.

[44] Die Figur Anne-Marie Stretter bildet das offensichtlichste Bindeglied zwischen den einzelnen Romanen des „Cycle Indien", wenngleich sie in *Le Ravissement de Lol V. Stein* und *Le Vice-Consul* unterschiedliche Rollen einnimmt. Eine Nähe zwischen beiden Texten ergibt sich zudem aus der Möglichkeit, sowohl die Figur der Bettlerin als auch den titelgebenden Vize-Konsul als ‚Wiedergänger' oder Dopplungsfiguren zu Lol V. Stein zu lesen, wie es in der Forschung häufig getan

ges Gesprächsthema die Ankunft des Vize-Konsul Jean-Marc H. bildet, der aufgrund eines Akts der Gewalt – er schoss in einem Anfall auf die Leprakranken in den Gärten von Shalimar – von Lahore nach Kalkutta versetzt wird. Der Vize-Konsul verliebt sich in Anne-Marie Stretter, die ihrerseits bereits eine ganze Reihe von Liebhaber um sich versammelt und ähnlich wie in *Le Ravissement de Lol V. Stein* ein Objekt des männlichen Begehrens bildet. Da Anne-Marie Stretter gerade aufgrund der Fragilität und Melancholie, die sie ausstrahlt, ein Faszinosum für die Männer in ihrer Umgebung darstellt, bildet sie gleichsam eine kontrastive Gegenfigur zur Bettlerin, die in ihrer Versehrtheit und Armut vor allem Schrecken hervorruft. Die charakteristische Figur der kranken Frau, die zur Projektionsfläche wird für eine männliche Imagination, ist somit in *Le Vice-Consul* auf zwei antagonistische und doch komplementäre weibliche Figuren aufgespalten.

Signifikant ist weiterhin, wie sich die einzelnen Erzählebenen des Romans zueinander verhalten. Die Geschichte der jungen Frau bildet eine erste Ebene des Textes, die von einer Figur namens Peter Morgan, Begleiter des französischen Botschafters Stretter in Kalkutta und zugleich Nebenfigur innerhalb der zweiten Erzählebene, niedergeschrieben wird. Peter Morgan beobachtet die junge, indigene Frau mit einer Mischung aus Faszination und Schrecken und webt die Beschreibungen und Informationen, die er von Dritten erhalten hat, in seinen Text mit ein. Wie Jacques Hold, der die Lücken in seinem Wissen über Lol vermittels Investigation und Imagination ergänzen musste, um zu einer ganzheitlichen Erzählung zu gelangen, verfügt auch Peter Morgan nur über Bruchstücke an Informationen, in die er seine eigenen Beobachtungen einwebt und gemeinsam mit erfundenen Elementen zu der Geschichte der Bettlerin montiert, die wir lesen. Auch für *Le Vice-Consul* lässt sich deshalb der Vorgang der Diskursivierung der kranken Frau als ‚eigentliches' Sujet des Textes annehmen.

Es ist das Verhältnis der beiden Erzählebenen – die Handlung um den Vize-Konsul und der Parcours der Bettlerin –, das in der Forschung herangezogen wird, um die narratologische Funktionsweise des Romans

---

wurde. Die Tatsache, dass die *mendiante* und der Vice-consul, die nach außen hin nichts gemein haben, ebenfalls in Parallele gesetzt werden (beispielsweise aufgrund einer traumatischen Vergangenheit, aufgrund einer inartikulierten Ausdrucksweise, usw.) deutet eine für Duras' Texte charakteristische Verschiebung (oder auch grundsätzlich: Verschiebbarkeit) der Figuren an. Was dabei als völlige Austauschbarkeit der Charaktere erscheint, sobald man diese in ihren ‚Rollen' für den Text zu erfassen sucht, erschließt sich zum einen über die Schablonenhaftigkeit von Figuren im Nouveau Roman, zum anderen über das sogenannte Gleiten des Signifikanten und die prozessuale Subjektkonstitution in der Theorie Jacques Lacans.

und seine strukturelle Komplexität aufzuschlüsseln.[45] Über den Incipit des Textes und die ersten Seiten wird zunächst die klassische Aufteilung einer klar differenzierbaren Rahmen- und einer Binnenerzählung evoziert, so dass Peter Morgan und die Bettlerin sich auf unterschiedlichen diegetischen Ebenen zu befinden scheinen: „Elle marche, écrit Peter Morgan. [...] Elle le fait, elle marche pendant des jours, suit les talus, les quitte, traverse l'eau, marche droit, tourne vers d'autres marécages plus loin, les traverse, les quitte pour d'autres encore." (VC 9) Durch die Gegenüberstellung eines männlichen, erzählenden Subjekts und eines weiblichen, erzählten Objekts wird die klassische Matrix einer geschlechtsspezifischen Darstellungspraxis und einer daran geknüpften Dimension von Norm und Abweichung erneut aufgerufen. Peter Morgan tritt jedoch nicht, wie sein Vorgänger Jacques Hold, hinter seine Erzählung zurück und verbirgt den von ihm ausgeführten Vorgang des Erzählens, sondern wird von Anfang an in seiner Rolle als Erzähler kenntlich gemacht und kehrt wiederholt gleich einer narratologischen Markierung („il écrit: ..."; „il s'arrête d'écrire" usw.) im Text wieder.

Die vom Text evozierte binäre Gegenüberstellung einer auf der intradiegetischen Ebene verorteten Figur der Bettlerin und einer auf der extradiegetischen Ebene positionierten Figur mit Erzählerfunktion, Peter Morgan, wird jedoch nicht aufrecht erhalten. Stattdessen schaltet sich in einigen Passagen eine auktoriale Erzählerstimme ein, die Aussagen über beide Figuren trifft und dadurch kenntlich macht, dass diese auf derselben Wirklichkeitsebene angesiedelt sind:

> Peter Morgan. Il s'arrête d'écrire.
> Il sort de sa chambre, traverse le parc de l'ambassade et va sur le boulevard qui longe le Gange.

---

[45] Die Literaturwissenschaftlerin Mieke Bal hat das Verhältnis der beiden Erzählebenen als das ein *enchâssement*, d.h. als eine Einlagerung bezeichnet, womit sie auf das Modell der Erzählungen aus *Tausendundeiner Nacht* und den darin vollzogenen Prozess der Verschachtelung Bezug nimmt. Ein entscheidender Unterschied zu einer herkömmlichen Aufteilung zwischen Rahmen- und Binnenerzählung besteht darin, dass der Binnenerzählung, in diesem Fall der Geschichte der Bettlerin, eine handlungstragende Funktion innerhalb der Rahmenerzählung, d.h. der innerhalb der Kolonialgesellschaft sich abspielenden Handlungsebene, zukommt. Damit ist impliziert, dass der Text in seiner narratologischen Ordnung über das (hierarchische) Prinzip von Koordination und Subordination hinaus geht, das Verhältnis der Textebenen lässt sich als *mise en abyme* auffassen. Vgl. Bal: „Un roman dans le Roman: Encadrement ou Enchâssement?" Vgl. ferner zur narratologischen Konstruktionweise des Romans Micheline Besnard-Coursodon: „Signification du métarécit dans *Le Vice-Consul* de Marguerite Duras". In: *French Forum* 3.1 (1978), S. 72-83; Lara Fitzgerald: „Barrage contre le naturalisme. Les processus narratifs à l'œuvre dans *Le Vice-Consul* et *India Song* de Marguerite Duras". In: *Revue Frontenac Review* 8 (1991), S. 53-70.

> Elle est là, devant la résidence de l'ex-vice-consul de France à Lahore. A l'ombre d'un buisson creux, sur le sable, dans son sac encore trempé, sa tête chauve à l'ombre du buisson, elle dort. Peter Morgan sait qu'elle a chassé et nagé une partie de la nuit dans le Gange, qu'elle a abordé les promeneurs et qu'elle a chanté, c'est ainsi qu'elle passe ses nuits. Peter Morgan l'a suivie dans Calcutta. C'est ce qu'il sait.
> Tout à côté de son corps endormi il y a ceux des lépreux. (VC 29)

Die Bettlerin wird hier als lebensweltlich entferntes, aber physisch präsentes Faszinosum dargestellt. Peter Morgan hat es sich offenbar zur Gewohnheit gemacht, die junge Frau bei ihren nächtlichen Ausflügen zu beobachten, zu verfolgen und darüber die Aufzeichnungen niederzuschreiben, welche die ersten Kapitel des Romans ausmachen. Wie in *Le Ravissement* folgt der Leser also einem zweifachen narrativen Prozess, der Geschichte einer kranken Frau (*histoire*), und einem Erzählvorgang, der diese Geschichte aufgreift (*récit*) – letztlich also der ‚histoire d'un récit', der Entstehungsgeschichte einer Erzählung. Wie in der Geschichte um Lol V. Stein wird auch in *Le Vice-Consul* das Verhältnis zwischen einem schreibenden Subjekt und einem beschriebenen Objekt mit einem räumlich nachvollziehbaren Fortbewegungsprozess, einem spatialisierten ‚Verfolgen', in Analogie gesetzt. Und wie im Falle Jacques Holds, so lässt sich auch bei Peter Morgan eine Gleichzeitigkeit von Beschreiben und Erfinden feststellen: „Je prends des notes imaginaires sur cette femme." (VC 157)

Peter Morgans Projekt, die zwischen Faszination und Schrecken oszillierende junge Frau in seinem Schreiben darzustellen, ist immer wieder Teil der Handlung und Gegenstand von Diskussionen auf der Ebene der *histoire* des Romans. In einer über mehrere Seiten sich erstreckenden Passage, die ein Gespräch zwischen den jungen Diplomaten Peter Morgan, Michael Richard, Charles Rossett und George Crawn wiedergibt, entspinnt sich eine Diskussion über den Vorgang der Verschriftung. Auf metatextueller Ebene wird dabei die Konstruktionsweise des Gesamttextes gespiegelt.

> Ils boivent encore, ils veulent dîner tard, après les autres. Peter Morgan parle du livre qu'il est en train d'écrire.
> – Elle marcherait, dit-il, j'insisterai surtout sur cela. Elle, ce serait une marche très longue, fragmentée en des centaines d'autres marches toutes animées du même balancement – celui de son pas – elle marcherait et la phrase avec elle [...]. (VC 179f)

> – [M]oi, si j'en parlais, je lui ferais faire des choses à l'envers, elle dormirait dans la journée à l'ombre des arbres, au bord du Gange par-ci par-là. [...] – Mais elle fait ce que tu dis, je l'ai même suivie, dit Peter Morgan, elle va sous les arbres, elle croque quelque chose, gratte le sol, rit, elle n'a appris le moindre mot d'hindoustani. (VC 181f)

In der zitierten Passage wird eine Parallele gezogen zwischen den Wanderungen der Bettlerin und der Schrift, die dieses Vagabundieren festhalten will („elle marcherait et la phrase avec elle"). Das Fortschreiten des Satzes begleitet somit die Bewegungen der Figur im Raum. Darüber hinaus wird die Überlegung formuliert, dass die Schrift die Figur der Bettlerin nicht einfach abbildet, sondern mit hervorbringt: das schreibende Subjekt kann das beschriebene Objekt Dinge tun lassen („je lui ferais faire des choses"). Schließlich werden in dem wiedergegebenen Dialog Imagination und ‚Realität' tatsächlich in Übereinstimmung gebracht („elle fais ce que tu dis"), insofern das, was als Handlungselement für die *mendiante* imaginiert wird, tatsächlich von ihr ausgeführt wird. Das Verhältnis zwischen dem Ereignis – dem ‚Original' – und der literarischen Abbildung erweist sich in dieser Perspektive als durchlässig und uneindeutig, existiert doch die Figur lediglich in der Form, in der sie imaginiert und geschrieben wird.

Nicht nur die Schrift, auch das Moment des Pathologischen ist innerhalb des zitierten Gesprächs der englischen Diplomaten zentral. Die Figur der kranken Frau tritt dabei in zweifacher Ausgestaltung in Erscheinung. Es wird eine Gegenüberstellung vorgenommen zwischen der Bettlerin, die mit Ansteckung und Wahnsinn konnotiert wird, auf der einen Seite, und Anne-Marie Stretter, die als melancholische Figur gezeichnet wird, auf der anderen. Formal wechseln dabei längere Dialogpassagen im dramatischen Modus und kurze parataktische Einschübe im narrativen Modus einander ab. In der Figurenrede der beteiligten Gesprächspartner ist vor allem die Bettlerin präsent:

> – Elle est sale comme la nature même, ce n'est pas croyable... ah, je ne voudrais pas quitter ce niveau-là, de sa crasse fait de tout et déjà ancienne, pénétrée dans sa peau – faite de sa peau; je voudrais analyser cette crasse, dire de quoi elle est faite, de sueur, de vase, des restes de sandwiches de foie gras de tes réceptions de l'ambassade, vous dégoûter, foie gras, poussière, bitume, mangues, écailles de poisson, sang, tout... (VC 182)

Peter Morgan, dem die zitierte Aussage zuzuordnen ist, hebt an dieser Stelle vor allem zwei Eigenschaften der Bettlerin hervor: ihren Schmutz („sale"), und ihre Naturhaftigkeit („nature même"). In der Betonung der Unsauberkeit („crasse"), die mit Armut und Krankheit konnotiert ist, bricht sich einmal mehr die Angst vor einer Ansteckung Bahn. Die *mendiante* wird von Peter Morgan ausgehend von ihrer Oberfläche beschrieben („sa peau") und dabei schließlich mit dieser Oberfläche, mit ihrer Haut, identifiziert. Gleichzeitig formuliert er das Vorhaben, eine „Analyse" der Bettlerin vorzunehmen, und kommt dabei immer wieder auf ihren Wahnsinn zu sprechen, den zu ergründen er versucht: „j'ai quand même besoin de connaître cette folie." (VC 183) Auch die Figur Anne-Marie Stretter wird von der Gruppe der Männer pathologisiert – gegenüber der abstoßenden Schilderung der Bettlerin werden jedoch vor allem ihre Fragilität und ihre Traurigkeit hervorgehoben.[46] In den wenigen Sätzen der betreffenden Passage wird die immer gleiche Aussage wiederholt, dass Anne-Marie Stretter zwar anwesend ist, aber schläft und daher nicht am Gespräch teilnimmt: „Elle dort." (VC 181) „Peter Morgan regarde Anne-Marie Stretter qui dort." (VC 182) „Anne-Marie Stretter paraît s'être endormie profondément." (VC 183) Diese Sätze haben innerhalb der Passage vor allem eine rhythmisierende, ornamentale Funktion und sorgen trotz aller Differenzen für eine Verschränkung der beiden Frauenfiguren, die in dem Umstand gipfelt, dass Peter Morgan auch die Frau des Botschafters in sein Buch über die Bettlerin aufnehmen will: „– Serait-elle [la mendiante] seule dans le livre? demande Charles Rossett. / – Non, il y aurait une autre femme qui serait Anne-Marie Stretter." (VC 183) Auf diese Weise vertieft sich die im Text angelegte Doppelung zweier komplementärer Ausformungen pathologischer Weiblichkeit, die einerseits Faszination, andererseits Abwehr zum Ausdruck bringen, die aber beide von einer männlichen, weißen Imagination entworfen und festgeschrieben werden.

Die in *Le Ravissement de Lol V. Stein* angelegte Reflexion über eine Pathologisierung des Weiblichen in der Schrift wird also in *Le Vice-Consul* erweitert und auf den kolonialen Kontext, in dem der Roman angesiedelt ist, ausgedehnt. Dieser Umstand manifestiert sich in der oben gesehenen Assoziation der Bettlerin mit Natur, mit Armut, Elend und Schmutz, insofern in diesen Attributen verschiedene koloniale Stereotype aufgegriffen werden. Darüber hinaus ist der Umstand bezeichnend, dass die Bettlerin im Gegensatz zu Figuren wie Anne-Marie Stretter oder Lol V. Stein keinen Namen erhält sondern im Zustand der Anonymität verbleibt. Sie ist in dieser Hinsicht keine individuelle, sondern vielmehr eine exemplarische Figur, die beispielhaft für ein ganzes Kollektiv steht. An vielen Stellen wird die Figur der Bettlerin mit der Natur des kolonisierten Landes kurzgeschlossen, sie scheint gleichsam mit der Landschaft zu verschmelzen.[47] In den Augen Peter Morgans wird sie zur Personifizierung

---

[46] Dabei werden die ihr zugeschriebenen Attribute der Traurigkeit und Zerbrechlichkeit, analog zu der im 19. Jahrhundert populären Figur der *femme fragile*, ästhetisiert: „Elle est si... secrète, je ne sais rien, [...] quand elle est venue m'accompagner à la grille, tout à coup elle a pleuré... sans raison visible [...]. / – Vous avez de la chance, dit-il, de faire pleurer cette femme. / – Comment? / – J'ai entendu dire ça... son ciel, ce sont les larmes." (VC 171)

[47] „Elle rêve: elle est son enfant morte, buffle de la rizière, parfois elle est rizière, forêt, elle qui reste des nuits dans l'eau mortelle du Gange sans mourir, plus tard elle rêve qu'elle est morte à son tour noyée. / La faim à Pursat, depuis Pursat, certes, mais aussi le soleil, le manque de parler, le bourdonnement entêtant des insectes de la forêt, le calme des clairières, bien des choses approfondissent la folie. Elle se trompe en tout, de plus en plus, jusqu'au moment où elle ne se trompe plus jamais, brusquement jamais plus puisqu'elle ne cherche plus rien." (VC 70)

der „douleur de Calcutta" und steht metonymisch für das Leid des ganzen Kontinents: „Peter Morgan est un jeune homme qui désire prendre la douleur de Calcutta, s'y jeter, que ce soit fait, et que son ignorance cesse avec la douleur prise." (VC 29) Die Universalisierung des Schmerzes, der für den Beobachter zur bloßen Wissenskategorie verkommt, impliziert eine Entindividualisierung der *mendiante*. Und ebenso wie diese als krank und ansteckend dargestellt wird, erscheint auch die Umgebung, in der sie sich bewegt, als kontaminierend.[48] Ähnlich wie in *Le Ravissement de Lol V. Stein* findet ein Ineinandergreifen von Raumstrukturen und Figurenerleben statt, d.h. eine Spatialisierung der pathologischen Konstitution der Protagonistin.

Vor dem Hintergrund dieser metaphorischen Konstellation muss die Inszenierung des von Peter Morgan entworfenen Schreibprojekts als kritische Auseinandersetzung mit einer kolonialen Diskursmacht verstanden werden – und zugleich als selbstreflexives Potential des Durasschen Textes im Hinblick auf die eigenen Darstellungsmittel. Der vermeintliche Antrieb, sich in diesen ‚indischen' oder indigenen Schmerz hineinzuversenken, daran teilzuhaben, ist offensichtlich nur bedingt möglich – denn der Roman macht deutlich, dass Peter Morgan zwangsläufig seiner hegemonialen Perspektive verhaftet bleiben muss. „Peter Morgan voudrait maintenant substituer à la mémoire abolie de la mendiante le bric-à-brac de la sienne. Peter Morgan se trouverait, sans cela, à cours de paroles pour rendre compte de la folie de la mendiante de Calcutta." (VC 73) Das Vorhaben, mit den Mitteln der Verschriftung eine Geschichte festzuhalten, die andernfalls vergessen würde, bedeutet eine Geste der Aneignung und das vermeintliche Konservieren einer Geschichte entpuppt sich als deren Substitution. Peter Morgan ersetzt auf problematische Weise die subalterne Perspektive der Bettlerin, die keine eigene Stimme hat, durch seine koloniale Sichtweise. In der Konsequenz sind alle Informationen, die der Leser über die Bettlerin erhält, durch die subjektive Perspektive des englischen Diplomaten geprägt.

Ein solcher Prozess der Aneignung über den Vorgang der Darstellung ist von der postkolonialen und feministischen Denkerin Gayatri Chakravorty Spivak theoretisiert worden, die in ihrem Aufsatz „Can the Subaltern Speak?" die zweifache Bedeutung von ‚Repräsentation', als *Abbilden* einerseits und als (letztlich substituierendes) *Vertreten* andererseits, expliziert.[49] Spivak argumentiert, dass jede Form des Sprechens für Ande-

[48] „L'état du ciel malade, le matin, rend blafards, à leur réveil, les Blancs non acclimatés de Calcutta: [...] A Calcutta, aujourd'hui, il est sept heures du matin, la lumière crépusculaire, un himalaya de nuages immobiles recouvre le Népal, dessous une vapeur infecte stagne, la mousson d'été va commencer dans quelques jours. [...] L'eau colle au sol une poussière humide et qui pue l'urine." (VC 31)

[49] „I have dwelt so long on this passage in Marx because it spells out the inner dynamics of *Vertretung*, or representation in the political context. Representation in

re notwendigerweise auch eine politische Geste impliziert, ein hierarchisches Verhältnis begründet, insofern das Sprechen als kulturelle Äußerung eine Subjekt- und eine Objektposition konstituiert. Auf diese Weise entsteht innerhalb der Darstellung zwangsläufig ein Machtgefälle; es etabliert sich eine *master narrative*.[50] Die kulturelle Konstruktion und ideologische Determination von Sprechpositionen ist dabei der für Duras einschlägige Bezugspunkt. Die Darstellung der *mendiante* in *Le Vice-Consul* scheint unmittelbar den Aussagen Spivaks über die kolonisierte Frau als doppelte Subalterne zu entsprechen, insofern die Bettlerin zum einen nicht sprechen kann, zum anderen nicht gehört wird, d.h. keine sprechmächtige Position im diskursiven Machtgefüge innehat[51]: „Sous le lampadaire, grattant sa tête chauve, elle, maigreur de Calcutta pendant cette nuit grasse, elle est assise entre les fous, elle est là, la tête vide, le cœur mort, elle attend toujours la nourriture. Elle parle, raconte quelque chose que personne ne comprendrait.“ (VC 149) Die diskursive Ausgrenzung der bezeichneten Figur verdeutlicht sich dabei sowohl inhaltlich, in der Darstellung ihrer Isolation, als auch formal, in der wiederholten syntaktischen Heraushebung des Pronomens ‚elle‘.

In *Le Vice-Consul* wird also die Auseinandersetzung mit genderspezifischen Fragestellungen durch die Parameter *race* und *class* ergänzt. Zu den binären Grenzziehungen von Subjekt und Objekt, Männlichkeit und Weiblichkeit, Gesundheit und Krankheit, Norm und Abweichung, die in Duras' Texten verhandelt werden, addiert sich die Opposition von Zentrum und Peripherie. Die Bettlerin befindet sich stets an den Rändern der Stadt, an den Mauern der Häuser, vor den Toren der französischen Kolonialresidenz. Eindeutig ist der Raum, den sie einnimmt, durch ein Innen und Außen bestimmt, durch Partizipation und Exklusion. Ähnlich wie in *Le Ravissement de Lol V. Stein* organisiert sich dieser Raum einerseits durch die Bewegungen der Figuren, andererseits durch Blicke, die eine Differenz zwischen Partizipation und Ausschluss generieren und die Bettlerin auf ein Außerhalb verweisen.[52] Die im kolonialen Diskurs sichtbare

---

the economic context is *Darstellung*, the philosophical concept of representation as staging or, indeed, signification, which relates to the divided subject in an indirect way.“ Gayatri Chakravorty Spivak: „Can the Subaltern Speak?“ In: Patrick Williams / Laura Chrisman (Hgg.): *Colonial Discourse and Post-colonial Theory. A Reader*. New York / London / Toronto: Harvester Wheatsheaf 1994, S. 66-111, hier: S. 73.

50 Den Begriff der *master narrative* verwendet auch Susan Suleiman in Bezug auf die psychoanalytische Gesprächssituation; in beiden Fällen geht es um eine Ausübung von Macht und Kontrolle qua Erzählung.

51 Vgl. Spivak: „Can the Subaltern Speak?“, S. 82f, 92.

52 „Il est minuit et demie. / Sous son buisson creux, au bord du Gange, elle se réveille, elle s'étire et voit la grande maison illuminée: nourriture. Elle se lève, elle sourit. Au lieu de plonger dans le Gange, elle va vers les lumières. Les autres fous de Calcutta sont déjà arrivés. Ils dorment les uns à côté des autres devant la petite

Pathologisierung geht mit einer grundsätzlichen Abwehr einher, die sich innerhalb der Romanwelt in Form konkreter Grenzziehungen materialisiert. Diese Grenzziehungen finden sich im Motiv der *barrage* wieder, die zwei Mal an prominenter Stelle im Text auftaucht und in einem Fall überschritten werden darf, im anderen die koloniale Gesellschaft von der ‚Bedrohung' durch das Außen abschirmt.[53] Im ersten Fall gelingt es der Bettlerin, das Mitleid eines weißen Mädchens zu erwecken und ihr eigenes Kind an deren Mutter weiterzugeben: „La dame est devant le portail. Elle l'ouvre, garde la main sur la poignée, se retourne, regarde sa propre enfant, longuement, pèse le pour et le contre, regarde seulement le regard de son enfant. Et cède. / Le portail est refermé. La jeune fille et son enfant sont entrées." (VC 56f) Bei der hier erzählten Grenzüberschreitung handelt es sich um eine Geschichte, die Anne-Marie Stretter im Kreise der europäischen Diplomaten erzählt, und die Peter Morgans Interesse für die Figur der Bettlerin weckt.[54] Mit der Überschreitung des *portail* gelangt die junge Bettlerin folglich nicht nur auf die andere Seite der kolonialen Mauern, sondern auch, auf narratologischer Ebene, überhaupt erst in die von Peter Morgan erzählte Geschichte; sowohl der Raum als auch die Erzählung erweisen sich als (subjekt)konstitutiv.

Diese unerwartete Transgression macht auch die Theorie Jurij Lotmans für den Durasschen Roman virulent: Lotman zufolge bedeutet die Überschreitung einer Grenze innerhalb eines Textes nicht nur deren geographischen, sondern vor allem deren normbezogenen Übertritt. Insofern die diskursiv gesetzten Grenzen das Wertesystem eines Textes zum Aus-

---

grille en attendant la distribution des restes qui se fait après l'enlèvement des plateaux, tard." (VC 105)

53 Die Zäume und Gatter, die in *Le Vice-Consul* so prominent auftauchen, bilden im Duras'schen Werkkosmos ein wiederkehrendes und semantisch hoch besetztes Bild. In *Barrage contre le Pacifique* (1950), dem ersten und autobiographisch geprägten Text, der in Indochina angesiedelt ist, symbolisiert das immer wieder vergeblich von der Mutter zum Schutz der Ernte aufgebaute Gatter (*barrage*) gegen die Meeresflut den Kampf der Familie ums Überleben, aber auch den Kampf der Mutter gegen die eigene (psychische) Krankheit. Die sich steigernde Verwirrung wird innerhalb des Romans parallelisiert mit der Naturgewalt des Meeres. Darüber hinaus steht das Meer, das Flüssige, sowohl innerhalb des patriarchalen Diskurses als auch in vielen feministischen Lesarten für das Weibliche, entweder im Sinne eines biologischen Essentialismus oder im übertragenen Sinne als weibliche Identität im ‚Fluss', als ‚Nicht-Identität'. Vgl. zu dieser Metaphorik des Flüssigen im feministischen Diskurs Naomi Schor: „Dieser Essentialismus, der keiner ist – Irigaray begreifen". In: Barbara Vinken (Hg.): *Dekonstruktiver Feminismus. Literaturwissenschaft in Amerika*. Frankfurt a.M.: Suhrkamp 1992, S. 219-246, hier: S. 233f.

54 „La vente d'une enfant a été racontée à Peter Morgan par Anne-Marie Stretter. Anne-Marie Stretter a assisté à cette vente il y a dix-sept ans, vers Savannakhet, Laos. La mendiante, toujours d'après Anne-Marie Stretter, doit parler la langue de Savannakhet. Les dates ne coïncident pas." (VC 72)

druck bringen, das in dem Moment der Grenzüberschreitung grundlegend erschüttert werden kann, bildet die Überschreitung, Lotman zufolge, das zentrale Ereignisse des Textes, das diesen erst mit einem Sujet ausstattet: „*Ein Ereignis in einem Text ist die Versetzung einer Figur über die Grenze des semantischen Feldes hinaus.*“[55] Folgt man dieser Perspektive, so wird die Bettlerin, die sich beständig an der Peripherie bewegt, zum zentralen Sujet des Textes im Sinne Lotmans, während die Gruppe der französischen Diplomaten statisch und systemaffirmativ erscheint.

Neben dieser unerwarteten Überschreitung des Gatters wird in dem Roman *Le Vice-Consul* ein zweites Mal die *barrage* von Bedeutung. Dabei konkretisiert sich die hierarchische Konstellation von Innen und Außen in der Begegnung zwischen der Bettlerin, die der französischen Gesellschaft an einen außerhalb liegenden Strand gefolgt ist, und Charles Rossett, einem jungen Mann aus der Gruppe der Diplomaten.

> Elle cherche dans sa robe, entre ses seins, elle sort quelque chose qu'elle lui tend: un poisson vivant. Il ne bouge pas. Elle reprend le poisson et, lui montrant, elle croque la tête en riant davantage encore. Le poisson guillotiné remue dans sa main. Elle doit s'amuser de faire peur, de donner la nausée. Elle avance vers lui. Charles Rossett recule, elle avance encore, il recule encore, mais elle avance plus vite que lui et Charles Rossett jette la monnaie par terre, se retourne et fuit vers le chemin en courant. [...] Le chemin est droit, long. Il longe toujours la lagune. Voici, vite, le *Prince of Wales*, ses grillages, sa palmeraie interdite à elle.
> Elle s'est arrêtée? Charles Rossett s'arrête aussi et se retourne. Oui. La sueur, le corps source de sueur, ruisselle, c'est à devenir fou cette chaleur de la mousson, les idées ne se rassemblent plus, elles se brûlent, elles se repoussent, la peur règne, et elle seulement. [...] La folie, je ne la supporte pas, c'est plus fort que moi, je ne peux pas... le regard des fous, je ne le supporte pas... tout mais la folie... (VC 205f)

Die Bettlerin löst durch ihr distanzloses und wahnsinnig anmutendes Verhalten bei ihrem Gegenüber Angst und Verstörung aus, insbesondere insofern mit ihrer Geste das klassische hierarchische Verhältnis zwischen ‚mildtätigen‘ Kolonialherren, die der armen Bevölkerung ihre Essensreste austeilen, und hungernder indigener Bevölkerung, die auf Almosen ange-

---

[55] Jurij Lotman: *Die Struktur literarischer Texte*. München: Fink 1972, S. 332. Auch im Falle Lol V. Steins existiert eine solche Transgression einer *barrage*, die für die Entstehung der Geschichte konstitutiv ist: bevor Lol nach langer Zeit auf ihre Jugendfreundin Tatiana Karl und deren Liebhaber Jacques Hold treffen kann, bevor sie also eine neue trianguläre Konstellation (re)konstruieren kann, muss sie die Schwelle in den privaten Raum Tatiana Karls überwinden, der ebenfalls als abgeriegelt inszeniert wird: „La grille s'ouvre dans un éclic éléctrique qui fait sursauter Lol. Elle est à l'intérieur du parc. La grille se referme.“ (LVS 72) Erst im Anschluß an diese Transgression kann sich das Sujet des Romans entfalten.

wiesen ist, aufgebrochen und verkehrt wird.[56] Die Zäune und Mauern, hinter die Charles Rossett flieht und die wie Bollwerke die französischen Herrschaften vor der als leprös und als verrückt designierten indischen Bevölkerung schützen sollen, verdeutlichen die angestrebte Insularität der ehemaligen Kolonialherren und markieren neben dem kolonialen Machtverhältnis eine Grenzziehung zwischen Gesundheit und Krankheit, Normalität und Wahnsinn. Charles Rossett fühlt sich und vor allem die Festung seiner Vernunft in dieser Begegnung mit dem Inkommensurablen in der Gestalt der verrückten jungen Frau erschüttert. Tatsächlich lässt sich in dem wiedergegebenen inneren Monolog Charles Rossetts eine Form der Affizierung herauslesen, insofern die äußeren Faktoren der Situation – die Hitze, der Wahnsinn der jungen Frau und die Angst vor ihr – bei dem Diplomaten tatsächlich einen Zustand der *folie* auszulösen scheinen, was sowohl inhaltlich als auch formal sichtbar wird („La sueur, le corps source de sueur, ruisselle, c'est à devenir fou cette chaleur de la mousson..."). Dabei amalgamieren sich in der zitierten Passage Sonne, Hitze, Wahnsinn und Angst zu einem klassischen kolonialen Stereotyp der Fremdheit. Die aufgerufenen Isotopien werden kondensiert in dem Bild der wahnsinnigen Frau, die in der Verknüpfung von Fremdheit und Irrationalität auf gleich zweifache Weise die Bedrohung der Ich-Grenzen impliziert: die Vorstellung eines Angriffs auf die physische Verfassung sowie auf die Ratio. In der Figur der kranken, indigenen Frau scheint sich also die Angst der Weißen vor Ansteckung zu verdichten. Das Prinzip der Immunität muss in diesem Fall deutlicher noch als in *Le Ravissement* als erzähltheoretische Komponente betrachtet werden: die Thematik des Gatters als *barrage* und die Angst, von der *folie* der Bettlerin affiziert zu werden, machen sehr deutlich, dass in beiden Texten die kranke Frau ein Element des Inkommensurablen bedeutet, das sich der diskursiven Bemächtigung entzieht.

Die Abwehr einer solchen Ansteckung durch Charles Rossett und seine Flucht hinter die sicherheitsgewährenden Grenzen des französischen Kolonialgebiets in Kalkutta lassen sich parallelisieren mit dem Schreibvorhaben Peter Morgans. Dieser wählt zwar die junge Frau als Gegenstand und versucht sich auf diese Weise mit ihrem Leid auseinanderzusetzen, jedoch ohne sich oder seinen Text von der Fragmenthaftigkeit ihrer Identität affizieren zu lassen. Stattdessen ist Morgan um einen ganzheitlichen Diskurs bemüht, im Zuge dessen die Lücken aufgefüllt und die Geschichte der jungen Frau durch seine Erfindungen substituiert werden.

---

56 „Her gesture towards Rossett duplicates the giving away of leftovers to the native population, but, in a mimetic fashion, those ‚partial' objects also return the mark of otherness: the beggar woman hands over to the French diplomat a livre fish." Pascale Bécel: „*Le Vice-Consul*: Colonial Mimicry and ‚Partial Writing'". In: *Cincinnati Romance Review* 13 (1994), S. 218-227, hier: S. 221. Bécel liest die von der Bettlerin ausgeführte Geste zudem als Andeutung einer Kastration.

In der Darstellung Peter Morgans als binnenfiktionaler Autor, d.h. in der Inszenierung der Geschichte der Bettlerin als eine aus kolonialer Perspektive geschriebene Narration, reflektiert Marguerite Duras dabei auch die eigenen Repräsentationsweisen. Denn in der Konzentration auf die in Kalkutta lebende Gruppe der Diplomaten und in der Kennzeichnung der indischen Bevölkerung als anonyme, lepröse Masse ist eine nicht unproblematische Ausblendung der Kolonisierten zugunsten der Kolonialherren impliziert, in der sich die imperiale Geste wiederholt.[57] Auf diese Weise erfahren wir letztlich sehr viel weniger über den beschriebenen Gegenstand, das kolonialisierte Objekt, als über die Funktion, die es im kolonialen Diskurs erfüllt. Indem Duras die Figur eines männlichen, zentrierten Erzählers auftreten lässt, der über eine weibliche, an der Periphe-

---

57 Lange vor der Verfassung der beiden Romane hat Marguerite Duras gemeinsam mit Philippe Roques einen kolonialen Text in Reinform geschrieben. Der 1940 erschienene Essay *L'Empire française* formuliert nicht nur einen historisch-pädagogischem Anspruch und tritt mit der Vorstellung an, den Franzosen die Größe ihres Imperiums zu vermitteln, er unternimmt auch eine einseitige, verfälschende Darstellung der französischen Kolonialgeschichte, bei der insbesondere die Idee der *mission civilisatrice* hochgehalten wird: „Si la pénétration française se poursuit sous toutes les latitudes, elle s'exerce spécialement en Indochine, où nos consuls avaient noué des relations avec les souverains d'Annam, du Siam et du Cambodge. Pour ce dernier en particulier, dont la population était constamment en butte aux attaques des Annamites et des Siamois, la protection française était une question de vie ou de mort." Philippe Roques / Marguerite Donnadieu: *L'Empire Français*. Paris: Gallimard 1940, S. 33. Einen Schwerpunkt des Textes bildet die Hervorhebung der durch die Franzosen gewährleisteten besseren medizinischen Versorgung und die undifferenzierte Gegenüberstellung verschiedener Krankheitskonzeptionen: „[L]e premier acte de la civilisation française fut de soigner, de sauver de la mort des indigènes jusqu'alors à la merci de toutes les maladies endémiques et épidémiques. [...] En fait, l'indigène était complètement désarmé devant le mal. [...] La maladie était considérée comme un sortilège dont le traitement relevait plutôt des exorciseurs que du médecin. En Indochine, par exemple, chaque ‚mal' était soigneusement défini suivant ses manifestations et la cérémonie d'exorcisme, véritable science, était scrupuleusement officiée, suivant la catégorie de la maladie. [...] La loi des peuples primitifs est des plus cruelles. Elle pardonne difficilement l'infortune et, lorsque le mal ne s'éclipse pas de lui-même, on ne se soucie plus du malade. [...] Il ne s'agissait pas, au début, d'amener l'indigène à une juste conception de son mal; l'apprivoiser, l'instruire des soins à donner, représentait une œuvre de longue haleine, dont la réalisation dépendait de nombreux facteurs, tels que l'instruction, l'hygiène. Il fallut de suite soigner massivement, ‚débroussailler' le mal, sauver le plus grand nombre d'indigènes, les sauver coûte que coûte de la mort. Aucun transport n'était organisé; la dispersion des villages, le caractère farouche des malades, rien n'arrêta la ferveur passionnée des premiers médecins militaires accompagnant les contingents de l'occupation. L'œuvre médicale de la France dans ses colonies est unique au monde. Non seulement, l'existence de l'indigène a été transformée, comme par miracle, mais la science médicale internationale s'est enrichie des travaux de nos grands médecins coloniaux." Ebd., S. 211ff.

rie situierte und anonym bleibende Bettlerin seine Geschichte entspinnt, verweist sie auf die Kontextabhängigkeit der Sprecherposition und auf ein in den herrschenden Diskursstrukturen eingelagertes Machtgefälle. Zugleich inszeniert der Roman in dieser Konstellation ein zumindest angedeutetes *looking back*, insofern die Bettlerin in ihrer marginalisierten Position den Blick beständig auf die übersättigte Welt der Kolonialherren gerichtet hält (vgl. VC 63, 105, 149, 204).[58] Der Text rückt auf diese Weise das drastische Ungleichgewicht in den Fokus der Aufmerksamkeit und ermöglicht einen distanzierenden Blick, der von außen auf das Zentrum gerichtet ist.

Obwohl Marguerite Duras also in ihrem Roman die an den Vorgang des Schreibens geknüpfte Pathologisierung und Kolonialisierung wiederholt, lässt sich ihr Werk als eine kritische Hinterfragung der tradierten Diskursmuster verstehen – gerade *weil* der Vorgang der Narration in ihren Texten zum Bestandteil der erzählten Geschichte wird und die Erzähler in Gestalt homodiegetischer Figuren auftreten. Mit der Veruneindeutigung des Verhältnisses von Subjekt und Objekt des Schreibens, mit dem Verwischen der Grenzen zwischen Original und Abbildung und über die offene Inszenierung der Fiktionalisierung beleuchtet der Roman die Verknüpfung von Weiblichkeit und Pathologie unter dem Vorzeichen der kulturellen Differenz. Die pathologisierte Frau, die im Fall Lol V. Steins vor allem ein Narrativ anreizt und zugleich wieder destabilisiert, erhält mit der Geschichte der *mendiante* in der Rückbindung an einen historischen Kontext eine zusätzliche Funktion und verkörpert die Reaktion der Faszination und Abwehr des Eigenen gegenüber dem Fremden. In beiden Texten, in *Le Ravissement de Lol V. Stein* wie auch in *Le Vice-Consul*, wird die Schreibsituation als solche verhandelt und in ihrer Autorität, ihrer Macht zur Konstitution oder Transformation des beschriebenen Gegenstandes problematisiert.

Während der Roman um die traumatisierte Figur Lol V. Stein scheinbar in keinem konkreten historischen und politischen Raum verortet ist, die Krankheit der Protagonistin in ihrer Referenz- und Eigenschaftslosigkeit vielmehr auf ihre Umgebung überzugreifen scheint, drängt sich der koloniale Kontext in *Le Vice-Consul*, in dem vergleichbare Themen, Motive und Konstellationen wiederzuerkennen sind, gerade über die Figur der kranken Frau auf. Das Ineinandergreifen von Figur und Raum, das in Lols Geschichte im Modus von Erinnerung und Vergessen

---

[58] Die Thematik des Blicks ist sowohl innerhalb der Kolonialgesellschaft von Bedeutung – insbesondere hinsichtlich der Beziehung zwischen Anne-Marie Stretter und dem Vize-Konsul, die von den anderen beobachtet werden – als auch für das Verhältnis von ‚Außen' und ‚Innen'. Geht es innerhalb der Gruppe der Diplomaten zumeist um ein gegenseitiges ‚regarder', so ist in Bezug auf die Bettlerin stets von einem ‚voir' die Rede. Im Fall der ‚mendiante' handelt es sich also weniger als ein Ansehen als um ein Sehen als Erkennen.

steht, verweist in dem Fall der Bettlerin auf ein Spannungsfeld von Faszination und Abwehr, welches von der Figur selbst ausgelöst wird. Wird in *Le Ravissement de Lol V. Stein* die Konstitution des Ich über eine dynamische, dialogische Konstellation und über die darin angelegten Prozesse des Begehrens verdeutlicht – eine Konfiguration, die als universell und anthropologisch betrachtet werden kann – so wird in *Le Vice-Consul* die darin implizierte wechselseitige Dialektik mit dem Anderen akzentuiert, der das Ich zugleich mit hervorbringt wie auch bedroht.

Indem in beiden Romanen die Festschreibung der Frau im Narrativ nachvollzogen und unter dem Fokus der Ansteckung ausgestaltet wird, lässt sich in Duras' Texten ein Anschreiben gegen hegemoniale Schreibweisen und Diskursformen erkennen. Die Figur der kranken Frau initiiert jeweils das Entstehen eines Textes und wird sodann zum Gegenstand der Erzählung. Während in *Le Ravissement de Lol V. Stein* die Unzuverlässigkeit und Partizipation der Erzählfigur den Auslöser einer metapoetologischen Reflexionsebene des Romans bilden, wird in *Le Vice-Consul* die Position des Binnenerzählers noch stärker in ihren Entstehungsbedingungen fassbar gemacht, das Schreiben über eine ver-rückte Frau als subjektkonstitutiv gekennzeichnet. In der Verwendung exotistischer Versatzstücke und über die offensichtliche Ausgrenzung der indischen Individuen zugunsten der französischen Kolonialgesellschaft wird die Verankerung eines objektivierenden Schreibduktus als koloniale Geste sowie als Mechanismus der Abwehr kenntlich gemacht.

Die Romane Duras' bilden also offenbar eine Konterkarierung kolonialer und medizinwissenschaftlicher Darstellungsweisen; durch das Zitieren derselben erlangen sie eine Infragestellung des darin proklamierten Selbstverständnisses einer distanzierten, objektiven Beobachtung. Sie machen zum einen klar, welche Funktion die Figur der kranken Frau in literarischen Texten einnehmen kann, d.h. inwiefern sie textkonstitutiv wirken kann und dic Konstitution eines männlichen Objekts qua Abgrenzung und Immunisierung ermöglicht; zum anderen wird die Figur aber auch strategisch genutzt, insofern sie die beschriebenen Strukturen aufdeckt, als verstörendes Element fungiert und die Funktionsweisen der Erzählung-als-Festschreibung offen legt. Die kranke Frau inkarniert in dieser Hinsicht das grundsätzliche Oszillieren zwischen Begehren und Abwehr, Anziehung und Ablehnung, zwischen dem Wunsch nach Verschmelzung und der Angst vor Ansteckung.

Der Vorgang der Verschiebung, der sich in Bezug auf die Figur Lol V. Stein auch als eine psychologische Kategorie verstehen lässt, wird in den Romanen Duras' als ästhetisches Verfahren eingesetzt und damit von der Handlungsebene auf die Ebene der Form überführt. Dabei wird eine Spatialisierung ausagiert, im Zuge derer psychologische Prozesse der Erinnerung und des Vergessens in den Handlungsraum des Textes und damit an die Oberfläche transportiert werden. An die dabei entstehenden triangulären Figurenkonstellationen sind zudem konkrete Diskursmuster geknüpft, in denen sich sowohl geschlechtsspezifische wie auch (post-) koloniale Machtstrukturen manifestieren, nur um diese in der narrativen Gestaltung zu subvertieren. Aus diesem Grund ist mit der Spatialisierung eine Strategie der Wiederholung umschrieben, die darin besteht, vorgängige Schreibweisen aufzugreifen und im Zuge ihrer Transformation für den eigenen Entwurf devianter Weiblichkeit produktiv zu machen.

VI. Kontamination und Degeneration. Einheits- und Reinheitsdiskurse in Toni Morrisons *Paradise*

In der postkolonialen Kulturanalyse und Theoriebildung hat man sich immer wieder auf Sigmund Freuds Ausführungen über *Das Unheimliche* (1919) bezogen. Freud zeigt in diesem Aufsatz ausgehend von der Etymologie des Wortes, dass es gerade nicht, wie man annehmen könnte, das Fremde ist, das uns zum Auslöser des Unheimlichen wird, sondern dass dieses Unheimliche vielmehr dem Heimlichen oder Heimeligen entspringt: „Ich will gleich verraten, daß beide Wege zum nämlichen Ergebnis führen, das Unheimliche sei eine Art des Schreckhaften, welche auf das Altbekannte, Längstvertraute zurückgeht."[1] Bemerkenswert an dieser Annahme ist vor allem, dass Freud seine Überlegungen unmittelbar aus der Mehrdeutigkeit der Sprache ableitet und damit die Erklärung der psychologischen Dynamik des Unheimlichen ausgehend von dem „Gebiet der Ästhetik"[2] entwickelt. Auf diese Weise gelingt es ihm zu zeigen, dass dem Wort ‚heimlich' eine grundsätzliche Ambivalenz zu eigen ist, kann es doch auf der einen Seite „heimelig, zum Hause gehörig [...], vertraut" bedeuten, auf der anderen „versteckt, verborgen gehalten".[3] Das Ausmaß der daraus resultierenden semantischen Unschärfe besitzt seinerseits das Potential zum Unheimlichen: „Also heimlich ist ein Wort, das seine Bedeutung nach einer Ambivalenz hin entwickelt, bis es endlich mit seinem Gegensatz unheimlich zusammenfällt."[4] Letztlich ist also gerade dem Wort, das doch eigentlich das Vertraute bezeichnet, nicht zu trauen.

Ausgehend von den Überlegungen Sigmund Freuds bedarf es nur eines kleinen gedanklichen Schrittes, um das dialektische Verhältnis zwischen dem Vertrauten und dem Verborgenen in einen anderen Kontext zu übertragen.[5] Eines der herausragenden Ergebnisse der literatur- und kulturwissenschaftlichen *Postcolonial Studies* ist die Beobachtung, dass die zu allen Zeiten in Literatur und Kunst inszenierte Angst vor dem Fremden

---

1 Freud: „Das Unheimliche", S. 244.

2 Ebd., S. 243.

3 Ebd., S. 245ff.

4 Ebd., S. 250.

5 Wegweisend ist in dieser Hinsicht Julia Kristevas Lektüre der Freudschen Ausführungen über das Unheimliche in ihrem Essay *Étrangers à nous-mêmes*: „Ainsi donc, ce qui *est* étrangement inquiétant serait ce qui *a été* (notons le passé) familier et qui, dans certaines conditions (lesquelles?), se manifeste. Un premier pas est franchi qui déloge l'inquiétante étrangeté de l'extériorité dans laquelle la fixe la peur, pour la replacer à l'intérieur non pas du familier en tant que propre, mais d'un familier potentiellement entaché d'étrange et renvoyé (par-delà son origine imaginaire) à un passé impropre. L'autre, c'est mon (‚propre') inconscient." Kristeva: *Étrangers à nous-mêmes*, S. 270f.

ihren Ursprung nicht in den Eigenschaften des ‚Anderen' selbst hat, sondern allererst aus einem Verhältnis zu sich selbst hervorgeht. Der vielbeschriebenen Interdependenz von Identität und Alterität liegt ein wechselseitiges Bedingungsverhältnis zwischen dem Wissen über die andere Kultur und der Selbstwahrnehmung der eigenen Kultur zugrunde.[6] Der besondere Fokus der postkolonialen Literaturwissenschaft liegt dabei auf der Frage, welche Bedeutung literarischen und wissenschaftlichen Diskursen bei der Vorbereitung, Ausübung und Legitimierung von Eroberung und Unterdrückung des kulturell Anderen zukommt, d.h. inwiefern das kulturelle Erzeugnis die koloniale Geste begleitet und unterstützt.[7] Gleichzeitig ist die Qualität ästhetischer Werke gerade darin zu sehen, dass sie die durch das Fremde ausgelöste Spannung zwischen Faszination und Schrecken in ihrer Ambivalenz aufrechterhalten und die Verbindungslinien zum Eigenen aufscheinen lassen können.

In Toni Morrisons Roman *Paradise* (1997) kommen bereits im Incipit beide genannten Aspekte zusammen: die Ambivalenz des Heimlich-Unheimlichen sowie die Dialektik von Eigenem und Fremdem.[8] Der nach *Beloved* und *Jazz* als abschließender Teil der Liebestrilogie konzipierte Roman beginnt mit einem gewaltsamen Überfall, den neun Männer des fiktiven Dorfes Ruby auf ein wenige Meilen entferntes ehemaliges Kloster unternehmen.[9] Im Morgengrauen dringen sie mit Waffengewalt in das Haus ein und schießen die darin lebenden Frauen brutal nieder. Bereits der erste Satz des Romans – „They shoot the white girl first." – legt neben der unvermittelten Aggression auch die Motive der Tat offen, sind darin doch die Hautfarbe und das Geschlecht des Opfers die einzigen Informa-

---

6 Vgl. Alexander Honold / Klaus R. Scherpe (Hgg.): „Das Fremde. Reiseerfahrungen, Schreibformen und kulturelles Wissen". *Zeitschrift für Germanistik* 2 (1999).

7 Diese Herangehensweise wurde insbesondere durch den Literaturwissenschaftler Edward Said geprägt: „What I want to examine is how the processes of imperialism occurred beyond the level of economic laws and political decisions, and – by predisposition, by the authority of recognizable cultural formations, by continuing consolidation with education, literature, and the visual and musical arts – were manifested at another significant level, that of the national culture, which we have tended to sanitize as a realm of unchanging intellectual monuments, free from worldly affiliations." Said: *Culture and Imperialism*, S. 12.

8 Toni Morrison: *Paradise*. London: Vintage 1997. Im Folgenden zitiert als P.

9 Auch wenn der Schauplatz mit seiner ursprünglichen religiösen Bestimmung kaum mehr etwas zu tun hat, sondern nur noch in seiner Funktion als Refugium, wird er in der folgenden Analyse zumeist als „Kloster" (im engl. Text: the Convent) bezeichnet werden. Der Signifikant ‚Kloster' bezeichnet also in dem vorliegenden Zusammenhang immer nur den topographischen, nicht den funktionellen Ort – die dabei mitschwingenden Konnotationen von Askese und Zurückgezogenheit, aber auch das damit verbundene Weiblichkeitsideal von Heiligkeit und Enthaltsamkeit entsprechen dabei signifikanterweise gerade *nicht* dem Bild, das der Roman von den Bewohnerinnen zeichnet. Diese Divergenz muss bei der Lektüre mitbedacht werden.

tionen hinsichtlich einer zu diesem Zeitpunkt völlig unbegreifbaren Handlung. Im Laufe des Textes dann enthüllt sich der Hintergrund des Verbrechens. In Ruby, das im Jahr 1949 von neun Familien und Nachfahren ehemaliger Sklaven in Oklahoma zur Sicherung von Frieden und Freiheit als „all black town" gegründet wurde, brechen zum Zeitpunkt der Handlung, kaum dreißig Jahre später, Generationenkonflikte und Familienfehden auf. Die rebellische Haltung der Jugendlichen, die aufrührerischen Reden des neuen Pastors und die neugierige Ahnenforschung der Dorfschullehrerin stören die festgefahrene Ordnung. In dem nahegelegenen Kloster, in dem schon seit Jahren keine Nonnen mehr leben, finden zugleich all diejenigen Zuflucht und Fürsorge, die angesichts gesellschaftlicher Normen und Konventionen scheitern oder die den Regeln der Dorfgemeinschaft von Ruby nicht entsprechen können. Vor allem Frauen mit Verlust- oder Gewalterfahrung flüchten sich dorthin. Auf diese Weise wird „the Convent" zu einem Ort, an dem sich die ‚Anderen' und ‚Abweichenden' versammeln, die aus der Gesellschaft ausgeschlossen wurden, damit deren Ordnung aufrecht erhalten werden kann. Die diesem Ort eingeschriebene Devianz, aber auch die Verbindungslinien zwischen beiden Gruppen – den Bewohnerinnen des Klosters und den Menschen in Ruby – begründen ein ambivalentes Oppositionsverhältnis, das schließlich in dem Mord an den Frauen gipfelt.

In Morrisons Roman *Paradise* liegt der Fokus also der Konstruktion dynamischer Strukturen des Eigenen und des Fremden innerhalb eines Kollektivs. Im Zentrum steht das Dorf Ruby, das die eigenen Erfahrungen ‚rassen'bedingter Ausgrenzung in eine rigide Isolationspolitik umgewandelt hat und niemanden von hellerer Hautfarbe in der Gemeinschaft duldet. Die Außenwelt wird grundsätzlich als eine existentielle Bedrohung wahrgenommen. Für den vorliegenden Zusammenhang soll nun die These formuliert werden, dass der vordergründigen Thematik von Rassismus und Gemeinschaftsbildung das Stereotyp der kranken Frau gleichsam unterliegt. Dabei lässt sich zeigen, dass die Kategorien *race* und *gender* in Morrisons Roman unauflöslich miteinander verknüpft sind und dass die Problematik rassenspezifischer Grenzziehungen immer auch unter geschlechtsspezifischen Vorzeichen steht.[10] Die Unabhängigkeit und

[10] In dieser Hinsicht knüpft die Autorin an Ideen und Forderungen eines postkolonial gewendeten Feminismus an, wie sie prominent von Bell Hooks, Trinh T. Minh-Ha, Chandra Talpade Mohanty und nicht zuletzt Gayatri Chakravorty Spivak seit den späten 80er-Jahren vorgebracht worden sind: Vgl. Bell Hooks: *Yearning*. Boston: South End Press 1990; Trinh T. Minh-Ha: *Woman, Native, Other. Writing Postcoloniality and Feminism*. Bloomington: Indiana University Press 1989; Chandra Talpade Mohanty: „Under Western Eyes: Feminist Scholarship and Colonial Discourses". In: Patrick Williams / Laura Chrisman (Hgg.): *Colonial Discourse and Post-colonial Theory. A Reader*. New York / London / Toronto: Harvester Wheatsheaf 1994, S. 196-220; Gayatri Chakravorty Spivak: *A*

Autonomie der im Kloster lebenden Frauen wird von den Autoritäten im Dorf verurteilt, dämonisiert und als krankhaft etikettiert. Diese Verurteilung und der damit einhergehende Diskurs der Pathologisierung werden dabei innerhalb der Konstruktion des Textes als Abwehrhaltung der Bewohner aus Ruby kenntlich gemacht, die auf diese Weise Erfahrungen der eigenen Geschichte unter umgekehrten Vorzeichen auf die fremden Nachbarn projizieren. Dabei spielen insbesondere die im Text entworfenen Raumkategorien eine zentrale Rolle, insofern die strukturellen Antagonismen und Verbindungen zwischen Dorf und Kloster bzw. dörflicher und US-nationaler Geschichte einander spiegeln. Zudem besteht eine Konvergenz von geschlechtsspezifisch codierten und ideologisch-hegemonialen Formen der Fest- und Zuschreibung. Ähnlich wie bei Marguerite Duras lässt sich also in Morrisons Roman ein Umgang mit der Figur der kranken Frau beobachten, der als Spatialisierung bezeichnet werden kann und bei dem das Stereotyp strategisch wiederholt und gleichsam in den Raum projiziert wird.

Das Verhältnis des Dorfes Ruby zu dem benachbarten Kloster, das sich immer wieder in räumlichen Semantiken sowie in strukturellen Grenzziehungen und Überlappungen manifestiert, steht daher im Zentrum der folgenden Analyse. (1.) In einem ersten Schritt wird dabei gezeigt, auf welche Weise das Kloster als ein heterotopischer Ort entworfen wird und auf welchen Wegen die weiblichen Figuren, die gesellschaftlich als deviant gekennzeichnet sind, dorthin gelangen. Die unterschiedlichen Frauenschicksale werden dabei auf sehr verschiedene Art und Weise in den Raum projiziert, wobei den individuellen Handlungssträngen eine Verknüpfung mit kartographischen Darstellungsmustern gemeinsam ist. (2.) In einem zweiten Schritt wird dargelegt, inwiefern das in Ruby vorherrschende Selbstverständnis ‚rassen'spezifischer Reinheit auf den Traumata der Vergangenheit errichtet ist. Auch hier sind gerade die raumsemantischen Kategorien von Bedeutung, insofern in der Geschichte des Dorfes das Bemühen um Einheit und innere Geschlossenheit beständig durch Flucht und innere Spaltungen bzw. Angst vor Vermischung heimgesucht wird. In mehrfacher Hinsicht wird dabei die Thematik von Grenzziehung und Grenzüberschreitung durchgespielt. (3.) Die systematische Semantisierung der Andersartigkeit der Frauen als krankhaft wird in einem dritten Schritt verdeutlicht. Der im Dorf vorherrschende Diskurs der Einheit und rassenspezifischen Reinheit wird dabei als Paradigma der Ablehnung und schließlich des Angriffs verwendet. Vor dem Hintergrund einer latenten Angst vor Ansteckung und Vermischung werden die Frauen als Bedrohung, als rassen- und geschlechtsspezifische Verunreinigung wahrgenommen. (4.) In einem vierten Schritt schließlich wird auf-

---

Critique of Postcolonial Reason. Toward a History of the Vanishing Present. Cambridge / London: Harvard University Press 1999.

gezeigt, dass sich das Verhältnis zwischen Dorf- und Klosterbewohnern trotz aller Isolationsbestrebungen durch eine Vielzahl von Verbindungslinien auszeichnet. Dabei lässt sich herausarbeiten, auf welche Weise die Andersheit der Frauen unter pathologische Vorzeichen gestellt und die vermeintliche Devianz des Weiblichen als Kernargument verwendet wird.

1. Devianz und Antagonismus. Die Frauen im *Convent*

Bevor auf den eigentlichen Gegenstand des Romans eingegangen werden kann – auf das konfliktuelle Verhältnis zwischen dem Dorf Ruby und dem nahegelegenen Kloster, das zu dem eingangs erwähnten Massaker an den dort lebenden Frauen führt –, soll zunächst skizziert werden, auf welche Weise das Kloster für die soziale Ordnung der Dorfgemeinschaft zu einem antagonistischen Ort wird. Die Beschreibung dieser Entwicklung schließt zugleich die Frage mit ein, wie das Kloster für die Frauenfiguren des Romans zu einem Fluchtpunkt, einem heterotopischen Ort wird.[11] Die Geschichten oder Schicksale der Frauen bilden dabei das zentrale Strukturelement des Romans. So werden in den einzelnen Kapiteln mit den Titeln „Mavis“, „Seneca“, „Grace“ usw. Ausschnitte aus dem Leben der eponymen Figuren vorgestellt. Diese separaten Handlungsstränge haben jeweils die Umstände zum Gegenstand, die die Frauen zum Aufbruch oder zur Flucht bewegen und durch Zufall in das dem Dorf Ruby nahegelegene Kloster führen; fast immer stehen dabei ein erlittener Schmerz, eine Gewalterfahrung oder ein Trauma im Zentrum.[12] Auf diese Weise entwirft der Roman eine Kartographie weiblicher Fluchtwege, wobei das Kloster als narrativer und topographischer Knotenpunkt fungiert. Je wei-

---

11 Das Kloster wird in diesem Sinne als heterotopischer Ort lesbar. Der Begriff der Heterotopie zur Kennzeichnung eines „anderen Raums“ (*espace autre*) eignet sich in dem vorliegenden Kontext vor allem dann, wenn man dabei Foucaults Rückgriff auf Georges Bataille und sein Konzept der Heterologie berücksichtigt. Demzufolge würde es um einen Ort gehen, der „das versammelt, was an Heterogenem bei der Produktion homogener Ordnungen entsteht und durch Verbot und Tabu ausgeschlossen wird“. Tobias Klass: „Heterotopie“. In: Clemens Kammler / Rolf Parr / Ulrich Johannes Schneider (Hgg.): *Foucault Handbuch. Leben – Werk – Wirkung*. Stuttgart / Weimar: Metzler 2008, S. 263-266, hier: S. 264. Foucault konkretisiert seine Begrifflichkeit in seinem Radiovortrag „Les Hétérotopies“ von 1966 und erkennt in der heutigen Gesellschaft die Entwicklung von Abweichungsheterotopien: „[...] c'est-à-dire que les lieux que la société ménage dans ses marges, dans les plages vides qui l'entourent, sont plutôt réservés aux individus dont le comportement est déviant par rapport à la moyenne ou à la norme exigée.“ Michel Foucault: *Die Heterotopien / Les hétérotopies. Der utopische Körper / Le corps utopique*. Frankfurt a.M.: Suhrkamp 2005, S. 42.

12 Eine Ausnahme bildet das erste Kapitel „Ruby“, in dem der Überfall der Männer des Dorfes Ruby auf das Kloster erzählt wird und zugleich die Geschichte dieses Dorfes; vgl. dazu das zweite Unterkapitel der Analyse.

ter der Text voranschreitet, desto stärker werden diese individuellen Handlungsverläufe mit der kollektiven Geschichte des Dorfes und seiner Bewohner verwoben, bis schließlich in dem abschließenden Kapitel, „Save-Marie“, sämtliche der im Roman angelegten Erzählstränge miteinander verflochten und in einen abweichenden, dezidiert poetischen Erzählmodus überführt werden.

Mavis ist die erste der Frauen, deren Weg ins Kloster nachgezeichnet wird. Das ihr gewidmete Kapitel beginnt mit einer Erwähnung der Nachbarn und deutet auf diese Weise bereits auf die verhängnisvolle Rolle hin, die die Thematik der Nachbarschaft im Hinblick auf das Kloster und das Dorf Ruby spielen wird: „The neighbors seemed pleased when the babies smothered. Probably because the mint green Cadillac in which they died had annoyed them for some time.“ (P 21) Die Tragödie, die hier im Mittelpunkt steht, wird zunächst aus der Außensicht präsentiert, bevor die persönliche Dimension des Geschehens deutlich wird. Die fünffache Mutter und Protagonistin des Kapitels verliert jäh ihre beiden jüngsten Kinder, als sie diese während eines Einkaufs für einen Moment im verschlossenen Wagen zurücklässt, wo sie in der Mittagshitze ersticken. Die trauernde Mavis muss sich anschließend nicht nur gegenüber der Nachbarschaft rechtfertigen, sondern ist auch den neugierigen Fragen einer Reporterin ausgesetzt:

> „Your babies suffocated, Mrs. Albright. In a hot car with the windows closed. No air. It's hard to see that happening in five minutes.“
> „[...] I walked in there straight to the dairy section and packed up two packs of Armours which is high you know but I didn't even look for the price. Some of them is cheaper but just as good. But I was hurrying so I didn't look.“
> [...] „Didn't you know your husband was coming home for supper, Mrs. Albright? Doesn't he come home for supper every day?“ (P 23f)

Der Vorwurf, aufgrund von Fahrlässigkeit an dem Tod der Kinder zumindest eine Teilschuld zu tragen, der mit den Fragen der Journalistin in den Raum gestellt wird, wirkt angesichts der entwaffnenden Aufrichtigkeit der angeschuldigten Mutter, die sich kaum zu verteidigen sucht, erstaunlich unangemessen. Bereits die in der kurzen Interviewsequenz offenbarte Konstellation legt nahe, dass die beiden Aufgaben, die Mavis in ihrer Rolle als Ehefrau und als Mutter von fünf Kindern zugedacht sind, miteinander konkurrieren und sie überfordern. Die Betonung der hohen Ladenpreise, die sie nur ausnahmsweise und in aller Eile in Kauf genommen hat, lässt sich zudem als Hinweis darauf lesen, dass der niedrige soziale Status nicht ohne Bedeutung ist für den Tod der Babys. Deutlich wird die prekäre Situation der Familie Albright vor allem in der kontrastierenden Darstellung von Mavis und der Reporterin: „When the journalist came, Mavis sat in the corner of the sofa, not sure whether to scrape the potato chip crumbs from the seams of the plastic cover or tuck them further in. [...] She's a really nice person, Mavis thought. Polite. She didn't look around the room or at the boy's feet." (P 21ff) Der Klassenunterschied zwischen den beiden Frauen manifestiert sich hier in den Andeutungen über die schmutzige Wohnung und die ungepflegten, nackten Kinderfüße, denen die neuen, hochhackigen Schuhe der Journalistin gegenüber gestellt werden – „The soles were barely smudged." (P 22) Auch wenn diese so rücksichtsvoll ist, sich nicht geringschätzig umzusehen, so sind doch die Anwesenheit des Fotografen und nicht zuletzt Mavis' Unbehagen ein Hinweis darauf, dass mit der Veröffentlichung des Interviews über die Tragödie zugleich das Elend der Familie zur Schau gestellt wird.[13]

Die Trauer der Figur Mavis tritt zunächst kaum an die Oberfläche. Ihre beinahe naiv anmutenden Erklärungen über die näheren Umstände des Tathergangs verraten eine Art Schockzustand, der dafür sorgt, dass sie den Alltag und die Versorgung der drei übrigen Kinder weiterhin bewältigen kann. Die Erschütterung, die der Tod der Zwillinge dennoch bedeutet, lässt sich an dem Umstand erkennen, dass Mavis beginnt, in Gegenwart ihrer Kinder und ihres Mannes eine Bedrohung zu empfinden, die paranoide Züge annimmt:

> The rest of the night she waited, not closing her eyes for a second. Frank's sleep was sound and she would have slipped out of bed (as soon as he had not smothered or strangled her) and opened the door except for the breathing beyond it. She was sure Sal squatted there – ready to pounce or grab her legs. Her upper lip would be raised showing eleven-year-old-teeth too big for her snarling mouth. Dawn, Mavis thought, would be critical. The trap would be agreed upon but maybe not laid yet. Her sharpest concentration would be needed to locate it before it sprung. (P 26)

Mavis' heimliche Angst, von ihren Kinder belauert und von ihrem Ehemann stranguliert und erstickt zu werden, lässt sich als direktes Echo auf den Tod der erstickten Babys lesen. Die eigene Tochter nimmt in Mavis Vorstellung bedrohliche, unheimliche Züge an („squat", „pounce", „grab", „snarl") und dieses Unheimlichwerden des einst Vertrauten wird zu einem wiederkehrenden Motiv innerhalb des Romans. Die überstürzte Flucht, die Mavis schließlich in dem mintgrünen Cadillac ihres Mannes antritt, erscheint in dieser Hinsicht zu gleichen Teilen als Überlebensversuch wie auch als Trauerarbeit. Die ziellose, aber entschlossene Fahrt quer durch Amerika ist geprägt durch eine Vielzahl flüchtiger Begegnungen

[13] Das Verhältnis von Scham und Ausgesetzt-Sein (*exposure*), das an späterer Stelle im Kontext von rassenspezifischer Ausgrenzung von Bedeutung sein wird, ist an dieser Stelle bereits angelegt, vgl. FN 29.

mit Frauen und Mädchen, die von ähnlichen Beweggründen umgetrieben werden:

> Later she remembered traveling like that – straight. One state, then the next, just as the map promised. When her funds dwindled to coins, she was forced to look for hitchhikers. But other than the first and the last, she could not remember the order of the girls. [...] They graced primary routes, intersections, ramps to bridges, the verges of gas stations and motels, in jeans belted low on the hips and flared at the bottom. Flat hair swinging or picked out in Afros. The white ones were the friendliest; the colored girls slow to melt. But all of them told her about the world before California. Underneath the knowing talk, the bell-chime laughter, the pointed silences, the world they described was just like her own pre-Californian existence – sad, scary, all wrong. High schools were dumps, parents stupid, Johnson a creep, cops pigs, men rats, boys assholes. (P 33)

Bereits der Weg, der Mavis ins Kloster führen wird, ist charakterisiert als eine vorübergehende, aber durch die jeweiligen Schicksale geprägte Gemeinschaft von Frauen; der Modus der Reise nimmt also bereits Elemente des Ortes vorweg, an dem Mavis ankommen wird. Die ziellose Fahrt – und nicht zuletzt das Mitnehmen ganz unterschiedlicher junger Mädchen als Anhalterinnen – evoziert Freiheit, Flucht und Flüchtigkeit. Die Verschiedenheit dieser Mädchen, die sich nicht nur in ihrem Äußeren, sondern auch in ihrer Art und Weise zu erzählen („knowing talk", „laughter", „silences") ausdrückt, wird nur deshalb hervorgehoben, um sie angesichts der Gemeinsamkeit zwischen ihnen wieder unwichtig erscheinen zu lassen. Sie alle werden von den gleichen Missständen umgetrieben und in ihren Sorgen spiegelt sich Mavis' eigene Situation wider („sad, scary, all wrong"). Die flüchtige Gemeinschaft der ungleichen Frauen, die vor allem durch den Faktor der gesellschaftlichen Devianz zusammengehalten wird, bereitet in diesem Sinne die Darstellung des Zusammenlebens im Kloster vor. Auch im Kloster herrscht eine Dynamik des Ankommens und Abschiednehmens vor, so dass die Freundschaften und Konflikte aus der Kontingenz der Begegnungen erwachsen. Gerade aufgrund dieser Flüchtigkeit ergibt sich im Kloster die Möglichkeit zu einem *espace autre*.

Entsprechend zukunftsweisend gestaltet sich die Darstellung von Mavis' Ankunft: ihre ersten Eindrücke des Klosters sind sinnlicher Art – Wärme, Helligkeit und Düfte (vgl. P 38-40) –, und verbinden sich zu einem Gefühl der Geborgenheit. Insbesondere über den Vorgang der Essenszubereitung – also genau jener Aspekt, der in Mavis' Vergangenheit den Auslöser der Tragödie bildet – wird ein Gefühl von Heimeligkeit generiert.[14] Die vordergründige Semantik von Sicherheit, Friedlichkeit und

---

[14] Diese Heimeligkeit wird überdies mit einem Gefühl autoaffektiver Sinnlichkeit verknüpft, die ein erwachendes Selbstbewusstsein der Figur Mavis zum Ausdruck

Häuslichkeit wird vom Text ergänzt durch surreale Elemente, die verdeutlichen, dass die dargestellte Szene eine Wiedergabe der subjektiven Perspektive Mavis' ist: „Left alone Mavis expected the big kitchen to loose its comfort. It didn't. In fact she had an outer-rim sensation that the kitchen was crowded with children – laughing? singing? – two of whom were Merle and Pearle." (P 41) Das vertraute Kinderlachen, das Mavis wahrnimmt, kennzeichnet den fremden Ort als ein alternatives Zuhause. Die Küche des Klosters wird mitsamt der darin vorgefundenen Attribute von Wärme, Nahrung und Sicherheit zu einem Ersatz für das Heim, das sich in Mavis' Wahrnehmung zur Bedrohung geformt hatte und unheimlich geworden war. Das Kloster nimmt in diesem Sinne die Funktion eines Supplements[15] ein und erhält eine therapeutische Wirkung. Der Text evoziert damit einen engen Zusammenhang zwischen der dargestellten Räumlichkeit und einer darüber zum Ausdruck gebrachten Emotionalität der Figuren, der für den Roman insgesamt charakteristisch ist.

Die Art und Weise, wie Mavis zum Kloster gelangt, und die Qualität der Dinge, die sie dort vorfindet, haben in all ihrer Trivialität einen modellbildenden Charakter für die späteren Kapitel. Der Roman zeichnet zunächst das Scheitern der gesellschaftlich festgeschriebenen Rollenanforderungen als Mutter und Ehefrau nach, wobei die dabei zur Debatte gestellte Kategorie des Geschlechts an keiner Stelle absolut gesetzt, sondern stets in einen konkreten Klassenzusammenhang gestellt wird.[16] Die Einengung der gesellschaftlichen Rolle und die Abweichung von einem als Norm festgelegten weiblichen Idealbild bringen eine Ambivalenz aus eigener Verfehlung und fremder Bedrohung mit sich, aus Täter- und Opferdasein, und führen schließlich zur Flucht. Dieses grobe Schema von Ausbruch und Aufbruch lässt sich in den folgenden Kapiteln und den dar-

---

bringt: „Later, watching her suddenly beautiful hands moving at the task, Mavis was reminded of her sixth-grade teacher opening a book: lifting the corner of the binding, stroking the edge to touch the bookmark, caressing the page, letting the tips of her fingers trail down the lines of print. The melty-thigh feeling she got watching her. Now, working pecans, she tried to economize her gestures without sacrificing their grace." (P 42)

15 Vgl. zur Funktion des Klosters als Supplement auch James M. Mellard: „Zizekian Reading: Sex, Politics and Traversing (the) Fantasy in Toni Morrison's *Paradise*". In: *Studies in the Novel* 40.4 (2008), S. 465-491.

16 Dabei ist entscheidend, dass gerade die Kategorie *race* in den einzelnen Erzählsträngen völlig unerwähnt bleibt. Die Tatsache, dass die Hautfarbe der Frauen in den meisten Fällen nicht auszumachen ist und deshalb, im Unterschied zu den Kategorien *gender* und *class*, gerade keine Rolle spielt, kontrastiert mit dem Credo des Dorfes Ruby, welches gänzlich auf der Prämisse rassenspezifischer Reinheit beruht. Vgl. zu Morrisons Ambiguisierung der Kategorie *race* bzw. zu einer Konstruktion der Hautfarbe als leerer Signifikant Kathryn Nicol: „Visible Differences: Viewing Racial Identity in Toni Morrison's *Paradise* and ‚Recitatif'". In: Teresa Huel / Neil Brooks (Hgg.): *Literature and Racial Ambiguity*. Amsterdam / New York: Rodopi 2002, S. 209-231.

in erzählten Frauenschicksalen wiederfinden. Immer wieder gibt es auch bei den anderen Frauen eine traumatische Urszene, einen Verlust von Bindung, eine Flucht und einen Neubeginn.

Ein charakteristisches Beispiel für eine traumatische Erfahrung, die erst inmitten der Gemeinschaft der im Kloster lebenden Frauen zur Sprache kommt und aufgefangen wird, ist die Vergangenheit des Mädchens Seneca, die als Kind von ihrer jungen Mutter verlassen wurde und von dieser nichts als einen Abschiedsbrief zurückbehalten hat.[17] Auf diesen Verlust folgen weitere Erfahrungen zwischenmenschlicher Enttäuschung und sexuellen Missbrauchs. Die Flucht vor einer ihr unerträglichen Wirklichkeit richtet Seneca zunächst einmal gegen den eigenen Körper:

> The little streets were narrow and straight, but as soon as she made them they flooded. Sometimes she held toilet tissue to catch the blood, but she liked to let it run too. The trick was to slice at just the right depth. Not too light, or the cut yielded too faint a line of red. Not so deep it rose and gushed over so fast you couldn't see the street. Although she had moved the map from her arms to her thighs, she recognized with pleasure the traces of old roads, avenues [...]. She entered the vice like a censored poet whose suspect lexicon was too supple, too shocking to publish. It thrilled her. It steadied her. (P 260f)

Indem das junge Mädchen sich selbst Wunden zufügt, entsteht eine Landkarte auf dem eigenen Körper, auf dem die Erfahrungen buchstäblich eingeritzt werden, so dass die einzelnen Schnitte und Narben ein Netz aus Straßen bilden. Diese Übertragung von Erlittenem auf einen Raum, die Übersetzung von Schmerz in Verletzungen, lässt sich zugleich metatextuell lesen. Das Vorgehen spiegelt das Erzählprinzip des Romans, der die Leidenswege der weiblichen Figuren zur Darstellung bringt und diese auf den Raum rückprojiziert, auf die tatsächlichen Straßen und Wege, die die Frauen beschreiten. Die Bewegungen durch den geographischen Raum, die paradigmatisch von der Figur Mavis ausagiert werden und die als Kartographie der einzelnen Frauenschicksale fungieren, spiegeln sich hier in

---

17 „Leaning against the box of Lorna Doones was an envelope with a word she recognized instantly: her own name printed in lipstick. She opened it, even before she tore into the cookie box, and pulled out a single sheet of paper with more lipstick words. She could not understand any except her own name again on the top, „Jean" at the bottom, loud red marks in between. / Soaking in happiness, she folded the letter back in the envelope, put it in her shoe and carried it for the rest of her life. Hiding it, fighting for the right to keep it, rescuing it from wastebaskets. She was six years old, an ardent first-grade student, before she could read the whole page. Over time, it became simply a sheet of paper smeared firecracker red, not one decipherable word left. But it was the letter, safe in her shoe, that made leaving with the caseworker for the first of two foster homes possible." (P 128)

der Spatialisierung erlittener Traumata auf der Oberfläche des Körpers.[18] Die metatextuelle Lesart wird gestützt durch die Parallele, die zwischen der Selbstverletzung Senecas und dem heimlichen Schreiben eines Dichters („like a censored poet") evoziert wird, wodurch das selbstzerstörerische Verhalten letztlich in einen schöpferischen Vorgang umgedeutet wird. Darüber hinaus ist in dem pathologischen Verhalten des jungen Mädchens eine politische Dimension impliziert, wie der Fortgang der zitierten Passage verdeutlicht:

> Access to this under garment life kept her own eyes dry, inducing a serenity rocked only by crying women, the sight of which touched off a pain so wildly triumphant she would do anything to kill it. She was ten and not cutting sidewalks when Kennedy was killed and the whole world wept in public. But she was fifteen when King was killed and then another Kennedy that summer. She called in sick to her baby-sitting job each time and stayed indoors to cut short streets, lanes, alleys into her arms. (P 261)

Insofern das Schneiden nicht nur als Verarbeitung persönlicher Erfahrungen sondern auch als unmittelbare Reaktion auf die Ermordung Martin Luther Kings gekennzeichnet wird, ist deutlich, dass der Autoaggression eine politische Dimension zufällt.[19] Das private Schicksal Senecas wird damit in einen großen historischen Kontext eingerückt, ein Verfahren, das dem gesamten Roman zugrunde liegt. Dass es an dieser Stelle gerade das Trauma und das daraus resultierende *self-cutting* sind – also das pathologisch-deviante Verhalten des Mädchens –, die mit der Geschichte der Schwarzen in Amerika verknüpft werden, ist für den vorliegenden Zusammenhang von besonderer Bedeutung. Zu Consolata, Mavis und Seneca kommen im weiteren Verlauf des Textes weitere Frauen und Mädchen, deren Schicksal ähnliche Züge trägt. Sie kommen als ‚Kranke', Traumatisierte, Verletzte ins Kloster und finden dort zu einer Form des Alltags, vor allem aber zu einer Linderung und Heilung der vergangenen Leiderfahrungen.

---

18 Vgl. zur Semantik der Kartographie in Morrisons Roman Lindsay M. Christopher: „The Geographical Imagination in Toni Morrison's *Paradise*". In: *Rocky Mountain Review* 63.1 (2009), S. 89-95.

19 Im Falle vom Grace alias Gigi, einer weiteren Klosterbewohnerin, findet man diese Bezugnahme auf den historischen Kontext und konkret auf die politische Situation der Schwarzen in Amerika besonders deutlich. Das wiederkehrende traumatische Bild, das sie heimsucht, ist deshalb keine persönliche Erfahrung, sondern ein Erlebnis während einer Demonstration für die Rechte der Schwarzen, das schlaglichtartig in ihrer Erinnerung aufscheint: „Underneath gripping dreams of social justice, of an honest people's guard – more powerful than her memory of the boy spitting blood into his hands – the desert lovers broke her heart." (P 64); „She just wanted to see [...] whether there was anything at all the world had to say for itself (in rock, tree or water) that wasn't boy bags or little boys spitting blood into their hands so as not to ruin their shoes." (P 68)

Das ehemalige Kloster bietet nicht nur einen Raum, in dem die gesellschaftlichen Rollen nicht fest vorgezeichnet sind, und der, ähnlich wie Mavis' Autofahrt, vollkommen flüchtig funktioniert. Auch entwickelt sich darin eine Dynamik, die über das Moment der Erzählung eine Heilung der inneren Verletzungen ermöglicht.

> That is how the loud dreaming began. How the stories rose in that place. Half-tales and the never-dreamed escaped from their lips to soar high above guttering candles, shifting dust from crates and bottles. And it was never important to know who said the dream or whether it had meaning. [...] Later on, when she [Seneca] had the hunger to slice her inner thigh, she chose instead to mark the open body lying on the cellar floor. They spoke to each other about what had been dreamed and what had been drawn. [...] unlike some people in Ruby, the Convent women were no longer haunted. (P 264ff)

Der hier beschriebene Vorgang des „loud dreaming“ ist ein von Consolata angeleiteter Austausch, bei dem die Frauen einander ihre Erfahrungen, Träume und Wünsche erzählen und die schmerzhaften Erfahrungen auf Schattenbilder des eigenen Körpers auf dem Kellerboden zeichnen. Bei dieser Prozedur vermischen sich die einzelnen Erzählungen, lösen sich von der Person, die sie hervorbringt und werden austauschbar. Die Zeichnungen ermöglichen eine identitäre Ablösung, wie etwa bei der Figur Seneca, die das selbstverletzende Verhalten nun stellvertretend an der gezeichneten Doppelgängerin vornehmen kann. Was auf inhaltlicher Ebene wie die improvisierte Imitation einer psychoanalytischen Sitzung anmutet, bei der das Unbewusste und traumatisch Verstellte zur Sprache kommt, wird im Text zu einem ästhetischen Prinzip, bei dem die Erfahrungen und Erinnerungen der einzelnen Frauen narrativ miteinander verflochten werden.

> They kick their legs underwater, but not too hard for fear of waking fins or scales also down below. The male voices saying saying forever saying push their own down their throats. Saying, saying until there is no breath to scream or contradict. Each one blinks and gags from tear gas, moves her hand slowly to the scraped skin, the torn ligament. Runs up and down the halls by day, sleeps in a ball with the lights on at night. (P 264)

Die fragmentarischen Erinnerungen an Situationen von Angst und Gewalt, an Atemlosigkeit, Schmerz und Orientierungslosigkeit, werden zu einem Gedankenfluss montiert und in dieser Darstellung als eine gemeinsam durchlebte Erfahrung inszeniert („they“, „their“, „each one“), bis dass die einzelnen Schicksale ununterscheidbar werden. Die Darstellungsweise der individuellen Geschichten, die zunächst nebeneinander stehen, sich aber dann mehr und mehr verflechten, führt zu einer narrativen Polyphonie, die das Geschehen immer neu aus unterschiedlichen Perspektiven konstituiert. Der Ort des Klosters bildet damit nicht nur einen Fluchtpunkt für die einzelnen Figuren, sondern auch einen Kristallisationspunkt für die narrative Organisation des Textes.

Grundsätzlich lassen sich also anhand der im Kloster zusammenlaufenden Handlungsstränge verschiedene Formen der Spatialisierung erkennen, bei der die Pathologisierung von Weiblichkeit wiederholt und anhand räumlicher Parameter sichtbar gemacht wird. Dies gilt zum einen für das geographische Territorium Amerika, auf dem sich die Figuren an einen Ort der heterotopischen und devianten Gemeinschaftlichkeit bewegen, sowie für dieses Kloster selbst, dessen Räume zur Projektionsfläche für die Traumata der Vergangenheit werden. Zum anderen gilt dies, wie das Beispiel des Mädchens Seneca zeigt, für den Körper der einzelnen Protagonistinnen, der wie eine Landkarte erlittener Schmerzen fungiert. Das Verfahren der Spatialisierung findet somit auf verschiedenen Ebenen statt und generiert eine Interaktion von topographischen Räumlichkeiten und psychischen Prozessen.

2. Isolation und Inversionen. Transgenerationelle Traumata

Lässt sich das Kloster als ein Ort auffassen, der in Morrisons Roman über die Verknüpfung einzelner Flucht- und Reisebewegungen entsteht, der also nicht schon vorher gegeben war, sondern sich immer neu konstituiert, so liegt in diesem Umstand bereits eine erste und entscheidende Parallele zu der Geschichte des Dorfes Ruby. Dieses entsteht ebenfalls als Zielpunkt einer Reise, jedoch geht man hier anders mit der nomadischen Entstehungsgeschichte um. Die multiperspektivisch und polyphon wiedergegebene Vergangenheit reicht mehrere Generationen zurück. Nach der Sklavenbefreiung und während des *Western Settlement* von 1889 gründete eine Gruppe von mehreren Familien in Oklahoma die Stadt Haven, nachdem ihnen auf ihrer Reise durch das Land immer wieder von bereits existierenden Siedlungen der Zutritt verweigert worden war:

> On the journey from Mississippi and two Louisiana parishes to Oklahoma, the one hundred and fifty-eight freedmen were unwelcome on each grain of soil from Yazoo to Fort Smith. Turned away by rich Choctaw and poor Whites, chased by yard dogs, jeered at by camp prostitutes and their children, they were nevertheless unprepared for the aggressive discouragement they received from Negro towns already being built. (P 13)

Die tiefschwarze Hautfarbe der Gruppe, von ihnen selbst als „8-rock“[20] bezeichnet, erweist sich als Grund für die Zurückweisung durch andere

---

[20] „[E]ach and every one of the intact nine families had the little mark […]: 8-R. An abbreviation for eight-rock, a deep deep level in the coal mines. Blue-black peo-

Siedlungen und wird daher, nach einer jahrelangen und von Entbehrungen geprägten Reise, zum Ursprung des eigenen Selbstverständnisses in Form der „all black town“ Haven. Den Mittelpunkt des Ortes bildet der Ofen, der gleich in mehrfacher Hinsicht Schutz- und Gemeinschaftsfunktion einnimmt und nicht zuletzt die Frauen davor bewahren soll, in der Küche von Weißen arbeiten zu müssen und damit der Gefahr einer Vergewaltigung ausgesetzt zu sein.[21] Als 60 Jahre später ein von den Zwillingen Steward und Deacon Morgan angeregter zweiter ‚Exodus‘[22] beginnt, weil die Dorfstrukturen auseinanderzubrechen drohen, wird dieser Ofen abgebaut und Stück für Stück mit auf die beschwerliche Wanderung genommen. Das Dorf Ruby ist demnach, mitsamt des *oven* in seiner Mitte, das Ergebnis und der Endpunkt einer zweiten Reise.

> In 1949, young and newly married, they were anything but fools. Long before the war, Haven residents were leaving and those who had not packed up were planning to. The twins stared at their dwindling postwar future and it was not hard to persuade other home boys to repeat what the old fathers had done in 1890. [...] So, like the ex-slaves who knew what came first, the ex-soldiers broke up the Oven and loaded it into two trucks even before they took apart their own beds. Before first light in the middle of August, fifteen families moved out of Haven – [...] deeper into Oklahoma, as far as they could climb from the grovel contaminating the town their grandfathers had made. (P 16)

Wie ihre Vorväter initiieren die Zwillinge Deacon und Steward Morgan eine kollektive Migration und eine Neugründung des Dorfes. Wollten die Haven-Gründer die Übel der Sklaverei hinter sich lassen, so verabschieden sich die Familien nun von den Leiden des Zweiten Weltkriegs. Die besondere Achtsamkeit, die dabei dem Ofen zuteil wird, macht deutlich, dass die Reise der Vorfahren nicht einfach wiederholt, sondern dass die Wiederholung mit einer symbolischen Bedeutung ausstattet wird. Die angestrebte Freiheit und der Frieden werden fürderhin durch den Ofen ver-

---

ple, tall and graceful, whose clear, wide eyes gave no sign of what they really felt about those who weren't 8-rock like them.“ (P 193)

21 „Zechariah corralled some of the men into building a cook oven. They were proud that none of their women had ever worked in a white-man's kitchen or nursed a white child. Although field labor was harder and carried no status, they believed the rape of women who worked in white kitchens was if not a certainty a distinct possibility – neither of which they could bear to contemplate. So they changed that danger for the relative safety of brutal work.“ (P 99)

22 Zu den biblischen Konnotationen der Reise vgl. Katrine Dalsgård: „The One All Black Town Worth the Pain: (African) American Exceptionalism, Historical Narration, and the Critique of Nationhood in Toni Morrison's *Paradise*“. In: *African-American Review* 35.2 (2001), S. 233-248; Ana Mª Fraile Marcos: „The Religious Overtones of Ethnic-Identity Building in Toni Morrison's *Paradise*“. In: *Atlantis* 24.2 (2002), S. 95-116.

körpert.[23] Gleichzeitig handelt es sich bei der Reise um eine Flucht. Die Familien fliehen vor einer wiederkehrenden Haltung der Unterwürfigkeit („grovel“), die für sie eine Verunreinigung („contamination“) bedeutet. Stabilität, innere Einheit und Reinheit werden auf diese Weise in Zusammenhang gebracht. Die Flucht oder Reise ist immer auch ein Versuch, unter sich zu bleiben und sich von der Außenwelt abzugrenzen.

Dass die traumatische Geschichte des Dorfes – die rassenbedingte Demütigung und Ausgrenzung – den Nährboden für eine Fortsetzung der Aggression bereitet, das verdeutlicht der Roman auf drastische Weise in der Darstellung des Überfalls auf die im Kloster lebenden Frauen. Die Erfahrung von Zurückweisung und Ausgrenzung bilden in Ruby den Ausgangspunkt eines rigiden Isolationismus und eines Gefühls der Bedrohung von außen. Der Angriff auf das Kloster findet deshalb zu einem Zeitpunkt statt, da der so existentiell wichtige innere Zusammenhalt des Dorfes durch eine Reihe von Konflikten gefährdet ist: die Familien Morgan und Fleetwood geraten in einen generationsübergreifenden Streit, der Handgreiflichkeiten mit einschließt; die Dorfschullehrerin Patricia Best erntet bei ihren Recherchen für die von ihr verfasste Dorfchronik von den Befragten Misstrauen und Feindseligkeit; die Jugendlichen des Dorfes lösen eine Debatte über die Bedeutung der Inschrift des Ofens aus und werden von Reverend Pulliam streng gemaßregelt; und schließlich sind es die beiden Gemeindevorsitzenden selbst, zwischen denen ein stummer Machtkampf ausgetragen wird, steht doch der eine für Tradition und Konservatismus, der andere für Veränderung und Aufbruch.

Nimmt man all diese Einzelereignisse zusammen, wird deutlich, dass die dorfinternen Spannungen vor allem auf Differenzen zwischen den Generationen zurückgehen. Am deutlichsten manifestiert sich dies in den Auseinandersetzungen um die genaue Bedeutung der Inschrift des von Haven mitgebrachten und in Ruby wieder aufgebauten Ofens, von der ein Teil nicht mehr lesbar ist. Während die *Old Fathers* beschwören, dass die vollständigen Worte „Beware the Furrow of His Brow“ lauten müssen, stellen die Jugendlichen die provokative These in den Raum, darin sei die Losung „Be the Furrow of His Brow“ zu lesen. Die unlösbare Enträtselung der richtigen Ergänzung der Inschrift impliziert somit eine Uneinigkeit darüber, welche Bedeutung ihr grundsätzlich beizumessen ist. Darf man die von den Gründungsvätern von Haven in Stein gemeißelten Worte überhaupt nach Belieben ausdeuten?[24] Die Entscheidung darüber, wem

[23] Die Transformation von einer nützlichen hin zu einer symbolischen Bedeutung des Ofens beschreibt auch James Mellard: „Historically, utilitarian objects, ones ostensibly having only contingent significance, may rise to articulated symbolic status.“ Mellard: „Zizekian Reading“, S. 468.

[24] Ganz unverkennbar geht es hier in einer weiteren Bedeutungsebene um Fragen und Probleme, die die Hermeneutik im allerersten Sinne betreffen, nämlich hinsichtlich der Auslegung der Bibel als Gottes Wort. Auf diese Bezüge zur Bibel

diese Deutungsmacht zukommt, gibt zugleich Antwort auf die Frage, wer im Dorf Ruby die Autorität verkörpert und in welcher Form sie weitergegeben wird: „‚Motto? Motto? We talking command!' Reverend Pulliam pointed an elegant finger at the ceiling. ‚Beware the Furrow of His Brow. That's what it says clear as daylight. That's not a suggestion; that's an order!'" (P 86)

Ebenso umstritten wie der Inhalt der Worte ist also ihr Gewicht. Tatsächlich wird hier das Verhältnis zwischen Vergangenheit und Zukunft, Tradition und Fortschritt verhandelt, sowie das eigene Selbstverständnis als schwarze Community. Die älteren Männer und Gründer des Dorfes fassen die Inschrift als eine an nachfolgende Generationen gerichtete Weisung auf, als einen Befehl, und setzen auf diese Weise den Ofen als ein Zeichen von Tradition und Vergangenheit. Die Losung der Vergangenheit ist dabei buchstäblich in Stein gemeißelt und als unabänderlich gesetzt, während die Mehrdeutigkeit, die sich aus der Unvollständigkeit der Inschrift ergibt, negiert werden muss. Allgemeiner gesprochen ist es gerade der Supplementcharakter des geschriebenen Wortes – die Möglichkeit einer semantischen Ergänzung oder Veränderung –, der für die ältere Generation Rubys zu einer angstbesetzten Gefahr wird und ihr Selbstverständnis ins Wanken zu bringen droht. Die semantische Ambivalenz trägt, ganz im Sinne der eingangs zitierten Überlegungen Freuds, den Kern des Unheimlichen.

Der Konflikt um die Auslegung der Inschrift verdeutlicht, dass im Hinblick auf den zum Götzen stilisierten Ofen eine Verschiebung von der pragmatischen zur symbolischen Bedeutung stattgefunden hat – bzw., in Barthes'scher Terminologie, eine Verwandlung von Geschichte in Natur, von Bedeutung in Mythos.[25] Hier geht es nicht mehr ganz vordergründig darum, ein Essen zuzubereiten und einen Ort der Gemeinschaft zu etablieren. Stattdessen bilden sich rund um den *oven*, wie die generationsübergreifenden Diskussionen zeigen, die im Dorf herrschenden Machtstrukturen ab.[26] Vor allem aber zeichnet sich ab, dass die dorfinternen

---

kann in dem vorliegenden Kontext nur am Rande eingegangen werden, auch wenn viele Versatzstücke des Romans (angefangen beim Romantitel über den Schauplatz des Klosters bis hin zum Ort Haven) ganz unmittelbar darauf verweisen. Zu diesbezüglichen Ansätzen vgl. u.a. Dalsgård: „The One All Black Town Worth the Pain".

25 „Le signifiant du mythe se présente d'une façon ambiguë: il est à la fois sens et forme, plein d'un côté, vide de l'autre. […] Le sens est *déjà* complet, il postule un savoir, un passé, une mémoire, un ordre comparatif de faits, d'idées, de décisions. En devenant forme, le sens éloigne sa contingence; il se vide, il s'appauvrit, l'histoire s'évapore, il ne reste plus que la lettre." Roland Barthes: *Mythologies*. Paris: Seuil 1957.

26 Dies wird auch in Soanes Gedanken formuliert: „Oh, how the men loved putting it back together; how proud it had made them, how devoted. A good thing, she thought, as far as it went, but it went too far. A utility became a shrine". (P 103)

Konflikte auf andere verweisen, die weit außerhalb liegen, dass also die Ereignisse der „großen Geschichte“ in den Mikrokosmos der Familien von Ruby hineinreichen und damit der reale Kontext in die fiktive Welt des Romans:

> Yet there was something more and else in his speech. Not so much what could be agreed or disagreed with, but a kind of winged accusation. Against whites, yes, but also against them – the townspeople listening, their own parents, grandparents, the Ruby grownfolk. As though there was a new and more manly way to deal with the whites. Not the Blackhorse or Morgan way, but some African-type thing full of new words, new color combinations and new haircuts. Suggesting that outsmarting whites was craven. That they had to be told, rejected, confronted. Because the old way was slow, limited to just a few, and weak. (P 104)

Der hier beschriebene Diskurs, der von einem der Jugendlichen hervorgebracht wird, steht zwar im Kontext der Debatte um die Inschrift des Ofens, er schließt aber offenbar sehr viel mehr mit ein: eine andere Art zu sprechen und sich zu kleiden, eine andere Art sich gegenüber den Weißen und der eigenen *Community* zu positionieren. Der fordernde Charakter der Rede, die Hervorhebung der afrikanischen Identität und die Andeutung einer gewissen Gewaltbereitschaft kennzeichnen eine Position des Black Power, die sich in Amerika in den 60er-Jahren und verstärkt nach der Ermordung von Malcolm X entwickelte und die später von der *Black Panther*-Gruppe radikalisiert wurde. Spätestens die geballte Faust, die von den Jugendlichen an den Ofen gemalt wird, lässt sich als expliziter Verweis darauf lesen, dass die mit viel Mühe abgeschirmte Außenwelt mitsamt ihren Rassen- und Klassenkonflikten, mitsamt ihrer Aporie von Widerstand und Anpassung doch wieder in die Realität des Dorfes Ruby eindringt.

Wie schwierig die Aufrechterhaltung einer stabilen Einheit der Dorfgemeinschaft ist, das wird insbesondere über die beiden Figuren Deacon und Steward Morgan veranschaulicht. Ihnen fällt, als Initiatoren und Gründer von Ruby, in gewissem Sinne auch die Autorität über die Darstellung der Vergangenheit zu. Es sind ihre Erinnerungen und Erzählungen, die dem Kollektiv seine Identität und Legitimation verleihen:

> The twins have powerful memories. Between them they remember the details of everything that ever happened – things they witnessed and things they have not. [...] And they have never forgotten the message or the specifics of any story, especially the controlling one told to them by their grandfather [...]. A story that explained why neither the founders of Haven nor their descendants could tolerate anybody but themselves. (P 13)

Die Erinnerungen an die Vergangenheit werden, so wird an dieser Stelle deutlich, in Form von Geschichten von Generation zu Generation weitergegeben, so dass diejenigen, die erinnern und erzählen, zu stellvertretenden Zeugen („witness") werden.[27] Gleichzeitig fungieren diese „powerful memories" als eine Art Mahnung, wird darin doch an die einstige Zurückweisung erinnert, die die Familien aufgrund ihrer tiefschwarzen Hautfarbe zu erleiden hatten und die ihnen ins Bewusstsein ruft, dass auch innerhalb der Gruppe der Schwarzen rassenbedingte Grenzlinien existieren: „[F]or ten generations they had believed the division they fought to close was free against slave and rich against poor. Usually, but not always, white against black. Now they saw a new separation: light-skinned against black." (P 194) Diese Erfahrungen führen zu einer rigiden Rassenpolitik nach innen, und unter dem Stichwort der *One-drop-rule* hütet man sich in Ruby vor jeglicher ‚Vermischung' mit der Außenwelt. Die angestrebte Reinheit wird, so lässt der Verweis auf eine „controlling story" schließen, unterstützt durch eine narrativ erschaffene Einheit. Das Erzählen über die Vergangenheit hat eine identitätsstiftende Funktion und begründet den Zusammenhalt der Gemeinschaft.

Gerade die Figuren, die kraft ihrer Narration die Zusammengehörigkeit der Gemeinschaft symbolisieren, sind jedoch vom Auseinanderbrechen jener Einheit betroffen. Während die Zwillinge das transgenerationelle Wissen um die Vergangenheit in sich tragen, das zugleich zu dem Dogma der dorfinternen ‚Reinrassigkeit' führt, vollzieht sich zwischen ihnen eine emotionale und ideologische Spaltung.[28] Der Grund dafür wird niemals explizit gemacht, der Leser kann aber erahnen, dass Deacons Liebesbeziehung zu einer der Frauen aus dem Kloster den Ursprung der Entfremdung zwischen den Brüdern darstellt. Mit seiner Affaire betrügt der Zwilling nicht nur seine Frau, sondern auch die in Ruby vorherrschende Idee von rigidem Separatismus.

---

27 Der hieran unmittelbar anknüpfende Zusammenhang zwischen Erzählung und Kollektivität ist in Homi Bhabhas Monographie *Nation and Narration* dargelegt. Bhabha geht davon aus, dass der Praxis nationaler Geschichtsschreibung ein Moment der Gewalt inhärent ist; vgl. Homi K. Bhabha: *Nation and Narration*. New York: Routledge 1990. Der komplexe Vorgang aus Erinnern und Vergessen, der dem *nation-building* vorausgeht, findet sich auch in *Paradise*. Vgl. dazu insbes. die Aufsätze von Dalsgård: „The One All Black Town Worth the Pain"; Marni Gauthier: „The Other Side of *Paradise*: Toni Morrison's (Un)Making of Mythic History". In: *African American Review* 39.3 (2005), S. 395-414; Carola Hilfrich: „Anti-Exodus: Countermemory, Gender, Race, and Everyday Life in Toni Morrison's *Paradise*". In: *Modern Fiction Studies* 52.2 (2006), S. 321-349; Megan Sweeney: „Racial House, Big House, Home. Contemporary Abolitionism in Toni Morrison's *Paradise*". In: *Meridians* 4.2 (2004), S. 40-67.

28 „The most interesting development was with the Morgan brothers. Their distinguishing features were eroding: tobacco choices (they gave up cigar and chaw at the same time), shoes, clothes, facial hair. [...] they looked more alike than they probably had at birth. But the inside difference was to deep for anyone to miss." (P 299)

Gerade weil die Brüder den Gründungsmythos ihres Heimatdorfes so stark mitgeprägt haben, ist ihre wachsende Entzweiung auf verschiedenen Ebenen lesbar. Auf einer ersten Ebene lässt sich in den Figuren Deacon und Steward das literarische Motiv des Doppelgängers wiederfinden – im Sinne einer Fremdwerdung und Abspaltung des eigenen Selbst –, insofern die innig vertrauten Menschen einander mit einem Male unheimlich werden: „It was Deacon Morgan who had changed the most. It was as though he had looked in his brother's face and did not like himself anymore. [...] What he felt now was exotic to a twin – an incompleteness, a muffled solitude, which took away appetite, sleep and sound.“ (P 300) Die hier beschriebene Entfremdung vom Anderen, die zugleich ein Gefühl der eigenen Unvollkommenheit nach sich zieht, muss in den Kontext von Rassismus und Selbstwahrnehmung eingerückt werden. Dies wird auf einer zweiten Ebene sichtbar, denn der Bruch zwischen den vormals symbiotischen Morgan-Brüder funktioniert im Text wie ein Echo auf die Spaltung zwischen Havens Gründervätern Coffee und Tea, die sich über die Frage nach Assimilation an oder Widerstand gegen das Gesetz der Weißen entzweiten: „Coffee couldn't take it. Not because he was ashamed of his twin, but because the shame was in himself. It scared him. So he went off and never spoke to his brother again.“ (P 303)[29] Auf einer dritten

[29] Die Episode ihrer Entzweiung wird in der erinnernden Perspektive der Dorflehrerin und zugleich Verfasserin der Dorfchronik wiedergegeben. Als ein Mob Weißer die Brüder dazu auffordert, für sie zu tanzen, und ihnen dabei mit einer Pistole droht, willigt Tea ein, während Coffee eine Kugel in seinen Fuß bekommt. Aus dieser Situation folgte ein lebenslanger Bruch: „I'm thinking Coffee was right because he saw something in Tea that wasn't just going along with some drunken whiteboys. He saw something that shamed him. The way his brother thought about things; the choices he made when up against it.“ (P 303) Vor dem Hintergrund der Rassenproblematik und der Frage nach Anpassung und Subversion tragen die beiden Brüder – Coffee und Tea – sprechende Namen. – Zum Zusammenhang von Scham, Trauma und Rassismus hat u.a. J. Brooks Bouson geforscht: „Morrison dramatizes the painful sense of exposure that accompanies the single shame event and also the devastating effect of chronic shame on her characters' sense of individual and social identity, describing their self-loathing and self-contempt, their feelings that they are, in some essential way, inferior, flawed, and/or dirty.“ J. Brooks Bouson: *Quiet As It's Kept. Shame, Trauma, and Race in the Novels of Toni Morrison*. Albany: State of University Press 2000, S. 4. Gerade die semantische Verknüpfung einer rassenbedingten Unterlegenheit und einer Art Makel oder Verunreinigung ist für den vorliegenden Zusammenhang von Bedeutung, wie noch zu sehen sein wird. Auch der Aspekt der Scham ist bereits angedeutet worden, kann innerhalb der vorliegenden Untersuchung aber nur angerissen werden. Entscheidend ist an dieser Stelle, dass sich in diesem Unheimlich-Werden eine Selbstentfremdung lesen lässt, die, folgt man den Überlegungen Frantz Fanons, als Folge der Internalisierung rassistischer Stereotype betrachtet werden kann. Fanon zufolge verinnerlicht das Opfer von Rassismus den negierenden Blick von Außen und überträgt diesen dann abermals auf sich selbst: „Les histoires de Tarzan, d'explorateurs de douze ans, de Mickey, et tous les journaux

Ebene schließlich evoziert das im Roman angelegte Motiv des Bruder-Zwists, gerade aufgrund seiner generationsübergreifenden Wiederholung, eine wiederkehrende Konstellation innerhalb der schwarzen Bürgerrechtsbewegung, die sich auf die antagonistischen Positionen von Anpassung und Subversion reduzieren lässt und die sich in dem Konflikt von Booker T. Washington und W.E.B. Du Bois personifiziert.[30] Die fiktiven Bruderfiguren funktionieren also gleichsam als Wiedergänger der realweltlichen Protagonisten der schwarzen Bürgerrechtsbewegung. Was sich in Morrisons Roman zwischen den Zwillingen abspielt, wirkt wie eine Literarisierung der von Du Bois theoretisierten „double consciousness".[31] Bei Deacon und Steward bedeutet der Blick auf den Anderen immer zugleich auch den Blick auf das eigene Ich, impliziert also den Zwang, sich von außen zu betrachten und dabei fremd zu werden. In dem Zwillingsmotiv, das im Roman an verschiedenen Stellen virulent wird, materialisieren sich also die psychologischen Folgen rassistischer Internalisierung. Indem der Text auf Du Bois' Konzept der *double consciousness* Bezug nimmt, verortet er das Schicksal der Bewohner von Ruby in einem großen historischen Kontext, oder umgekehrt: die ‚große' Geschichte der Schwarzen in Amerika wird in der ‚kleinen' Geschichte des Dorfes gespiegelt.

Die Spaltung der beiden Brüder, deren gemeinsame Erinnerungen für das Kollektiv Ruby eine einheitsstiftende Funktion haben, bleibt nicht ohne Auswirkung auf die Dorfgemeinschaft. Auch hier bilden sich Risse

---

illustrés, tendent à un véritable défoulement d'agressivité collective. [...] le Loup, le Diable, le Mauvais Génie, le Mal, le Sauvage sont toujours représentés par un nègre ou un Indien, et comme il y a toujours identification avec le vainqueur, le petit nègre se fait explorateur, aventurier, missionnaire ‚qui risque d'être mangé par les méchants nègres' aussi facilement que le petit Blanc." Frantz Fanon: *Peau noire, masque blanc*. Paris: Seuil 1952, S. 119.

30 Während Washington die Position vertrat, dass Schwarze ihre gesellschaftliche Position akzeptieren und ihre Ziele auf die Forderung erweiterter beruflicher Möglichkeiten beschränken sollen, forderte Du Bois eine umfassende soziale Gleichstellung von Schwarzen und Weißen sowie eine „equality of civil rights".

31 Du Bois, der hier als Beispiel für eine Entzweiung gleichsam als Figur auftritt, hat den Vorgang der Entfremdung – die im Roman als Dopplung auftritt – unter dem Stichwort der *double-consciousness* auch als Theoretiker formuliert: „After the Egyptian and Indian, the Greek and Roman, the Teuton and Mongolian, the Negro is a sort of seventh son, born with a veil, and gifted with second-sight in this American world, – a world which yields him no true self-consciousness, but only lets him see himself through the revelation of the other world. It is a peculiar sensation, this double-consciousness, this sense of always looking at one's self through the eyes of others, of measuring one's soul by tape of a world that looks on in amused contempt and pity. One ever feels his two-ness, – an American, a Negro; two souls, two thoughts, two unreconciled strivings; two warring ideals in one dark body, whose dogged strength alone keeps it from being torn asunder." W.E.B. Du Bois: *The Souls of Black Folk* [1903]. New York / London: Norton & Company 1999, S. 10f.

unterhalb einer vermeintlich heilen Oberfläche: „Except for a crack here, a chink there everything in Ruby was intact.“ (P 112) Die Generation der Morgan-Brüder wiederholt auf diese Weise das Trauma der Urväter und gibt es ihrerseits an ihre Nachfahren weiter. Gerade in dem Versuch, sich der rassenspezifischen Ausgrenzung zu entziehen, sich zu schützen und gegen die Kontamination von außen zu ‚immunisieren‘, etablieren sie ein System, das die inneren Spannungen und Spaltungen nach außen überträgt.

Untersucht man die Art und Weise, wie in Morrisons Roman jeweils die Herstellung eines Kollektivs an einem bestimmten Ort dargestellt wird, so ist auffällig, dass dem Kloster und dem Dorf Ruby zwei völlig gegensätzlichen Konstruktionsformen zugrunde liegen. Das ehemalige Kloster, das den Frauen als Zufluchtsstätte dient, ist ein Ort, an dem sich zu einem Zeitpunkt unterschiedliche Einzelschicksale miteinander verbinden. Im Gegensatz dazu ist Ruby ein Ort, an dem sich eine kollektive Identität manifestiert, die auf innere Einheit ausgerichtet ist, nachdem sie mehrfach an anderen Orten aufgegeben werden musste und stetig ‚fortgerückt‘ ist. Obwohl beide Orte als das Ergebnis von Flucht und Reise lesbar sind, ist dem Kloster eine innere Dynamik und Flüchtigkeit zu eigen, die letztlich seine Stabilität garantiert, während Ruby eine Beständigkeit anstrebt, die immer auch die Gefahr einer Störung und Bedrohung von außen auf den Plan ruft. Die Sehnsucht nach innerer Sicherheit, das der Isolationspolitik des Dorfes zugrunde liegt, geht mit einer Furcht vor Vermischung oder „Verunreinigung“ einher und führt so das Bestreben nach Einheit mit einem Diskurs der „Reinheit“ zusammen. Die beiden antagonistischen Konstruktionsweisen, die Überlagerung von heterogenen Lebensentwürfen an einem Ort gegenüber der räumlichen Verschiebung eines Ideals von Homogenität, spiegeln sich zudem in zwei unterschiedlichen Erzählformen. Im Kloster koexistieren verschiedene Geschichten, die miteinander bis zur Ununterscheidbarkeit verwoben werden, in Ruby hingegen dominiert eine übergeordnete Erzählung, die als „controling one“ bezeichnet wird und weitergegeben werden muss. Nicht nur in topologischer Hinsicht bilden die beiden Räume also einen Gegensatz, sondern auch im Hinblick auf die dort hervorgebrachten Narrative.

Die hier Ausführungen über die Vergangenheit des Dorfes Ruby und die Gegenwärtigkeit der von den Vorvätern erlittenen Traumata scheinen sich auf den ersten Blick vom Gegenstand der Figur der kranken Frau zu entfernen. Es lässt sich jedoch zeigen, dass bereits in der Makrostruktur des Romans die Pathologisierung und schließlich Eliminierung der Frauen den Rahmen für die Darstellung der Dorfvergangenheit bildet und dass zudem die jeweiligen „Narrative“ von Dorf und Kloster miteinander verflochten sind. Im Folgenden wird es darum gehen zu prüfen, auf welche

Weise die Thematik von Krankheit und Weiblichkeit in der Erzählung von Rassismus und Ausgrenzung beständig mitgeführt wird.

3. Faszination und Abwehr. Die Pathologisierung des Weiblichen

Das Verhältnis zwischen den Bürgern von Ruby und den Frauen, die in dem ehemaligen Kloster einen Zufluchtsort und einen neuen Lebensraum finden, bildet den zentralen Gegenstand und das bestimmende Strukturelement des Romans. Der gewaltsame Überfall, der zu Beginn des Textes erzählt wird, ist in der chronologischen Abfolge der Ereignisse lediglich das Ergebnis und der Schlusspunkt all dessen, was im Verlauf des Romans kaleidoskopartig ausgefaltet wird. Je mehr Frauen sich über den Zeitraum von mehreren Jahren in dem entlegenen *Convent* einfinden und je deutlicher die Differenzen zwischen den beiden Gesellschaftsformen werden, desto mehr wächst die Feindseligkeit der Dorfbewohner, bis sie schließlich in dem tödlichen Angriff eskaliert. Die offene Aggression nach außen wird dabei legitimiert durch einen patriarchalisch-protektionistischen Gestus, der dazu angelegt ist, die eigenen Strukturen intakt zu halten. Ein augenfälliger Bestandteil der selbstdeklarierten Idealgesellschaft von Ruby ist, neben dem Isolationismus als reine *Black Community*, das rigide Aufrechterhalten einer bürgerlichen Ordnung, in der die Geschlechterrollen auf traditionelle Weise, im Sinne einer ‚Sphärentrennung', verteilt sind, was im Konkreten bedeutet, daß die zentrale Aufgabe der Ehefrau in der Haushaltung liegt.[32] Sicherheit definiert sich in Ruby darüber, dass eine Frau nachts gefahrlos durch die Straßen laufen kann – „If she felt like it, [a sleepless woman] could walk out the yard and on down the road. No lamp and no fear." (P 8); die Frau wird damit als fragiles, beschützenswertes Wesen entworfen. Innerhalb dieses konservativen Wertesystems müssen innere Konflikte als bedrohlich wahrgenommen werden und alternative Lebensentwürfe, wie sie in dem wenige Meilen entfernten Kloster zu finden sind, als Störfaktoren erscheinen. Die dort lebenden Frauen, „*those* women" (P 11), werden dabei klassischerweise zum Sündenbock für interne Zwistigkeiten:

---

[32] So ist den Männer die Regelung sämtlicher öffentlicher Angelegenheiten vorbehalten, während sich die Frauen um den Haushalt zu kümmern haben, eine Aufteilung, die mit zunehmendem wirtschaftlichen Aufschwung fragwürdiger wird: „The women who were in their twenties when Ruby was founded, in 1950, watched for thirteen years an increase in bounty that had never entered their dreams. They bought soft toilet paper, used washcloths instead of rags, soap for face alone or diapers only. In every Ruby household appliances pumped, hummed, sucked, purred, whispered and flowed." (P 89) Bereits hier deutet sich an, dass Reinheit und Reinlichkeit die zentralen Haushaltungsaufgaben der Frau darstellen.

> It was a secret meeting, but the rumors had been whispered for more than a year. Outrages that had been accumulated all along took shape as evidence. A mother was knocked down the stairs by her cold-eyed daughter. Four damaged infants were born in one family. Daughters refused to get out of bed. Brides disappeared on their honeymoons. [...] The proof they had been collecting since the terrible discovery in the spring could not been denied: the one thing that connected all these catastrophes was in the Convent. And in the Convent were those women. (P 11)

Die hier aus der Perspektive der sich versammelnden Männer als „catastrophes" ausgewiesenen Ereignisse – die widerspenstige Tochter, die kranke Kinder gebärende Mutter oder die flüchtige Braut – haben eine Gemeinsamkeit: sie markieren das Scheitern oder das Verweigern der klassischen Funktionen der Frau innerhalb der Dorfgemeinschaft. Die dadurch ausgelöste Verstörung wird deshalb sogleich an einem bestimmten Ort lokalisiert und damit gebannt: die unerklärlichen und unerhörten Ereignisse laufen im Kloster zusammen und müssen dort ihren Ursprung haben. Es zeichnet sich ab, dass im Imaginären der Männer von Ruby zwei antagonistische Frauenbilder koexistieren: der Entwurf einer redlichen, rollenkonformen und gefährdeten Ehefrau und Mutter, die beschützt werden muss, und die Idee einer unangepassten, normwidrigen und gefährlichen Frau, vor der man sich schützen muss.

Die kontrastiv generierte Gegenüberstellung von *femme fatale* und *femme fragile* wird innerhalb des Romans zudem in einen konkreten medizinischen Kontext eingerückt. So wird das auch im 19. Jahrhundert begonneneHerausdrängen der Frau aus dem Gesundheitswesen[33] in *Paradise* anhand der Figur Lone DuPres deutlich gemacht, der ehemaligen Hebamme des Dorfes, deren Dienste nicht mehr in Anspruch genommen werden, seitdem die Schwangeren es vorziehen, die Geburt im Krankenhaus der nächstgrößeren Stadt planen zu lassen.[34] Auf diese Weise nehmen sie eine Reihe von Erleichterungen in Anspruch, begeben sich jedoch zugleich freiwillig in die Position der schwachen, fragilen Frau:

> One of the mothers told her that she couldn't help loving the weeks of rest, the serving tray, the thermometer, the blood pressure tests; was crazy about the doze of daytime and the pain pills;

---

33 Vgl. dazu das wissenschaftshistorische Kapitel in dieser Arbeit, S. 45ff.

34 „Now, at eighty-six, in spite of her never-fail reputation [...], they refused her their swollen bellies, their shrieks and grabbing hands. Laughed at her clean bellybands, her drops of mother's urine. Poured her pepper tea in the toilet. [...] No matter she taught them how to comb their breasts to set the milk flowing; what to do with the afterbirth; what direction the knife under the mattress should point. No matter she had searched the county to get them the kind of dirt they wanted to eat. No matter she had gotten in the bed with them, pressing the soles of her feet to theirs, helping them push, push!" (P 271)

> but mostly she said she loved how people kept asking her how she felt. None of that was available to her if she delivered at home. There she'd be fixing the family's breakfast the second or third day and worrying about the quality of the cow's milk as well as her own. (P 271)

Für die Frau scheint die Wahl einer Entbindung im Krankenhaus einen Luxus zu bedeuten. Sie kann sich für einige Wochen ausruhen, wird gepflegt und ist von den alltäglichen Pflichten und Arbeiten entbunden. Gleichzeitig bedeutet diese Erleichterung aber auch eine Form der Entmündigung. Die Umsorgung lässt sich als eine Form der Kontrolle auffassen, insofern die Vorgänge des weiblichen Körpers unter permanente Beobachtung gestellt und auf ihre ‚Normalität' hin überprüft werden („thermometer", „blood pressure tests"). Einerseits ist also dem postnatalen ‚Kranksein' der Frau, das durch den Klinikaufenthalt evoziert wird, ein Moment des Widerstands gegen die Rolle als Hausfrau und Mutter und die damit verbundenen Pflichten inhärent; andererseits begibt sich die Frau auf diese Weise in eine geschwächte Position, in der sie mithilfe medizinischer Instrumente und Medikamente an eine vorgegebene Norm angepasst wird. Die in Ruby beobachtbare Veränderung der Geburtspraktiken bedeutet aber vor allem eine geschlechtsspezifische Verschiebung innerhalb der Medizin als Institution. Es ist nicht mehr das tradierte Wissen der Hebamme, dem man sich anvertraut, sondern die Autorität von Krankenhäusern und Messgeräten.[35] Auf diese Weise spiegelt sich in Ruby eine allgemeine wissenschaftshistorische Entwicklung, die den objektivierbaren Beobachtungen der Medizin als Wissenschaft die Deutungsmacht einräumt und die Frauen aus der Rolle der Wissenden heraus- und die Position der regulierbaren Kranken hineindrängt.

Ergänzt und gestützt wird der Entwurf der *femme fragile*, die eine Übererfüllung eines normativen Idealbildes von Weiblichkeit repräsentiert, durch die Hervorbringung einer *femme fatale*, die die dezidierte Nichterfüllung dieses Ideals impliziert. Dabei ist auffällig, dass die misogyne Herabsetzung der Frauen im Kloster mit einer dezidierten Pathologisierung einhergeht, d.h. mit Zuschreibungen, die die dort wohnenden Frauen nicht nur als normabweichend, sondern als krankhaft stigmatisieren. Besonders deutlich wird dies zu Beginn des Romans. In den ersten Absätzen kommt zunächst einmal das ehemalige Kloster selbst zur Darstellung, wiedergegeben aus der Perspektive der Männer von Ruby, die den Ort, ebenso wie seine Bewohnerinnen, als unheilvoll und verdorben wahrnehmen.

---

[35] Lone beschreibt, wie ihr Hebammenwissen über Geburt und Tod den Männern zusehends unheimlich wird, weil sie es nicht kontrollieren können: „During those times [...], the midwife is the interference, the one givig orders, on which secret skill so much depended, and the dependency irritated them. Especially here in this place where they had come to multiply in peace." (P 272)

> They have never been this deep in the Convent. [...] only a few have seen the halls, the chapel, the schoolroom, the bedrooms. Now they all will. And at last they will see the cellar and expose its filth to the light that is soon to scour the Oklahoma sky. Meantime they are startled by the clothes they are wearing – suddenly aware of being ill-dressed. For at the dawn of a July day how could they have guessed the cold that is inside this place? Their T-shirts, work shirts and dashikis soak up cold like fever. Those who have worn work shoes are unnerved by the thunder of their steps on marble floors; those in Pro-Keds by the silence. (P 3)

Der Text führt an dieser Stelle auch den Leser zum ersten Mal durch den Ort, der zum zentralen Schauplatz und Knotenpunkt des Romans werden wird, und bleibt dabei auf Augenhöhe der Männer, die ihn betreten. Indem er das Kloster als unheimlich kennzeichnet, greift der Roman auf Versatzstücke der Gothic Novel zurück, ein Genre, in dem traditionell Korrespondenzen zwischen Innenraum und Außenraum inszeniert werden.[36] Dabei gleicht das Durchqueren der klösterlichen Räumlichkeiten einem Vordringen in unbekanntes Territorium, bei dem das fremde Gebiet erforscht und ‚Sehen' mit ‚Wissen' gleichgesetzt wird („Now they all will [see]"). Das Verborgene soll ans Tageslicht geholt werden, Geheimnis und Dunkelheit werden dabei mit Schmutz und Schande („filth") konnotiert. In der Konsequenz präsentiert sich das Aufdecken und Enthüllen zugleich als ein Reinigungsprozess, wobei in gleichen Teilen die materielle Entfernung von Schmutz gemeint ist wie auch die affektive ‚Läuterung'.[37]

Die mit vereinter Manneskraft unternommene ‚Expedition' scheint aber auch eine Kehrseite zu haben. Nicht ohne Gefahren, oder doch zumindest nicht ohne Unbehagen, läuft das Erforschen der Räume für die Männer ab, das beweist allein die mitgebrachte Ausrüstung: „rope, a palm leaf cross, handcuffs, Mace and sunglasses, along with clean, handsome guns" (P 3). Das Bewusstsein, eigentlich nicht an diesen Ort zu gehören („suddenly aware of being ill-dressed"), steigert sich zu einem Gefühl des Unheimlichen, bei dem die Kälte als Fieber erscheint und sowohl der

[36] Anders als in der traditionellen Gothic Novel ist es diesmal nicht die weibliche Heldin, die einem beängstigenden Umfeld und damit ihrer eigenen Angst ausgesetzt ist (vgl. dazu die Ausführungen in dem Kapitel über Sylvia Plath), sondern es ist umgekehrt das vermeintlich deviante Weibliche, das zum unheimlichen Faktor für die Männer wird.

[37] Weiter oben war bereits von den zunehmend perfektionierten Tätigkeiten der Hausfrauen Rubys die Rede. Hier nun wird der Bildbereich von Verschmutzung und Reinigung wieder aufgegriffen, aber in ideologisch überformter Bedeutung verwendet. Dies ist nur eines aus einer Reihe von Beispielen, in denen ein Ereignis von der ‚eigentlichen', zweckgebundenen Bedeutung enthoben und damit dereferentialisiert wird. Der Ofen, der sich dann in einen ‚Schrein' verwandelt, ist das eklatanteste Beispiel für eine solche Bedeutungsverschiebung.

Lärm als auch die Stille als unerträglich empfunden werden. Einer der Männer nimmt die ihn umgebende Szenerie wie einen Traum wahr und kann nur auf diese Weise die Gewalt überhaupt begreifen.[38] Das traumhafte Erleben bietet zwar eine Möglichkeit, das Inkommensurable zu erklären, der Effekt des Unheimlichen bleibt jedoch bestehen.[39] Die Darstellung der Waffen als „clean, handsome guns" impliziert zum einen eine Ästhetisierung der Gewalt, zum andern die Idee einer ‚Säuberung' im aggressivsten Sinne des Wortes. In diesem ambivalenten Zustand, einer Mischung aus entschlossener Angriffslust und ängstlichem Schauder, dringen die Männer in die intimsten Räume der Frauen vor, so auch in die Schlafzimmer:

> No clothes in the closets, of course since the women wore no-fit dirty dresses and nothing you could honestly call shoes. But there are strange things nailed or taped on the walls or propped in a corner. A 1968 calendar, large X's marking various dates (April 4, July 19); a letter written in blood so smeary its satanic message cannot be deciphered; an astrology chart; a fedora tilted on a plastic neck of a female torso, and, in a place that once housed Christians – well, Catholics anyway – not a cross of Jesus anywhere. (P 7)

Die in dieser Passage wiedergegebenen Beobachtungen der Männer bringen eine Verstörung zum Ausdruck, die auf zwei unterschiedlichen Ebenen situiert ist. Zum einen registrieren die Eindringlinge Dinge, an denen es ihrer Meinung nach mangelt: eine ‚ordentliche' Ausstattung an Kleidung sowie Zeichen der Gottesfürchtigkeit. Zum anderen verzeichnen sie die Gegenstände, die nach ihrem Maßstab nicht an diesen Ort gehören, und dies vor allem deshalb, weil sie sie nicht deuten können. Die Tatsache, dass der Kalender, der Brief und der Hut[40] jeweils eine konkrete Be-

---

[38] „One of them, the youngest, looks back, forcing himself to see how the dream he is in might go. The shot woman, lying uncomfortably on marble, waves his fingers at him – or seems to. So his dream is going okay, except for its color. He has never before dreamed in colors such as these: imperial black sporting a wild swipe of red, then thick, feverish yellow." (P 4)

[39] Todorov situiert in seiner Theorie über die fantastische Literatur den Traum als eine Möglichkeit, ein unvermittelt hereinbrechendes übernatürliches Ereignis zu erklären, wobei sich trotz der damit einhergehenden ‚Auflösung' oder ‚rationalen Erklärung' ein Effekt des Unheimlichen (‚étrange') ergibt. Vgl. Tzvetan Todorov: *Introduction à la littérature fantastique*. Paris: Seuil 1970.

[40] Für den Leser lässt sich der „smeary letter" als der Brief identifizieren, den Seneca von ihrer Mutter erhalten hat; die historischen Daten verweisen auf die Bedeutung der damit verknüpften historischen Ereignisse (Ermordung Martin Luther Kings und zweier Black Panther-Mitglieder) für die Frauen: „The intruders perceive the calendar marking the murders of Martin Luther King and of two Black Panthers as just another strange artefact possessed by the Convent women. By linking this calendar with the letter's ‚satanic message' as part of the room's content, Morrison suggests that the men of Ruby cannot distinguish between signifi-

deutung im Leben einzelner Frauen haben, verschwindet hinter der Wahrnehmung der Gegenstände als „strange things". Für die Betrachter werden die unverstandenen Details verdächtig, sie werden zu Hinweisen auf dämonische Praktiken. In diesem Sinne fungiert vor allem der nicht entzifferbare Brief als metatextueller Hinweis auf die dargestellte Situation. Je mehr die fremde Umgebung den Männern als opak und unentzifferbar entgegentritt, desto stärker ist ihr Bemühen, die Dinge als Zeichen zu deuten. Das nach außen projizierte Angstbild beruht dabei auf einer Enthistorisierung der Frau, werden doch die im Kalender markierten Daten, wichtige Eckpunkte der afroamerikanischen Emanzipationsgeschichte, in ihrer historischen Bedeutung ausgeblendet.

Die geringschätzenden Urteile, die über die interne Fokalisierung zur Darstellung kommen, gehen so weit, dass schließlich die Frauen selbst als ‚Abfall' deklariert werden: „the target, after all, is detritus: throwaway people that sometimes blow back into the room after being swept out the door. So the venom is manageable now." (P 4) Mit der hier auf den Plan gerufenen Bildlichkeit, die erneut den Reinheitsdiskurs aktualisiert, wird nicht nur das eigene Verhalten entschuldigt, es wird auch eine Verschiebung von der Umgebung auf die darin beherbergten Menschen vorgenommen. Die Wahrnehmung der Räume wird auf die Bewohner übertragen und dient ihrer Herabsetzung. Ein solches Verfahren findet sich an mehreren Stellen des ersten Romankapitels, immer wieder stehen der Raum und das, was die Männer in ihm entdecken, stellvertretend für die Frauen selbst und ihre vermeintlich abnormen Eigenheiten. Die innerhalb der inneren Monologe verwendete Semantik – „he knows this place is diseased" (P 8)[41] – macht dabei deutlich, dass die Eindringlinge ihre Beobachtungen nicht nur in ein Raster von ‚normal' vs. ‚abweichend' einordnen, sondern auch von ‚gesund' vs. ‚krank'.

Wie im Falle des kolonialen Reisenden, der mit dem Selbstverständnis des Entdeckers und Eroberers in unbekanntes Gebiet eindringt,[42] sa-

---

cant political disputes and an unreadable text, which in turn implies that they cannot differentiate what King and the Panthers each represent." Richard L. Schur: „Locating *Paradise* in the Post-Civil Rights Era: Toni Morrison and Critical Race Theory". In: *Contemporary Literature* 45.2 (2004), S. 276-299, hier: S. 283.

41 In der deutschen Übersetzung – „er weiß, daß dieser Ort verseucht ist" – wird zusätzlich die Konnotation einer Kontamination mitgeführt.

42 Diese Bedeutungsdimension kommt auch auf einer anderen Ebene des Romans zum Tragen, wenn nämlich von der Entstehung Havens im Zuge des *Western Settlement* die Rede ist. In Holly Flints Lesart stellt Morrisons Roman gängige historische Darstellungsweisen in Frage, in denen, im Zuge einer ambivalenten Verwendung des Begriffs *frontier*, der Westen als unberührtes, zu besiedelndes Stück Land ohne Geschichte betrachtet wird, als geographische Utopie, vgl. Holly Flint: „Toni Morrison's *Paradise*: Black Cultural Citizenship in the American Empire". In: *American Literature* 78.3 (2006), S. 585-612, hier: S. 287ff. Die

gen aber die angestellten Beobachtungen über das Fremde und seine unheimlichen Qualitäten mehr über den Betrachter aus als über den betrachteten Gegenstand. Und auch in *Paradise* dient die Wiedergabe der Räumlichkeiten des Klosters aus der Perspektive der Männer von Ruby in erster Linie der Charakterisierung des von ihnen vertretenen Wertesystems als der getreulichen Beschreibung des Ortes selbst.[43] In der zitierten Darstellung der Schlafzimmer wird sichtbar, welche Weiblichkeitsentwürfe als bedrohlich empfunden werden. Auch der weitere Durchgang durch die Räume des Klosters und der prüfende Blick der Männer auf Ausstattung und Einrichtung des Hauses enthüllen stereotype Bilder von Weiblichkeit, die darin (vermeintlich) eingeschrieben sind:

> At each end of the hall is a bathroom. As each man enters one, neither is working his jaws because both believe they are prepared for anything. In one bathroom, the biggest, the taps are too small and dowdy for the wide sink. The bathtub rests on the backs of four mermaids – their tails split wide for the tub's security, their breasts arched for stability. The tile underfoot is bottle green. A Modess box is on the toilet tank and a bucket of soiled things stands nearby. There is no toilet paper. Only one mirror has not been covered with chalky paint and that one the man ignores. He does not want to see himself stalking females or their liquid. (P 9)

Erneut verläuft die Abwertung der Frauen über die Isotopien von Schmutz und Verunreinigung, die Gegenstände bleiben dabei unkonkret („soiled things") und evozieren eher Ahnungen als Beobachtungen der Eindringlinge. Und abermals ist in dieser Hinsicht die konkrete Ausstattung des Raumes bedeutungsvoll. Die Badewanne ruht auf vier Meerjungfraufiguren, über deren Körperlichkeit zum einen Sexualität und Verführung zum Ausdruck gebracht werden („tails split wide"; „breasts"), zum anderen Sicherheit und Stabilität („arched for stability"). Auf diese Weise überkreuzen sich in der Architektur des Badezimmers unterschiedliche, ambivalente Repräsentationsformen von Weiblichkeit, die zwischen Versuchung und Entsagung oszillieren. Der vermiedene Blick in den Spiegel lässt sich als Hinweis darauf lesen, dass die Männer zwar eine entschlossene Suche antreten, das eigene Tun dabei aber notwendig ausblenden. Auf diese Weise müssen sie übersehen, dass es allein ihr Blick ist, der an diesem Ort der Intimität Weiblichkeit und Unreinheit miteinander assoziiert.

Problematik der Eroberung eines scheinbar ‚wilden' Landstrichs scheint auch in den Szenen wieder auf, die das Eindringen der Männer ins Kloster beschreiben.

43 Dies wird auch durch den Umstand verdeutlicht, dass andere Besucher des Klosters in ihrer Betrachtung andere Akzente setzen, so beispielsweise Grace. Auch sie staunt zunächst über die merkwürdige Zusammensetzung des Hauses, sieht darin aber eher, gemäß ihrer eigenen Erfahrungen, ein Zeichen für die sexuelle Unterdrückung der Frau, vgl. P 71-74.

Signifikant ist zudem das Spiegelungsverhältnis von Raum und Emotionalität, was bedeutet, dass in der Darstellung des *Convent* die psychische Befindlichkeit der jeweils darin situierten Figuren lesbar wird. Im Gegensatz zu der Art und Weise, wie das Kloster von Frauen wie Mavis wahrgenommen wird, nämlich als ein Ort der heimeligen Geborgenheit, überwiegen in der Wahrnehmung der Männer Elemente des Unheimlichen:

> Fright, not triumph, spoke in every foot of the embezzler's mansion. Shaped like a live cartridge, it curved to a deadly point at the north end where, originally, the living and dining rooms lay. He must have believed his persecutors would come from the north because all the first-floor windows huddled in those two rooms. Like lookouts. The southern end contained signs of his desire in two rooms: an outsize kitchen and a room where he could play rich man's games. [...] Except from the bedroom no one in the house could see the sun rise, and there was no vantage point to see it set. The light, therefore, was always misleading. (P 71)

Trotz der prachtvollen Ausstattung ist es Furcht, die aus der Architektur des alten Herrenhauses spricht. Die Angst vor einer äußeren Bedrohung ist bereits dem Grundriss eingeschrieben. In seiner Form ähnelt der Bau einer geladen Patrone („cartridge"), was nicht nur die Abwehrhaltung gegenüber der Außenwelt zum Ausdruck bringt („persecuters", „lookouts"), sondern auch die buchstäbliche Sprengkraft, die dieser Ort im Handlungsverlauf einnehmen wird. Zugleich legt die Bauart des Hauses die Strukturen des Begehrens („desire") seines Bewohners offen und sorgt für eine diffuse Lichtsituation, was den unheimlichen Charakter des Gebäudes begründet. Die Aussage der Figur Consolata, dass das Gefühl der Angst grundsätzlich nur scheinbar von außen kommt, eigentlich aber seinen Ursprung im Inneren hat, lässt sich unmittelbar auf die Darstellung des Klosters beziehen.[44] Offensichtlich überlagern sich in der hier dargestellten Anlage des Hauses verschiedene zeitlich aufeinanderfolgende ‚Nutzungsformen' – als Herrenhaus, in dem reiche Männer kostspieligen Vergnügungen nachgehen, als Nonnenkloster, als Schule für Indianermädchen, und schließlich als Zuflucht und Lebensraum für ‚gestrandete' Frauen –, so dass der Charakter des Ortes stets durch denjenigen geprägt ist, der ihn betritt.

Die immer wieder zutage tretende Koexistenz widersprüchlicher Weiblichkeitsentwürfe geht folglich auf die Geschichte des Hauses zurück, in welchem sich verschiedene Schichten der Vergangenheit überlagern. Die ornamentalen Armaturen und Meerjungfrau-Statuen sind ein Überrest aus den Zeiten, als das spätere Kloster als Herrenhaus angelegt wurde, um den Lüsten eines einzelnen Mannes zu dienen.

44 „Scary things not always outside. Most scary things is inside." (P 39)

> A mansion where bisque and rose-tone marble floors segue into teak ones. Isinglass holds yesterday's light and patterns walls that were stripped and whitewashed fifty years ago. The ornate bathroom fixtures, which sickened the nuns, were replaced with good plain spigots, but the princely tubs and sinks, which could not be expensively removed, remain coolly corrupt. [...] The Sisters of the Sacred Cross chipped away all the nymphs, but curves of their marble hair still strangle grape leaves and tease the fruit. (P 3f)

Die von den Nonnen unternommenen Anstrengungen, den einstigen Prunk zu verdecken oder zu entfernen, können nicht verhindern, dass an vielen Stellen die in der Ausstattung des Hauses angelegte Ebene des Sexuellen, die in den Meerjungfrauen und Nymphen verkörpert ist, noch immer an der Oberfläche zu sehen ist. Auf diese Weise durchdringen und überlagern sich in dem Haus verschiedene konkurrierende Bilder von Weiblichkeit, die sich auf die beiden stereotypen Pole von ‚Heiliger' und ‚Hure' zuspitzen lassen und die immer wieder auch misogyne Implikationen bereitstellen.[45] Abermals stehen sich damit die Konzepte von bedrohlicher *femme fatale* und bedrohter *femme fragile* einander gegenüber.

Während die Männer das unbekannte Haus auf den Spuren der Frauen durchqueren, wird nicht nur das, was sie vor Ort sehen, zur Darstellung gebracht, sondern auch das, was sie bei ihrer tödlichen Expedition erinnern. Dabei lösen die Dinge, die sie vorfinden, Assoziationen und Erinnerungen aus, wie beispielsweise der Ofen in der Küche:

> He turns the fire off under the stockpot. His mother bathed him in a pot no bigger than that. A luxury in the sod house where she was born. The house he lives in is big, comfortable, and this town is resplendent compared to his birthplace, which had gone from feet to belly in fifty years. From Haven, a dreamtown in Oklahoma Territory, to Haven, a ghosttown in Oklahoma State. Freedmen who stood tall in 1889 dropped to their knees in 1934 and were stomach-crawling by 1948. That is why they are here in this Convent. To make sure it never happens again. That nothing inside or out rots the one all-black town worth the pain. (P 5)

Der in der Klosterküche vorgefundene Herd löst eine ganze Kette von Erinnerungen aus, in denen nicht nur Bilder aus der eigenen Kindheit auf-

45 Diese Bedeutungsdimension der Innenausstattung des Klosters nimmt vor allem Grace (alias Gigi) bei ihrem ersten Besuch wahr: „[Grace] even found the brass male genitalia that had been ripped from sinks and tubs, packed away in a chest of sawdust as if, however repelled by the hardware's demands, the sisters valued nevertheless its metal. Gigi toyed with the fixtures, turning the testicles designed to release water from the penis. She sucked the last bit of joint – Ming One – and laid the roach on one of the alabaster vaginas in the game room. She imagined men contentedly knocking their cigars against those ashtrays. Or perhaps just resting them there, knowing without looking that the glowing tip was slowly building a delicate head." (P 72)

steigen, sondern auch Momente aus der Geschichte des Dorfes Ruby. Während aber der erinnerte Moment, als Kind von der Mutter in einem Topf auf dem Küchenherd gebadet worden zu sein trotz der darin implizierten Ärmlichkeit ein Gefühl der Sicherheit und Geborgenheit evoziert, erzählen die generationsübergreifenden Erfahrungen der Dorfbewohner eine andere Geschichte. Bereits auf den ersten Seiten des Romans wird also deutlich, dass dem Ursprung des Ortes eine komplizierte Dynamik aus Erniedrigung und Selbstermächtigung zugrunde liegt.

Die narrative Verflechtung zwischen diesen punktuell aufblitzenden Rückblicken auf die nahe Vergangenheit und dem gegenwärtigen Angriff auf die Frauen im Kloster legt nahe, dass die Geschichte Rubys und die von den Männern verübte Aggression in einem direkten Zusammenhang stehen. Erst an späterer Stelle wird offengelegt, dass auch die Gründung des Dorfes von einer traumatischen Erfahrung begleitet wird, die auf etwas andere Weise ebenfalls etwas mit einer kranken Frau zu tun hat. Während der Reise erkrankt die jüngere Schwester der Zwillinge Deacon und Steward Morgan schwer, jedoch scheitern alle Versuche, einen Arzt zu erreichen. Im Krankenhaus verweigert man die Behandlung aufgrund der Hautfarbe der Erkrankten.

> Ruby. That sweet, modest laughing girl whom he and Steward had protected all their lives. She had gotten sick on the trip; seemed to heal, but failed rapidly again. When it became clear she needed serious medical help, there was no way to provide it. They drove her to Demby, then further to Middleton. No colored people were allowed in the wards. No regular doctor would attend them. She had lost control, then consciousness by the time they got to the second hospital. She died on the waiting room bench while the nurse tried to find a doctor to examine her. When the brothers learned the nurse had been trying to reach a veterinarian, and they gathered their dead sister in their arms, their shoulders shook all the way home. (P 113)

Es ist an dieser Stelle Deacon, der sich daran erinnert, wie seine Schwester, die er immer zu schützen versucht hatte, sterben muss, weil sich kein Arzt findet, der das junge Mädchen von schwarzer Hautfarbe behandeln will. Die unter rassistischen Vorzeichen unterlassene Hilfeleistung, die in dieser Passage beschrieben wird, bedeutet eine Wiederholung der Zurückweisung, die bereits die Begründer von Haven erfahren mussten und aktualisiert daher das frühere Trauma. Entscheidend ist dabei, dass diese schmerzhafte Erfahrung dem Dorf bei seiner Gründung eingeschrieben wird.[46] Indem man das Dorf nach der verstorbenen Ruby Morgan benennt, wird die Idee der Frau als fragiles und schutzbedürftiges Wesen

[46] „Her funeral – the town's first – stopped the schedule of discussion and its necessity. They named the town after one of their own and the men did not gainsay them. All right. Well. Ruby.“ (P 17)

gleichsam zum Fundament des neugegründeten Kollektivs. Auf diese Weise wird zugleich die Notwendigkeit von Sicherheit und Schutz – und damit die Idee einer Bedrohung von außen – für die Zukunft festgeschrieben.

Der in dem inneren Monolog des Zwillings enthaltene Exkurs über die Vergangenheit des Ortes Ruby und seiner Bewohner führt schließlich über die Metaphorik des Raumes zurück zur Ausgangssituation, zurück zu dem Mord an den Frauen. Mit dem letzten Satz des ersten Kapitels wird deutlich, dass in der verübten Gewalt eine nachträgliche Geste zu finden ist, die sich sowohl als Rache wie auch als Entschädigung lesen lässt: „God at their side, the men take aim. For Ruby." (P 18) In dieser motivischen Kristallisation werden Herrschaft und Gewalt zur dialektischen Kehrseite von Autonomie und Selbstermächtigung. Zugleich bildet dieser Kapitelabschluss gleichsam ein Echo auf den allerersten Satz des Buches: „They shoot the white girl first". Auf diese Weise ist in dem ersten Romankapitel „Ruby" die gesamte im Text angelegte Spannung zwischen einer Geste der Aggression, die mit der Pathologisierung von Frauen einhergeht, und einem Versuch der Protektion, die in ihrer Fragilität gründet, enthalten.

4. VERBINDUNGSLINIEN

Aufgrund der traumatischen Vergangenheit etabliert sich in Ruby ein Separatismus, der Sicherheit und innere Einheit garantieren soll, der aber die erlittene rassistische Ausgrenzung nach außen überträgt und damit wiederholt. Die Abwehr richtet sich dabei aber nicht nur gegen das Fremde ‚da draußen', sondern auch gegen das Fremde im Innern. Dies verdeutlicht sich unter anderem in dem Verhalten, das man im Dorf dem Leichenbestatter Roger Best und seiner Frau Delia entgegenbringt. Roger Best, einer der Gründerväter von Ruby, ist der einzige Mann in der Geschichte des Dorfes, der die *One-Drop-Rule* bricht und eine Frau von hellerer Hautfarbe heiratet. Den Hass, den er damit auf sich und seine Familie zieht, bekommt noch seine Tochter Patricia Best zu spüren, die die von ihrer Mutter vererbte Hautfarbe ihrerseits an ihre Tochter weitergibt.[47] Dass die Ablehnung von Rassen-Vermischung und die Ausgrenzung aufgrund von hellerer Hautfarbe tödliche Folgen annehmen können, das analysiert Patricia Best in einem Brief an ihre verstorbene Mutter:

---

47 „Daddy, they don't hate us because Mama was your first customer. They hate us because she looked like a cracker and was bound to have cracker-looking children like me, and although I married Billy Cato, who was an 8-rock like you, like them, I passed the skin on to my daughter, as you and everybody knew I would. [...] We were the first visible glitch, but there was an invisible one that has nothing to do with skin color." (P 196)

> The women really tried, Mama, they really did. Kate's mother, Catherine Jury, you remember her, and Fairy DuPres (she's dead now), along with Lone and Dovey Morgan and Charity Flood. But none of them could drive then. You must have believed that deep down they hated you, but not all of them, maybe none of them, because they begged the men to go to the Convent to get help. [...] Even with their wives begging they came up with excuses because they looked down on you, Mama, I know it, and despised Daddy for marrying a wife with no last name, a wife without people, a wife of sunlight skin, a wife of racial tampering. [...] Finally they got Senior Pulliam to agree. But by the time he got his shoes tied it was too late. (P 197f)

In diesen Zeilen, die ihren Adressaten nicht mehr erreichen können und deshalb der Schreibenden vor allem als psychische Verarbeitung dienen, rekapituliert Patricia Best den Tod ihrer Mutter bei der Geburt ihres zweiten Kindes. Die Tatsache, dass Delia Best sterben musste, weil man im Dorf nicht bereit war, Hilfe im Kloster zu suchen, vor allem aber der Umstand, dass diese unterlassene Hilfeleistung explizit mit der helleren Hautfarbe der Frau in Verbindung gebracht wird, stellt das Ereignis in eine direkte Linie mit dem Tod der jungen Ruby Morgan. Das Leid, das man der Familie Morgan damals zugefügt hatte, indem man die junge Frau aus rassistischen Gründen mitten im Krankenhaus sterben ließ, wiederholt sich also an dieser Stelle, das erfahrene Unrecht wird unter umgekehrten Vorzeichen weitergegeben.

Verweist die zitierte Passage auf die traumatische Erfahrung in der Vergangenheit, so ist darin doch zugleich eine Anspielung auf eine Katastrophe enthalten, die in der Zukunft angesiedelt ist: der Überfall auf das Kloster. Dies wird insbesondere an dem Verhalten der Frauen der Dorfgemeinschaft deutlich, an ihrer ambivalenten Rolle, die sie in dieser Situation einnehmen. Patricia Best erinnert sich, dass die Frauen von Ruby trotz ihrer latenten Ablehnung die Männer (vergeblich) dazu bringen wollten, ins Kloster zu fahren, um dort Hilfe für Delia Best zu holen. Diese Konstellation wiederholt sich am Ende des Romans in invertierter Form, als die Frauen in unguter Vorahnung versuchen, ihre Männer davon abzuhalten, zum Kloster hinauszufahren und dort Unheil anzurichten (vgl. P 419-441). Zwar geht es in dem ersten Fall darum, die Männer zum Aufbruch ins Kloster zu bewegen, im zweiten Fall dagegen, sie daran zu hindern – jedes Mal jedoch sind es die Frauen des Dorfes, die bewusst oder intuitiv versucht, Leben zu retten, und jedes Mal ist das Kloster eine Bezugsgröße für das Verhalten der Männer, als ignorierter Fluchtpunkt oder als Zielpunkt der Aggression.

Mit dem Beispiel der Familie Best ist angedeutet, dass die auf Abgrenzung und Reinheit abzielende Bevölkerungspolitik des Dorfes Ruby gerade nicht das Ende rassenspezifischer Gewalt und Ausgrenzung bedeutet, sondern vielmehr deren konsequente Fortsetzung. Es ist signifikant, dass die Männer jede Hilfe aus dem nahegelegenen Kloster verweigern, dass sie also keine Infragestellung der eigenen Autonomie dulden. Dieser Haltung diametral entgegengesetzt ist der Umstand, dass Verbindungslinien zwischen Ruby und dem Kloster, so sehr sie auch geleugnet werden, zu jedem Zeitpunkt existiert haben:

> [I]t was women who walked this road. Only women. Never men. For more than twenty years Lone had watched them. Back and forth, back and forth: crying women, staring women, scowling, lip-biting women or women just plain-lost. Out here in a red and cold land cut through now and then with black rock or a swatch of green; out here under skies so star-packed it was disgraceful; out here where the wind handled you like a man, women dragged their sorrow up and down the road between Ruby and the Convent. (P 270)

Ebenso wie der Roman die Wege der Frauen, die im Kloster Zuflucht finden, nachzeichnet und kartographiert, ebenso bildet er die Wege, Verbindungen, Verknüpfungen ab, die die Strukturen des Dorfes Ruby und die Gemeinschaft der Frauen im Kloster einen. Der Kummer („sorrow") und die Verlorenheit („plain-lost"), die an dieser Stelle nicht ausgeführt werden, umfassen die verschiedensten Lebenssituationen: eine junge Frau bekommt Hilfe bei der Geburt ihres Kindes, eine andere bei einer Abtreibung, eine dritte schließlich nimmt im Kloster Zuflucht, als sie die jahrelange Sorge um ihre kranken Kinder nicht mehr bewältigen kann. In allen Fällen geht es um die der Frau zugedachte Rolle, sich um den Nachwuchs und damit zugleich um den Erhalt der (dogmatisch reglementierten) Generationenabfolge des Kollektivs Ruby zu kümmern, und nur aufgrund der Hilfe durch die Bewohnerinnen des Klosters kann diese Rolle überhaupt intakt bleiben. Zudem wird diese unausgesprochene aber praktische Abhängigkeit des Dorfes von einer emotionalen Abhängigkeit begleitet, bestehen doch die Verbindungslinien zwischen Dorf und Kloster nicht nur zwischen den Frauen, sondern auch, in Form von Liebesbeziehungen, zu einzelnen Männern von Ruby, wie etwa im Fall von Consolata und Deacon Morgan. Für das von den Männern im Dorf vertretene selbstgesetzte Dogma bedeutet diese Konstellation eine Gefahr, weil sie einen Kontrollverlust impliziert. Die Angst vor diesen Verbindungen lässt sich deshalb auch als vorrangiges Motiv für den Angriff auf das Kloster betrachten:

> Lone understood [...] some of what Steward's and Deacon's motive might be: neither one put up with what he couldn't control. But she could not have imagined Steward's rancor [...]. It was a floating blister in his bloodstream, which neither shrank nor came to a head. Nor could she have imagined how deep in the meat of his brain stem lay the memory of how close his brother came to breaking up his marriage to Soane. [...] For months the two of them

> [Deacon and Consolata] had met secretly, for months Deek was distracted, making mistakes, and just suppose the hussy had gotten pregnant? Had a mixed-up child? Steward seethed at the thought of that barely averted betrayal of all they owed and promised the Old Fathers. (P 278f)

Noch einmal spielt an dieser Stelle der Bruderzwist eine besondere Rolle, der durch Deacons heimliche Treffen mit Consolata ausgelöst wurde. Insbesondere die Möglichkeit, dass aus dieser illegitimen Verbindung ein ‚gemischtes' Kind hervorgehen könnte, betrachtet Steward als Verrat an den Vorfahren. Ebenso wie die geteilten Erinnerungen an die Dorfvergangenheit die Brüder geprägt haben, so ist auch die Erinnerung an diese Krisenzeit Steward gleichsam in den Körper eingeschrieben, ist eingelagert „in the meat of his brain stem". Auffällig ist dabei die verwendete Bildlichkeit, die den inneren Groll als einen Fremdkörper innerhalb der Blutbahnen semantisiert („a floating blister in his bloodstream") und damit hervorhebt, dass die Frage der Verwandtschaft den Ausgangspunkt der Konflikte und Aggressionen bedeutet. Gemeinsam ist den Brüdern indes die Angst vor einem Kontrollverlust – und damit ist in dem vorliegenden Zusammenhang die Kontrolle über Blut und Generationenabfolge gemeint. Aus den verwendeten Semantiken lässt sich ablesen, dass in Ruby eine unausgesprochene Bevölkerungspolitik herrscht, der die Beziehung zu einer Frau von hellerer Hautfarbe zuwider laufen muss. In der Konsequenz wird Consolata, aufgrund ihrer Fähigkeit, Deacon zeitweise an sich zu binden, in der Imagination der Morgan-Zwillinge zusehends dämonisiert, wobei auch das Motiv der Scham wiederkehrt:

> [Lone] could not have fathomed his personal shame and the kind of woman he believed was its source. An uncontrollable, gnawing woman who had bitten his lip just to lap the blood it shed; a beautiful, golden-skinned, outside woman, with moss-green eyes that tried to trap a man, close him up in a cellar room with liquor to enfeeble him so they could do carnal things, unnatural things in the dark; a Salomé from whom he had escaped just in time or she would have had his head on a dinner plate. (P 280)

Das Gefühl der Scham, das, wie bereits angedeutet, als Internalisierung eines rassistischen Außenblicks lesbar ist, wird an dieser Stelle explizit nach außen projiziert. Consolata wird hier zu einer *femme fatale* mit gleichsam vampiresken Zügen. Der Umstand, dass sie Deacon verführen konnte, macht sie zu einer männerverschlingenden („gnawing") Bedrohung von biblischen Ausmaßen, die intensiven Liebesbegegnungen werden rückblickend abgewehrt („carnal things") und zu krankhaftenen Praktiken umgedeutet („unnatural").

An dieser Stelle wird also auf besondere Weise deutlich, dass die im Dorf vordergründig präsente Rassenproblematik, die mit inneren Spaltungen einhergeht, auf einen anderen Kontext übertragen wird. Die im

Kloster lebenden Frauen werden dabei aufgrund ihrer alternativen Lebensentwürfe und ihres abweichenden Verhaltens zu einer Projektionsfläche innerer Ängste. Die Kehrseite des im Dorf angestrebten Ideals rassenspezifischer Reinheit ist eine Angst vor Vermischung, die in eine Bildlichkeit von Verschmutzung und Ansteckung gefasst wird. Auf diese Weise wird weibliche Sexualität zum entscheidenden angstbesetzten Element:

> It was clear as water. The generations had to be not only racially untampered but free of adultery too. [...] Unadulterated and unadulteried 8-rock blood held its magic as long as it resided in Ruby. That was their recipe. That was their deal. For immortality.
> [...] In that case, she thought, everything that worries them must come from women. (P 217)

Die in Ruby geforderte Reinheit, deren Notwendigkeit sich aus dem Mythos der Unsterblichkeit („immortality")[48] begründet, ist somit nicht allein auf die Kategorie ‚race' zu beziehen, sondern auch auf die Sexualität. Die rigide Bevölkerungspolitik muss zugleich eine Reglementierung weiblicher Sexualität mit einschließen und außereheliche Kontakte moralisch verurteilen. Über das Dispositiv der Ansteckung werden *race* und *sex* gleichermaßen zu einer Bedrohung, die von den Frauen ausgeht.

Die Vermischung, die auf der Ebene der *histoire* zum dominanten Konfliktfeld wird, wird auf der formalästhetischen Ebene des Textes wieder aufgegriffen. Die Verflechtung von Einzelschicksalen, und vor allem das sukzessive Verweben der Geschichte des Dorfes Ruby mit dem Ort des Klosters, ist das dominante Erzählprinzip des Textes, das zugleich motivisch in Form der von Patricia Best verfassten Dorfchronik wieder aufgegriffen wird.[49] Das Projekt der Chronik bildet nicht allein deshalb

---

48 Es ist also kaum ausreichend festzustellen, dass das Prinzip der *One-drop-rule* das Selbstverständnis und die Legitimationsgrundlage Rubys bildet, sowie seine innere und äußere Sicherheit garantiert. Vielmehr wird die rassenspezifische Reinheit zu einer Art magischem Prinzip, das die Bewohner tatsächlich am Leben hält; es handelt sich um einen Pakt („deal"), auf dessen Basis der Tod aus Ruby verbannt scheint.

49 „The town's official story, elaborated from pupils, in Sunday school's classes and ceremonial speeches, had a sturdy public life. Any footnotes, crevices or questions to be put took keen imagination and the persistence of a mind uncomfortable with oral histories." Als Gegengewicht zu dieser offiziellen Geschichtsschreibung von Ruby versucht Patricia Best den Schicksalen an der Peripherie nachzuspüren: „Stories about these fragments [...] surfaced in the writing compositions of Pat's students, the gossip and recollections at picnics, church dinners and woman talk over chores and hair preparation. Grandmothers sitting on the floor while a granddaughter scratched their scalps liked to reminisce aloud. Then bits of tales emerged like sparks lighting the absences that hovered over their childhoods and the shadows that dimmed their maturity. Anecdotes marked the spaces that had sat with them at the campfire." (P 188f)

eine inhaltliche Verdopplung des Romans im Ganzen, weil ihre Autorin darin die Geschichte des Dorfes Ruby zu rekonstruieren versucht, sondern vor allem deshalb, weil sie dabei unterschiedliche, heterogene, subjektive Perspektiven zusammenfügt und ihr Augenmerk besonders auf die von der Gemeinschaft ausgeschlossenen, aus der offiziellen Geschichtsschreibung getilgten Personen richtet. Ebenso wie der Roman *Paradise* versteht sich die Chronik der Figur Patricia Best als *counter narrative*, in der die ‚offizielle' Geschichtsschreibung durch den Einbezug fragmentarischer und peripherer Erzählformen ergänzt wird. Die Verflechtung von Perspektiven und Handlungssträngen, die bereits als narrative Praxis innerhalb der Gemeinschaft der Frauen im Kloster therapeutisch angewendet wird, erreicht am Schluß des Romans ihren Höhepunkt: die Schicksale der ermordeten Frauen werden bis zur Ununterscheidbarkeit verknüpft und in einen surrealen Modus überführt.[50]

An der Oberfläche handelt Morrisons Roman von rassistischen Dynamiken innerhalb eines Kollektivs – dieser Problematik liegt aber, wie gezeigt werden konnte, das Bildarsenal des Stereotyps der kranken Frau (in zwei Ausformungen: bedrohlich vs. fragil) zugrunde. Dieser Umstand erklärt, weshalb die Kategorien *race* und *gender* in Morrisons Text auf unauflösbare Weise miteinander verwoben sind. Die rassen- wie auch die geschlechtsspezifischen Ausgrenzungsmechanismen teilen sich dabei die gleichen Prämissen. Das Bedürfnis nach Einheit, Reinheit, Sicherheit, das im Fall des Dorfes Ruby traumatisch bedingt ist, geht mit einer Ablehnung jeglicher Form von Vermischung einher, sowie mit einer Angst vor ‚Ansteckung'. Auf diese Weise werden die Frauen zu einem unheimlichen Ort an der Peripherie, auf den die inneren Ängste projiziert werden. Die Furcht vor einer Kontamination durch das Fremde – die fremde Rasse – schließt eine konservative Auffassung von Sexualität mit ein und muss Ausschweifungen verdammen. Gleichzeitig bedient sich diese Angst der semantischen Matrix von Reinheit und Schmutz, welcher mit Krankheit assoziiert ist. Die ursprünglich rassenbedingte Ansteckungsangst führt auf diese Weise zu einer Rehabilitierung streng konservativer Frauenbilder und bringt eine Ausgrenzung und Pathologisierung nichtkonformen Verhaltens mit sich. Das destruktive Ausmaß dieser angstmotivierten Abwehrhaltung, das im Roman durch den Mord an den im Kloster lebenden Frauen seinen Höhepunkt hat, spiegelt das Ausmaß des erlittenen Traumas und zeigt auf, dass das als pathologisch stigmatisierte Weibliche jenes Verborgene inkarniert, das dem Eigenen unheimlich geworden ist, dem es allererst entspringt.

50 „In ocean hush a woman black as firewood is singing. Next to her is a younger woman whose head rests on the singing woman's lap. Ruined fingers troll the tea brown hair. All the colors of sea shells – wheat, roses, pearl – fuse in the younger woman's face. Her emerald eyes adore the black face framed in cerulean blue. Around them on the beach, sea trash gleams." (P 318)

In Toni Morrisons *Paradise* kommt, so lässt sich schließen, ein mehrfacher Rückgriff auf die Kategorie des Unheimlichen zum Einsatz, etwa in generischen Bezugnahmen auf die Gothic Novel oder durch die Integration surrealer Elemente. Dabei gelingt es dem Roman vorzuführen, wie die einem Raum zugeschriebene Semantik je nach Betrachterstandpunkt vom „Heimeligen" ins Unheimliche umschlagen kann. Die Inszenierung von zahlreichen Doppelgänger-Figuren auf der Handlungsebene dient indes dazu, die Figur der kranken Frau in ihrer speziellen Ausprägung als *femme fragile* und *femme fatale* zu inszenieren und dabei die Stereotypie und Normhaftigkeit der daran geknüpften Vorstellungen sichtbar zu machen. Indem der Text die Figur der kranken Frau als unheimlichen Doppelgänger beständig mitführt und in ihren Verflechtungen mit den ‚rassen'-spezifischen Ausgrenzungen darstellt, verweist er auf einen blinden Fleck der Geschichte der schwarzen Emanzipation des 19. und 20. Jahrhunderts, deren Forderungen nach Gleichberechtigung lange Zeit von einer Ausgrenzung der Frauen begleitet wurden.

Anhand der in Ruby praktizierten Ausschlussmechanismen, die unter umgekehrten Vorzeichen die rassistischen Strukturen der amerikanischen Nachkriegsjahre aktualisieren, macht Morrisons Roman deutlich, dass eine bloße Umkehrung der bestehenden Macht- und Definitionsverhältnisse keine Auflösung der daran geknüpften Denkmuster bewirkt, sondern im Gegenteil deren Perpetuierung. Diese übergeordnete Erkenntnis, die anhand der Thematik von Rassismus und Ausgrenzung vorgeführt wird, lässt sich auf die im Subtext mitverhandelten Geschlechterrollen übertragen. Die vielgestaltige Inszenierung devianter Frauenfiguren ist in diesem Sinne produktiv zu nennen: es ist die Wiederholung des tradierten Stereotyps der kranken Frau, das letztlich zum Ausgangspunkt für eine relationale Konstellation und Erzählweise genommen wird und das dem Prinzip der Grenzziehung die Etablierung räumlicher Verbindungen entgegensetzt. Das im Roman in verschiedener Hinsicht eingesetzte Verfahren der Spatialisierung, das den dargestellten Räumen konkrete Figurenbefindlichkeiten aber auch Machtverhältnisse zuordnet, dient schließlich auch der Gegenüberstellung konkurrierender Raumkonzepte: das Prinzip von Flucht und Separation steht in Opposition zum Prinzip von Überlagerung und Vermischung. Die Produktivität des Textes besteht schließlich darin, auf narratologischer Ebene die binären Antagonismen zu überschreiten und gegen das Prinzip von Trennung und Reinheit eine Poetologie der Vermischung ins Werk zu setzen.

Intertextualisierung

VII. Der vivisektorische Blick aus dem Abseits. Wahn und Weiblichkeit bei Gisela Elsner

Gisela Elsners Texte haben von Beginn an eine spannungsgeladene Medienresonanz ausgelöst: die Auszeichnung mit dem „Prix Formentor" für ihren ersten Roman *Die Riesenzwerge* (1964) wurde polemisch diskutiert, vielen ihrer späteren Texte die literarische Qualität aberkannt. Die literaturwissenschaftliche Auseinandersetzung mit ihrem Werk befindet sich noch immer in ihren Anfängen.[1] Bisherige Betrachtungen über die Autorin und ihr Werk haben fast immer versucht, die Person selbst oder aber die Rezeption ihrer Texte in den Blickpunkt zu rücken, die ästhetische Qualität und die politische Aussagekraft jedoch unberücksichtigt gelassen.[2] In ihrem Essay „Autorinnen im literarischen Ghetto" hat Gisela Elsner eine solche Form der Rezeption kritisch in den Blick genommen:

> Wenn man in den Feuilletons die Rezensionen von Neuerscheinungen liest, die bundesdeutsche Autorinnen verfasst haben, wird man den Verdacht nicht los, daß viele männliche Kritiker Frauen, die einer schriftstellerischen Tätigkeit nachgehen, noch immer nicht für ganz normal zu halten scheinen. [...] Bei der Bewertung

---

1 Seit einigen Jahren scheint sich diese Forschungslücke erfreulicherweise zu schließen. So erschien im vergangenen Jahr die Habilitationsschrift von Christine Künzel: *„Ich bin eine schmutzige Satirikerin". Zum Werk Gisela Elsners (1937-1992)*. Sulzbach: Ulrike Helmer Verlag 2012; ferner liegt eine Dissertationsschrift zum Werk der Autorin vor: Carsten Mindt: *Verfremdung des Vertrauten. Zur literarischen Ethnographie der ‚Bundesdeutschen' im Werk Gisela Elsners.* Frankfurt a.M.: Peter Lang 2009. Auch die von Christine Künzel herausgegebene Aufsatzsammlung *Die letzte Kommunistin* versucht bezüglich der beschriebenen Forschungslücke Abhilfe zu schaffen: Christine Künzel (Hg.): *Die letzte Kommunistin. Texte zu Gisela Elsner*. Hamburg: KVV konkret 2009.

2 Die Autorin Gisela Elsner hat – ähnlich übrigens wie Elfriede Jelinek – mit dieser personalisierenden Rezeption ihrer Texte stets bewusst gespielt. „Im Falle Gisela Elsners findet die Auseinandersetzung mit Stereotypen von Autorschaft und Geschlecht Ausdruck in einem Dialog mit den Medien, indem die Autorin die klischeehaften Zuschreibungen aufnimmt und diese mittels einer Maskerade auf ironische Weise bricht. Das Stichwort ‚Kleopatra-Look' ist hier von besonderer Bedeutung, da es das Bild der Kleopatra ist, mit dem die Autorin anlässlich ihres Debüts auf dem literarischen Markt in der Presse konfrontiert wurde, und das sie dann aufnahm, um es in einer konsequenten Erweiterung des Genres der Groteske auf die Gestaltung ihres Autorinnen-Images zu beziehen." Christine Künzel: „Autorschaft und Maskerade bei Gisela Elsner". In: dsb. / Jörg Schönert (Hgg.): *Autorinszenierungen. Autorschaft und literarisches Werk im Kontext der Medien*. Würzburg: Königshausen & Neumann 2007, S. 177-190, hier: S. 181. Künzel liest das Auftreten der Schriftstellerin als strategische Reaktion auf die ihr zugeschriebenen Labels. Mit ihrer Maskerade zitiert Elsner die aufgrund ihrer Identität als Schriftstellerin vorherrschenden Rollenzuweisungen, eignet sie sich an und stellt sie aus, indem sie sie ins Extreme steigert.

> eines Buches, das ein weiblicher Autor verfaßt hat, spielt nämlich weniger die Frage eine Rolle, ob dieses Buch literarische Qualitäten aufweist und inhaltlich von Bedeutung ist. Ungleich viel wichtiger erscheint es namhaften Kritikern, ob das besagte Buch als weiblich zu bezeichnen ist oder nicht.[3]

Für Gisela Elsner scheint daher in besonderem Maße zu gelten, was Ulrike Flitner für die Literaturkritik der 50er- bis 80er-Jahre herausgearbeitet hat, dass nämlich in der Beurteilung schreibender Frauen wiederkehrende Muster der Ausgrenzung, Personalisierung und Trivialisierung zu beobachten sind.[4] Das „problematische Verhältnis von Weiblichkeit und Kunst"[5] wird dabei in der Literaturkritik in einer Matrix von Norm und Abweichung verhandelt, die das Pathologische und das Weibliche zusammenführt. Frauen werden zwar ‚kreative' Eigenschaften wie Phantasie und Spontaneität zugesprochen, diese sind aber immer auch mit pathogenen Konnotationen versehen und evozieren eine essentielle Nähe von Krankheit und kunstschaffender Weiblichkeit.[6]

In der Rezeption Gisela Elsners manifestiert sich diese stereotype Vorstellung in einer wiederkehrenden Pathologisierung der Autorin, auch bei grundsätzlich wohlwollenden Kritikern[7], sowie in der Tendenz, die

---

3 Gisela Elsner: „Autorinnen im literarischen Ghetto". In: dsb.: *Im literarischen Ghetto*. Kritische Schriften Bd. 2. Hg. v. Christine Künzel. Berlin: Verbrecher Verlag 2011, S. 41-59, hier: S. 41f. Elsner wendet sich in diesem Essay sowohl gegen das Label „Frauenliteratur" als auch gegen den Begriff der „weiblichen Ästhetik", vgl. ebd., S. 49.

4 Christine Flitner: *Frauen in der Literaturkritik. Gisela Elsner und Elfriede Jelinek im Feuilleton der Bundesrepublik Deutschland*. Pfaffenweiler: Centaurus 1995, S. 38. Flitner arbeitet heraus, dass Literaturkritik im Wesentlichen deskriptiv, interpretativ, evaluativ und kanonbildend funktioniert, und dass dabei für die Literatur von Schriftstellerinnen andere Maßstäbe gelten als für die männlicher Autoren.

5 Künzel: „Autorschaft und Maskerade", S. 177.

6 „Die Geschichte der Pathologisierung von Frauen zeigt, daß Frau und Krankheit, besonders Wahnsinn, in der Literatur wie in der Wissenschaft insbesondere (aber nicht erst) seit dem 19. Jahrhundert eng verknüpft sind. Die in den siebziger Jahren entwickelten Konnotationen des Wahnsinns – Sinnlichkeit, Phantasie, Kreativität, Spontaneität, Authentizität, Sensibilität, Verkörperung des Unkonventionellen, Eigentlichen und Lebendigen – sind die Eigenschaften, die im Prozeß der Geschlechterdichotomisierung der Weiblichkeit zugeschrieben wurden. Indem Weiblichkeit krank und Krankheit weiblich besetzt sind, sind sie austauschbar. Der Rückgriff auf Krankheitsbilder der Literatur der siebziger und achtziger Jahre muß daher bei Autorinnen und Autoren als Rückgriff auf kulturelle weiblich konnotierte Werte gelesen werden, die sich im Begriff der Krankheit zusammenfassen lassen." Flitner: *Frauen in der Literaturkritik*, S. 165f.

7 Dies gilt auch für den Aufsatz von Hanjo Kesting, der zwar eine treffende Schilderung der Elsnerschen Schreibweise liefert, aber immer wieder ihre Literatur auf persönliche Krisen zurückführt: „Schreiben erwächst aus Selbst- und Wirklichkeitsbeobachtung und aus den Widersprüchen und Zwiespälten, die sich dabei

von ihr verhandelten Themen auf autobiographische Konstellationen zurückzuführen.[8] Die größte Kritik betrifft dabei weniger ihre Themen als vielmehr ihren Schreibstil, insbesondere die Gestaltung der Erzählperspektive. Elsner gilt als „Humoristin des Monströsen" (Enzensberger), die sich durch einen kalten und „bösen Blick" auszeichnet.[9] Ihre Narration wird immer wieder als „unbarmherzig scharfgestochen"[10] und distanziert[11] beschrieben, als mitleidlos gegenüber den Figuren[12] – und schließlich wird die Vorstellung einer ‚vivisektorischen' Erzählhaltung evoziert.[13] Dieser Rückgriff auf das semantische Feld der Medizin zur Formulierung eines ästhetischen Urteils lässt an einen sehr berühmten Fall der Literaturkritik denken. So sorgte die Erstveröffentlichung von Gustave Flauberts *Madame Bovary. Mœurs de Province* im Jahr 1856 nicht allein auf-

---

auftun. Ein gewisser Leidensdruck kann vorausgesetzt werden. Da Leidenserfahrungen meist tief in die Kindheit zurückreichen, sind sie oft zu Ängsten und Traumata verfestigt – so daß der Literatur eine kathartische, reinigende Funktion zukommt." Hanjo Kesting: „Die triste Wahrheit der Satire – *Gisela Elsner*". In: dsb.: *Ein Blatt vom Machandelbaum. Deutsche Schriftsteller vor und nach 1945.* Göttingen: Wallstein 2008, S. 243-256, hier: S. 243.

8 Aufschlussreich ist in dieser Beziehung der Film Oskar Roehlers, *Die Unberührbare* (2000), der die letzten Monate des Lebens seiner Mutter mit Hannelore Elsner in der Hauptrolle verfilmte. Trotz einer bemüht kunstvollen Schwarz-Weiß-Ästhetik folgt der Film den gängigen Darstellungen Elsners und schließt sich der üblichen Pathologisierung der Figur im großen Stil an. Hanna Flanders, so der Name der Filmfigur, erscheint als drogenabhängige, vereinsamte, letztlich gebrochene Frau. Gerade die politischen Aussagen der Autorin Elsner, etwa über den Zusammenbruch der DDR, werden vermengt mit ihrer Verzweiflung über die zurückgehenden Verkaufszahlen ihrer Bücher und werden in der Rückbindung an private Momente der Biographie nachträglich entschärft.

9 Christine Künzel: „Gisela Elsner. Die Riesenzwerge (1964)". In: Claudia Benthien / Inge Stephan (Hgg.): *Meisterwerke. Deutschsprachige Autorinnen im 20. Jahrhundert*. Köln / Weimar / Wien: Böhlau 2005, S. 93-109, hier: S. 94.

10 Hellmuth Karasek: „Madame Bovary auf Wohnungssuche". In: *Der Spiegel* 13 (1982), S. 218-220, hier: S. 218.

11 Vgl. das Kapitel „Teilnahmslose Beobachtung: Aspekte einer realistischen Schreibweise" in Künzel: „Ich bin eine schmutzige Satirikerin", S. 94-100.

12 „In modifizierter Form tauchte diese Interpretation [eines psychologischen Deutungsmusters] in zahlreichen Rezensionen – unabhängig von der generellen Bewertung des Buchs – auf, als Mangel an Menschlichkeit, Kälte, Haß und Distanz." Flitner: *Frauen in der Literaturkritik*, S. 56.

13 Gisela Elsner selbst verwendet diese Charakterisierung zur Kennzeichnung ihres Stils in einem Interview: „Die Beweggründe meiner Fahnenflucht von der Bourgeoisie, die sich mit mir ein Kuckucksei in ihr Nest gelegt hat, zu den Kommunisten lieferten mir meine *vivisektorischen Observationen* der Bourgeoisie, ihrer Lakaien und Handlanger." [Hervorhebungen A.N.] Elsner in Stankiewicz: „Interview mit Gisela Elsner". In: *Unsere Zeit* 19.9.87, S. 7. Zit. nach Christine Künzel: „Einmal im Abseits, immer im Abseits? Anmerkungen zum Verschwinden der Autorin Gisela Elsner". In: dsb. (Hg.): *Die letzte Kommunistin*, S. 7-20, hier: S. 15.

grund seiner Thematik für Aufsehen – die Geschichte einer Ehebrecherin, die an der Unvereinbarkeit ihrer romantischen Vorstellungen mit der Realität ihrer Liebesbeziehungen scheitert und sich schließlich das Leben nimmt –, sondern vor allem aufgrund der distanzierten Haltung des Erzählers gegenüber seiner Figur.[14] Sainte-Beuves berühmt gewordener Ausspruch, „Gustave Flaubert tient la plume comme d'autres le scalpel"[15], steht symptomatisch für den Vorwurf gegenüber einer entzaubernden und entidealisierenden Literatur der Moderne, die in ihrer Distanznahme und *impassibilité* für die damalige Zeit einen Wahrnehmungsschock bedeutete. In diesem Sinne formuliert auch Flauberts Zeitgenosse und Kritiker Gustave Merlet:

> M. Flaubert n'est pas seulement un peintre déguisé en romancier, mais un chirurgien qui se trompe de vocation, et applique à l'analyse des caractères du sang-froid cruel de l'anatomiste. Jamais son regard ne s'étonne, jamais sa main ne tremble quand son scalpel se plonge avec sûreté dans les fibres palpitantes. Il n'entend pas les cris du patient qu'il dissèque. On dirait qu'il travaille sur un cadavre.[16]

Der Autor wird in dieser Darstellung als Chirurg inszeniert, vor allem werden dabei die Gefühllosigkeit des ‚schreibenden Anatomen' und die von ihm unternommene Degradierung der vormals menschlichen Figur zum leblosen Objekt denunziert. Darüber hinaus erregt die Aufnahme des Banalen und Körperlichen in die Literatur Anstoß.[17] Ein solcher ‚Materialismusvorwurf', der kritisiert, dass das Seelenleben der Figuren zugunsten ihrer physiologischen Konstitution in den Hintergrund rückt, lässt sich auch in den polemischen Besprechungen der Werke Gisela Elsners wiederfinden.[18] Tjark Kunstreich greift diese Kritik in seinem Essay über Elsners Roman *Die Zähmung* auf und wendet sie ins Positive. Er erkennt in der Elsnerschen Darstellung von „Unpersonen" eine spezifische Form des Realismus – insofern die Autorin „sich [weigert], Menschen zu erfinden, wo keine sind" – und schließt damit Figurenmodellierung und narratives Verfahren zusammen:

> Der Roman strotzt allerdings von papierenen Dialogen, so papieren aber wurde und wird gesprochen. So sprechen Leute, die sich nichts zu sagen haben; und Gisela Elsner verfremdet dieses leere

---

14 Gustave Flaubert: *Madame Bovary. Mœurs de Province* [1857]. Œuvres tome I. Hg. v. Albert Thibaudet / René Dumesnil. Paris: Gallimard / Pléiade 1936. Im Folgenden zitiert als MB.

15 Sainte-Beuve: *Madame Bovary par M. Gustave Flaubert*. Zit. nach Westerwelle: *Ästhetisches Interesse*, S. 32.

16 Gustave Merlet: *Le roman physiologique* [1860]. Zit. nach ebd., S. 33.

17 Vgl. Westerwelle: *Ästhetisches Interesse*, S. 31-34.

18 Vgl. Werner Preuß: „Von den *Riesenzwergen* direkt ins Abseits? Gisela Elsner und ihre Kritiker". In: Künzel (Hg.): *Die letzte Kommunistin*, S. 31-45, hier: S. 42.

> Sprechen, indem sie von der Sprache aufs Subjekt schließt, das nur mehr eine Hülle ist. Die Protagonisten entstehen nicht, wie zu dieser Zeit üblich, mittels charakterisierender Beschreibungen, die Menschlichkeit vorspiegeln sollen, sondern gewinnen ihre fragwürdige Präsenz durch eine Sprache, die sich kaum noch von der Erzählung unterscheidet.[19]

Kunstreich bescheinigt den Texten Elsners eine Kongruenz von Erzähler- und Figurenstimme, die eine kritische Distanz gegenüber den Figuren erst ermöglicht. Auch im Falle der Rezeption Flauberts steht das Verhältnis des Erzählers zu den Figuren im Blickpunkt. Das Merkmal der Flaubertschen *impersonnalité* besteht darin, dass die im *discours indirect libre* wiedergegebene Figurenperspektive von einer Erzählerstimme organisiert wird, die einen analytischen und distanzierenden Blick auf die Figur ermöglicht und dabei zudem eine quasi-wissenschaftliche Objektivität beansprucht.

Die sowohl in verbaler wie auch in graphischer Form existierenden karikaturistischen Darstellungen, die Flaubert beim klinischen Sezieren seiner Figuren zeigen – „elle [son héroïne] crie sous le scalpel; mais la main qui la dissèque ne tremble pas“[20] –, sind als Kommentar auf Flauberts Fokussierung auf die pathologische Entwicklung seiner Figur Emma Bovary zu verstehen und rücken die Schreibweise des Autors in die Nähe des ärztlichen Fallberichts.[21] Die klinische *observation* wird auf diese Weise als literarisches Verfahren begreifbar: „das Skalpell als Metaphorisierung des literarischen Analyseprozesses steht in Flauberts Texten wie eine Synekdoche für Redegegenstände und Rederegularitäten des klinisch-anatomischen Diskurses“.[22]

Die Metaphorik des Sezierens findet sich rund einhundert Jahre später auch in den Besprechungen der Texte Gisela Elsners wieder und markiert hier erneut einen Skandal:[23]

---

19 Tjark Kunstreich: „Über Gisela Elsner“. In: Gisela Elsner: *Die Zähmung*. Berlin: Verbrecher Verlag 2002, S. 273-281, hier: S. 275, 277f.

20 J.J. Weiss: *La littérature brutale* [1857]. Zit. nach Westerwelle: *Ästhetisches Interesse*, S. 28.

21 Vgl. Föcking: *Pathologia litteralis*, S. 171.

22 Ebd., S. 219. Föcking führt die *impassibilité* Flauberts auf den Wechsel zur klinisch-anatomischen Medizin im 19. Jahrhundert zurück, wodurch deutlich wird, dass „das eigentliche Skandalon [...] in der literarischen Adaption von diskursiven Verfahren und Textsorten des medizinischen Diskurses [liegt].“ Ebd., S. 222.

23 Dass das Erscheinen der Schriftstellerin auf der literarischen Bühne tatsächlich als Skandal aufgenommen wurde, zeigt neben der breiter angelegten Untersuchung Christine Flitners auch der Aufsatz in Stefan Neuhaus' Sammelband *Literatur als Skandal*: Carrie Smith-Prei: „Böser Blick, entblößte Brust: Der Autorinnenkörper als Gegenstand des literarischen Skandals. Gisela Elsner und Renate Rasp“. In: Stefan Neuhaus (Hg.): *Literatur als Skandal. Fälle – Funktion – Folgen*. Göttingen: Vandenhoeck & Ruprecht 2007, S. 549-558.

> Vor allem der Blick der Autorin hatte es den Kritikern angetan: mal wurde er ‚böse' genannt, mal ‚hohnvoll' und ‚herzlos', dann wieder ‚vivisektorisch' und sogar ‚sadistisch'. Wie ein spätes Echo Sainte-Beuves klingt es, wenn man in einer Rezension liest: ‚Gisela Elsner arbeitet mit dem Seziermesser, unerbittlich und erbarmungslos.'[24]

Die wiederkehrend unterstellte Unbarmherzigkeit lässt vermuten, dass Elsner eine konkrete Erwartungshaltung der Kritik – die der empfindsamen, einfühlsamen Autorin – nicht erfüllt. Die Verknüpfung von Weiblichkeit und Sensibilität, die in der Literaturkritik zu diesem Zeitpunkt offenbar noch fest verankert ist,[25] wird in dem Schreiben der Autorin auf verstörende Weise gerade nicht bestätigt.

Während Flauberts Rekurs auf die klinisch-anatomische Schreibweise, unter Einbezug zeitgenössischer Hysterie-Traktate, die konsequente Physiologisierung seiner Protagonistin nach sich zieht[26] und der Gegenstand der kranken Frau auf diese Weise dezidiert der Modellierung seiner Schreibweise der *impassibilité* und *impersonnalité* dient, findet sich in dem 1982 erschienenen Roman *Abseits* von Gisela Elsner ebenfalls ein komplexes Verhältnis zwischen narratologischer Konstruktion und Darstellung der kranken Protagonistin Lilo Besslein.[27] Der Vergleich der Rezeptionsweisen beider Romane mag weniger verwundern, wenn man sich vor Augen hält, dass Elsners Text explizit auf Flauberts wohl bekanntestes Werk reagiert. Tatsächlich bestehen zwischen beiden Romanen eine ganze Reihe motivischer und struktureller Parallelen, die bislang noch kaum ausführlich untersucht worden sind, und von denen die Verzweiflung der Heldin nur die offensichtlichste darstellt.[28]

---

24 Kesting: „Die triste Wahrheit der Satire – *Gisela Elsner*", S. 251.

25 Flitner: *Frauen in der Literaturkritik*, S. 41.

26 Vgl. Föcking: *Pathologia litteralis*, S. 223.

27 Gisela Elsner: *Abseits*. Reinbek bei Hamburg: Rowohlt 1982. Im Folgenden zitiert als A.

28 Einige wichtige intertextuelle Bezüge sowie Elsners Rekurs auf das realistische Schreiben skizziert Christine Künzel in ihrem entsprechenden Kapitel über den Roman *Abseits*: „Die Bovary aus der Trabantenstadt" in: Künzel: „Ich bin eine schmutzige Satirikerin", S. 191-195. Auch findet mitunter Elsners Orientierung am französischen Realismus Erwähnung, wie etwa bei Hanjo Kesting, der nicht nur Flauberts Sachlichkeit als modellbildend erkennt, sondern auch Emile Zola, dessen *roman expérimental* für Elsner eine Methode liefert, „an die Wirklichkeit heranzukommen". Kesting: „Die triste Wahrheit der Satire", S. 247. Der komplexen intertextuellen Bezugnahme auf *Madame Bovary* wurde bislang jedoch weder auf der Ebene der *histoire* noch bezüglich des *discours* konsequent nachgegangen. Von Gisela Elsner selbst existiert ein umfangreicher literaturkritischer Essay über das Thema des Ehebruchs im bürgerlichen Roman des 19. Jahrhundert, in dem sie u.a. auf die erzählerischen Verfahren Flauberts eingeht. Gisela Elsner: „Wie man sich einfach unmöglich macht. Über Ehebrecherinnnen in der Weltliteratur und die Moral der Bourgeoisie". In: dsb.: *Im literarischen Ghetto*, S. 119-161.

In der nachfolgenden Analyse des Romans *Abseits* soll deshalb untersucht werden, welche strategische Funktion die Bezugnahme auf den Roman des französischen Schriftstellers Flaubert für die Darstellung des Motivs der kranken Frau bei Elsner einnimmt. Es stellt sich die Frage nach dem Hintergrund der dabei vorgenommenen Wiederholung der Figur der kranken Frau auf der Folie eines konkreten Vorläufertextes, d.h. die Frage nach der Funktion einer dezidierten Intertextualisierung pathologisierter Weiblichkeit. In der ergänzenden Lektüre der kürzeren Erzählung *Die Zerreißprobe* (1980) kann überdies die Thematik weiblicher Autorschaft unter den Vorzeichen von Krankheit und ästhetischer Abweichung ausgefaltet werden.[29] Vor diesem Hintergrund lässt sich zeigen, dass die für Flaubert charakteristische Gestaltung der Erzählperspektive, die sich insbesondere durch eine semantische Unbestimmtheit[30] auszeichnet, bei Elsner unter verkehrten Vorzeichen aufgegriffen und mit einer veränderten Bedeutung ausgestattet wird. Diese Herangehensweise soll nicht suggerieren, dass Elsners Roman in seinen literarischen Möglichkeiten über Flauberts Werk ‚hinausgeht' – *Madame Bovary* ist unbestritten der ästhetisch komplexere Text. Vielmehr geht es darum zu zeigen, was sich verändert, wenn dasselbe Sujet mehr als einhundert Jahre später von einer Autorin aufgegriffen wird. Wo bei Flaubert eine konsequente Dereferentialisierung sichtbar wird, lässt sich bei Elsner eine Form der direkten Referentialität feststellen, eine Einschränkung der konnotativen Vielfalt zugunsten des Denotats. (1.) In einem ersten Schritt werden dabei zunächst systematisch die intertextuellen Bezugnahmen auf den französischen Klassiker des Realismus expliziert. Indem Elsner sowohl die thematische Konstellation als auch die Schreibweise *Madame Bovarys* aufgreift, imitiert sie nicht zuletzt die für Flaubert charakteristische Praxis der intertextuellen Bezugnahme auf vorgeprägte Erzählschemata, wie etwa das der Romantik. Die auf diese Weise in *Abseits* sichtbar werdende Wiederholung einer Wiederholung verdeutlicht die Unausweichlichkeit bestimmter Erzählmuster – die narrationsstabilisierende Funktion der Figur der kranken Frau – und führt diese, indem sie sie übersteigert, zu-

29 Dass beide Texte in einem engen Zusammenhang stehen, zeigt Elsners später entstandener Essay „Gläserne Menschen", der die jeweiligen Handlungselemente der Texte – die Krankheitsgeschichte der Lilo Besslein und die Thematik der Überwachung – zusammenführt. Gisela Elsner: „Gläserne Menschen". In: dsb.: *Flüche einer Verfluchten*. Kritische Schriften Bd. 1. Hg. v. Christine Künzel. Berlin: Verbrecher Verlag 2011, S. 93-115.

30 Jonathan Culler skizziert in der Einleitung zu seiner Monographie über Flaubert die Ohnmacht des Literaturwissenschaftlers angesichts eines Werks, dessen Bedeutung sich stets der Deutung entzieht: „That is the problem. The novel is an ironic form, born of the discrepancy between meaning and experience, whose source of value lies in the interest of exploring that gap and filling it, while knowing that any claim to have filled it derives from blindness." Jonathan Culler: *Flaubert. The Uses of Uncertainty*. Ithaca: Cornell University Press 1974.

gleich an ihr Ende. (2.) Anschließend wird die intertextuelle Folie *Madame Bovary* im Hinblick auf ihre Funktion für die Ausgestaltung des Pathologischen im Spannungsfeld von Norm und Abweichung untersucht. Dabei steht Elsners Umgang mit dem Mittel der Satire im Vordergrund, welche dazu angelegt ist, die an die Krankheit geknüpften tradierten Darstellungsmuster zu verfremden. (3.) Schließlich wird anhand der Erzählung *Die Zerreißprobe* eine zusätzliche Reflexionsebene des Elsnerschen Schreibens beleuchtet. Dabei wird analysiert, wie es der Autorin gelingt, die tradierte Rolle der Frau im Literaturbetrieb zu reflektieren und die als ‚weiblich' konnotierten Schreibweisen zu konterkarieren. Sowohl der Roman *Abseits* als auch die Erzählung *Die Zerreißprobe* schaffen ein produktives Spannungsverhältnis zwischen der quasi-notwendigen zitatförmigen Übernahme traditioneller Schreibweisen und der darin enthaltener Rollenmuster auf der einen Seite und deren strategischer Unterwanderung auf der anderen.

1. Essen – Lesen – Lieben. Intertextuelle Bezüge zu *Madame Bovary* im Zeichen der Krankheit

Der Roman *Abseits*, der das unglückliche Leben der Lilo Besslein zum Gegenstand hat, setzt ein mit der Geburt ihrer Tochter und ihrem Unwillen, sich in die ungewohnte Mutterrolle einzufügen, erzählt von dem Überdruss innerhalb des gleichförmigen Ehealltags und den Versuchen, diesem durch die Wahl verschiedener Liebhaber zu entgehen, berichtet von der Trennung von ihrem Mann Ernst Besslein, von der erfolglosen Suche nach einer eigenen Wohnung und schließlich vom Selbstmord der Protagonistin. Im Fokus des Textes steht dabei die Krankheit Lilo Bessleins, ihre zunehmenden Depressionen, die sich schließlich zu einer Angstneurose ausweiten und einen selbstzerstörerischen Charakter annehmen.

Das Schicksal der jungen Mutter und unglücklichen Ehefrau Lilo Besslein liest sich dabei wie eine aktualisierte Fassung von Gustave Flauberts *Madame Bovary*, wie bereits der Klappentext des Romans in der Rowohlt-Ausgabe kenntlich macht:

> Ihr [Elsners] Roman „Abseits" entfaltet sich vor dem Hintergrund einer weltberühmten Geschichte: Flauberts Roman der Ehebrecherin und Selbstmörderin Madame Bovary. Bei Gisela Elsner ist diese Geschichte ganz gegenwärtig: Die Madame Bovary von heute lebt in einer Trabantenstadt in einem öden Wohnsilo, ihr Mann ist Angestellter, beide haben ein Kind, beide kennen nur Ehepaare, wie sie selbst eins sind. [A *Klappentext*]

Tatsächlich teilt Lilo Besslein das Schicksal ihrer Modellfigur Emma Bovary in vielerlei Hinsicht: wie Emma verbringt sie ihr Leben mit einem als mittelmäßig charakterisierten Ehemann, den sie weniger aus Liebe geheiratet hat, als aus dem Wunsch heraus, „aus dem Bannkreis ihrer tyrannischen Mutter zu gelangen". (A 29) Wie Emma unterhält sie nacheinander zwei Liebhaber, die aber ebenfalls mehr Enttäuschungen als Lust bereithalten. Wie Emma bekommt sie eine Tochter, zu der sie keine wirkliche Bindung aufbauen kann und die sie sobald wie möglich in die Obhut einer Tagesmutter übergibt – die moderne Version der *nourrice* –, nicht zuletzt, um auf diese Weise die Treffen mit ihrem Liebhaber besser gestalten zu können. Wie Emma zerbricht sie schließlich an der geistigen wie auch materiellen Enge der für sie vorgesehenen gesellschaftlichen Rolle und bereitet ihrem Leben durch die Einnahme von Gift ein Ende. Die für den Flaubertschen Text charakteristische Trias von Essen – Lesen – Lieben wird damit von Elsner wieder aufgegriffen.[31]

2.1 Essen. Der Roman *Madame Bovary* bildet nicht nur auf inhaltlicher Ebene eine hypotextuelle Folie für *Abseits*, auch die formalen Darstellungsweisen einzelner Szenen und Konstellationen sind analog konstruiert. So charakterisiert in beiden Texten die Darstellung der gemeinsamen Mahlzeiten der Eheleute Bovary resp. Besslein die ehelichen Strukturen im Ganzen und verdeutlicht die unerträgliche Übermacht von zu Ritualen erstarrten Gewohnheiten.[32] Flauberts Emma Bovary, deren Oszillieren zwischen romantischen Illusionen und banaler Realität den zentralen Gegenstand des Romans bildet, empfindet die Gleichförmigkeit ihres Ehelebens und die Mittelmäßigkeit ihres Mannes Charles insbesondere in Anbetracht seiner Essgewohnheiten:

> Elle se sentait, d'ailleurs, plus irritée de lui. Il prenait, avec l'âge, des allures épaisses; il coupait, au dessert, le bouchon des bouteilles vides; ils se passaient, après manger, la langue sur les dents; il faisait, en avalant sa soupe, un gloussement à chaque gorgée, et, comme il commençait d'engraisser, ses yeux, déjà petits, semblaient remontés vers les tempes par la bouffissure de ses pommettes. (MB 381)

In Emmas Wahrnehmung treten Charles' grobe Tischmanieren besonders deutlich hervor und die unansehnliche Erscheinung ihres Mannes nimmt

---

31 Barbara Vinken konstatiert eine Fokussierung der *Madame Bovary*-Forschung auf die drei zentralen Aspekte „Essen, Lieben, Lesen", die sich gegenseitig überlagern. Vgl. Barbara Vinken: „Ästhetische Erfahrung durchkreuzt. Der Fall Madame Bovary". In: Joachim Küpper / Christoph Menke (Hgg.): *Dimensionen ästhetischer Erfahrung*. Frankfurt a.M.: Suhrkamp 2003, S. 241-263.

32 Die Thematik des Essens, der Nahrungsaufnahme, ist ein immer wieder diskutierter Aspekt des Flaubertschen Werkes und speziell seines Romans *Madame Bovary*. Vgl. zur Forschungslage Christine Ott: „Diététique litteraire et poétique alimentaire chez Flaubert". In: Jeanne Bem / Uwe Dethloff (Hgg.): *Nouvelles lectures de Flaubert. Recherches allemandes*. Tübingen: Narr / Francke / Attempto 2006, S. 9-26.

geradezu animalische Züge an. Es ist dabei ihre unbarmherzige Beobachtung, die die regelrechte Transformation ihres Mannes bewirkt.[33] Die zitierte Passage ist ein Beispiel für die vielbeschriebene Flaubertsche Verwendung des *discours indirect libre*, bei der die Fokalisierung kaum merklich von der Position des auktorialen Erzählers in die Figurenperspektive hinübergleitet, so dass der Leser schließlich die Wahrnehmung der Figur teilt, gleichzeitig aber den epistemischen Bezugsrahmen des Erzählers beibehält. Der Text bringt in der Darstellung des gemeinsamen Essens in seiner Ritualität die für Emma unerträgliche Monotonie zum Ausdruck und markiert gleichzeitig eine Distanzierung gegenüber der Protagonistin:

> Mais c'était surtout aux heures des repas qu'elle n'en pouvait plus, dans cette petite salle au rez-de-chaussée, avec le poêle qui fumait, la porte qui criait, les murs qui suintaient, les pavés humides; toute l'amertume de l'existence lui semblait servie sur son assiette, et, à la fumée du bouilli, il montait du fond de son âme comme d'autres bouffées d'affadissement. Charles était long à manger; elle grignotait quelques noisettes, ou, bien appuyée du coude, s'amusait, avec la pointe de son couteau, à faire des raies sur la toile cirée. (MB 385)

Emmas im *discours indirect libre* wiedergegebene Wahrnehmung ihres Lebens ist geprägt von einer Metaphorik der Nahrungsaufnahme: die von ihr empfundene ‚Bitterkeit der Existenz' vermischt sich mit dem Eindruck einer buchstäblichen ‚Fadheit' und Verflachung ihres Daseins. Aufgrund der Diskrepanz zwischen der Banalität der dargestellten Situation und der von Emma empfundenen Dramatik wird die gesteigerte Empfindsamkeit der Protagonistin durch den Erzähler ironisiert, sie wird als eine Pose kenntlich gemacht, in die sich Emma beinahe willentlich hineinbegibt.

Ein für Emma Bovary besonders grausamer Fall lustvoller Nahrungsaufnahme durch ihren Mann vollzieht sich in dem Augenblick, da ihr Liebhaber Rodolphe seinen Abschiedsbrief in einem Korb voll Aprikosen übersendet, in den der nichtsahnende Charles beherzt hineinlangt, um sich an den Früchten zu delektieren: „[La domestique] replaça dans la corbeille les abricots répandus sur l'étagère. Charles, sans remarquer la rougeur de sa femme, se les fit apporter, en prit un et mordit à même. / Oh! parfait! disait-il. Tiens, goûte!" (MB 514) Charles' Hingabe an die vordergründige Sinnlichkeit der Aprikosen kontrastiert mit Emmas Empfindung, haben doch die Früchte für sie eine schmerzhafte Bedeutung; Charles betrachtet den von Rodolphe gesandten Korb in seiner bloßen Gegenständlichkeit, Emma in seiner Zeichenhaftigkeit. Es ist gerade dieses Spannungsverhältnis zwischen buchstäblicher und

33 Vgl. auch die ausführliche Deutung der Passage von Erich Auerbach: „Im Hôtel de la Mole". In: dsb.: *Mimesis. Dargestellte Wirklichkeit in der abendländischen Literatur*. Tübingen / Basel: Francke 1994, S. 422-459.

ses Spannungsverhältnis zwischen buchstäblicher und übertragener Bedeutung, das bei Emma einen hysterischen Anfall auslöst:

> – Sens donc: quelle odeur! fit-il en la lui passant sous le nez à plusieurs reprises.
> – J'étouffe! s'écria-t-elle, en se levant d'un bond.
> Mais, par un effort de volonté, ce spasme disparut; puis:
> – ce n'est rien! dit-elle, ce n'est rien! c'est nerveux! Assieds-toi, mange!
> Car elle redoutait qu'on ne fût à la questionner, à la soigner, qu'on ne la quittât plus.
> Charles, pour obéir, s'était rassis, et il crachait dans sa main les noyaux des abricots, qu'il déposait ensuite dans son assiette.
> Tout à coup, un tilbury bleu passa au grand trot sur la place. Emma poussa un cri et tomba roide par terre, à la renverse. [...] Félicité, dont les mains tremblaient, délaçait Madame, qui avait le long du corps des mouvements convulsifs. (MB 514f)

Ebenso signifikant wie Emmas klassisch hysterische Gebärden – Gefühl der Erstickung, ‚Spasmen', Aufspringen, Nervosität, Schreien, Fallen, Konvulsionen – sind die Erklärungen des herbeigeeilten Apothekers Homais, der Emma sogleich – „tant sous le rapport pathologique que sous le rapport physiologique" (MB 516) – zum Studienobjekt deklariert, eine reizbare und nervöse Natur bei ihr vermutet und damit das medizinisch gefasste Stereotyp der weiblichen Hysterikerin aufruft.[34]

Konträr zu Charles' gierigem Essensstil steht Emmas Appetitlosigkeit, die sich zugleich als erstes Anzeichen einer nervösen Verstimmung lesen lässt. Im Gegensatz zu Charles nimmt sie kaum etwas zu sich. Die Darstellung ihres Essensverhaltens geht dabei unmittelbar in die Beschreibung einer beginnenden Ermattung oder Niedergeschlagenheit über:

---

[34] Vgl. zur Zeichenhaftigkeit der (weiblichen) Krankheit Hysterie in dieser Szene Rudolf Behrens: „La représentation de l'agonie d'Emma et les désillusions du discours médical". In: Barbara Vinken / Peter Fröhlicher (Hgg.): *Le Flaubert réel.* Berlin / New York: de Gruyter / Max Niemeyer Verlag 2009, S. 31-46; Föcking: *Pathologia litteralis*; Westerwelle: *Ästhetisches Interesse.* Joachim Küpper stellt heraus, dass Emma „immer dann auf hysterische Verhaltensmuster zurückgreift, wenn ihr die Vermittlung von Realität und anderweitigen, meist literarischen Wunschphantasmata nicht mehr gelingt [...]. Aus einer solchen Sicht könnte man die – dann eben nur vermeintlich – authentischen hysterischen Szenen als bewußt-unbewußte Inszenierungen der Heldin auffassen, und der latente Wunsch, auf den die Adaptation entsprechender Verhaltensmuster verwiese, wäre der, ihr gesamtes Unglück als Schicksal zu sehen oder andere es so sehen zu lassen, und mehr vielleicht noch der mit dem Krankheits-Konzept verbundene Wunsch nach Heilung." Joachim Küpper: „Das Ende von Emma Bovary". In: Hans-Otto Dill (Hg.): *Geschichte und Text in der Literatur Frankreichs, der Romania und der Literaturwissenschaft.* Berlin: Trafo 2000, S. 71-93, hier: S. 81.

> [E]lle grignotait quelques noisettes, ou, bien appuyée du coude, s'amusait, avec la pointe de son couteau, à faire des raies sur la toile cirée.
> Elle laissait maintenant tout aller dans son ménage, et Madame Bovary mère, lorsqu'elle vint passer à Tostes une partie du carême, s'étonna fort de ce changement. Elle, en effet, si soigneuse autrefois et si délicate, elle restait à présent des journées entières sans s'habiller, portait des bas de coton gris, s'éclairait à la chandelle. (MB 385)

Emma fängt an, sich ‚gehen zu lassen', sie vernachlässigt ihre Hausarbeit, kleidet sich nicht mehr so sorgfältig wie vormals – verweigert also die an sie als Ehe- und Hausfrau gestellten Rollenerwartungen. Die Darstellungen des Essens bilden folglich nicht nur eine ‚symbolische' Markierung der ehelichen Monotonie sondern werden unmittelbar in die physiologische Symptomatik von Emmas melancholischem Zustand überführt.

Bei Gisela Elsner nun lässt sich eine vergleichbare Konstellation beobachten, insofern auch hier die gemeinsamen Mahlzeiten und das Verhalten des Mannes bei Tisch als immergleiches, abstoßendes Ritual beschrieben werden. Auch in *Abseits* ist die Frustration und Antriebslosigkeit der Protagonistin durch die in den repetitiven Essensvorgängen kulminierende Ehemonotonie bedingt, wobei die bis ins Groteske verzerrte Darstellung des Frühstücks in die Beschreibung von Lilo Bessleins depressiven Gemütszustand einmontiert ist:

> Jeden Morgen überkam sie die unbändige Lust, einfach im Bett liegen zu bleiben und ihrem Mann die notwendigen Verrichtungen für das Kind und den Haushalt zu überlassen. Jeden Morgen kämpfte sie gegen diese Lust an. [...] Oft war das Frühstück fertig, ehe er mit dem Rasieren fertig war, und sie saß untätig am Tisch und wartete auf sein Erscheinen. Sobald er mit der Zeitung in der Hand im Wohnzimmer auftauchte, stellte sie fest, daß seine ohnehin ein wenig klein geratenen, graugrünen Augen morgens noch kleiner waren als sonst, und sie wich mit einem leichten Widerwillen ein Stück zurück, wenn er, ohne ihr Zurückweichen zur Kenntnis zu nehmen, mittlerweile völlig gedankenlos Anstalten traf, ihr einen Kuß zu geben. Während des Frühstücks gähnte er mehr als er redete. Die Tränen liefen ihm aus den Augen, und er mußte des öfteren seine Brille abnehmen, um sie sich trocken zu wischen. Lilo Besslein mühte sich, an der Art und Weise, in der er sich trotz seines Bäuchleins und trotz des Fettwulstes über seinen Hüften seine diversen Brote belegte, keinen Anstoß zu nehmen. Aber es gelang ihr nie, dies zu ignorieren. Unwillkürlich sah sie ihm zu, wie er sich eine Scheibe Brot dick mit Butter bestrich, wie er zwei Scheiben Schinken darauf legte, wie er über den Schinken die Scheiben eines geschnittenen harten Eis plazierte, wie er die Eierscheiben mit Senf bestrich und wie er auf den Schinken und die mit Senf bestrichenen Eierscheiben schließlich die Scheiben einer Gewürzgurke schichte-

> te. Sie mühte sich auch allmorgendlich, an der Art und Weise wie er aß keinen Anstoß zu nehmen. Aber es gelang ihr nie, dies zu ignorieren. Unwillkürlich sah sie ihm zu, wie er in der linken Hand die Zeitung hielt, wie er den Mund so weit aufriß, daß seine Goldkronen neben den Mundwinkeln sichtbar wurden und wie er mit der rechten Hand das dreifach beschichtete Brot so hektisch in sich hineinstieß, daß immer wieder Eier- und Gurkenscheiben auf das Tischtuch oder auf den Teppich fielen. (A 42f)

Bereits die Länge der hier nur ausschnitthaft zitierten Passage markiert eine zeitliche Dehnung und bringt damit die Unausweichlichkeit der dargestellten Situation zum Ausdruck. Die von Lilo Besslein empfundene Monotonie spiegelt sich in den repetitiven Satzanfängen wieder („Jeden Morgen…"), ebenso wie in der tautologischen Satzstruktur und den Wiederholungen ganzer Sentenzen („Aber es gelang ihr nie, dies zu ignorieren"). Die kumulative und hyperbolische Darstellung der Abläufe bringt zum Ausdruck, dass gerade in der Anhäufung von Banalitäten die Unerträglichkeit des herrschenden Zustands zu verorten ist.[35]

Im Gegensatz zu der für Flaubert typischen Dereferentialisierung und der daraus erwachsenden semantischen Unschärfe[36] lässt sich bei Elsner eine Form der ‚Hyperreferentialität' beobachten. Die Gegenstände und Vorgänge des Alltags verweisen nicht auf etwas anderes, lassen sich nicht in eine übergeordnete Bedeutungsebene überführen, sondern bleiben als Denotate bestehen.[37] Die Semantik des Textes ergibt sich nicht allein aus den Wörtern, Motiven und Sprachbildern heraus, sondern aus seiner syntaktischen Struktur, deren Iterativität der dargestellten Situation entspricht. An der zitierten Passage lässt sich also festmachen, dass die oftmals als unkreativ und redundant charakterisierte Schreibweise Gisela

---

35 Künzel zufolge ist die Darstellung der Mahlzeiten in den Texten von Gisela Elsner auf die darin implizierten Prozesse der Gewalt fokussiert und hat „etwas mit dem Wunsch nach Einverleibung, mit Eroberung und Vernichtung zu tun". Künzel: „Gisela Elsner. Die Riesenzwerge", S. 99. Vgl. dazu auch die grotesken Szenen der Nahrungsaufnahme in *Die Zähmung* oder *Die Riesenzwerge*.

36 Genette spricht in diesem Zusammenhang von einem „développement qui dépasse sa fonction diégétique et s'épanouit lui-même". Gérard Genette: „Silences de Flaubert". In: *La Nouvelle Revue Française* 14 (1966), S. 473-483, hier: S. 477. Entsprechend definiert Rudolf Behrens als Ziel des Romans: „la création d'ambiguités et de nébulosités, la dissolution de la référence externe par l'autoréférence, la mise en suspens de la définition par catégorisation à travers le déploiement d'imprécisions sémantiques voulues." Behrens: „La représentation de l'agonie d'Emma", S. 34.

37 Wenn also Küpper im Hinblick auf die bei Flaubert inszenierte Welt aussagt, es gebe darin „kein außerhalb des symbolisch Vermittelten, keine Realität telle quelle, die sich durch ‚wahre Zeichen' abbilden ließe" (Küpper: „Das Ende von Emma Bovary", S. 91), so gibt es bei Elsner ganz im Gegenteil stets nur einen direkten Verweis auf eine Realität vermittels literarischer Zeichen, die sich nicht mehr durch eine Inszenierung oder ein Phantasma sublimieren lässt.

Elsners eine strategische Funktion erfüllt, indem sie nicht nur das Beklemmende der dargestellten Situation unmittelbar an den Leser weitergibt, sondern auch die Flaubertsche Auflösung von Referentialität durch eine Form der Hyperrealität ersetzt, in der zu den beschriebenen Verhältnissen kein Außerhalb denkbar ist.

Dem ‚Schlingen' des Ehemannes, das sowohl in Elsners Texten als auch in Flauberts Roman inszeniert wird, ist eine Haltung der weiblichen Nahrungsverweigerung kontrastiv gegenübergestellt, die jeweils zugleich mit der Fokalisierungsinstanz zusammenfällt.[38] Emma Bovary „grignotait quelques noisettes" oder, wie im Moment der Trennung von ihrem Liebhaber Rodolphe, erleidet bei der Mahlzeit regelrechte Erstickungsanfälle: „Elle essaya de manger. Les morceaux l'étouffaient." (MB 239) Auch Lilo Besslein vergeht angesichts des Essverhaltens ihres Mannes der Appetit, oftmals erbricht sie ihre Nahrung.[39] Überdies lernt sie während ihres Aufenthalts in der Klinik, dass Essensverweigerung mit Krankheit konnotiert ist, das Verzehren der Krankenhauskost entsprechend mit Gesundheit und Normalität. Geht man davon aus, dass die Darstellung von Essensszenen bei Elsner zugleich der Sichtbarmachung von normgenerierenden Prozessen innerhalb der bürgerlichen Ordnung dient,[40] lässt sich die Nahrungsverweigerung im vorliegenden Kontext zunächst als allgemeine Form der Verweigerung oder Subversion auffassen, als ein Versuch, sich den über die Mahlzeit instaurierten Reglementierungen zu entziehen. Eine solche Lesart hat in gendertheoretischen Analyseansätzen eine gewisse Konjunktur, nicht selten werden Appetitlosigkeit und Anorexie von Frauen strategisch im Sinne einer Rollenverweigerung gedeutet.[41] Demgegenüber stellt die Kulturwissenschaftlerin Susan Bordo heraus, dass eine solche Form der Verweigerung gerade nicht idealisiert werden sollte, da sie sich letztlich gegen den weiblichen Körper richtet:

> Although we may talk meaningfully of protest, then, I want to emphasize the counterproductive, tragically self-defeating (indeed, self-deconstructing) nature of that protest. [...] On the symbolic

---

[38] Dass auch Emma ‚schlingt', wenn es um geistige Nahrung geht, wird an späterer Stelle ausgeführt (vgl. 2.2).

[39] Vgl. A 54, 141, 161, 186.

[40] Dies zeigt Christine Künzel analog für *Die Riesenzwerge*, indem sie die Parallelen zwischen der Essensszene aus *Die Riesenzwerge* und Kafkas *Brief an den Vater* und *Der Hungerkünstler* herausstellt. In beiden Fällen wird die Nahrungsverweigerung als eine Möglichkeit entworfen, patriarchale Herrschaftsstrukturen zu unterwandern. Vgl. Künzel: „Gisela Elsner. Die Riesenzwerge", S. 99ff.

[41] Vgl. etwa Susie Orbach: *Hunger Strike. The Anorectic's Struggle as a Metaphor for Our Age*. New York: Penguin 1985.

> level, too, the protest collapses into its opposite and proclaims the utter capitulation of the subject to the contracted female world.[42]

Übertragen auf den Elsnerschen Werkkosmos bedeutet dies, dass die Nahrungsverweigerung, die in *Die Riesenzwerge* noch als Möglichkeit funktioniert, sich herrschenden Reglementierungen zu entziehen, in *Abseits* ein Scheitern markiert. Im Falle Lilo Bessleins ist das regelmäßige Erbrechen der Nahrung ein hysterischer Reflex, der echoartig die Symptomatik Emma Bovarys wiederholt und schließlich eben nicht selbstbehauptend, sondern selbstzerstörerisch wirksam ist. Sowohl die grotesk verzerrte Darstellungsweise von Essens(verweigerungs)situationen als auch die Konstruktion von Mahlzeiten als Ausdruck erstickender Machtverhältnisse wird bei Elsner unmittelbar in intertextueller Anlehnung an *Madame Bovary* konstruiert. Damit wird sowohl auf die bei Flaubert vorgeführte kleinbürgerliche Familienkonstellation Bezug genommen als auch auf das im Roman ausgefaltete Krankheitsbild der Hysterikerin, um den Zustand der Figur Lilo Besslein zu zeichnen.

(2.2) Lesen. Ein weiterer Punkt, in dem die Konstruktion von Elsners Protagonistin an ihre französischen Modellfigur Emma Bovary angelehnt ist, ist die Tendenz der jungen Frau, literarisch gespeisten Wunschwelten und schwärmerischen Vorstellungen anzuhängen – mit der signifikanten Differenz, dass die romantischen Topoi im Falle Lilo Bessleins zwar aufgerufen werden, aber nur noch in verkümmerter Form vorzufinden sind. Ebenso berühmt wie für ihren Ehebruch ist Emma Bovary für ihre Eigenschaft als Lesende, eine Eigenschaft, die letztlich zu der Entstehung einer Vorstellungswelt führt, die innerhalb des monotonen Ehealltags notwendigerweise enttäuscht werden muss. Bereits in ihrer Jugend im Kloster liest Emma begierig eine Vielzahl literarischer Texte, die ihr Weltbild nachträglich prägen und an denen sie die Realität im späteren Verlauf ihres Lebens messen wird.[43] So heißt es über die im Konvent von der alten Wäscherin erzählten Geschichten:

---

[42] Susan Bordo: „The Body and the Reproduction of Femininity". In: Seyla Benhabib (Hg.): *Democracy and Difference. Contesting the Boundaries of the Political.* Princeton: Princeton University Press 1996, S. 90-110, hier: S. 98f. Vgl. auch die umfangreichere Studie von Susan Bordo: *Unbearable Weight. Feminism, Western Culture, and the Body.* Berkeley / Los Angeles / London: University of California Press 1993. Bordo spricht sich darin insbesondere gegen eine verharmlosende Rezeption von Essstörungen als Form des Protests aus und fordert, den Blick stärker auf die gesellschaftlichen Kodierungen geschlechtsspezifischer Körperideale zu legen.

[43] Zu Flauberts ambivalenter Auseinandersetzung mit den romantischen Vorläufertexten vgl. Katja Hettich: „Gustave Flauberts *Madame Bovary* und das Erbe der Romantik". In: *PhiN* 39 (2007), S. 1-19.

> Ce n'étaient qu'amours, amants, amantes, dames persécutées s'évanouissant dans des pavillons solitaires, postillons qu'on tue à tous les relais, cheveux qu'on crève à tous les pages, forêts sombres, troubles du cœur, serments, sanglots, larmes et baisers, nacelles au clair de lune, rossignols dans les bosquets, *messieurs* braves comme des lions, doux comme des agneaux, vertueux comme on ne l'est pas, toujours bien mis, et qui pleurent comme des urnes. Pendant six mois, à quinze ans, Emma se graissa donc les mains à cette poussière des vieux cabinets de lecture. [...] Elle frémissait, en soulevant de son haleine le papier de soie des gravures, qui se levait à demi plié et retombait doucement contre la page. (MB 70f)

Ebenso wie es von der Wäscherin heißt, „elle-même *avalait* de longs chapitres", so wird auch für Emma gezeigt, dass sie die erzählten Geschichten geradezu verschlingt: die lange und heterogene Reihung romanesker Handlungselemente und motivischer Versatzstücke verdeutlicht, dass ihre Lektüre-Eindrücke gleichsam unzerkaut und unverdaut bleiben.[44] Das Lesen wird damit als physiologischer Akt gekennzeichnet, als eine andere Form der Einverleibung, wodurch auch die sinnliche Dimension des Lektürevorgangs hervorgehoben wird.[45] Ganz offenbar ist der Themenkomplex der Lektüre mit der oben beschriebenen Semantik des Essens und Einverleibens verschränkt. Die in der kontrastiven Darstellung der Nahrungsaufnahme implizierten Figurenmuster – ein genussvoller Charles auf der einen, eine essensverweigernde Emma auf der anderen Seite – verkehren sich im Hinblick auf das lesende Konsumieren imaginärer Welten. Hier ist es Charles, der genügsam erscheint, während die ‚unersättliche' Emma sich begierig zeigt nach romantischer Lektüre.[46] Indem der Roman

---

44 Vgl. zu dieser Parallele von alimentärer und literarischer Konsumierung Volker Roloff: „Bei der Lektüre von Emma Bovary kommt es, wie schon angedeutet, gar nicht unbedingt darauf an, Autoren und Werke zu ermitteln oder den literarischen Anspielungen im einzelnen nachzugehen; wichtig ist vor allem die ‚Psychologie' des Lesens, bei der die Bücher selbst nur als Reizmittel eine Rolle spielen, als austauschbare und damit entwertete Elemente eines Prozesses, dessen verschiedene Phasen mit dem Romanschicksal der Protagonistin eng verbunden sind. Von Anfang an ist klar, daß die Lektüre Wunscherfüllung und Ersatzbefriedigung bringen soll." Volker Roloff: „Zur Thematik der Lektüre bei G. Flaubert ‚Madame Bovary. Mœurs de Province'". In: *Germanisch-Romanische Monatszeitschrift.* Neue Folge XXV (1975), S. 322-337, hier: S. 330f. Zur metapoetologischen Bedeutung der Essens- und Einverleibungsmetaphorik bei Flaubert vgl. Ott: „Diététique litteraire et poétique alimentaire chez Flaubert".

45 Der Kritiker Gustave Merlet konstatiert, es gebe in *Madame Bovary* kein „sentiment qui ne soit ramené à une sensation" und bezeichnen den Text als „roman physiologique". Auch anderen Zeitgenossen erscheint Flauberts Roman „wie eine medizinische Studie körperlicher Vorgänge, eine Reduktion des Emotionalen auf das Physische rein rezeptiver Organismen und ihrer Krankheiten". Föcking: *Pathologia litteralis*, S. 223.

46 Vgl. Vinken: „Ästhetische Erfahrung durchkreuzt", S. 244.

Emmas lustvolles Lesen als ein Einverleiben kennzeichnet, wird der Lektüregegenstand – die schwärmerischen Liebesgeschichten – samt der seiner romantischen Überhöhung durch die Leserin entsublimiert.[47]

In *Abseits* wird dieses Spiel mit intertextueller Verweishaftigkeit wiederholt und überdies trivialisiert. Auch Lilo Besslein liest, jedoch in einem eher nebensächlichen Gestus. Ein prägender Einfluss der Literatur auf ihr Leben wird evoziert, als sie gegen den Willen ihrer Eltern und Schwiegereltern ihr Kind auf den Namen Olwen taufen will, weil sie „den Namen in einem Roman gelesen" (A 16) hat. Bedenkt man dabei die Gleichgültigkeit, mit der Lilo ihrer neugeborenen Tochter entgegentritt, ebenso wie die Tatsache, dass besagter Olwen-Roman im Folgenden keinerlei Erwähnung mehr finden wird, so ist die vermeintlich literarisch orientierte Benennung des Kindes allenfalls als Geste signifikant.

Während ihres Klinikaufenthalts wird ein weiterer Text Gegenstand von Lilos Lektüren, und zwar bezeichnenderweise Flauberts *Madame Bovary*, der auf diese Weise auch in materieller Form in dem Text *Abseits* präsent ist:[48]

> Die Zeit, in der sie sich selbst überlassen war, verbrachte sie, indem sie ein wenig malte. Ihr Mann hatte ihr nämlich auf ihren Wunsch hin einen Zeichenblock und einen Aquarellkasten mitgebracht. Auch las sie gelegentlich ein paar Seiten des Romans, den ihr Irene Dülfer geschenkt hatte, Flauberts „Madame Bovary". (A 139)

Ähnlich wie bei Emma, die das zunächst leidenschaftlich begonnene Klavierspiel bald zugunsten der Treffen mit ihrem Liebhaber aufgibt, lässt sich auch bei Lilo eine gewisse Halbherzigkeit in der Ausübung kreativer Betätigungen beobachten. In beiden Fällen wird durch die Andeutung einer künstlerischen Beschäftigung die Erwartungshaltung einer passionierten Neigung geweckt, so dass die anschließende Zurücknahme dieser Perspektive eine umso promptere Dekonstruktion des angedeuteten Bildes bedeutet und eine Distanz zur jeweils zentralen Figur des Textes erzeugt. Die Tatsache, dass Lilo den Roman *Madame Bovary* als Krankenhauslektüre erhält, inszeniert diesen Text als leicht konsumierbare, der Zerstreuung dienende Lektüre. Flauberts Roman nimmt auf diese Weise eine analoge Funktion ein wie die Liebesromane für Emma, wodurch auf

---

47 „[E]ntscheidend ist vielmehr das Prinzip der undifferenzierten Häufung der Lektüre. Kapitel VI im I. Teil, fast ausschließlich dem Thema der Lektüre zugewandt, ist ganz darauf angelegt, den Eindruck einer unbestimmten, kaum übersehbaren Masse des Gelesenen entstehen zu lassen." Roloff: „Zur Thematik der Lektüre bei G. Flaubert", S. 328.

48 Die buchstäbliche Anwesenheit eines Textes in einem anderen lässt sich als eine explizite Form der Markierung von Intertextualität verstehen, als Markierung im inneren Kommunikationssystem, vgl. Ulrich Broich / Manfred Pfister: *Intertextualität. Formen, Funktionen, anglistische Fallstudien*. Tübingen: Max Niemeyer 1985, S. 39f.

intradiegetischer Ebene die Komplexität des Flaubertschen Textes geradezu plakativ reduziert wird. Elsner stellt Lilo Bessleins vorgeblich (und *ver*geblich) romantische Bezugnahme auf literarische Texte und die in ihnen enthaltenen Vorstellungen als das heraus, was sie bereits bei Emma Bovary sind: ein letztlich unreflektiertes Konsumieren von Literatur. Mit Christine Künzel kann man diesen Umstand als einen metatextuellen Verweis lesen, insofern eine derart unreflektierte Einverleibung von Literatur zumeist im Fall trivialliterarischer Texte gegeben ist und Elsners Roman seinerseits als eine parodistische Auseinandersetzung mit trivialen Schreibweisen funktioniert.[49] Die intertextuelle Bezugnahme dient somit nicht allein der Konstitution des eigenen Textes, sondern trifft zugleich eine analytische Aussage über den Hypotext – konkret über Flauberts Verwendung literarischer Stereotype für die Charakterisierung der Protagonistin. Nicht der Inhalt der konsumierten Lektüre allein ist entscheidend, sondern der Vorgang des begierigen Einverleibens von Texten, das zugleich das Konstruktionsprinzip des Flaubertschen Romans darstellt.[50]

Darüber hinaus gibt die beschriebene Art und Weise der Evokation aber auch einen Hinweis darauf, dass der Roman insbesondere im Hinblick auf die Krankheit Lilo Bessleins bedeutsam sein könnte. Gerade das in *Madame Bovary* transportierte Bild der ‚krankgelesenen' Frau reklamiert seine semantische Dynamik in Gisela Elsners Darstellung ihrer pathologischen Protagonistin. In *Madame Bovary* steht die ‚biographie pathologique' der Titelheldin im Vordergrund, deren Krankheit, wie bereits angedeutet, oftmals als Hysterie diagnostiziert wurde.[51] Die von Föcking konstatierte „Physiologisierung des Subjekts"[52] bei Flaubert, die dazu beiträgt, dass Emmas Geschichte als *cas clinique* lesbar ist, findet in Elsners Roman ihre Entsprechung. Auch in *Abseits* ist eine Reduktion des Subjekts auf die Ebene der bloßen Materialität sichtbar, insofern der Text durch die bereits beschriebene Fokussierung auf das Sichtbare die Zusammensetzung des dargestellten Lebens aus winzigen Alltagsbegebenheiten deutlich macht. Anstelle einer übersteigerten, hysterischen Reizbarkeit (*nervosisme* und *irritabilité*), die Emma Bovary mit den Merkmalen einer Hysterikerin ausstattet, findet man im Falle Lilo Bessleins allerdings vielfältige Mechanismen der Betäubung, durch die sich die Figur gegen Reize von außen zu schützen versucht:

---

49 Dieser Umstand wurde, ironischerweise, von den Rezensenten zumeist nicht verstanden und daher dem Text vorgeworfen, vgl. Künzel: *„Ich bin eine schmutzige Satirikerin"*, S. 197ff. Elsners Umgang mit der Flaubertschen Vorlage wäre in diesem Sinne als eine intertextuell-aneignende *mise en abyme* dieses parodistischen Verfahrens zu verstehen.

50 Vgl. Ott: „Diététique litteraire et poétique alimentaire chez Flaubert", S. 12f.

51 Vgl. neben Westerwelle und Küpper auch Elisabeth Bronfen: „Gustave Flaubert's Madame Bovary and the Discourse of Hysteria". In: *Nineteenth Century Prose* 25.1 (1998), S. 65-101.

52 Föcking: *Pathologia litteralis*, S. 223.

> Sobald das Kind zu schreien anfing, und es fing meistens gegen sechs Uhr morgens zu schreien an, stand sie auf und ging ins Badezimmer, wo sie erst einmal eine Kapsel des stimmungsaufhellenden Beruhigungsmittels schluckte, das ihr Doktor Gutt verschrieben hatte. [...] Ganz mechanisch machte sie sich auf den Weg zur Geschäftsstraße im Süden von Lerchenau, weil sich dort außer zwei Selbstbedienungsläden ein Jeans-Shop und drei Boutiquen befanden. [...] Mal wusch sie in der Waschmaschine Wäsche, mal bügelte sie, mal strickte sie, mal telefonierte sie mit den Ehefrauen der Kollegen ihres Mannes, mal stellte sie Schallplatten an, goß sich einen Martini nach dem anderen ein und wartete auf dem schwarzweiß gestreiften Sofa sitzend und die Augen auf die mit Birken bepflanzte Grünfläche vor dem Wohnzimmer gerichtet darauf, daß es Zeit war, den Tisch für das Abendessen zu decken. (A 42ff)

Kann für Emma Bovary ein Zustand der nervlichen Überreizung beschrieben werden, so setzt sich Lilo Besslein beständig unterschiedlichen Außen-Reizen aus (wobei sie Musik und Einkaufsbummel auf ähnliche Weise einsetzt wie Tabletten und Alkohol), von denen sie sich eine narkotisierende Wirkung erhofft. Auch Bücher lassen sich in diese Reihe von Konsumgütern einordnen, dient doch die Lektüre vor allem beiläufig der Zerstreuung. Erneut wird hier ein vielkonnotiertes Element aus *Madame Bovary* aufgegriffen, Emmas *irritabilité* durch verschiedene Reize und Konsumgüter, es findet sich jedoch nur noch in gedämpfter, semantisch reduzierter Form wieder. In der Wiederholung dieses Verhaltensmusters vollzieht sich eine Transformation und die gesteigerte Empfindsamkeit Emmas wird bei Lilo zu einer gezielten Unempfindlichkeit. An die Stelle der Hysterie, in der ein (eingeschränktes) Potential der Überschreitung immerhin angelegt ist, tritt – und dies kann als paradigmatisch gelten für eine ‚postutopische' feministische Literatur der 80er-Jahre – ein Zustand der Apathie, der jeden Handlungsspielraum ausschließt.

Die intertextuelle Beschaffenheit des Flaubertschen Oeuvres wird also von Elsner aufgegriffen und umfunktionalisiert. Die inhaltlich-motivischen Anleihen funktionieren schablonenhaft, der Rekurs auf literarische Vorläufertexte wird auf der buchstäblichen Textebene (etwa in der beschriebenen Thematik der Nahrungsaufnahme) gespiegelt. Indem das auf mehreren Ebenen operierende Bezugssystem bei Elsner gedoppelt wird, wird neben dem zum Klischee geronnenen Inhalt insbesondere das Verfahren der Intertextualität selbst ausgestellt: die wiederholte Übernahme vorhandener Plots und Beschreibungsmuster zur literarischen Darstellung der Figur der kranken Frau. Dabei gibt es, so scheint Elsners Text zu suggerieren, keine Möglichkeit, von den bestehenden narrativen Mustern abzuweichen.[53] Die Repräsentation eines abweichenden, pathologischen

---

53 Auch Marta Caminero-Santagelo deutet die Wiederholung der Figur der kranken resp. wahnsinnigen Frau als Verweis auf die Übermacht vorherrschender

Verhaltens der Romanheldin scheint den Rekurs auf bestimmte Erzählmuster und Diskurskonstellationen zu erfordern, ganz gleich, ob diese nun affirmativ ausgestaltet oder kritisch abgewehrt werden. Ebenso wie Flaubert selbst in der Zersetzung romantischer Diskurse diese noch einmal für den Leser bereitstellt und funktionieren lässt, so wiederholt auch Elsner in der kritischen Bezugnahme auf *Madame Bovary* das darin enthaltene Bild der kranken Frau. Diese bildet somit gleichsam den trivialliterarischen Kern der sogenannten Höhenkammliteratur und verliert auf diese Weise ihr metaphorisches, vom Autor sublimiertes Potential, etwa in der Stilisierung des Literaten zum hysterischen Subjekt; der Konnex von Hysterie und Kreativität wird also aufgelöst. Bei Elsner wird die pathologisierte Weiblichkeit stattdessen zur trivialen Schablone degradiert und damit als bloßer Handlungsbaustein ohne Wahrheitsanspruch und ohne semantischen Mehrwert kenntlich gemacht.

(2.3) Lieben. An die Errichtung und Zerstörung romantischer Vorstellungen ist ein weiteres wichtiges Handlungselement geknüpft, das beiden Romanfiguren Emma Bovary und Lilo Besslein gemeinsam ist: der Ehebruch. Interessant ist dabei die analoge Konstruktion einer Dualität: es handelt sich um jeweils zwei Liebhaber, wobei der eine eher als draufgängerischer Verführer charakterisiert ist (Rodolphe / Fred Meichelbeck), der die Affaire nur zum Zeitvertreib beginnt und schon bald einen Weg findet, sie wieder zu lösen,[54] der andere trägt ein gewisses romantisches Potential in sich und wird als Seelenverwandter gezeichnet (Léon / Christian Blome).[55] Gerade diese duale Wiederholungsstruktur hat eine ironi-

---

Repräsentationsformen: „Madness is not rage or even hate but hopelessness – not a challenge to constraining representations but a complete capitulation to them." Caminero-Santagelo: *The Madwoman Can't Speak*, S. 16f.

54 „Pauvre petite femme! Ça baille après l'amour comme une carpe après l'eau sur une table de cuisine. Avec trois mots de galanterie, cela vous adorerait, j'en suis sûr! ce serait tendre, charmant!... Oui, mais comment s'en débarrasser ensuite?" (MB 164) – „Du bist ein zauberhaftes Geschöpf, sagte Fred Meichelbeck und kniete vor dem Korbsessel, auf dem Lilo Besslein saß, nieder und küßte sie erst auf das Knie und dann auf die Handgelenke und den Unterarm, ehe er sich sichtlich erregt wiederum der Leinwand zuwendete und mit dem Kohlestück zwei x-beliebige Augen, eine x-beliebige Nase und einen x-beliebigen Mund in den Umriß des Kopfes zeichnete. / Ich kann dich erst portraitieren, wenn ich dich besser kenne, meinte er schließlich, und er tat zwei Schritte auf sie zu, beugte sich über sie und küßte sie anhaltend auf den Mund." (A 47)

55 „C'est ainsi, l'un près de l'autre, pendant que Charles et le pharmacien devisaient, qu'ils entrèrent dans une de ces vagues conversations où le hasard des phrases vous ramène toujours au centre fixe d'une sympathie commune. Spectacles de Paris, titres de romans, quadrilles nouveaux, et le monde qu'ils ne connaissaient pas, Tostes où elle avait vécu, Yonville où ils étaient, ils examinèrent tout, parlèrent de tout jusqu'à la fin du dîner." (MB 118) – „Außerdem sah Lilo Besslein dort regelmäßig einen blonden jungen Mann mit Schnauzbart sitzen, der stets einen Sta-

sierende Wirkung: die von der Protagonistin empfundene absolute Liebe wird, insofern sie sich auf verschiedene Personen richten lässt, austauschbar, sie wird zum Instrument, das gelenkt wird durch den (sinnlichen) Wunsch nach einem *sentiment.* Eine zusätzliche Distanzierung entsteht dadurch, dass Lilo Bessleins Liebhaber in der Wiederholung dieser dualen Struktur sich für ihre Bedürfnissen unzureichend erweisen und in einer eklatanten Kläglichkeit erscheinen.

Sowohl Emmas als auch Lilos ersehnte Höhenflüge werden durch die Zurschaustellung der Konstruktionsmechanismen einer romantischen ‚Liebesempfindung' und durch die Offenlegung seiner zweckorientierten Ausrichtung entlarvt. So entspringt zwar Emmas Liebe zu Léon einer tatsächlichen „sympathie commune", diese ist jedoch vor allem darauf zurückzuführen, dass Léon die gleiche Tendenz verfolgt, sich in fiktionalen Welten zu verlieren und romantischen Illusionen anzuhängen, dass er also gleichsam in einem ähnlichen Verblendungszusammenhang befangen ist: „Vous est-il arrivé parfois, reprit Léon, de rencontrer dans un livre une idée vague que l'on a eu, quelque image obscurcie qui revient de loin, et comme l'exposition entière de votre sentiment le plus délié? – J'ai éprouvé cela, répondit-elle." (MB 117) Während sich Emma aber trotz inniger Zugewandtheit zu einer Liaison mit Léon zunächst nicht durchringen kann, gibt sie umso freiwilliger dem stürmischen Werben Rodolphes nach. In der Folge werden ihre schwärmerischen Vorstellungen zunichte gemacht, ein Vorgang der Demontage, in den der Leser lange vor der Protagonistin Einblick erhält. So ist die Eroberung Emmas durch Rodolphe nicht nur im Vorhinein geplant und strategisch berechnet („Avec trois mots de galanterie, cela vous adorerait"), sie vollzieht sich überdies in einem signifikanten Setting, während der ‚Comices', einer Landwirtschaftsmesse. Durch die berühmt gewordene Konstruktion einer alternierende Montage romantischer und ökonomischer Rhetoriken werden das Werben um Emma und das Anpreisen der Ware durch die Marktschreier parallelisiert, in ihrer Funktionalität gekennzeichnet und die vermeintlich romantische Dimension der Situation wird zersetzt.[56] Emma selbst erscheint schließlich

pel Bücher und einen Stapel Papier vor sich auf dem Tisch liegen hatte und eifrig las, wenn er sich nicht gerade Notizen machte. [...] Während der zwei Stunden, die sie zusammensaßen, taten sie nichts anderes, als sich gegenseitig ihr Leid zu klagen. Lilo Besslein berichtete über die Konflikte, die sich zwischen ihr und ihrem Mann abspielten. [...] Und Christian Blome berichtete über die Streitigkeiten, die er mit den einzelnen Mitgliedern seiner Wohngemeinschaft auszutragen hatte. Im Anschluß schluckte Lilo Besslein zwei Kapseln des stimmungsaufhellenden Beruhigungsmittels. [...] Christian Blome schluckte sein Anti-Depressivum." (A 80f)

56 ‚Ensemble de bonnes cultures!' cria le président. / – Tantôt, par exemple, quand je suis venu chez vous... / ‚A M. Bizet, de Quincampoix.' / – Savais-je que je vous accompagnerais? / ‚Soixante et dix francs!' / – Cent fois même j'ai voulu partir, et je vois ai suivie, je suis resté. / ‚Fumiers.' / – Comme je resterais ce soir, demain,

als Ware, Rodolphe als zweckorientierter Stratege und Illusionskünstler: „Et, en achevant ses mots, Rodolphe ajoutait la pantomime à sa phrase. Il se passa la main sur le visage, tel qu'un homme pris d'étourdissement." (MB 177)

Ein ähnlich perfektes Arrangement bildet die berühmte Verführungsszene am See, wo stereotype Versatzstücke romantischer Illusionserzeugung zitiert werden – als Vorlage gelten Texte wie Lamartines *Le lac* oder Bernardin de St. Pierres *Paul et Virginie* –, um dann in ihrer abgedroschenen Klischeehaftigkeit herausgestellt zu werden: „Il l'entraîna plus loin, autour d'un petit étang, où des lentilles d'eau faisaient une verdure sur des ondes. Des nénuphars flétris se tenaient immobiles entre les joncs. Au bruit de leurs pas dans l'herbe, des grenouilles sautaient pour se cacher." (MB 195) Der in der romantischen Vorstellung blauschimmernde See hat sich in dem bei Flaubert dargestellten Setting in einen grünlichen Teich gewandelt; die Seerosen welken; die Schwäne sind durch Frösche ersetzt; anstelle der vielgepriesenen Stille steht das Geräusch der eigenen Schritte, das die störende Anwesenheit des Menschen in der Natur markiert, statt eine ‚Verschmelzung' in Aussicht zu stellen. Während zunächst die gängigsten Klischees romantischer Lyrik zitiert und demontiert werden, taucht die Erzählung im Anschluss wieder in die Perspektive Emmas ein, und gibt in Form des *discours indirect libre* deren Wahrnehmung wieder: „Le silence était partout; quelque chose de doux semblait sortir des arbres; elle sentait son cœur, etc." (ebd.) Der hier offensichtliche Zusammenprall aus romantischer Weltsicht und einer Realität, welche die auf sie gerichteten Projektionen nicht mehr einlöst, bildet zugleich den Knotenpunkt für Emmas ‚Krankheit': diese entspringt eben jenem Widerspruch zwischen dem Wunschphantasma der Protagonistin und der Unumstößlichkeit der Außenwelt, der den Roman grundsätzlich charakterisiert.[57]

---

les autres jours, toute ma vie! / ‚A M. Caron, d'Argueil, une médaille d'or!' / – Car jamais je n'ai trouvé dans la société de personne un charme aussi complet. / ‚A M. Bain, de Givry-Saint-Martin!' / – Aussi, moi, j'emporterai votre souvenir. / ‚Pour un bélier mérinos…' / – Mais vous m'oublierez, j'aurais passé comme une ombre. / ‚A M. Belot, de Notre Dame…' / – Oh! non, n'est-ce pas, je serai quelque chose dans votre pensée, dans votre vie? / ‚Race porcine, prix *ex æquo*: à MM. Léhrissé et Cullembourg; soixante francs!'" (MB 182f) – Vgl. die Analyse zu diesem Kapitel von Barbara Vinken, die auf die Korrespondenzen zwischen den Dialogen Rodolphes / Emmas und den Ausrufen des Lieuvain hinweist, dessen leere Phrasen über Brot und Mehl auch auf die christliche Topik zurückgeführt und schließlich auf die Verführungssituation übertragen werden können. Vinken: „Ästhetische Erfahrung durchkreuzt", S. 257.

57 In beiden Sequenzen (Markt und See) wird die Dimension der Illusion, der Zitatförmigkeit von Rollenmustern vorgeführt; dieser performative Charakter spielt auch in der *Zerreißprobe* eine zentrale Rolle.

In Elsners *Abseits* überlagern sich verschiedene Ironisierungsstrategien bezüglich der Liebhaberwahl Lilo Bessleins, umso mehr, wenn man *Madame Bovary* als Hintergrundfolie heranzieht. Während bei Flaubert die Bildwelt der Romantik aufgerufen und schließlich zersetzt wird, kommt Elsner ohne den Rekurs auf poetische Formeln aus und präsentiert von Anfang an die dahinter stehende Banalität. So entspringt Lilos Ehebruch mit Fred Meichelbeck einer spontanen Neigung, die sich nahtlos in die alltägliche Betäubung einfügt und als weitere dumpfe Zerstreuung fungiert.[58] Fred Meichelbeck mimt, ähnlich wie Rodolphe, den großen Liebhaber, kann allerdings nicht einmal seine Partnerin Lilo von dieser Rolle überzeugen.[59] Ähnlich wie bei Flaubert dient die Bloßstellung des Liebhabers zugleich der Desavouierung des an ihn gehefteten Begehrens. Der angebliche Künstler und Frauenheld Meichelbeck wird von der Erzählinstanz als mittelmäßig bloßgestellt und dadurch wird im Rückschluss vor allem die Verehrung Lilo Bessleins für ihn verunglimpft.

Während Emma den Strategien Rodolphes auf den Leim geht, kann man für Lilo bereits einen eigenständigen Strategieplan erkennen, in dem der Ehebruch eine eskapistische Funktion einnimmt.[60] Dies gilt auch für die scheinbar romantisch überhöhte Liebe zu Christian Blome, die Lilo nur so lange auslebt, wie es die Ordnung ihres Lebens unangetastet lässt. Auch hier stehen die Aspekte der Betäubung und des Konsums im Vordergrund, was etwa durch die gemeinsame Einnahme von Tabletten verdeutlicht wird (vgl. A 81). Die zwischen Emma und Léon zu beobachtende „sympathie commune“, die einen gemeinsamen Sehnsuchtshorizont markiert, verkümmert im Fall Lilos und Christians zu einer *sym-pathie* als Mit(einander)-Leiden, das sich aber eher in Form eines gemeinsamen Jammerns äußert. Während in der Bovary-Forschung immer wieder auf das Ineinandergreifen der Essens- und der Liebesthematik eingegangen wird, findet sich in Elsners Roman eine Analogie zwischen Medikamenten (Anti-Depressiva) und Liebe, die beide unter dem Signum des Konsums und der Betäubung stehen.

---

58 „Als sie vier Wochen nach der Geburt ihres Töchterchens rund gerechnet wieder einmal Schallplatten hörte, Martini trank und auf die Grünfläche vor dem Wohnzimmerfenster starrte [...], rief sie ganz entgegen ihren Erwartungen Fred Meichelbeck an.“ (A 44)

59 „Um seinem Ruf als Don Juan gerecht zu werden, probierte er mit ihr alle möglichen Stellungen aus, ohne daß es ihm gelang, sie in echte Erregung zu versetzen. Sie schnaufte und stöhnte und tat schließlich so, als hätte sie einen Orgasmus. Tatsächlich aber war sie erleichtert, als er sich zur Seite rollte und eine Zigarette anzündete.“ (A 49)

60 „Während der Fahrt sagte sie sich, daß es überaus vorteilhaft sei, einen Liebhaber zu haben. Sie sagte sich, daß sie sich ohne Fred Meichelbeck sicherlich den ganzen Abend lang vergebens bemüht hätte, sich mit ihrem Mann zu versöhnen.“ (A 71)

Beide Frauen werden von der jeweiligen Erzählerstimme nicht nur in der Wahl ihrer Liebhaber ridikülisiert, sondern vor allem in der Art und Weise, diese Liebschaften zu führen, kollidiert diese doch in eklatanter Weise mit dem eigenen Unbedingtheitsanspruch. So greifen Verschleißerscheinungen, wie sie in der Ehe der Bovarys von Anfang an zu beobachten waren, schließlich auch auf die Liebesaffäre mit Rodolphe über. Kaum beginnt Emma, die Liebe durch Gesten und Worte zu institutionalisieren, geht die ursprüngliche Empfindung der Leidenschaft verloren: „leur grand amour, où elle vivait plongée, parut se diminuer sous elle, comme l'eau d'un fleuve qui s'absorberait dans son lit [...]; et, au bout de six mois, quand le printemps arriva, ils se trouvaient, l'un vis-à-vis de l'autre, comme deux mariés qui entretiennent tranquillement une flamme domestique." (MB 204) Die Tatsache, dass die Erzählerinstanz diese so gründlich inszenierte Beziehung auf dem Raum von etwa einer halben Textseite zunichte macht, verstärkt den bereits offensichtlichen Konstruktionscharakter der Verbindung, die eben nicht durch ein etwaiges Gefühl der inneren Verbundenheit gehalten wird, sondern Produkt einer diskursiven Herstellung ist.

Im Falle Lilo Bessleins ist die Beziehung zu Christian Blome von Anfang an eher von zurückhaltender Leidenschaft: „Obwohl sie unfähig war, ihn mehr zu lieben als sich selbst, hing sie an ihm." (A 93) Das romantische Ideal, den Geliebten mehr zu lieben als das eigene Leben, trifft also offenbar nicht zu. Und während Christian Blome sich um eine gemeinsame Wohnung kümmert, hofft Lilo beständig, „daß alles zwischen ihnen beim alten blieb" (A 98). Obwohl sie in „ihrem Entschluß, zu einem Hilfsarbeiter, der jederzeit entlassen werden konnte, in diese nahezu leere Wohnung zu ziehen, etwas Heroisches" (A 111) sieht, trennt sie sich nicht von ihrem Mann, um mit ihrem Liebhaber glücklich zu werden, sondern hält am bisherigen Status quo fest – „Er sorgt zumindest für mich und das Kind." (A 114) Es ist gerade diese Passivität und Ergebenheit der Figur, auf die der Roman letztlich seine Kritik richtet. Das Selbstverständnis Lilo Bessleins, ein unkonventionelles Leben führen zu wollen, erfüllt sich nicht, zu sehr ist die Figur ihren eigenen bürgerlichen Vorstellungen verhaftet. Ebenso wie Emma auf eine extrinsische Motivation wartet, die sie aus der Monotonie der Ehe reißen möge – „Au fond de son âme, elle attendait un événement." (MB 95) –, so kann Lilo ihren Zustand nicht aus eigener Kraft verändern, sondern ist darauf angewiesen, behütet zu sein: „Dafür, daß sie es nicht gewagt hatte, zu Christian Blome zu ziehen, machte sie ihre durch und durch bürgerliche Erziehung verantwortlich. Es gelang ihr nicht, sie abzustreifen. Es gelang ihr nicht, sich von ihr zu befreien." (A 116)

Auch hier kann man, in Anlehnung an die Schreibweise Flauberts, die Verwendung der ungebundenen Figurenrede feststellen. Während jedoch bei Flaubert diese Form der internen Fokalisierung zu einer semantischen

Unbestimmtheit führt, findet bei Elsner eine Festschreibung von Bedeutung statt, die das bloße Denotat der Darstellung in den Vordergrund rückt. Der Widerspruch zwischen sublimen Vorstellungen und banaler Wirklichkeitsausgestaltung wird abgelöst durch eine unmittelbare Referentialität, die offen legt, dass es für die Protagonistin keinen Eskapismus, keine Sublimierung, keine Alternative mehr geben kann. In dieser Hinsicht ist auch der Titel des Romans signifikant. Im *Abseits* ist kein alternativer Raum zu den gegebenen Verhältnissen zu finden, stattdessen bezeichnet der Titel das umfassende Dilemma der Protagonistin Lilo Besslein, die weder in den ‚normalen' Strukturen noch in den unternommenen Ausbruchsversuchen eine dauerhafte Verortung findet. Während Emma Bovary an einem *Sowohl als Auch* erkrankt, an der konkurrierenden Gleichzeitigkeit von illusionärer Vorstellungswelt und reizloser Realität, erkrankt Lilo Besslein an einem *Weder Noch*.

Untersucht man also Elsners intertextuelle Bezugnahme auf den Roman *Madame Bovary*, so wird sichtbar, dass sowohl die zentralen Themenfelder Essen – Lesen – Liebe als auch poetologische Merkmale der Flaubertschen Schreibweise in *Abseits* aufgegriffen und überspitzt werden. Elsner akzentuiert dabei besonders jene Motive und literarischen Verfahren, in denen die Monotonie der Figurenrealität und die stereotype Struktur ihres Verstehenshorizonts zum Ausdruck kommen. Anders als bei Flaubert gibt es jedoch bei Elsner keine Gegenüberstellung zwischen einer buchstäblichen und einer semantisch überhöhten Welt, zwischen Realität und Imagination. Die Vorstellungswelt, die für Emma Bovary ein eskapistisches Moment bilden konnte, ist bei Lilo Besslein von der Bedeutungslosigkeit und Gleichförmigkeit des Alltags affiziert und gereicht der Protagonistin kaum mehr als Projektionsfläche. Gerade weil die Sinnentleerung und Klischeehaftigkeit in diesem Roman so allumfassend ist, kann Lilo Besslein nur in einem persistenten Abseits situiert sein.

Trotz der narratologisch modellierten Herausstellung einer Ausweglosigkeit für die Protagonistin findet keine emotionale Parteinahme statt: die Erzählerstimme betrachtet Lilo Besslein mit demselben gnadenlosen Blick wie ihr Umfeld, so dass sich die dargestellten Verhältnisse nur schwer in ein etwaiges Opfer-Täter-Schema einrücken lassen. Stattdessen umfasst der eingangs beschriebene ‚vivisektorische Blick' der Erzählinstanz alle dargestellten Figuren und wird gleich zu Beginn des Romans im Sinne einer *observation* inszeniert. Die vorgestellte Wohnsiedlung, in der die Bessleins wohnen, erscheint wie das fotografische Klischee aus einem Immobilienanzeiger. Die Einführung in das zu studierende, offensichtlich trostlose Milieu wird auf diese Weise medial verdoppelt, wobei die Figuren auf seltsame Weise ihren Status als Beobachtete zu erahnen scheinen, was den satirischen Charakter des Romaneinstiegs zusätzlich verstärkt:

> Veranschaulicht hatten den Bericht mehrere größere und kleinere Fotografien von verschiedenen Wohnvierteln in verschiedenen

> Städten, die allesamt aus den Trümmern der Nachkriegszeit entstanden waren. Unter den Fotografien befand sich auch ein ganzseitiges Farbfoto, das in Lerchenau aufgenommen worden war und den bereits erwähnten, knallig azurblauen Wohnblock in der Gluckgasse auf eine detaillierte Art und Weise zeigte, die von den Bewohnern dieses Blocks durchwegs als bloßstellend empfunden wurde.
> Am bloßstellendsten fand das ganzseitige Farbfoto ein noch verhältnismäßig junger Mann namens Besslein, Ernst Besslein, genauer gesagt, der gerade seinen Abfalleimer in eine der Mülltonnen geleert hatte und jetzt wiederum wie einer, der allerseits Blicke auf sich gerichtet weiß, mit kleinen, gemessenen Schritten auf das azurblaue Haus in der Mitte des Blocks zuging, in dessen Erdgeschoß er mit seiner Frau eine Zweieinhalb-Zimmer-Wohnung bewohnte. (A 7f)

Die Exponierung des Mittelmäßigen und Kleinbürgerlichen im Bericht über Lerchenau, die der recht unspezifisch als „verhältnismäßig junger Mann" beschriebene Ernst Besslein als unbehaglich empfindet, wiederholt sich – und darin liegt die Ironie des Romanbeginns – in der narrativen Situation selbst. Denn die neugierigen Blicke lassen sich in zweierlei Hinsicht verstehen: auf der einen Seite als gegenseitiges nachbarschaftliches Ausspionieren, auf der anderen als hämischer Blick des Lesers, der durch seinen Voyeurismus an der kläglichen Durchschnittlichkeit der Figur partizipiert. Dieser Aspekt wird noch einmal forciert durch die Bemerkung des Erzählers, Besslein fühle sich „grundlos allerseits beobachtet, denn es beobachtete ihn momentan keine Menschenseele". (A 9) Der Hinweis auf eine Errichtung des Wohnviertels „aus den Trümmern der Nachkriegszeit" evoziert postfaschistische Verhaltensstrukturen, die innerhalb der vorstädtischen Sozialverhältnisse herrschen und gerade in der Errichtung gleichförmiger Gemütlichkeit zum Vorschein kommen. Anstelle einer klinischen *observation* findet sich bei somit bei Elsner die Modellierung eines analytischen Blicks, der vor allem die ökonomische und soziale Stellung der Figuren desavouiert.

Durch die auffallende Ungenauigkeit der Erzählinstanz bezüglich der räumlichen und zeitlichen Verortung des Geschehens („nicht jetzt", „zwei Jahrzehnte später", „rund gerechnet", „diese[r] Stadteil[..] im Süden von M." (A 5)) unternimmt der Roman eine auffällige Ausblendung des historischen und geographischen Kontextes, was sich als kritische Zurschaustellung von Verdrängung, Verblendung und Unmündigkeit verstehen lässt. Auch die Rhetorik der permanenten Zurücknahme und Abschwächung („gelinde gesagt", „keineswegs", „allenfalls", „nicht sonderlich"), die häufige Verwendung der Litotes, die für Elsners Schreiben charakteristisch ist und die Ironisierung und ‚Verkleinerung' des Dargestellten bewirkt, lässt sich in diesem Sinne als ein Verweis auf kleinbürgerliche und kleinliche Denkstrukturen verstehen und kontrastiert überdies mit der übersteigerten, hyperbolischen Weltwahrnehmung einer Emma Bovary.

Elsners Roman wiederholt also sowohl zentrale Themen aus Flauberts *Madame Bovary* als auch poetologische Charakteristika des realistischen Romans und schreibt ihnen eine signifikante Differenz ein. Das bereits bei Flaubert als Klischee sichtbar werdende romantische Ideal wird in *Abseits* gänzlich demontiert, eine Überhöhung der eigenen Existenz ist selbst aus Figurenperspektive nicht mehr möglich. Gleichwohl werden tradierte Handlungselemente des Romans des 19. Jahrhunderts, für den *Madame Bovary* hier paradigmatisch steht, der Ehebruch und die Krankheit der Protagonistin, wiederholt. Auf diese Weise suggeriert Elsners Text, dass es trotz einer deutlichen Überkommenheit dieser Klischees keine Alternative zu den bestehenden Erzählweisen gibt, sondern dass stattdessen gerade der Wiederholung bestehender Stereotype eine strategische Funktion zukommt. Die Figur der Lilo Besslein gewinnt ihre Bedeutung auf der Hintergrundfolie von *Madame Bovary* und dabei insbesondere in Kontrast zu der romantischen Protagonistin Emma. Die bei Flaubert angelegte Verknüpfung von Weiblichkeit und nervlicher Irritabilität verliert in *Abseits* das Potential dramatischer Überhöhung und wird als narrativ konstruierte Illusion ausgestellt.

2. Abseitige Normalität. Die Darstellung von Krankheit in *Abseits* mit den Mitteln der Satire

In dem Roman *Abseits* wird – und dies legt schon der Titel nahe – die Grenze zwischen Normalität und Abweichung verhandelt und dabei die Frage gestellt, inwiefern sich die (kranke) Frau in den Bereich des Normalen einfügen lässt, oder ob sie nicht immer schon außerhalb dessen situiert ist – im ‚Abseits'. Dies bedeutet zum einen, dass das Pathologische bei Elsner in räumlichen Kategorien gefasst ist, dass also die Protagonistin Lilo Besslein den ihr zugeschriebenen Bereich der Devianz nicht verlassen kann; zum anderen deutet sich an, dass die Krankheit einen anderen Stellenwert einnimmt als in dem französischen Referenztext *Madame Bovary*, insofern sie bei Elsner keine semantische Überhöhung erfährt – etwa in dem paratextuellen Entwurf der Hysterie als Metapher für den Schriftsteller[61] – sondern zur bloßen Handlungsschablone degradiert wird. Der dabei von der Autorin eingesetzte Schreibmodus ist derjenige der Satire, der sich sowohl auf Ebene der Semantik des Dargestellten als auch – und in dieser Hinsicht ist der satirische Gestus besonders stilprägend – auf Ebene der Syntax.[62] Es stellt sich die Frage, welche Funktion die satirische

[61] Vgl. die Einleitung zu dieser Arbeit, S. 18f.

[62] Vgl. Künzel: „Ich bin eine schmutzige Satirikerin", S. 70ff. Allerdings vermerkt Künzel, dass *Abseits* der am wenigsten satirische Text Elsners ist, vgl. ebd. S. 165.

Schreibweise innerhalb des Textes bei der Modellierung von Normalität und Abweichung einnimmt.

Einer der Bereiche, in dem die Frage der Normalität zur Verhandlung kommt, ist einmal mehr die Thematik des Essens und der Nahrungsaufnahme. Die Tatsache, dass Lilo Besslein Phasen der Appetitlosigkeit kennt oder auch Momente, in denen sie das Gegessene wieder erbricht, wird spätestens mit ihrem Aufenthalt in einer psychiatrischen Klinik, in die sie infolge akuter Angstzustände eingeliefert wird, zu einem Merkmal ihrer Erkrankung deklariert. Ihre Zimmernachbarin Vera Urfer gibt Lilo nicht nur den Ratschlag, sie müsse den Ärzten einen „gesunden Appetit“ vorspielen, sie empfiehlt ihr auch die Simulation weiterer Verhaltensweisen, die darauf abzielen, als ‚normal‘ zu erscheinen.

> Einige Ärzte hier neigten nämlich dazu, psychisch Kranke für verrückt zu halten. Als psychisch Kranker sähe man sich vor das Problem gestellt, den Ärzten zu beweisen, daß man zwar krank, aber ansonsten völlig normal sei.
> Wie sie den Ärzten beweise, daß sie normal sei, erkundigte sich Lilo Besslein.
> Statt im Bett liegenzubleiben, ziehe sie sich beispielsweise morgens an, sagte Vera Urfer. Auch zwinge sie sich beispielsweise dazu, ein paar Mal im Korridor auf und ab zu gehen. Und was die Mahlzeiten betreffe, so schütte sie alles, was sie nicht essen möge, in die Toilette, damit die Schwestern beim Anblick des leeren Tellers meinten, sie habe einen gesunden Appetit. Außerdem behaupte sie neuerdings, daß sie acht Stunden lang geschlafen habe. Die Ärzte seien nämlich gekränkt und ließen es einen büßen, wenn man trotz der starken Schlafmittel, die sie einem verabreichen, nachts kaum ein Auge zudrücken könne.
> Sie gebe ihr den Rat, sich ähnlich zu verhalten, fügte sie hinzu, sie warf Lilo Besslein einen prüfenden Blick zu. (A 134f)

Dass Normalität und Abweichung keine eindeutigen Größen sind, das verdeutlicht die von Vera Urfer vollzogene Differenzierung zwischen ‚verrückt‘ und ‚psychisch krank‘, sind doch damit nicht nur unterschiedliche Sprachregister bezeichnet, sondern auch unterschiedliche Zuschreibungen evoziert. Auch in der Klinik, die naturgemäß ein Ort der psychischen und physischen Abweichung ist, ein Ort, an dem diese Abweichung wieder in eine Norm überführt werden soll; zudem scheint es eine sichtbare (und messbare) Normalität zu geben, die sich in ‚normalen‘ Verhaltensweisen äußert (etwa: sich morgens anziehen, auf- und abgehen, essen, schlafen). Das deviante Verhalten der Patientinnen, so wird hier nicht ohne Ironie kenntlich gemacht, ist nicht nur das Symptom einer Krankheit, sondern stellt auch einen unrechtmäßigen Verstoß gegen eine Norm dar, deren Gültigkeit innerhalb des sozialen Gefüges der Klinik hervorgebracht wird. Die Ärzte sind in dieser normativen Matrix grundsätzlich auf der definitions- und handlungsmächtigen Seite positioniert (sie „lassen es einen büßen", wenn man ihren Normvorgaben nicht entspricht). Die Kranken befinden sich in der Rolle derjenigen, die beschrieben, bewertet, beurteilt werden, und denen letztlich die Beweispflicht zukommt, zu zeigen, „daß man zwar krank, aber ansonsten völlig normal sei".

Diese satirische Darstellung eines klinikintern gesetzten aber letztlich allgemeingültigen Machtgefälles zwischen Arzt und Patientin ist freilich kein von Elsner erfundenes Phänomen, sondern ein literarischer Topos. Eine ganz ähnliche Konstellation ist für den Roman *The Bell Jar* von Sylvia Plath deutlich geworden, in dem herausgestellt wird, dass die Zuschreibung von gesund und krank, normal und abweichend keinen medizinisch-objektiven Kriterien gehorcht, sondern moralische und gesellschaftliche Implikationen besitzt. Das oppositionelle Subjekt-Objekt-Verhältnis aktualisiert sich dabei innerhalb einer geschlechtsspezifischen Matrix. Ähnlich wie im Fall der Protagonistin Esther Greenwood ist auch in Elsners Text die weiblich konnotierte Abweichung das Ergebnis sozial verankerter Machtbeziehungen, innerhalb derer für die Frau ein konkreter Handlungsspielraum normativ festgelegt wird. Gerade an dieser für Frauen gesetzten Normalität erkrankt Lilo Besslein in Elsners Text *Abseits*. Die Übermacht der Normvorstellungen in ihrer Umgebung – etwa das im Hause der befreundeten Familie Dülfers inszenierte Familienglück (vgl. A 55ff) – lösen bei Lilo Besslein hysterische Symptome aus: „Obwohl die Abende mit den Dülfers, den Einseles und den Urzingers immer im gleichen Rahmen verliefen, litt Lilo Besslein jedes Mal vor dem Aufbruch unter einem nervösen Husten und unter einem Brechreiz, der nicht selten darin endete, daß sie sich tatsächlich erbrach." (A 54)

Der für sie vorgesehenen Mutterrolle begegnet Lilo Besslein – sehr zum Missfallen ihrer Umgebung – von Beginn an mit Skepsis und Ablehnung. Sie ist mit ihrer Rolle überfordert, empfindet den Säugling als fremdartig und bedrohlich und betrachtet ihr Kind mit argwöhnischer Distanz.[63] Der Versuch, „die glückliche Mutter zu mimen" (A 22), kommt ihr schon bald „abgeschmackt" vor (A 25), gleichzeitig wird genau dieses Glück von ihr erwartet:

> Sie dachte an die Wochen, Monate und Jahre, die sie gemeinsam mit dem Kind zu verbringen haben würde. Ein großes Unbehagen und eine unterschwellige Furcht kamen in ihr auf. Sie fragte sich, aus welchem Grund sie nicht so glücklich sein konnte, wie es jedermann von ihr erwartete. Ihre Unglücksgefühle kamen ihr wie ein Verstoß gegen die guten Sitten vor. (A 25)

---

[63] „Sie fragte sich, ob sie es liebe. Aber außer einem leichten Angstgefühl empfand sie nichts. Obwohl sie das Kind neun Monate lang ausgetragen hatte, kam es ihr fremd vor. Es hätte ebenso gut das Kind einer anderen Wöchnerin sein können. Mit einem gewissen Ekel beobachtete sie, wie gierig es an ihrer Brust saugte. In seinen Mundwinkeln entdeckte sie Reste der weißen Muttermilch." (A 23)

Das Problem, dass die eigene Befindlichkeit und das persönliche Rollenverständnis mit den Erwartungen der Gesellschaft kollidieren, bildet den Ursprung von Lilo Bessleins Krankheit. Bereits zu diesem frühen Zeitpunkt in der Frauenklinik entwickelt die junge Mutter neben „Unbehagen", „unterschwelliger Furcht" und „Unglücksgefühlen" pathogene Verhaltensweisen, so dass sie schließlich nur dank der „Wirkung des stimmungsaufhellenden Beruhigungsmittels [...], das ihr Doktor Gutt verschrieben hatte", entlassen werden kann. Die Tabletten werden schon bald zu einem unverzichtbaren Utensil, vermittels dessen das mangelnde ‚natürliche' Wohlbefinden künstlich hergestellt und der Alltag überhaupt bewältigt werden kann.[64]

Die hier als konkrete Handlung gekennzeichnete künstliche Herstellung von Normalität verweist innerhalb des Textes auf eine soziale Praxis im Allgemeinen. In der Darstellung des Krankenhauses, in dem Lilo Besslein ihr Kind zur Welt bringt, wird mit künstlichen Mitteln eine Natürlichkeit und zugleich eine Harmlosigkeit inszeniert, die die Realität des Betriebs ‚Frauenklinik' kaschiert. Allein die abgeschiedene Situierung der Klinik „auf einer Insel inmitten eines künstlichen Sees" impliziert eine räumliche Isolierung der Mütter. Die aufgerufene Kulisse der Parkanlage mit Minigolfplatz, Sonnenterrasse und „überfütterten Schwänen" (A 12) evoziert stereotypisch den Eindruck eines makellosen Erholungsparadieses.[65] Ähnlich wie in der Darstellung der psychiatrischen Klinik in Plaths *The Bell Jar* wird im Universum der Klinik ein möglichst ideales Abbild der Normalität *en miniature* erzeugt. Die Darstellung der Klinikstrukturen und der darin implizierten Konstellationen und Hierarchien verdeutlicht den Inszenierungscharakter, wird aber auch innerhalb der Ebene der *histoire* dazu verwendet, die gesellschaftlichen Verhältnisse zu spiegeln. Gleichzeitig wird die beschriebene Inszenierung ironisch gebrochen, indem der Text die zur Errichtung des vermeintlichen Paradieses notwendigen ‚Herstellungsverfahren' exponiert:

> In der Cafeteria, über der die Kreißsäle lagen, übertrug ein Tonbandgerät von früh bis spät beschwingte Melodien in einer Lautstärke, die die Schreie der Gebärenden übertönte. In den Korri-

---

64 „[S]ie schluckte mittlerweile zwölf, manchmal auch vierzehn oder fünfzehn Kapseln am Tag. Sobald sie die Dosis zu reduzieren suchte, übermannten sie Angstgefühle und sie fing am ganzen Leib zu zittern an. Sie machte sich des öfteren Gedanken über ihren Zustand. Sie war sich darüber im klaren, daß es auf die Dauer mit ihr nicht so weitergehen konnte. Doch sie schreckte davor zurück, mit irgendwem darüber zu sprechen." (A 92)

65 „Die Frauenklinik des Herrn Doktor Gutt befand sich am westlichen Stadtrand von M. Sie lag auf einer Insel inmitten eines künstlichen Sees, um den sich die Rekonvaleszenten an sonnigen Tagen vom Pflegepersonal herumrudern lassen konnten, und war nur über eine bogenförmig gewölbte Fußgängerbrücke erreichbar, die lediglich von Krankenwagen und von den Fahrzeugen der Ärzte und Lieferanten passiert werden durfte." (A 12)

doren und in der Eingangshalle waren diese Schreie allerdings des öfteren zu hören. Außer den hier immer wieder vorfahrenden Krankenwagen zählten sie zu den wenigen Anzeichen, die darauf hinwiesen, daß es sich bei diesem Gebäude, das von Ausflüglern häufig für ein Hotel mit Restaurantbetrieb gehalten wurde, um eine Frauenklinik handelte. Alle übrigen Anzeichen waren weitgehend aus der Welt geschafft worden. So wurde der für Krankenhäuser typische Geruch nach Desinfektionsmitteln im ganzen Gebäude durch einen, allerdings ein wenig penetranten Fliederduft überlagert, den die ausländischen Zugehfrauen allmorgendlich versprühten. So trugen die Krankenschwestern statt weißen Kitteln und Häubchen aparte lindgrüne Overalls aus Baumwolle. (A 12f)

Auf allen verfügbaren ‚Kanälen', d.h. sowohl auf der auditiven, der olfaktorischen wie der visuellen Ebene, werden die Anzeichen des Klinischen und des Schmerzhaften durch Simulationen von Reinlichkeit und Natürlichkeit ersetzt. Gerade durch diese künstlich erzeugte Natürlichkeit aus „penetrantem Fliederduft" und „lindgrünen Overalls" entsteht ein ebenso bitter-komisches wie fremdartiges Bild. Was für den öffentlichen Raum gilt, das überträgt sich auch auf die Patientinnen. Diese haben ebenso adrett und gleichsam kulissenhaft auszusehen wie ihre Umgebung[66] – was der eigentlichen Situation (Erschöpfung, Anstrengung, Strapazen der Geburt) entgegensteht.

Ausgehend von der Darstellung der Geburtsklinik zu Beginn des Romans, wo ein bestimmtes ‚natürliches' Bild von Weiblichkeit und Mutterschaft künstlich generiert wird, lässt sich auch die weitere Krankheitsdarstellung in Elsners Roman verstehen. Krankheit manifestiert sich in *Abseits* vor allem als Abweichung von dem für Frauen vorgesehenen (prekär definierten) Normalzustand, der mit technischen, medialen, medikamentösen Mitteln konstruiert werden muss. Die jeweils verschriebenen Tabletten erhalten den Status eines Supplements und dienen dabei nicht allein der Rückkehr von Gesundheit oder der Herstellung von Normali-

---

66 Ironischerweise ist es gerade das innerhalb des Klinikuniversums angeregte Kaufvergnügen, das später als Kaufsucht zu einem pathologischen Merkmal werden wird, in dem Lilo Besslein erneut ihrer literaturhistorischen Vorläuferin Emma Bovary gleicht. „Und die Patientinnen, die größtenteils in Morgenmänteln aus Samt, Seide, Brokat oder Spitzen mit einer auffallend schleppenden Gangart in den Korridoren auf und ab gingen oder sich vor der Boutique in der Eingangshalle versammelten, in deren Schaufenstern regelrechte Krankenhausgarderoben ausgestellt waren, glichen eher den Besucherinnen einer Opernpremiere." Auch Lilo Besslein kann sich von dieser Mode nicht ausschließen: „Mit Sektgläsern umringten [seine Eltern] seine Frau, die frisch frisiert und frisch geschminkt in einem neuen pinkfarbenen Hausanzug auf dem Bettrand saß [...]. Ich war heute früh beim Friseur und im Anschluß an den Friseurbesuch habe ich mir diesen Hausanzug gekauft, sagte seine Frau. Die Patientinnen treiben hier den größten Aufwand, was die Morgenmäntel, Pyjamas und Nachthemden betrifft. / Beinahe hätte ich mich nicht in den Korridor getraut, fügte sie hinzu." (A 13f)

tät, sondern sind Ausgangspunkt für die offensichtlichste Form der Krankheit: Lilos Tablettensucht. Nachdem der anvisierte Ausbruchversuch in eine womöglich glücklichere Beziehung mit Christian Blome an Lilos eigenen inneren Widerständen – und nicht zuletzt an der Einnahme großer Mengen Tabletten und Alkohol (vgl. A 114) – scheitert und Lilo einen ersten Selbstmordversuch unternimmt, fasst sie den Entschluss, während des bevorstehenden Urlaubs mit ihrem Mann „von dem Beruhigungsmittel loszukommen." (A 119) Stattdessen brechen, kaum ist das Tranxilium abgesetzt, Angstzustände aus, die nicht nur Lilo Bessleins Handlungsunfähigkeit widerspiegeln, sondern erneut ihre gesellschaftliche Position im Abseits: „[S]ie blieb starr und mit zitternden Händen auf dem Bett sitzen und sagte ihm, daß sie sich nicht aus dem Hotelzimmer wage. Er fragte sie, wovor sie denn Angst habe. Sie erwiderte, daß es nichts gebe, wovor sie keine Angst habe." (A130)[67] Die Omnipräsenz und Immensität der Angst konvergieren an dieser Stelle mit der Reduktion der tatsächlichen Handlungsmöglichkeit, womit auch die räumlichen Implikationen der Etymologie des Wortes „Angst" (Enge, Beschränkung) mit aufgerufen sind. Die Angst schränkt Lilo ein und ist zugleich ihre somatische Reaktion auf eine gesellschaftliche Beschränkung.

In der psychiatrischen Klinik mit ihren Differenzierungen und Hierarchisierungen zwischen ‚verrückt' und ‚psychisch krank' wird Lilo Bessleins pathologischer Zustand nicht bekämpft sondern untermauert:

> Sie hatte sich gerade den Pyjama angezogen, als Schwester Maria das Zimmer betrat und ihr sechs Tabletten aushändigte. Sie erklärte ihr, daß es sich dabei um ein Beruhigungsmittel, ein Vorschlafmittel und ein Schlafmittel handelte. [...] Lilo Besslein hielt sich an ihre Anweisungen, obwohl sie es absurd fand, daß sie schon wieder ein Beruhigungsmittel einnahm. [...] Sie hatte den Verdacht, daß man in ihrem Fall bereits Anstalten getroffen hatte, den Teufel gewissermaßen mit dem Beelzebub auszutreiben. (A 138)

Die satirische Darstellungsweise, die eine selbstkritische Erkenntnisfähigkeit der Protagonistin andeutet aber sogleich wieder verunmöglicht, verweist auf einen übergreifenden Zusammenhang: eine Rekonvaleszenz, eine Rückkehr zum Normalzustand ist für Lilo Besslein nicht möglich und nicht vorgesehen. Es ist die gesellschaftlich konstruierte Normalität, an der sie erkrankt, und die Krankheit, die für sie zu einem Normalzustand wird. Der Gegenstand der vorliegenden Untersuchung – die ambivalente Situierung der Frau innerhalb einer normativen Matrix, in der diese, ob ‚natürlich' oder ‚deviant', immer als pathologisch festgeschrieben wird –

---

[67] Eine ähnliche Szene spielt sich auch im Krankenhaus ab: „Es war eine Angst, wie sie sie nie zuvor gekannt hatte, eine der gewöhnlichen Angst übergeordnete Angst, für die der Ausdruck Angst genaugenommen nicht mehr zutraf. Wie gelähmt lag sie da. [...] Sie hatte das Gefühl, daß sich die Minuten, statt zu verfließen, zu kleinen Ewigkeiten ausdehnten. [...] Ihre Angst isolierte sie." (A 136)

findet sich in Elsners Roman zwar unter satirischen Vorzeichen wieder, es wird aber selten so ernsthaft und konsequent zu Ende gedacht wie in ihrem Text. Die Tabletten, die im Textverlauf sowohl metonymisch als auch metaphorisch für den Vorgang der Herstellung von Normalität stehen, bilden eine direkte Linie mit dem Gift, das am Ende des Romans zum Instrument für Lilo Bessleins Selbstmord wird:

> Ich will nicht mehr weiterleben, flüsterte sie und sie öffnete mit bebenden Fingern das Gefäß, hob es an die Lippen, ließ das weiße Pulver, das wie Salz aussah, in ihren Mund rinnen und spülte es mit dem Rest Cognac, der sich noch im Glas befand, hinunter. Von Angst gepackt horchte sie in sich hinein. Doch eine Weile lang zeigte sich keinerlei Wirkung. Sie legte sich auf dem Bett lang und dachte an Christian Blome. Plötzlich wurde es ihr schwindlig und ein heftiges Ohrensausen setzte ein. Auch machte sich bei ihr ein Brechreiz bemerkbar. Sie versuchte, tief ein- und auszuatmen, damit sich dieser Brechreiz legte. Doch dies gelang ihr von Minute zu Minute weniger. Sie konnte kaum mehr atmen. Ihre Brust war wie eingeschnürt. Um der Atemnot Abhilfe zu schaffen, richtete sie sich auf und setzte, in der Absicht, das Fenster zu öffnen, beide Füße auf den Fußboden. Langsam stand sie auf, um einen Schritt in die Richtung des Fensters zu tun. Doch kaum, daß sie aufgestanden war und Anstalten zu einem Schritt in die Richtung des Fensters getroffen hatte, stürzte sie dicht neben dem Bett tot zu Boden. (A 186)

Die Darstellung von Lilos Selbstmord ist einmal mehr an die entsprechende Szene in *Madame Bovary* angelehnt – insbesondere die Beschreibung des Giftes in Form, Farbe und Geschmack evozieren eine Analogie –, stellt aber zugleich wesentliche Unterschiede aus. So gehören der Suizid und die Agonie Emma Bovarys zu den komplexesten und am häufigsten gedeuteten Szenen des Romans, insofern sich die zuckerähnliche „poudre blanche“ sowohl an den Komplex der Essensthematik anschließen lässt als auch, aufgrund seines Geschmacks nach Tinte, an die Thematik von Schreiben und Lektüre.[68] In Elsners Text ähnelt das Gift Salz anstatt Zucker, es gibt lediglich einen „Brechreiz“ anstelle eines „vomissement“ und der Tod geht sehr viel schneller vonstatten. Das stilistische Merkmal des Textes, die Dinge häufig *ex negativo* zu beschreiben und dabei semantisch zu ‚verkleinern‘ und zu entsublimieren, markiert bis zuletzt eine Einschränkung von Handlungsmöglichkeiten („es gelang ihr von Minute zu Minute weniger zu atmen“). Den in Flauberts Modellierung der Todesszene vielfältig anschließbaren Konnotationen, die Emmas Tod zwischen Vulgarisierung und

[68] Nicht nur leidet Emma an einem „affreux goût d'encre“ (MB 349), es kommt auch nach ihrem Tod zum Erbrechen einer schwarzen Flüssigkeit, mit der der Bildbereich der Schrift konnotiert ist: „Il fallut soulever un peu la tête, et alors un flot de liquide noir sortit, comme un vomissement, de sa bouche.“ (MB 364)

Tod zwischen Vulgarisierung und Sublimierung oszillieren lassen und gleich in mehrfacher Hinsicht autoreflexiv lesbar sind, steht im Roman *Abseits* das bloße Denotat gegenüber.

Lassen sich die Tabletten als permanenter Versuch lesen, eine mangelhafte Normalität zu erzeugen, so verwirklicht sich nun mit dem Zyankali eine weitere narrative Konvention oder ‚Normalität': die tödliche Sanktion der devianten Heldin am Ende der Geschichte.[69] Erzählt wird nicht allein die Geschichte einer kranken Frau, die in den herrschenden Gesellschaftsstrukturen und Geschlechterverhältnissen gefangen ist, sondern es wird zugleich auf die Möglichkeiten und Grenzen der Darstellung einer solchen Geschichte verwiesen, die ihrerseits in den tradierten Repräsentationsmustern gefangen ist.

3. Wahnsinn und Methode. *Die Zerreißprobe* als Parabel über die gesellschaftliche Situation schreibender Frauen

Bei Elsners Erzählung *Die Zerreißprobe*, die erstmalig 1980 in dem gleichnamigen Erzählband publiziert wird, handelt es sich auf den ersten Blick um die verstörende literarische Ausgestaltung einer paranoiden Geistesverfassung.[70] Geht man davon aus, dass Gisela Elsner in ihren Texten nicht nur bestimmte (frauenbezogene) Inhalte satirisch abhandelt, sondern dass sie dabei die sinnkonstitutive Dimension literarischer Verfahrensweisen herausstellt, dann lässt sich die Erzählung gemeinsam mit dem Roman *Abseits* als Reflexion über vorgängige Darstellungsmuster lesen und als Versuch ihrer historischen Einbindung. Was in *Abseits* vor allem mit den Mitteln der Intertextualität geleistet wird, das funktioniert für die Erzählung *Die Zerreißprobe* über die Mehrschichtigkeit des Erzählten. Die Handlung lässt sich als Studie über die psychologische Dimension von Beobachtung und Kontrolle lesen, aber auch als Parabel über die narrative Konstruktion einer dauerhaft ‚verdächtigen' und potentiell pathologischen Figur: der schreibenden Frau.

Das in *Die Zerreißprobe* in einer „ehemaligen Terroristenwohnung" (Z 19) wohnhafte erzählende Ich wähnt sich als Opfer einer nur unregelmäßig sichtbaren aber permanent erahnbaren Überwachung der eigenen Person, ohne zu wissen, welche Handlung oder Verhaltensweise diesen als Willkür und als „Zerreißprobe" empfundenen Zustand hervorgerufen ha-

---

[69] Vgl. zu diesem narrativen Muster Gilbert / Gubar: *The Madwoman in the Attic*; vgl. ebenso Vera Nünning / Ansgar Nünning (Hgg.): *Erzähltextanalyse und Gender Studies*. Stuttgart / Weimar: Metzler 2004. – Die bei Sylvia Plath sichtbare Verschiebung des letalen Ausgangs der Krankheit auf eine Doppelgängerfigur wird bei Elsner nicht mehr angewendet.

[70] Gisela Elsner: *Die Zerreißprobe*. Reinbek bei Hamburg: Rowohlt 1980. Im Folgenden zitiert als Z.

ben mag.[71] In dem festen Glauben überwacht zu werden – eine diesbezügliche Sicherheit bietet der Text freilich nicht – bildet die Protagonistin schließlich Verhaltensweisen heraus, die denjenigen einer überwachten Person gleichen; sie wird also schließlich tatsächlich auffällig (vgl. Z 70f). Denn um den eigenen Verdacht, überwacht zu werden, zu erhärten, durchsucht das erzählende Ich die gesamte Wohnung, markiert den Standort von Papieren und Möbeln, notiert die kleinste Veränderung und beobachtet argwöhnisch all die Menschen auf der Straße, die womöglich angetreten sind, sie zu beobachten; sie tritt immer mehr aus der gesellschaftlichen „Normalität" heraus.

Bereits der Umstand, dass der zu lesende Text selbst in seiner Materialität Thema der Erzählung wird, bietet einen ersten Hinweis darauf, dass *Die Zerreißprobe* nicht nur die introspektive Ausgestaltung einer sich steigernden fixen Idee darstellt, sondern ein sehr selbstreflexives Stück Erzählliteratur:

> Es dürfte überaus wenig sein, was ihnen [den Überwachern] meine Person betreffend noch nicht bekannt ist. Es zählen dazu die Gedanken beispielsweise, die ich nur denke und weder äußere noch zu Papier bringe. Es zählt dazu – dies hoffe ich zumindest – dieses Manuskript, das ich fortwährend mit mir herumtrage und nachts, nicht anders als jenes Couvert mit den beiden Tablettenhüllen und dem Warenauszeichnungsetikett, das ich übrigens längst weggeworfen habe, unter meine Matratze schiebe. (Z 16)

Der Text, den der Leser in Form der Erzählung *Die Zerreißprobe* in den Händen hält, ist auf der Ebene der erzählten Geschichte offenbar noch im Entstehen begriffen und wird darin als ‚Manuskript' designiert. Dieses Schriftstück wird, ebenso wie die mutmaßlichen in der Wohnung gefundenen Beweisstücke (die Tablettenhüllen und das Warenauszeichnungsetikett), stets mitgeführt und muss, so suggeriert das Verhalten der Protagonistin, verborgen und geschützt werden.

Der mögliche Zugriff von außen, der mit dieser Verhaltensweise präventiv abgewehrt werden soll, wird innerhalb des Textes gleich zweifach als Bedrohung dargestellt. Zum einen besteht eine Angst vor einer Manipulation von außen – die gesamte Wohnung sowie sämtliche Möbel- und Kleidungsstücke werden nach kleinen Kameras, Wanzen oder anderen Geräten zur Mikro-Observation abgesucht (Z 70) –, zum anderen gibt es die Befürchtung, mit dem eigenen Verhalten oder auch dem Schreiben etwas zu offenbaren, einen Beweis zu liefern oder sich verdächtig zu machen. Gerade das Schreiben erscheint als signifikantes Charakteristikum

---

[71] „Halbe Nächte lang lag ich wach und versuchte, herauszufinden, was an mir, was an meinem Verhalten nur dermaßen verdächtig sein mochte. Doch ich bin nicht darauf gekommen. Ich weiß es selbst jetzt noch nicht. Dabei gäbe ich etwas dafür, wenn ich es wüßte." (Z 23)

der Protagonistin, die, den rudimentären Informationen des Textes zufolge, vermutlich einer schriftstellerischen oder journalistischen Tätigkeit nachgeht, und die nicht nur in einer „ehemaligen Terroristenwohnung", sondern überdies in einer ehemaligen Schriftstellerwohnung zuhause ist.[72] Schreibtätigkeit und Staatsfeindschaft werden auf diese Weise miteinander assoziiert.

Mit der beschriebenen Verhaltensweise, „dieses Manuskript zum Beispiel oder die Notizen, die ich mir mache, [...] wenn ich unterwegs bin, ständig bei mir [zu tragen]" (Z 21), wird die Schrift als das konzeptionalisiert, was sie auch in den Texten von Sylvia Plath und Ingeborg Bachmann darstellte: als ein Indiz. Sie droht etwas offenzulegen, sie ist womöglich ein Bekenntnis oder Schuldeingeständnis, ganz sicher aber ist sie ‚lesbar' und sagt etwas über den schreibenden Menschen aus, was vielleicht im Verborgenen bleiben sollte – kurz: die Schrift wird in vielen der hier untersuchten Texten als ein Gegenstand der Verhüllung ebenso wie der Enthüllung modelliert. Die zitierte Parallelisierung von „Manuskript" und „Beweismaterial" suggeriert die Befürchtung, dass bereits der bloße Vorgang des Schreibens verdächtig erscheinen könnte. Und tatsächlich stellt bereits das obsessive Notizenmachen eine geradezu pathogene Verhaltensauffälligkeit dar, die dem Ziel, den Überblick zu behalten, nur scheinbar zuarbeitet, und die dem Versuch, ‚ahnungslos' zu wirken, entgegensteht. Die gesamte Paradoxie der Überwachungsverdacht-Situation findet sich also zugespitzt in der Problematik des Schreibens.

Die beschriebenen Ängste, die über die Thematik der Schrift gleichsam verdichtet zum Ausdruck kommen, werden innerhalb der Erzählung als ein sich wandelndes Subjekt-Raum-Verhältnis ausgestaltet und dabei in ihrer stetigen Eskalation herausgestellt. Ausgangspunkt der Erzählung bildet – neben dem etwas diffusen „Eindruck, in meiner Wohnung hätte sich irgendetwas verändert" (Z 10) – die Beobachtung einer entgegen den eigenen Gewohnheiten ausgeschalteten Schreibtischlampe.

> Man muß sich die Situation einmal vor Augen führen. Ein Bürger dieses Landes, der sich, zweifellos durch Pressepublikationen und Fernsehberichte hellhörig geworden, wegen eines zunächst völlig haltlosen Verdachts tagtäglich, so aberwitzig ihm dies auch vorkommt, notiert, dass seine Schreibtischlampe beim Verlassen

---

[72] „Um einen solchen Zeugen zu gegebener Zeit zur Hand zu haben, hätte ich einen Mieter hier im Haus, zum Beispiel Franz W. oder Peter H., beides Schriftsteller, die vor mir in meiner jetzigen Wohnung gewohnt haben, vier Wochen lang Tag für Tag hereinbitten müssen, nur damit sie sich vergewissern konnten, dass diese Schreibtischlampe bei meinem Weggehen angeschaltet war. Sowohl Franz W., der hier vor eineinhalb Jahren ausgezogen ist, als auch Peter H., der hier vor fünf Jahren ausgezogen ist, haben für alle erdenklichen Verrücktheiten eine Menge übrig. Für diese spezielle Art von Verrücktheit hingegen, fürchte ich, kann ich so leicht keinen gewinnen, weder sie noch sonstwen." (Z 12)

der Wohnung brannte, kommt, nachdem er ein paar Besorgungen getätigt hat, nachhause und stellt fest, dass diese Lampe während seiner Abwesenheit ausgeschaltet wurde. Ansonsten ist, so scheint es zumindest auf den ersten Blick, alles, wie er es zurückgelassen hat. Trotzdem, oder besser gesagt: gerade deswegen läuft es ihm kalt den Rücken herunter. (Z 11)

Die beim Betreten der Wohnung augenfällige Veränderung wird hier als Einbruch des Fremdartigen in die Normalität gekennzeichnet: sowohl der Status („Bürger dieses Landes“) als auch die Tätigkeit des Subjekts („ein paar Besorgungen“)akzentuieren das Gewohnheitsmäßige, Normale, implizit auch Rechtschaffene, während die unerklärliche Veränderung, die ausgeschaltete Lampe, geradezu geisterhaft anmutet, so dass es dem Eintretenden „kalt den Rücken herunter [läuft]“. Die Opposition von Normalität und Abweichung lässt sich jedoch in ihrer Eindeutigkeit nicht aufrechterhalten, wird doch in der zitierten Textpassage offenbar, dass es gerade der Anschein von Normalität ist, der eine verstörende Wirkung ausübt, und dass das erzählende Ich an sich selbst erste eigentümliche Verhaltensweisen beobachtet hat („haltloser Verdacht“, „aberwitzige“ Notizen). Bereits an dieser Stelle wird also offenkundig, was sich im Verlauf der Erzählung immer stärker herausstellen wird: Normal- und Ausnahmezustand sind einander zum Verwechseln ähnlich, erweisen sich aber letztlich als ununterscheidbar, was einem Prozess der ‚hermeneutischen Paranoia‘ („so scheint es zumindest auf den ersten Blick“) Tür und Tor öffnet.

Die Veränderungen in der Wohnung werden in der Folge systematisch als Zeichen gelesen für eine stattfindende Überwachung der eigenen Person und einer damit verbundenen Suche nach Beweisen, die möglicherweise auf einen terroristischen Kontext hindeuten. Mit dem erklärten Ziel, keinerlei Beweise liefern zu wollen, unternimmt die Protagonistin nicht nur den aussichtslosen Versuch, ein solches Beweismaterial, das man ihr möglicherweise jederzeit „unterschieben würde“ (Z 19), in der eigenen Wohnung ausfindig zu machen, um so den Eindringlingen zuvorzukommen.[73] Auch begibt sie sich nun ihrerseits auf die akribische Suche nach Spuren, die der Eindringling zurückgelassen haben könnte, um den dringlichen Verdacht, überwacht zu werden, erhärten zu können. Sehr schnell

---

[73] „Der Anwalt meinte, Durchsuchungen von ehemaligen Terroristenwohnungen seien nichts Ungewöhnliches. Er hielt es sogar für möglich, dass man mir, wenn man bei einer Verschärfung der innenpolitischen Situation Erfolgsmeldungen, das heißt: Verhaftungen von Staatsfeinden nötig hätte, gegebenenfalls Beweismaterial unterschieben würde. / Irritierend war vor allem die ruhige Art, in der er das äußerte. Auf meine Bemerkung, ich könnte doch nicht Tag für Tag nach jeder Rückkehr meine Wohnung, meinen Speicherraum und meinen Kellerraum nach Gewehren, Handgranaten, Bomben, Munition und Plänen von Regierungsgebäuden, Banken, militärischen Stützpunkten durchsuchen, antwortete er bloß: Natürlich können Sie das nicht.“ (Z 19f)

wird dabei deutlich, dass die vermeintlich überwachte Person Mimikry an ausgerechnet den Geistern übt, die sie aus ihrem Domizil zu vertreiben sucht. Sie selbst versetzt die Wohnung Stück für Stück in einen Zustand der Unordnung, fügt überall kleine Veränderungen, Verrückungen, Verschiebungen hinzu, die im nächsten Moment wieder Anlass geben zu neuen Spür- und Irrwegen:

> Wiederum fing ich die Wohnung nach Spuren zu durchsuchen an. Ich durchsuchte sie in dieser Nacht alles andere als systematisch. Konfus und fahrig nahm ich mal ein paar Bücher aus dem Regal, beleuchtete mit einem Punktscheinwerfer die Staubschicht dahinter, konnte aber keine Fingerspuren finden. Mal nahm ich ein paar Akten aus dem Aktenschrank, mal einen Stapel Pullover aus dem Kleiderschrank. [...] Ich hantierte, wenn ich nicht herumhockte und bald haßerfüllt, bald gähnend auf irgendeinen Punkt in einem der Zimmer starrte, bis zum Morgengrauen in der Wohnung herum und schuf ein Durcheinander, das ich nicht mehr ordnete. (Z 31f)

Nicht nur die Wohnung wird im Zuge dieser überstürzten Durchsuchungsaktion in einen chaotischen Zustand versetzt, auch das Individuum selbst wird bei diesem Vorgang „konfus" und „fahrig". Die auf diese Weise angedeutete Parallele zwischen den Strukturen des Raums und denen des Subjekts hat schließlich vor allem deshalb problematische Konsequenzen, weil die manische Suche schließlich selbst- und objektzerstörerische Züge annimmt.

Während also die „Untersuchung von Fußbodendielen, Astlöchern, Kratzern, abgespaltenen Holzspänen" die eigene Behausung fremd erscheinen lässt, bis schließlich die ziellose Suche selbst „als regelrechte Entdeckungsreise[ ] durch eine Zweizimmerwohnung" (Z 40) erscheint, führt das eigene Ausagieren der Durchsuchung, die beständig gefürchtet wird, schließlich notwendigerweise zu einer grundlegenden Veränderung des Subjekts:

> Das Bewußtsein, überwacht zu werden, ergreift von der ganzen Person Besitz. Es verändert sie, wenn auch nicht schlagartig, so doch unmerklich, stetig und letztenendes dennoch nachhaltend. Selbst der nebensächlichsten Handlung wie dem Betreten oder dem Verlassen eines Tabakladens, dem Aufspannen oder Zuklappen eines Regenschirms, verleiht es den Anschein von Erheblichkeit. Die sogenannten Alltäglichkeiten hören von nun an auf zu existieren. Das Dasein der überwachten Person wird zum permanenten Ausnahmezustand. (Z 24)

Die Veränderung des Subjekts, wie die Protagonistin der Erzählung sie hier an sich selbst beschreibt, betrifft insbesondere die Strukturen der Wahrnehmung, die beständig durch den Verdacht determiniert wird. Keine Begebenheit ist mehr ‚unschuldig', kein Phänomen ist zu vernachlässigen, es gibt nichts, das nicht als Zeichen gelesen werden könnte. Eine Sicherheit kann sich indes niemals einstellen, weil die Wahrnehmung von Hinweisen sich naturgemäß entsprechend der verwendeten Methode verändert, die genaue Observation also den Gegenstand der Beobachtung umzuformen droht:

> [I]ch [stellte] beim Öffnen meines Kühlschranks fest, daß sich miteinemmal an der rechten Wand des Kühlfachs, die im übrigen miteinemmal völlig abgetaut war, rechterhand und linkerhand des Kabels zwei Löcher befanden, durch die ich leicht den Zeigefinger stecken konnte. Wiederum ein paar Tage später stellte ich fest, daß sich auf der Drehscheibe meines Plattenspielers miteinemmal eine silbrige Metallfolie befand. (Z 58)

Nur weil die Protagonistin bei ihrer „Entdeckungsreise“ durch die Wohnung ihren Blick auf immer kleinere und verborgene Dinge legt – Dinge, denen sie früher niemals Beachtung geschenkt hätte, und die nun wie gänzlich neu vor ihr Auge treten – kann sie überhaupt zu neuen ‚Hinweisen‘ kommen. Dabei wird deutlich, dass die meisten der derart aufgefundenen Indizien (verdächtige Löcher oder eine unbekannte Metallfolie) durch den Vorgang der Untersuchung allererst hervorgebracht werden. Nach der ersten offenkundigen Veränderung – die Motivik von Licht und Lampe evoziert Sichtbarkeit und Evidenzerzeugung – werden die zur Erhärtung des Überwachungsverdachts herangezogenen ‚Beweise‘ also immer geringfügiger und letztlich willkürlicher. Es entsteht ein infiniter Prozess des Zeichenlesens, der schließlich soweit führt, dass auch die Abwesenheit von Zeichen als bezeichnend vermerkt wird:

> Sollte ich dieses Ausgehen des Lichtes in dem Augenblick, da ich das Jagdglas auf das Fenster richtete, als einen Zufall bezeichnen? Dazu war ich außerstande. Ich richtete das Jagdglas der Reihe nach auf die übrigen Fenster im fünften Stockwerk des gegenüberliegenden Häuserblocks. Doch veränderte sich dahinter gar nichts. Die Zimmer blieben erleuchtet wie zuvor. Sie blieben dunkel wie zuvor. Ich legte das Jagdglas auf den Küchentisch und verließ die Küche. Nach einer halben Stunde, nach zwei Stunden beobachtete ich die zur Debatte stehenden Fenster von neuem durch das Glas. Auch diesmal ereignete sich nichts Erwähnenswertes. (Z 77)

Die zitierte Stelle gegen Ende der Erzählung ist schon deshalb interessant, weil sie die Ausgangssituation – die ausgeschaltete Tischlampe – gleichsam transformiert: die vermeintlich überwachte Person wird nun ihrerseits zur Beobachterin und richtet den Blick auf die gegenüberliegende private Häuserreihe. Das zu Beginn so signifikante ‚Licht an / Licht aus‘ wird dabei in eine völlige Willkür überführt (vgl. Z 79). Die unter Anstrengung entdeckten ‚Spuren‘ und Zeichen sind, so lässt sich schließen, nicht nur selbst erzeugt, sie sind auch in jede mögliche Richtung (und dabei stets als ‚Beweis') interpretierbar. Eine eindeutige Referentialität der Zeichen geht dabei unwiderruflich verloren.

Will man Elsners Erzählung poststrukturalistisch lesen – und dies bietet der Text an, so übervoll ist er mit Hinweisen, Zeichen, Signifikanten, Chiffren, Manuskripten und Markierungen –, dann kann man zu dem Schluß kommen, dass *Die Zerreißprobe* eine konkrete psychologische Ausgestaltung des Umstandes beinhaltet, dass es keine feste Bedeutung geben kann, sondern diese immer unter dem Signifikanten ‚gleitet'. Die für die Linguistik revolutionäre Entdeckung Ferdinand de Saussures, dass sich die Bedeutung eines Lautes oder Wortes erst aus der Differenz zu einem anderen ergibt, nicht aber dem einzelnen sprachlichen Element an sich anhaftet, scheint in Elsners Erzählung in all ihren Konsequenzen ausgefaltet zu werden. Nur das Vorhandensein oder die Abwesenheit einer Veränderung oder Differenz ist in dem dargestellten Universum von Bedeutung, nicht der Zustand oder das Phänomen an sich. Dieser bleibt immer uneindeutig, unsicher, willkürlich und kann stets verschiedene Bedeutungen annehmen. So kann etwa die Abwesenheit von Spuren in der Wohnung bedeuten, dass niemand dort gewesen ist – ebenso kann dieser Befund bedeuten, dass die Eindringlinge besonders geschickt vorgegangen sind usw.

Die Thematik des Zeichenlesens, die die selbstreflexive Dimension des Textes anzeigt, ist eng an den Gegenstand der Repräsentation geknüpft. Die vielen Markierungen, die die Hauptfigur zur Überprüfung von etwaigen Veränderungen an ihrer Wohnung anbringt, lassen sich gleichsam als Reflexion von Praktiken der Abbildung verstehen. Schritt für Schritt erstellt die Protagonistin ein Abbild ihrer Wohnung, indem zunächst die Position der Möbelstücke, schließlich auch die Konturen kleinerer Einrichtungsgegenstände und Objekte markiert werden:

> Ich markierte den Rand des Absatzes eines bestimmten Stöckelschuhs, ich markierte die Lage des Papierstapels in meinem Aktenschrank, ich markierte die Lage eines von einem Wollkleid abgetrennten graublauen Täschchens in meinem Kleiderschrank. Ich notierte mir, was ich wo markiert hatte, steckte den Zettel mit den Notizen in meine Handtasche und kontrollierte nach der Rückkehr, mit dem Zettel in der Hand, sämtliche Markierungen. (Z 21)

Die Markierungen auf dem Boden erfassen die abgebildeten Gegenstände zunächst in Realgröße, nur um in einem nächsten Schritt, gleich einer Kartographierung, in ein Notizbuch übertragen zu werden, das anschließend der ‚Kontrolle' dient – nachträglich wird also die Wirklichkeit mithilfe der Repräsentation abgeglichen, was bereits eine bemerkenswerte Umkehrung herkömmlicher mimetischer Vorgänge andeutet. Die Erzählung evoziert also die Überlegung, dass die Ebene der Repräsentation und die des Repräsentierten nicht zur Deckung kommen können, und dass womöglich die Repräsentation im vorliegenden Fall zur maßgeblichen Größe wird.

Zwischen der abgebildeten ‚Wirklichkeit' und dem Text, den wir lesen, liegen also mindestens zwei Ebenen zusätzlicher Vermittlung: die Konturierung der Dinge in der Wohnung und die Übertragung dieser Konturen und Markierungen in ein Notizheft, welches schließlich die Vorlage oder das Material bildet für den abgeschlossenen Erzähltext. Gerade weil sich im Zuge der Überwachungssituation das Individuum sozial und räumlich immer stärker zurückzieht, wird die Überwachungssituation auch epistemologisch zur einzig gültigen Bezugswelt: es gibt nichts mehr *außerhalb* dieses Bezugs- und Interpretationsrahmens. Ähnlich wie im Falle Lilo Besslein, für die es zu der dargestellten Situation des ‚Abseits' keine Alternative geben kann – weder besteht die Möglichkeit, die gegebenen Strukturen auszuhalten, noch, ihnen zu entkommen –, kann auch das Subjekt in *Die Zerreißprobe* den Zustand des Verdachts und der Observation nicht verlassen. Die Überschreitung der Normalitätsgrenzen ermöglicht weder ein valides Gegenmodell noch ein Zurück in die vorgegebenen Strukturen.

Trotz des beschriebenen infiniten Interpretationsprozesses auf der Handlungsebene des Textes sind die in der *Zerreißprobe* angelegten Alternativen – nämlich: das Subjekt wird überwacht oder bildet sich diese Überwachung ein, es ist luzide oder wahnsinnig –, nur scheinbare: wie bereits deutlich geworden ist, macht es in Wahrheit keinen Unterschied, ob es eine ‚tatsächliche' Überwachung gibt oder nicht. Entscheidend ist, dass das Individuum sich so verhält, als gäbe es sie, und dass es damit, sich wie eine Überwachte fühlend und verhaltend, zu einer solchen wird: „Das Verhalten einer überwachten Person ähnelt zeitweilig dem Verhalten eines Schmierenkomödianten, zeitweilig ähnelt es schlichtwegs dem Verhalten eines Geistesgestörten." (Z 24)

Der Vergleich der eigenen Person im Zustand der Überwachung mit dem „Schmierenkomödianten" dient sowohl ihrer offenkundigen Abwertung und Verunglimpfung, bringt aber auch die Dimension der Performativität bestimmter Rollen- und Verhaltensmuster auf den Punkt. Nicht nur gleicht das Verhalten desjenigen, der sich *fälschlicherweise* für überwacht hält, dem Verhalten desjenigen, der *tatsächlich* überwacht wird – auch lässt sich der Überwachte nicht von einem Schauspieler unterscheiden, womit letztlich der reale, der imaginierte und der imitierte Zustand ineins gesetzt werden. An diese semantische Unschärfe nun knüpft sich schließlich zusätzlich die Frage des Pathologischen:

> Man kann nicht monatelang nach Beweisen suchen, wenn es die Gegenseite darauf angelegt hat, einerseits Spuren zu hinterlassen, die jedoch andererseits dermaßen dürftig, mickrig, ja, zwielichtig sind, dass sich die überwachte Person, sobald sie sich darauf beruft, sobald sie solche Stellen als beweiskräftig hinzustellen sucht, der

> Lächerlichkeit preisgibt oder sogar Gefahr läuft, wie ein Geistesgestörter behandelt zu werden. (Z 85)

Indem die Protagonistin nach Beweisen für ihren Verdacht sucht – indem sie also genau das tut, was sie für „die Gegenseite" befürchtet, läuft sie Gefahr, als krankhaft zu erscheinen. Die auf der Ebene der erzählten Geschichte immer wieder sichtbaren Verhaltensauffälligkeiten – die Nervosität und Fahrigkeit, die Schlaflosigkeit, die Einnahme von Beruhigungsmitteln, die paranoiden Schübe – lassen sich ebenso schlüssig als unmittelbare Konsequenz der zermürbenden Habachtstellung auffassen wie auch als ‚Symptome' eines anormalen psychischen Zustandes begreifen. In jedem Fall findet sich das Subjekt gefangen in einem System, das den Betroffenen offenbar pathologisiert. Obwohl es in *Die Zerreißprobe* also um etwas ganz anderes geht, nämlich um Kontrolle, Verdacht und Überwachung, lassen die Darstellungsmittel und die Konstruktion der Erzählung im Hinblick auf die Thematik der vorliegenden Arbeit an klassische Repräsentationsformen der Hysterie denken, jene Krankheit, die in ihrer Symptomatik andere Krankheiten zu imitieren scheint und stets dem Vorwurf der Simulation ausgesetzt ist. Die Überlagerung von Imagination und Imitation, die der Hysterie im kulturellen Imaginären zugeschrieben wird, aktualisiert sich somit im Subtext der Elsnerschen Erzählung, ohne sich auf der Ebene der *histoire* zu manifestieren.

Elsners Text scheint also zunächst zwei konkurrierende Lesarten anzubieten. Entweder wird in der Erzählung tatsächlich ein Zustand der Überwachung nachgezeichnet, der die betroffene Person einem unübersehbaren Netz aus Durchsuchungen und Verfolgungen aussetzt – oder aber die Situation der Beobachtung ist nur ein Hirngespinst, der Text das Protokoll eines perfekt gesponnenen Wahngebildes. Tatsächlich käme es aber einer Fehlinterpretation gleich, wollte man sich für die eine oder die andere Möglichkeit, für die politische oder die subjektivistische Lesart entscheiden. Die Frage nach der eindeutigen Referentialität des Textes erweist sich als zweitrangig. Eine andere Bedeutung ergibt sich stattdessen, wenn man den Text auf einer übergeordneten Ebene als eine grundsätzliche Verhandlung über das prekäre Verhältnis von Weiblichkeit und Schrift interpretiert. Dies bedeutet noch lange nicht ein Votum für den ‚Innenraum' und einen Ausschluss politischer Bedeutung, wie Flitner es für die zeitgenössischen Rezensionen der Autorin nachzeichnet. Ganz im Gegenteil kann, verlässt man die thematische Ebene, gerade die nähere Betrachtung der Paranoia und der Überwachungsprozesse eine sehr politische Aussage implizieren.

Dabei wird auch die Partizipation des Lesers bei der Konstitution der Textbedeutung thematisiert. Indem dieser permanent auf die Zeichenhaftigkeit der dargestellten Ereignisse und auf den Chiffrencharakter des Textes gestoßen wird, wird er daran erinnert, dass er seinerseits die Tätigkeit der Autorin nachverfolgt und ähnlich der Hauptfigur beständig Spuren liest. Im Grunde verfolgt er die Protagonistin in seinem Lesevorgang seinerseits auf Schritt und Tritt und wird auf diese Weise zur Personifizierung bzw. Realisierung der erahnten Überwacher. Die Tatsache, dass jemand das Manuskript liest, kann nur bedeuten, dass es den geschützten Raum verlassen haben muss und an die Öffentlichkeit geraten ist. Und während der Leser noch darüber rätselt, ob es sich bei den dargestellten Ereignissen um Auswüchse einer sich steigernden Paranoia oder um die realistische Schilderung einer polizeilichen Überwachung handelt, ist er selbst bereits auf zweifache Weise in der Verantwortung: aufgrund seiner Interpretation für die eine oder die andere Lesart und aufgrund seines Lektüre-Akts.

Gerade das Schreiben, die Schrift, auch: das Schriftstück, das Manuskript, bringen in Elsners Erzählung eine grundlegende Widersprüchlichkeit des Subjekts zwischen Fremdbestimmung und Selbstkonstitution zum Ausdruck. Einerseits wird das Schreiben eingesetzt, um die aktuelle Situation zu verarbeiten, es dient der Abwehr, der Verarbeitung, der Ordnung, und bildet letztlich die in Zeichen übersetzte Manifestation der sich zur Wehr setzenden beobachteten Person, die nun ihrerseits beobachtet. Andererseits ist gerade das Beobachten und schriftliche Notieren, sowie das Verbergen des entstehenden Schriftstücks ein Verhalten, das sich wiederum lesen und interpretieren lässt und das als besonders verdächtig oder pathologisch erscheint. Gerade in diesem Schreibvorgang wird deutlich, dass das Subjekt, ohne es zu wollen, genau die Verhaltensweisen annimmt, gegen die es sich eigentlich zur Wehr setzen will. Die Protagonistin agiert die befürchtete Beobachtung selbst aus und unternimmt eine permanente, an Gründlichkeit kaum zu übertreffende Selbstbeobachtung.

Die Thematik der Überwachung und Kontrolle lässt sich als eine Reflexion über den gesellschaftlichen Umgang mit Frauen(bildern) und die Herstellung (und Überwachung) bestimmter normkonformer weiblicher Rollenbilder lesen. Der Vorgang einer obsessiven Selbstbeobachtung und Selbstüberwachung, den die Erzählung *Die Zerreißprobe* zu Protokoll gibt, lässt sich mit der Übernahme normativer Rollenbilder parallelisieren, die ebenfalls dazu führt, dass Frauen sich selbst kontrollieren, die Ausübung der Macht gewissermaßen selbst exekutieren und gegen die eigene Person richten. In beiden Fällen lässt sich schließlich nicht mehr unterscheiden, ob der Ursprung der Selbstüberwachung tatsächlich fremdgesteuert oder imaginiert ist, im Vordergrund steht die Wirkmächtigkeit allgegenwärtiger Bilder auf den Identitätsentwurf. Elsners Erzählung verhandelt also, wie das Individuum schrittweise zu dem wird, als das es ohnehin betrachtet wird – bis Eigentliches und Gewordenes, Eingebildetes und Ausagiertes, Original und Abbild schließlich ununterscheidbar werden. Konkreter trifft *Die Zerreißprobe* aber auch eine Aussage über die tatsächlichen Schreibbedingungen von Frauen, insofern die Figur der Schriftstellerin darin als prinzipiell verdächtig gekennzeichnet wird, während das von ihr angefertigte Schriftstück im bestehenden System nicht anders als wahnsinnig erscheinen kann. Zugleich ist das Ich gezwungen, sich mit der existierenden Außenwahrnehmung ihrer selbst (als krankhaft-deviant) auseinanderzusetzen und dabei die nämlichen Verhaltensweisen selbst auszuagieren. Auf diese Weise spiegelt die Erzählung in zugespitzter Form das übergreifende Thema der vorliegenden Untersuchung: die pathologisierte Weiblichkeit manifestiert sich in der Figur der kranken Frau.

Elsner liefert mit ihren Texten *Abseits* und *Die Zerreißprobe* – insbesondere über die Bezugnahme auf Gustave Flauberts *Madame Bovary*, der als einer der bekanntesten und wirkmächtigsten Romane über eine kranke Frauenfigur gelten kann – eine Reflexion über die Möglichkeiten und vor allem Grenzen, schreibend bestimmten (pathologisierenden) festgeschriebenen Bildern zu entkommen. Durch den intertextuellen Verweis kann zwar der Vorläufertext kritisch angeeignet und der Akzent auf die Konstruktionsbedingungen des eigenen und des Hypotextes gelegt werden, in der Auseinandersetzung vollzieht sich jedoch zwangsläufig eine Wiederholung der gegebenen Bilder und Muster. Die eingeschränkten Möglichkeiten der Figur Lilo Besslein, ihre ambivalente Positionierung innerhalb der vorgegebenen Matrix von Normalität und Devianz, spiegelt das Dilemma der Erzählinstanz auf der Darstellungsebene. Diese kann nur die vorgegebenen Plots und Darstellungsmuster übernehmen, satirisch zitieren, muss sie aber dabei wiederholen und womöglich bestärken.

Vor dem Hintergrund dieser Schwierigkeit erweist sich Elsners Schreibweise der Satire als strategisch. So gibt es keine eindeutige Positionierung gegenüber dem ‚Opfer' der kranken Frau. Diese wird ebenso schonungslos dar- und bloßgestellt wie alle anderen Figuren, gleichzeitig wird das System, das sie unmündig hält und ihren Spielraum beschneidet, in seiner Funktionsweise offengelegt. Eine Einordnung Elsners als ‚feministische' Autorin oder gar als Autorin von ‚Frauenliteratur' wird dadurch verunmöglicht und erklärt den Widerstand der Literaturkritik gegenüber ihrem Werk. Sowohl die eigenen Entstehungsbedingungen werden reflektiert als auch die Rolle der Frau als Schreibende und Beschriebene.

Elsners Texte zeigen auf, dass schreibende Frauen noch immer eine Sonderrolle in der Literatur *und* im Literaturbetrieb einnehmen, die der Übermacht bereits existierender Bilder geschuldet ist, und die sie grundsätzlich ‚verdächtig' macht. Denn unabhängig davon, ob dort nun tatsächlich ein ‚weibliches Schreiben' stattfindet, ob dabei tatsächlich das Pathologische und das Kreative eine Verbindung eingehen oder gerade nicht – beides, die Erfüllung und die Nichterfüllung der Erwartungshaltung, erscheint noch in der heutigen Rezeption als Bestätigung des Verdachts einer ‚Ausnahme' oder ‚Anomalität'. Führt man dieses Prinzip mit den Beobachtungen zur Rolle von Schrift und Schriftlichkeit zusammen, so lässt sich feststellen, dass Frauen nicht nur *in der Schrift*, d.h. über Strategien der diskursiven Festschreibung pathologisiert werden, wie dies etwa bei Duras der Fall ist, sondern dass gerade das *Schreiben von Frauen*, d.h. die weibliche Partizipation an der kulturellen und gesellschaftlichen Diskursproduktion, Gegenstand von Argwohn, Abwertung und pathologisierender Stigmatisierung werden kann. Eine solche Überlegung formuliert Gisela Elsner in ihrem Essay „Autorinnen im literarischen Ghetto“:

> Wenn sie [eine Frau, die es gewagt hat, einer schriftstellerischen Tätigkeit nachzugehen] beim Schreiben nicht nur eine an Hysterie grenzende Sensibilität, sondern auch Emotionalität, Inkonsequenz und Irrationalität zeigt, werden ihr nicht wenige männliche Kritiker, befriedigt, daß ihre Vorurteile wieder einmal bestätigt wurden, symbolisch auf die Schulter klopfen. Will sie indes in Verzücken versetzen, so muß sie darüber hinaus in ihrem Buch das von männlichen Kritikern als weiblich betrachtete Unvermögen, logisch zu denken, und das von männlichen Kritikern ebenfalls als weiblich betrachtete Unvermögen, größere Zusammenhänge zu erfassen, zum Ausdruck bringen.[74]

Gisela Elsners Schreiben muss also nicht zuletzt als eine kritische Auseinandersetzung mit den für Schriftstellerinnen herrschenden Schreibbedingungen verstanden werden. Die Autorin wiederholt in ihrem Schreiben tradierte Repräsentationsformen der Figur der kranken Frau und stellt zugleich deren Klischeecharakter heraus. Die von ihr dargestellte Protagonistin erscheint als eine direkte Doppelgängerin der Flaubertschen Figur *Madame Bovary*. Durch das eingesetzte Verfahren einer Intertextualisierung der Figur der kranken Frau und durch die damit einhergehende Übernahme von Handlungselementen und Darstellungsverfahren aus einem der wohl wichtigsten Texte der literarischen Moderne lassen sich Elsners Texte als eine dezidierte Absage an die Paradigmen der Originalität und ästhetischen Erneuerung lesen.

[74] Elsner: „Autorinnen im literarischen Ghetto“, S. 42f.

VIII. Aggression und Transgression. Strategische Aspekte der Autofiktion in Christine Angots *L'Inceste*

Das Werk Christine Angots ist wie kaum ein anderes auf der Grenze zwischen Roman und Autobiographie verortet. In jedem ihrer Texte wird das unablässige Oszillieren zwischen Fiktion und Dokumentation aufs Neue ausagiert und thematisiert. Mit der Publikation von *L'Inceste*,[1] in dem die sexuelle Beziehung der *personnage* Christine Angot zur ihrem Vater explizit gemacht und mit einer Reihe weiterer intimer Lebenserfahrungen verflochten wird, ist die Ambivalenz aus Enthüllung und Verhüllung der eigenen Identität auf die Spitze getrieben. Der 1999 veröffentlichte Text wurde in Frankreich zu einem literarischen Skandal, weil darin nicht nur das tabuisierte Thema des Inzests entfaltet wird, sondern weil der implizite Leser zugleich auf empfindliche Weise mit der Geschichte der Narrativierung dieses Inzests konfrontiert wird. Der Rezipient wird *malgré lui* in die Position des Voyeurs versetzt und zugleich immer wieder jedes klaren Blickes beraubt, wird also in einem Schwellenbereich festgehalten und in Unkenntnis versetzt. Nicht nur hinsichtlich Autorschaft und Erzählposition, sondern auch im Hinblick auf die Rezeption sind damit die Grenzen des Werkes als durchlässig entworfen.

Aufgrund dieser Konfiguration wird das Werk Angots immer wieder unter dem Stichwort der Autofiktion verhandelt.[2] Die Literaturkritik kommt nicht umhin, wiederholt die Frage nach der Faktizität der erzählten Ereignisse zu stellen, auch wenn eine solche Herangehensweise innerhalb der Texte explizit zurückgewiesen wird. Der Roman *Interview* (1995) etwa beschreibt die übergriffige Neugier einer Journalistin, die in ihren Fragen an Christine Angot weniger an der literarischen Gestaltung ihrer Texte Interesse zeigt als am Wahrheitsgehalt der erzählten Begebenheiten.[3] Gerade durch die Thematisierung einer solchen Konstellation, bei der der Schreibprozess und die öffentliche Medienrezeption in den Blick gerückt werden, suggerieren Angots Texte aber wiederum Interferenzen zwischen Autor-Ich, Erzählposition und Romanheldin, und werfen die Frage nach der Referentialität der literarischen Darstellung auf.

Wie die Literaturwissenschaftlerin Marie Sadoux in ihrem Aufsatz über Christine Angot deutlich macht, ist die Gattung der Autofiktion –

---

1 Christine Angot: *L'Inceste*. Paris: Stock 1999. Im Folgenden zitiert als I.

2 Vgl. zur Thematik der Grenzüberschreitung als Merkmal autofiktionalen Schreibens bei Angot auch Annika Nickenig: „Mediale Transgressionen. Intertextualität und Aneignung in Christine Angots Autofiktionen". In: Christine Ott / Jutta Weiser (Hgg.): *Autofiktion und Medienrealität. Kulturelle Formungen des postmodernen Subjekts*. Heidelberg: Winter Verlag 2013, S. 129-150.

3 Christine Angot: *Interview*. Paris: Fayard 1995.

ähnlich wie in Todorovs Definition des Phantastischen[4] – immer schon als Grenzlinie angelegt.[5] Gerade weil sich die Autofiktion nicht substantiell, sondern nur differentiell beschreiben lässt und dabei aufgrund ihrer Zusammensetzung aus autobiographischen und fiktionalen Elementen eine Unschlüssigkeit hervorruft, generiert sie ein Moment der Verstörung und der Subversion. In diesem Sinne legen die vielen metatextuellen Passagen in *L'Inceste* widersprüchliche Fährten. Immer wieder findet sich die Beteuerung der Erzählerin, keinen literarischen Text zu konstruieren, sondern die bloßen Erinnerungen niederzuschreiben:

> J'essaie de vous parler, j'y vais, il n'y aura pas de jeux de mots, il n'y aura pas de haine, il n'y aura rien, il n'y aura pas de construction littéraire, peut-être que ça ne sera pas de la littérature, il n'y aura rien; rien, rien, rien, il n'y aura rien. Il n'y aura que des souvenirs, chaque souvenir va être un arrachement à écrire. Souvenir, livre de souvenirs. Je me souviens. (I 146)

Die Dimension der Erinnerung wird, so suggeriert die zitierte Passage, unmittelbar und unverändert in Schrift überführt, ohne den Einfluss von Sprachspielen oder Affekten, was die implizite Aufforderung an den Leser enthält, das Geschriebene für wahr zu halten.[6] Dieser Aussage steht die höhnische Abwehr einer naiven, realistischen Lesart entgegen, die in dem Postulat enthalten ist, dass das Schreiben mehr ist als bloße Abbildung, dass es letztlich alles sein kann: „Ecrire c'est peut-être ne faire que ça, montrer la grosse merde en soi. Bien sur que non. Vous êtes prêts à croire n'importe quoi. Ecrire n'est pas une seule chose. Ecrire c'est tout. Dans la

---

[4] Todorov definiert in seinem Standardwerk zur phantastischen Literatur die Unschlüssigkeit des Lesers zwischen einer übernatürlichen und einer natürlichen Erklärung für den Einbruch des Unerklärlichen in die vertraute Welt als generelles Merkmal des Phantastischen: „Le fantastique occupe le temps de cette incertitude; dès qu'on choisit l'une ou l'autre réponse, on quitte le fantastique pour entrer dans un genre voisin, l'étrange ou le merveilleux. Le fantastique, c'est l'hésitation éprouvée par un être qui ne connaît que les lois naturelles, face à un événement en apparence surnaturel." Todorov: *Introduction à la littérature fantastique*, S. 29.

[5] „[I]n the fantastic [the defining element] has to do with hesitation as a mode of reading; in the case of *autofiction* it has also to do [...] with a degree of undecidability. Both the fantastic and *autofiction* function as border or frontier genres which borrow elements from other related genres, and *autofictions* are not necessarily limited to borrowings from autobiography." Marion Sadoux: „Christine Angot's *autofictions*: literature and / or reality?" In: Gill Rye / Michael Worton (Hgg.): *Women's Writing in Contemporary France. New Writers, New Literatures in the 1990s*. Manchester / New York: Manchester University Press 2002, S. 171-181, hier: S. 176.

[6] Es handelt sich also, mit Philippe Lejeune, um einen „pacte référentiel", vgl. Philippe Lejeune: *Le pacte autobiographique*. Paris: Seuil 1975, S. 36.

limite. Toujours." (I 177)[7] Von einem Satz zum nächsten wird hier der Modus gewechselt: vom Bekenntnis zum Rückzug, von der Erklärung zur Beschimpfung, von der Lektürehilfe zur Verweigerung jeglicher Hilfestellung. Wenn es in Angots Werk so etwas wie eine ‚Wahrheit' der Schrift geben kann, dann liegt diese „dans la limite": in der Grenze. Und an dieser Grenze muss *L'Inceste* verortet werden. Bereits diese generische Unentschlossenheit des Textes stellt eine Form der Provokation dar und kann als Element der Transgression aufgefasst werden.[8]

Im Zentrum des Werks stehen zwei persönliche Krisen der Erzählerin, die beide eine autobiographische Lesart nahelegen: das Scheitern der kurzen aber komplizierten Liebesbeziehung zu der Ärztin Marie-Christine Adrey in der unmittelbaren Vergangenheit und die inzestuöse Beziehung zum eigenen Vater in jungen Jahren. Thematisch und strukturell werden beide Themen über den Fokus der Krankheit zusammengehalten: die traumatische Erfahrung in der Jugend führt, so scheint der Text zu suggerieren, zu einer sexuellen ‚Perversion' und einer generellen Beziehungsunfähigkeit der Protagonistin. In der wiederkehrenden Beschreibung der Homosexualität unter dem Signum der Krankheit wird zugleich eine moralisierende Dimension mitgeführt, in der sich ein nicht unproblematischer gesellschaftlicher Diskurs über Ansteckung wiederholt. Tatsächlich handelt es sich bei dieser semantischen Verknüpfung von Geschlechtlichkeit und Kontagiosität aber um das Zitieren eines präfigurierten Deutungsmusters von Krankheit, das im Verlauf des Textes mehrfach aufgerufen wird, um dann wieder verworfen und schließlich mit anderen Repräsentationsformen in Konkurrenz gebracht zu werden. Der Begriff der Ansteckung bezeichnet dabei nicht vorrangig den medizinischen Sachverhalt, sondern vielmehr, auf einer poetologischen Ebene, den dezidierten Einfluss anderer Texte.

Neben einmontierten Äußerungen Dritter sowie einer Vielzahl literarischer Bezugnahmen, insbesondere auf Texte des Schriftstellers Hervé Guibert, finden sich Krankheitsbilder, die gerade *nicht* auf einer persönlichen oder autobiographischen Ebene angesiedelt sind, sondern als dokumentarische oder objektive Elemente funktionieren. Von besonderem Interesse sind dabei die ausführlich zitierten Definitionen aus dem *Dictionnaire de la psychanalyse* (1997) von Michel Plon und Elisabeth

---

7 Ähnlich urteilt auch Silke Segler-Meßner in ihrer Lektüre des Angotschen Werkes: „Schreiben ist in [Angots] Perspektive weder gleichzusetzen mit einem Spiel (Fiktion) noch mit einem vermeintlich dokumentarischen Zeugnis (Realität)." Silke Segler-Meßner: „Obsessionen des Erotischen. Inszenierung von Sexualität in der *littérature scandale* (Michel Houellebecq, Christine Angot)". In: Isabella von Treskow / Christian Tschilschke (Hgg.): *1968 / 2008. Revision einer kulturellen Formation*. Tübingen: Gunter Narr 2008, S. 249-264, hier: S. 256.

8 So urteilt Stefan Schreckenberg in seinem Aufsatz „Transgression et écriture: *L'Inceste* de Christine Angot". In: *Cahiers d'études germaniques* 48 (2005), S. 203-216.

Roudinesco, die Angots Text auch rhythmisch und typographisch verändern. Die Darstellung von Krankheit, gerade in Verbindung mit vermeintlich ‚abnormer' Sexualität und Geschlechtsidentität, unterliegt also in dem untersuchten Werk einer gezielten Intertextualisierung. Mehr noch als der Inzest selbst bilden die Darstellungsweisen des Inzests den zentralen Fokus, und abermals sind auf diese Weise die Grenzen des Textes äußerst durchlässig für weitere mediale Repräsentationsformen.

Sowohl in seiner thematischen Aufstellung als auch in seiner Schreibweise lässt sich Angots Werk also als transgressiv bezeichnen, was im Folgenden in drei Schritten nachvollzogen wird. (1.) Die herrschenden moralischen Kategorien bezüglich dessen, was als darstellbar gilt und was nicht, werden übertreten und dabei überhaupt erst als Tabugrenze sichtbar gemacht. Dabei lotet die Autorin vor allem das Verhältnis zur Rezeptionsseite ihrer Texte hin aus und spielt beständig mit der vom Leser erwarteten Referentialität des Dargestellten. (2.) Dabei wird die Transgression zum poetologischen Programm. Das Prinzip der semantischen Verknüpfung, das assoziative Ineinanderfließen von Bedeutungsfeldern und die Aufhebung von Gattungsgrenzen bilden sowohl die formale Kennzeichnung eines pathologischen Zustands als auch eine Form des strategischen Umgangs damit. (3.) Schließlich werden die thematisch-moralische und die poetologische Herangehensweise durch die Inszenierung vielfältiger räumlicher (geographischer und physiologischer) Grenzüberschreitungen gespiegelt. In Angots Text findet sich daher die Wiederholung stereotyper Darstellungsformen von Krankheit im Modus der Aneignung wieder: die Einflechtung konkurrierender Repräsentationsformen von Weiblichkeit und Krankheit geht mit einer Verschiebung der darin mitgeführten ideologischen Implikationen einher, die in letzter Instanz eine Verkehrung der moralischen Wertungen erlaubt und damit eine Per-version eben derjenigen Norm, in deren Namen Angots Texte immer wieder angegriffen werden.

1. Moralische Transgressionen. Zwischen Referentialität und Poetizität

Der Inhalt von *L'Inceste* erscheint zunächst einmal auffallend trivial. Christine Angot erzählt darin von der gescheiterten Liebesbeziehung zu der um einige Jahre älteren Ärztin Marie-Christine Adrey und faltet vor dem Leser unzählige Momente von Annäherung und Zerwürfnis aus. Als Auslöser (‚déclic') der Krise gilt die Diskussion um das bevorstehende Weihnachtsfest, das Marie-Christine Adrey nicht, wie ursprünglich geplant, mit Christine Angot verbringen möchte, sondern im Kreise ihrer eigenen Familie. An den akuten Konflikt schließt sich ein Nervenzusammenbruch Christines an, eine psychische Krise, die von einer ganzen

Bandbreite an hysterischen körperlichen Symptomen begleitet wird.[9] Gespräche, Briefe, Notizen und zermürbende Telefondialoge werden in einem solchen Detailreichtum wiedergegeben, dass sie weniger Aufschluss geben über die Themen und Gründe der Trennung als vielmehr über deren Modus. Die gesamte Palette an intimen, peinlichen, eifersüchtigen und verzweifelten Handlungen wird scheinbar ohne Eingriff einer ordnenden narrativen Instanz vorgeführt, so dass der Eindruck zeitlicher und perspektivischer Unmittelbarkeit entsteht und ein ungefilterter Einblick in die Abgründe der Figurenbeziehungen simuliert wird. Gesprächs- und Gedankenfetzen werden dabei unmarkiert zusammengeführt, was eine kontextuelle Zuordnung der Sätze oftmals verunmöglicht. Bisweilen erlauben nicht einmal die Figurennamen eine klare Verortung in der erzählten Geschichte, die Identitätsgrenzen werden diffus.[10]

Im zweiten und vor allem im dritten Teil des Romans steht die Inzestthematik stärker im Vordergrund. Auch hier gibt es keine auch nur annähernd vollständig und chronologisch erzählte Geschichte, sondern aufblitzende Erinnerungen an die Beziehung zum Vater. Dabei werden die erste Begegnung in der Jugend erzählt, die über mehrere Jahre andauernde sexuelle Beziehung und den bis ins Erwachsenenalter reichenden Kontakt. Auch wenn die Ereignisse erst im letzten Drittel des Textes und auch dort nur schlaglichtartig beschrieben werden, sorgen die Drastik der Darstellung, die vielen Anspielungen und nicht zuletzt der Titel dafür, dass eine Ahnung von dem gewaltsamen Ereignis bei der Lektüre des Textes von Beginn an allgegenwärtig ist.

Auf den ersten Blick wird damit offenbar, dass Angots Werk Tabus bricht. Der Inzest bedeutet, so hat Claude Lévi-Strauss herausgestellt, in allen Kulturen ein Tabu, d.h. ein Verbot, das „unter gesellschaftlicher Verurteilung steht und wie ein Drama erlebt wird",[11] das aber, so Sigmund

---

9 „Je sors du lit, je m'agenouille, je cherche ma respiration, elle est bloquée, je halète (la comédie, ça n'empêche pas, on souffre), je l'insulte, [...]." (I 95); „La respiration: Haletante. Je ne la retrouve pas. Bruyante. Un halètement désespéré. L'angoisse est profonde. Ça vient de loin, on le sent. L'insomnie: Je prends des médicaments, je ne dors pas. Même s'il fait chaud, sous la couette j'ai froid, je tremble, j'ai les doigts bleus, mes genoux cognent l'un contre l'autre. Mes lèvres sont sèches, violettes." (I 97f)

10 Als Konsequenz ist es beim Schreiben *über* den Roman *L'Inceste* so gut wie unmöglich, zwischen der Autorin Christine Angot und der Figur Christine Angot zu differenzieren. Diese Verwischung von Grenzen zwischen Autoren- und Figuren-Ich ist natürlich beabsichtigt. Aus diesem Grund wird in der vorliegenden Analyse darauf verzichtet, eine diesbezügliche Unterscheidung zu markieren, beispielsweise durch Anführungszeichen, wenn von der Figur die Rede ist. Aus dem Kontext sollte jeweils hervorgehen, ob es sich um die textproduzierende oder die im Text hervorgebrachte Christine Angot handelt – die jeweils mitschwingende Ambivalenz soll aber nicht getilgt werden.

11 „Inzest". In: Elisabeth Roudinesco / Michel Plon: *Wörterbuch der Psychoanalyse. Namen – Länder – Werke – Begriffe*. Wien / New York: Springer 2004, S. 467. Es

Freud, zugleich auf einen inhärenten Inzestwunsch zurückführbar ist.[12] Aus eben diesem Grund steht der Inzest in einem ambivalenten Spannungsverhältnis. Auf der einen Seite ist darin ein klassisches Handlungselement der Tragödie zu sehen, ein Faszinosum, das in der Literatur und in den Künsten immer wieder zur Anschauung kommt,[13] auf der anderen Seite bildet der Inzest das ‚Unaussprechliche', wodurch seine Thematisierung eine besondere Brisanz erhält.[14] Die ambivalente Dynamik aus klassischem Tragödienstoff und Unsagbarkeit, die dem Inzest zu eigen ist, wird in Angots Text immer wieder ausgespielt.[15]

Die titelgebende Inzestthematik ist in dem Roman jedoch, zumindest vordergründig, zunächst einmal gar nicht präsent. Eröffnet wird der Text stattdessen mit einer ganz anderen Konfession:[16] „J'ai été homosexuelle

---

ist genau diese Definition, die auch Christine Angot in ihrem Rückgriff auf das Wörterbuch zitieren wird, vgl. Unterkap 2.

12 „Wir sind genötigt zu glauben, daß solche Ablehnung [gegen die Aufdeckung der Bedeutung des Inzest für die Neurose] vor allem ein Produkt der tiefen Abneigung des Menschen gegen seine einstigen, seither der Verdrängung verfallenen Inzestwünsche ist." Sigmund Freud: *Totem und Tabu. Einige Übereinstimmungen im Seelenleben der Wilden und der Neurotiker* [1913]. Gesammelte Werke Bd. IX. Frankfurt a.M.: Fischer 1999, S. 25.

13 Bereits Freud bemerkt in *Totem und Tabu*, „wie sehr das Inzestthema im Mittelpunkte des dichterischen Interesses steht und in unzähligen Variationen und Entstellungen der Poesie den Stoff liefert." Ebd., S. 25. Vgl. zu verschiedenen Manifestationen des Inzests in Kunst und (Populär)Kultur Claudia Benthien / Ortrud Gutjahr (Hgg.): *Tabu. Interkulturalität und Gender*. München: Fink 2008. Benthien und Gutjahr verweisen dabei auf den unauflöslichen Zusammenhang von Tabu und Tabubruch, wie er auch bei Angot inszeniert wird: „In den Künsten, und hier besonders in der Literatur, im Film und auf dem Theater, werden kulturelle Differenzen und Grenzziehungen bevorzugt über Taburegeln und deren unerwartete Durchbrechung inszeniert. Denn gerade durch schockierende Tabuverletzungen lässt sich die Unterschiedlichkeit von Werthorizonten und Kulturvorstellungen auf dramatische Weise illustrieren". Claudia Benthien / Ortrud Gutjahr: „Interkulturalität und Gender-Spezifik von Tabus. Zur Einleitung". In: dsb.: *Tabu*, S. 7-16, hier: S. 11.

14 Vgl. Dagmar von Hoff: *Familiengeheimnisse. Inzest in Literatur und Film der Gegenwart*. Köln / Weimar / Wien: Böhlau 2003, S. 26ff.

15 Noch deutlicher findet sich dieser Aspekt in Angots nachfolgenden Roman *Quitter la ville* (2000), in dem die Autorin die Beziehung zu ihrem Vater auf der Hintergrundfolie des Antigone-Stoffs entfaltet. Vgl. Christine Angot: *Quitter la ville*. Paris: Stock 2000.

16 An dieser Stelle kommen auch Michel Foucaults Überlegungen zu den institutionalisierten Geständnispraktiken zum Tragen, wie er sie in dem ersten Band von *Sexualität und Wahrheit* formuliert hat. Foucault spricht darin von einer ‚Diskursivierung der Sexualität', die sich im Zuge der Praxis der Konfession im 19. Jahrhundert herausbildet und dabei aber keine Befreiung, sondern eine umso stärkere Kontrollierbarkeit der Sexualität des Einzelnen zur Folge hat. Indem Sexualität zum Diskursgegenstand erhoben wird, entsteht eine klare Trennlinie zwischen Norm und Abweichung, die unmittelbar auf die Lust zurückwirkt und sich gleichsam in den Körper einschreibt. Vgl. Michel Foucault: *La volonté de*

pendant trois mois. Plus exactement, trois mois, j'ai cru que j'y étais condamnée. J'étais réellement atteinte, je ne me faisais pas d'illusions. Le test s'avérait positif. J'étais devenue attachée." (I 11) In dieser ungewöhnlichen Selbstbeschreibung wird die Erfahrung der Homosexualität auf mehrfache Weise an den Bereich des Pathologischen gekoppelt: die gleichgeschlechtliche sexuelle Orientierung ist in dieser Darstellung keine inhärente Eigenschaft, keine genetische oder kulturell konstruierte Veranlagung, sondern ein Zustand, der unvermittelt auftritt und in absehbarer Zeit – in diesem Fall nach drei Monaten – wieder beendet ist. Des Weiteren wird in der Formulierung „j'ai cru que j'y étais condamnée" die Übermacht eines unheilvollen aber unabänderlichen Schicksals evoziert und eine starke Abwehr markiert. Schließlich implizieren das Adjektiv „atteint" sowie der ‚positive Test' einen Vorgang der Ansteckung, drastischer ausgedrückt eine Schädigung oder einen ‚Befall', der das Subjekt gleichsam ankettet und abhängig macht („attaché"). Nimmt man alle drei Aspekte, die zeitliche Beschränkung, die ‚Verdammung' und die Kontamination zusammen, dann wird Homosexualität im Incipit als eine von außen auf das Individuum eindringende, nicht zu beeinflussende, pathogene Größe entworfen, die zu gleichen Teilen im Bereich des Physiologischen wie des Psychologischen verortet ist.

Eine derart pathologisierende Darstellung der Homosexualität von Seiten derjenigen, die eine gleichgeschlechtliche Liebesbeziehung durchlebt hat, mag irritieren, und natürlich wird die Gleichung von Homosexualität und Krankheit nur aufgerufen, um anschließend wieder in Frage gestellt zu werden. Denn die Postulate der Einstiegspassage gründen nicht in einer etwaigen homophoben Ideologie, sondern erklären sich über den intertextuellen Verweis auf Hervé Guiberts *À l'ami qui ne m'a pas sauvé la vie* (1990). Der ein Jahr vor dem Aids-Tod des Schriftstellers erschienene Roman, der das Sterben der als Michel Foucault identifizierbaren Figur Muzil[17] begleitet und zugleich von der eigenen Krankheit erzählt, beginnt in einem ganz ähnlichen Duktus:

> J'ai eu le sida pendant trois mois. Plus exactement, j'ai cru pendant trois mois que j'étais condamné par cette maladie mortelle qu'on

---

gleichsam in den Körper einschreibt. Vgl. Michel Foucault: *La volonté de savoir*. Paris: Gallimard 1976, vgl. insbes. das Kapitel „Scientia sexualis", S. 69-98.

17 Dass hier abermals Identitätsgrenzen verschwimmen, dass also Michel Foucault auf der einen Seite als poststrukturalistischer Theoretiker und Wissenschaftshistoriker für Angots Werk fruchtbar gemacht werden kann, und dass er auf der anderen Seite in einem ihrer wichtigsten intertextuellen Bezugsromane als literarische Figur in einem privaten, autobiographischen Kontext dargestellt wird, fügt sich konsequent in die Logik des Angotschen Werkes ein. Beispiele für eine solche Mehrschichtigkeit der Figur findet sich an verschiedenen Stellen: „Muzil me raconta à quel point le corps, lancé dans les circuits médicaux, perd toute identité, exsangue de son histoire et de sa dignité." (I 55) Vgl. auch I 61.

> appelle le sida. Or je ne me faisais pas d'idées, j'étais réellement atteint, le test qui s'était avéré positif en témoignait, ainsi que des analyses qui avaient démontré que mon sang amorçait un processus de faillite.[18]

Sowohl der deutliche Konfessionsmodus in Guiberts Text, bei dem Sexuelles und Pathologisches offen gelegt werden, als auch einzelne Formulierungen und Satzstrukturen wiederholen sich bei Angot auf signifikante Weise und werden beinahe unverändert und gänzlich unmarkiert in den eigenen Text übernommen. Eine Reihe von Forschungstexten hat sich bereits mit Angots intertextueller Bezugnahme auf Hervé Guibert auseinandergesetzt, ohne dabei dessen Darstellungsweise der Krankheit konsequent mit Angots Verfahren zusammenzudenken.[19] Für den vorliegenden Zusammenhang ist dabei der Umstand entscheidend, dass wir es hier nicht mit einer ‚originären', ‚authentischen' Stimme (der Autorin) zu tun haben, sondern dass bereits der Romanbeginn auf der Folie eines fremden Textes konstruiert ist. Die ausgestellte intertextuelle Verfasstheit ändert den Status des Ausgesagten: sobald die drastischen Postulierungen als Zitat entziffert sind, verlieren sie ihren normalisierenden Charakter und werden in ihrem Aussagegehalt transformiert; der Fokus verschiebt sich von der inhaltlichen auf die Darstellungsebene.

Der Zitatcharakter der Rede hat aber vor allem Konsequenzen für den im Text hervorgehobenen Bekenntnismodus. Es ist nicht das eigentliche, innerste Ich, das hier offengelegt wird,[20] sondern es sind verschiedene Schreibweisen und Darstellungsmodi der Selbstenthüllung, die im Verlauf des Textes aufgerufen und durchexerziert werden. Die Enthüllung wird zu einem wiederkehrenden Thema, so dass neben der dargestellten Beziehungskrise auch die Problematik ihrer Verschriftung und Veröffentli-

---

18 Hervé Guibert: *À l'ami qui ne m'a pas sauvé la vie*. Paris: Folio 1990, S. 9.

19 Ausnahmen bilden Laurent Demoulin, in deren Aufsatz „Angot salue Guibert" Guiberts intertextuelle Bezugnahme auf Thomas Bernhard herausgestrichen wird, wodurch sich eine „cascade intertextuel" ergibt und Angots Bezugssystem als doppeltes erkennbar wird (Laurent Demoulin: „Angot salue Guibert". In: *Critique* 58 (2002), S. 638-644), sowie Jutta Weiser, die der Bezugnahme auf Guibert eine konkrete Strategie zuweist und darin ein Verfahren der „Selbst(er)findung durch Textentstellung" erkennt: Jutta Weiser: „Psychoanalyse und Autofiktion". In: Rainer Zaiser (Hg.): *Literaturtheorie und* sciences humaines. *Frankreichs Beitrag zur Methodik der Literaturwissenschaft*. Berlin: Frank & Timme 2008, S. 43-67, hier: S. 62. Vgl. ferner Catherine Mavrikakis: „A bout de souffle: Vitesse, rages et pornographie. Parcours rapide des textes d'Hervé Guibert et Christine Angot". In: *Sites. The Journal of the 20th Century* 6.2 (2002), S. 370-378.

20 Alex Hughes vertritt die These eines einheitlichen, substantiellen Subjektentwurfs, der trotz des postmodernen Spiels mit Identitäten konstruiert wird, ein inzestuöses Subjekt, auf das letztendlich immer rekurriert wird. Vgl. Alex Hughes: „‚Moi qui ai connu l'inceste, je m'appelle Christine' [I have had an incestuous relationship and my name is Christine]: writing subjectivity in Christine Angot's incest narratives". In: *Journal of Romance Studies* 2.1 (2002), S. 65-77, hier: S. 72.

chung, die mediale Resonanz und die Reaktionen der Mitmenschen auf diesen Vorgang der Selbstentäußerung in den Text eingehen. Beispielhaft dafür steht ein seitenlanger, in Parenthese gesetzter Passus aus einem Gerichtsurteil, das ausgehend von der Manuskriptfassung von *L'Inceste* die Veröffentlichung des Romans in der gegebenen Form verbietet:

> (Je n'ai pas le droit de mettre les vrais noms, l'avocate me l'a interdit, ni les vraies initiales. „Ce manuscrit présente de manière récurrente, un problème lié à la divulgation de la vie privée des proches de l'auteur, notamment celle de sa fille Léonore, mineure, de son ex-conjoint, Claude, de son père [qui a entretenu avec elle – voir les longues descriptions en fin d'ouvrage – des rapports incestueux][21]. D'autres personnes voient également l'intimité de leur vie privée étalée au grand jour, avec force de détails, notamment Marie-Christine Adrey, l'amante de l'auteur et „personnage" principal de l'ouvrage, la comédienne Nadine Casta, etc. [...] En conclusion: ces passages sont relevés à titre indicatif, mais tout le manuscrit pose un problème global d'atteinte à la vie privée des personnes qui y sont mentionnées, décrites, etc. [...] L'absence de mesure dans le propos, de pondération, constituant même un élément déterminant de l'ouvrage dans la mesure où elle permet au lecteur d'approcher – tant que faire se peut – la folie passionnelle de l'auteur." Donc voilà.) (I 37ff)

Das (fingierte oder zitierte) Gerichtsurteil wendet sich gegen die explizite Namensnennung der beteiligten Personen und fordert die Streichung bestimmter Textstellen, die listenartig aufgeführt und mit dem jeweiligen Verstoß, den sie beinhalten, verknüpft werden: „[...] page 30, *la cousine Nadine, NC, haine c'est...*, injure, page 61, dénigrement, page 61, atteinte à la vie privée, page 67, atteinte à la vie privée et dénigrement..." (ebd.). Auf diese Weise wird zum einen zwischen dem Signifikanten (also dem Namen, ‚la cousine Nadine') und der Person in der außersprachlichen Realität eine unmittelbare Referentialität angenommen, die dem literarischen Text eine primäre Widerspiegelungsfunktion zuschreibt. Zum anderen ist gerade das ‚Eigenleben', die Performativität der geschriebenen Worte ein Bestandteil der dem Roman zugrunde liegenden Problematik, wird doch gerade die Macht der Worte auf die Außenwelt zum Stein des Anstoßes. Indem die Doppelfunktion des sprachlichen Zeichens zwischen Referentialität und Poetizität verhandelt wird, wird selbiges zum integralen Bestandteil der Enthüllungsproblematik.

Für den vorliegenden Zusammenhang ist dabei der Umstand von Bedeutung, dass nicht nur innerhalb des Gerichtsurteils die verbotenen (d.h. zu streichenden) Passagen noch einmal wiederholt und damit erneut ins Leben gerufen werden, sondern dass Christine Angot sie auf diese Weise in den Text reintegriert, aus dem sie verbannt werden sollten. Gerade in-

---

[21] Eckige Klammern im Original.

dem Angot das Verbot explizit macht und zitiert, gelingt ihr eine Rückeroberung der von außen beschnittenen Sprecherposition. Das von institutioneller Seite Verworfene gelangt auf diese Weise, über das Zitat, wieder in den Text hinein. Obwohl der Abdruck des Urteils dem Roman ein selbstzersetzendes Element einzuschreiben scheint, insofern darin eine entscheidende Einschränkung der eigenen Ausdrucksweise impliziert ist, kommt der Zitierung des fremden Diskurses also ein strategisches Moment zu. Die buchstäbliche Anwesenheit des Verbots innerhalb des Textes sorgt dafür, dass in Angots Werk überhaupt eine Übertretung stattfinden kann und die dargebotenen Inhalte die Bedeutung einer sittlichen Transgression erhalten. Nur weil wir erfahren, dass Marie-Christine sich dagegen wehrt, namentlich oder in Form einer Abkürzung im Roman genannt zu werden, wird das Erzählen ihrer Geschichte überhaupt erst brisant.[22] Die Transgression bedarf des Tabus, das sie verletzt, um zu existieren.

Durch das beschriebene Verfahren stellt der Text unablässig den eigenen Zeichencharakter aus. Gerade an den Stellen, wo eine Form von Selbstzensur stattfindet, ist das Textbild auf augenfällige Weise gestört: „La première fois que je l'ai vue je l'ai trouvée moche, une petite brune maigre.   : Phrase que je me suis censurée moi-même, qui lui aurait fait trop de peine. Ces mains   avec des jointures un peu grosses sur les doigts maigres."[23] (I 22) Die typographische Lücke scheint durch die darin zum Ausdruck gebrachte Auslassung die Persönlichkeitsrechte der Beteiligten zu respektieren, markiert dabei aber umso stärker die Tatsache, dass hier ein besonders schonungsloses Urteil über die ehemalige Geliebte gefällt worden ist. Gleichzeitig ist die Textpassage so angelegt, dass der implizite Leser mit seiner Imagination die Lücke zu füllen hat und auf diese Weise an der Produktion einer unbarmherzigen Perspektive auf die Figur Marie-Christine Adrey beteiligt ist.

---

[22] „Elle ne veut pas que je l'appelle X. Ni son vrai nom, ni ses initiales. […] Ni X, ni MCA, ni Marie-Christine Adrey, Ni Aime CA. Mon amour? Ma chérie?" (I 31f) – Die Konfrontation zwischen der Beschreibung im Text und der beschriebenen Person wird dabei explizit problematisiert: „Beaucoup de choses, petit à petit, et autre erreur de ma part: je n'aurais pas dû lui faire lire mes brouillons. Je parlais de sa chatte, de ses cheveux qui deviendraient poivre et sel, du début où je l'avais trouvée moche." (I 34) Hier wird also im Text selbst, auf der Ebene der Diegese, abgebildet, was sich eigentlich außerhalb des Textes, auf der Ebene der Rezeption abspielen wird. Dieses Verfahren ist ein weiteres Beispiel für die stets präsente Textualisierung von Wirklichkeit, die sich selbst zum Thema macht.

[23] Ein weiteres Beispiel für eine solche Selbstzensur findet sich an anderer Stelle des Romans: „Quand tu es revenue du tennis l'autre jour (ton tournoi), tu avais la peau   et   . Pourtant, je me suis laissée séduire par toi [...]." (I 79); „Parallèlement, je prenais des notes, sur mon carnet: Elle est: pas belle,   ,   , poitrine creuse, je n'aime pas parler avec elle, ses amies, etc., les animaux, elle est le chien-chien de sa cousine, etc." (I 80)

Die Strategie, den Leser gegen seinen Willen an der Bedeutungskonstitution partizipieren zu lassen, ist dabei kein unbemerkter Vorgang, der sich allein aus der Form des Textes ergibt, sondern wird, ähnlich wie die Verletzung von Persönlichkeitsrechten, explizit thematisiert. So findet sich in die Darstellung intimer sexueller Praktiken ein Leserbrief integriert, in dem Angots Schreibweise angegriffen und – genau umgekehrt – als dezidierter Ausschluss des Lesers charakterisiert wird:

> On se trouve dans la position du spectateur indésirable, rejeté, superflu, Bénédicte m'écrit, on se sent de trop, on ne participe pas, on est là comme malgré soi et malgré vous, je vous en ai voulu, à cause de ce malaise que j'éprouvais. Vous érigez un mur, une paroi de verre transparente mais infranchissable, tout en vous exposant. Vous montrez brutalement, vous n'invitez pas à voir, vous n'esquissez aucun geste d'accueil. Le cercle de la solitude se referme. On est pétrifié, on ne peut pas davantage fuir qu'entrer en contact. A force de vous lire, j'avais mal au ventre, dans les membres, partout, et je me disais „est-ce vraiment ça vivre? [...]" (I 51)

Die Figur Bénédicte repräsentiert eine Sprecherposition, in der die Perspektive des Lesers auf Angots Roman zum Ausdruck kommt und mit der ein möglicher Einwand von Rezipientenseite präfiguriert ist. Der radikale Exhibitionismus der Erzählerstimme („montrer brutalement") kontrastiert, so Bénédicte, mit einer rigiden Distanzhaltung gegenüber dem Leser, der auf diese Weise zur Zeugenschaft gezwungen wird. Die Lektüre wird dabei zu einem einsamen („solitude"), unbehaglichen („malaise") und schmerzhaften („mal") Vorgang. Die in epistolärer Form geäußerte Kritik, die auf diese Weise in den Text integriert wird, analysiert die vorliegende Kommunikationssituation und spiegelt das Unbehagen des Lesers wider. Gleichzeitig bedeutet der Abdruck der Rezipientenperspektive aber auch einen erneuten Verstoß gegen die ‚Spielregeln', suggeriert er doch eine Überschreitung von Zulässigkeiten, möglicherweise einen Vertrauensbruch (Briefgeheimnis), und durchbricht die traditionellen Grenzen der literarischen Kommunikation. Die zitierte Textpassage führt also gewissermaßen performativ vor, was sie auch aussagt: der Roman konfrontiert den Leser mit einer schonungslosen Offenheit – auch hinsichtlich der eigenen Erzählverfahren –, bietet damit aber gerade keine Orientierungshilfe, keinen wirklichen Einblick, sondern stiftet zusätzliche Verwirrung. So muss man sich etwa die Frage stellen, ob Bénédictes Leserbrief tatsächlich zitiert oder einfach erfunden wird, und vor allem, weshalb man das eigentlich wissen will und welchen Unterschied es macht.

Die damit vom Text erneut aufgeworfene Frage ist diejenige nach der Referentialität, d.h. nach dem Verhältnis zwischen der Darstellungsweise und dem dargestellten Gegenstand. Ihre Brisanz erhält diese Frage in Zusammenhang mit der Thematik des Inzests.[24] Insofern die Erfahrung des Inzests sowohl den Gegenstand wie auch den Auslöser des Romans bildet, ist sie mit dem Prozess des Schreibens auf elementare Weise verbunden. Aus diesem Umstand erwächst ein Vorwurf an die Erzählerin, welcher seinerseits in den Text eingebaut wird: „Les gens pensaient ‚elle prépare le prochain livre, c'est dégueulasse'. Guibert qui s'est injecté le sang exprès. Moi-même à quatorze ans. Je voulais devenir écrivain, je voulais démarrer fort, j'ai pensé à l'inceste, j'ai séduit mon père." (I 24) Diese Textstelle enthält verschiedene Diskurse und Implikationen. Zunächst einmal wird hier die verächtliche Haltung der Leute („les gens") wiedergegeben, die eine konsequente Übersetzung von Lebenserfahrung in Text ablehnen und als ‚ekelhaft' verurteilen. Stein des Anstoßes ist dabei vor allem die unterstellte Intentionalität und Funktionalität des Unternehmens. Die Vorbehalte, die gegen die Literarisierung einer solchen Erfahrung existieren, kulminieren in dem Vorwurf, Angot habe den Inzest womöglich bewusst provoziert, um ihn überhaupt erzählen, um Schriftstellerin werden zu können. Diese Möglichkeit wird in der ersten Person Singular vorgebracht, so dass sie sich syntaktisch tatsächlich als Bekenntnis der Autorin lesen lässt, oder aber als ironisch-bissiges Zitat einer externen Rezipienten-Haltung.

Auch fällt hier wieder der intertextuelle Bezug auf Guiberts *A l'ami qui ne m'a pas sauvé la vie* ins Auge. Die darin aufgerufene Möglichkeit, Guibert könnte sich mit einer Injektion absichtlich mit Aids infiziert haben (etwa, um darüber schreiben zu können), überführt die Frage nach der Referentialität des literarischen Textes in eine existentielle Dimension und knüpft die Frage nach Intentionalität und Autorschaft an die Semantik der Krankheit. Abermals dient die strategische Verwendung eines Zitats, d.h. die Wiederholung einer ‚fremden' Darstellungsweise bei gleichzeitiger Transformation ihres ursprünglichen Sinns, der Aneignung und Umkodierung der darin mitgeführten Diskurse. Angots Roman bedeutet daher nicht nur aufgrund seines Inhalts eine moralische Transgression, vielmehr wird diese Überschreitung beständig auf formalästhetischer Ebene herausgestrichen und zum Gegenstand gemacht. Führt man sich diesen Umstand vor Augen, so verschiebt sich der Fokus des Romans von der Thematik des Inzests und der psychischen Krankheit hin zu einer Inblicknahme des Schreibvorgangs und der Repräsentationsformen.

[24] Macht es einen Unterschied, ob der dargestellte Inzest ‚tatsächlich' geschehen ist oder nicht. Und welchen Unterschied macht es? Warum wollen wir es wissen? und warum *sollen* wir es gerade nicht wissen – warum und auf welche Weise wird dieses Wissen-Wollen von der Autorin angeprangert und hervorgerufen? Also: was können wir nicht wissen und entscheiden? (was ‚wirklich' passiert ist) Und was können wir aber doch erkennen? (wie der literarische Text funktioniert, wie bestimmte Bilder erzeugt und bestimmte Erwartungen erfüllt werden)

2. Transgression als poetologisches Programm

Es ist deutlich geworden, dass in Angots Roman ein offener Tabubruch im Modus des autofiktionalen Schreibens inszeniert wird, dass aber zugleich die vermeintliche Selbstenthüllung immer wieder als Zitat ausgewiesen und die Referentialität des Textes im Unklaren belassen wird. Vor dem Hintergrund dieser Überlegungen stellt sich nun die Frage, auf welche Weise das Prinzip der Transgression, das in *L'Inceste* als moralische Kategorie modelliert wird, auch als ein poetologisches Programm der Autorin verstanden werden muss, und wie dabei der Aspekt der pathologischen Devianz strategisch mit einbezogen wird. Dass es Verbindungen gibt zwischen der Thematik des Inzests und der spezifischen Ästhetik des Textes, das wird bereits auf der Ebene von Stilistik und Wortsemantik sichtbar. Die Fragmentarisierung der Sprache, die Lücken und Unterbrechungen, die Wiederholungen und Sprünge scheinen die traumatische Beschaffenheit des Ereignisses zu spiegeln.[25] In Angots Text wird die Sprache zersetzt, die normierende Kraft der Grammatik ausgehebelt. Sichtbar wird dies beispielsweise in der Gestaltung der Syntax. Der Roman ist stark parataktisch geschrieben, passagenweise sogar elliptisch, und oftmals werden die Sätze nicht zuende geführt.[26] Kausale, konsekutive oder konzessive Verknüpfungen fehlen beinahe völlig. Auch die Interpunktion wird von diesem Prozeß der Zersetzung ‚angegriffen' und löst sich stellenweise gänzlich auf, so dass die Wörter ungeschieden nebeneinander stehen, gleichsam ineinander fließen:

> Léonore je l'appelle Marie-Christine et Marie-Christine je l'appelle Léonore je ne savais pas quand on l'a mise sur ma poitrine que c'était ça avoir une petite fille la Sainte Vierge séparée de l'Enfant je

---

[25] „Effectivement, son style se caractérise souvent par des répétitions à outrance, par des formes interrogatives qui supplantent l'affirmative, par des constructions grammaticales courtes, par des phrases directes et rapides et par la teneur du discours indirect libre. A chacune de ces catégorie ‚linguistiques' pourrait correspondre un élément de l'inceste vécu, du viol incestueux: sa répétition outrageuse et outrancière, ses conséquences sur le sujet qui n'a de cesse d'interroger le bien-fondé du monde qu'il habite, le réalisme dur et direct qui ressort de sa nature violente, la solitude du sujet agressé qui refuse de se confier aux autres, préférant se faire son propre discours et multiplier les voix intérieures." Isabelle Cata / Eliane DalMolin: „Écrire et lire l'inceste: Christine Angot". In: *Women in French Studies* 12 (2004), S. 85-101, hier: S. 86.

[26] Da diese Charakteristik den gesamten Text betrifft, gibt es unzählige Beispiele. Paradigmatisch sind in jedem Fall die ersten Seiten des Romans: „L'impression de trahir la seule que j'aime vraiment. A qui j'ai dédié tous mes livres. Impossible d'écrire. Quand on n'est pas soi-même. Ma sexualité s'en ressentait. Vers le début j'étais insatisfait. Puis. Je ne l'étais plus. Je l'étais de moins en mois. Sauf une chose (j'en parlerai après), que je n'ai jamais faite avec plaisir. Concrète, qui implique tout le reste". (I 12)

pleurais ne riez pas pas de Marie mon mari, veillait sur nous, Joseph, j'étais la mère du Christ et le Christ [etc.] (I 69)

Das Fehlen von Punkten und Kommata führt an dieser Stelle dazu, dass die verschiedenen Semantiken der sonst durch syntaktische Anordnung und Interpunktion voneinander getrennten Wörter Verbindungen eingehen können. Namentlich treffen hier der Komplex von Liebe und Sexualität und der Bildbereich von Geburt und Mutterschaft aufeinander, der dann noch mit religiösen Konnotationen angereichert wird.[27] Auf diese Weise, durch die Arbeit mit dem reinen Sprachmaterial, ergeben sich die Bedeutungen aus der phonetischen Beschaffenheit und aus der syntagmatischen Stellung der Wörter; gleichzeitig bleiben die Bedeutungen beweglich, instabil und können jederzeit umgedeutet werden: „Mon trésor, mon amour, mon or. Léonore. Ma Léonore, mon trésor. Mon trésor, mon or. Pas de Marie, pas de mariage, pas d'or" (I 49).

Abermals wird hier vor allem mit der Zeichenhaftigkeit der Sprache gearbeitet. Die Identitäten der Figuren geraten auf diese Weise ins Wanken, etwa wenn die Grenzen zwischen ihnen verwischen und die Namen allmählich ineinander übergehen – „En accouchant je suis devenue homosexuelle en accouchant Léonore Marie-Christine Léonore Léonore Léonore Léonore-Christine" (I 69)[28] – oder wenn anstelle der Namen nur die Initialen verwendet werden. Die Kürzel ‚NC' für Nadine Casta oder ‚MCA' für Marie-Christine Adrey verweisen zwar nominell auf die ‚realen' Personen dieses Namens, das Zeichen rekurriert also auf eine außersprachliche Wirklichkeit; die für den Text entscheidende Bedeutung wird aber auf andere Weise hergestellt, über das Gleiten der Signifikanten.[29]

---

[27] Diese semantische Verknüpfung wurde an anderer Stelle bereits vorbereitet und wird hier nur noch einmal aufgegriffen und variiert: „Dans Christine allusion au Christ. [...] Ma mère voulait m'appeler Marie-Christine. Mon père a dit: pas de Marie. Je me suis mariée mais séparée ensuite. Un mari, veaux, vaches, cochons, ou une Marie. Pas de mari, pas de père, pas d'homme, pas de bouée". (I 48f)

[28] Jutta Weiser beschreibt an einer Passage beispielhaft, was es konkret bedeuten kann, wenn mütterliche Liebe und geschlechtliche Liebe überblendet werden: „Darüber hinaus werden die erotischen Szenen zwischen den beiden Frauen im inneren Monolog mit Gedanken an die Tochter unterbrochen, die völlig unvermittelt im Textfluss auftauchen, so dass den Leser in der Überblendung von lesbischer Liebe und Inzest, von Marie-Christine und Léonore, unwillkürlich das Unbehagen eines sich mit dem Aggressor identifizierenden Wiederholungszwangs beschleicht [...]. Schockeffekte beim Lesen werden durch die referentielle Uneindeutigkeit des Personalpronomens ‚elle' ausgelöst, das im Kontext der vorangehenden Sätze zunächst unmittelbar auf die Tochter Léonore bezogen wird, die nun assoziativ in die oralgeschlechtliche Szene einbezogen wird." Weiser: „Psychoanalyse und Autofiktion", S. 58.

[29] „Car le signifiant de sa nature anticipe toujours sur le sens en déployant en quelque sorte au-devant de lui sa dimension. [...] D'où l'on peut dire que c'est dans la chaîne du signifiant que le sens *insiste*, mais qu'aucun des éléments de la chaîne ne consiste dans la signification dont il est capable au moment même. La notion d'un

‚NC' evoziert „haine c'est" (I 36), ‚MCA' „aime CA" (I 21), wobei CA zu Christine Angot wird und derselbe Signifikant also ein völlig anderes Signifikat bezeichnet.

Dieser Vorgang der Bedeutungsverschiebung wird in Form komplizierter Sprachspiele und Wortverdrehungen immer wieder durchgeführt. Dabei wird der vordergründige Themenbereich der Sexualität an einigen Stellen mit einem politischen Kontext verknüpft, wodurch ein Kontrast zwischen ludistischer Sprachverwendung und ernster Bedeutung entsteht: „Pulsion a donné répulsion. Répulsion veut dire aussi dégoût. Dégoût veut dire ghetto. Ghetto, prison. [...] homosexualité, hétérosexualité, il y a deux camps. Ce terme de camps n'est pas approprié, gants. Retourner comme un gant, c'est poisseux, il faut des gants." (I 45f) Die Bedeutung scheint hier tatsächlich nur lose an den Signifikanten geheftet zu sein. Von der leidenschaftlichen Liebesaffaire über die damit verbundenen Skrupel und die Abwehrhaltung wird in dieser Textpassage langsam übergeblendet zu einer ganz anderen Form der Ablehnung von Homosexualität, wie sie in der Ideologie des Nationalsozialismus verankert gewesen ist. Ausgehend von einer rein biologistisch-terminologischen Lagerbildung zwischen Homosexualität und Heterosexualität wird die Ausgrenzung und Verfolgung evoziert, der Homosexuelle zur NS-Zeit ausgesetzt waren, bis hin zur Gefangenschaft der Betroffenen in tatsächlichen Lagern. Diese existentielle und angstbesetzte Dimension wird immer wieder schattenhaft mitgeführt. Der anachronistische Rekurs auf einen vergangenen historischen Kontext dient dem Verweis auf die immer noch aktuelle Gefahr der Stigmatisierung, was insbesondere in der Sorge um die Tochter Léonore zum Ausdruck kommt;[30] zugleich wird diese semantische Analogie vom Text selbst als unangemessen ausgewiesen („ce terme de camps n'est pas approprié"). Die durch Sprachspiel und ästhetische Normbrechung ermöglichte Vermischung von Semantiken und die Parallelisierung verschiedener Kontexte werden schließlich ihrerseits zu einer Metapher. Das Zusammenführen und (im zweifachen Sinne) Verschmelzen von Dingen, die nicht zusammengehören, lässt sich als formalästheti-

---

glissement incessant du signifié sous le signifiant s'impose donc, – que F. de Saussure illustre d'une image qui ressemble aux sinuosités des Eaux supérieures et inférieures dans les miniatures des manuscrits de la Genèse." Jacques Lacan: „L'instance de la lettre dans l'inconscient ou la raison depuis Freud" [1957]. In: dsb.: *Écrits* 1. Paris: Seuil 1966, S. 249-289, hier: S. 259f. Zu einer konsequenten Lesart des Romans *L'Inceste* mit den Theoremen Jacques Lacans vgl. abermals Weiser: „Psychoanalyse und Autofiktion".

30 „Elle est venue maquiller les yeux de Léonore le jour de carnaval en Japonaise. Ma petite fille, on en a parlé dans *Midi Libre*. Les yeux bridés s'embuent de larmes quand ils brûlent Monsieur Carnaval. [...] Une lesbienne quand j'ai à côté de moi ma fille qui pleure, Monsieur Carnaval brûle. Mais Monsieur Carnaval ça aurait pu être elle il y a quarante ans dans un camp de déportés homosexuels." (I 60)

sche Umsetzung des dargestellten Gegenstandes lesen, der Homosexualität wie auch des Inzest.

Die Engführung von Sexualität und Textualität, von der Inzestthematik und der eigenen Poetik, die auf der Wortebene stattfindet, wird auch über die metatextuelle Ebene des Romans getragen: „J'atteins la limite, avec ma structure mentale que j'ai, *incestueuse*, je mélange tout, ça a des avantages, les connexions, que les autres ne font pas, mais trop c'est trop comme on dit, c'est la limite. Je mélange tout, je vais trop loin, je détruis tout." (I 91) In der Formulierung der „structure mentale incestueuse" schwingt die Überlegung mit, dass das Ereignis des Inzests möglicherweise durch die psychische Disposition der Protagonistin begünstigt oder sogar hervorgerufen wurde. Vor allem aber definiert die Erzählerin an dieser Stelle nicht nur ihre Psyche, sondern vor allem ihre Schreibweise als ‚inzestuös'. Evoziert wird eine Poetik der Vermischung („mélange"), in der beständig semantische Grenzen überschritten und in Unordnung gebracht werden.[31] Das beschriebene Kompositionsprinzip erweist sich dabei als ambivalent. Auf der einen Seite zieht Angot in ihrem Denken und in ihrem Schreiben Verbindungen – zu viele Verbindungen, wie sie ergänzend hinzufügt –, die andere nicht sehen und nicht ziehen würden, d.h. sie (er)schafft neue Verknüpfungen.[32] Auf der anderen Seite, der Kehrseite dieses konstruktiven Aktes, ist sie zerstörerisch wirksam, indem sie zu weit geht und Grenzen überschreitet.

Die „structure mentale incestueuse" wird damit von der Erzählerin als vorherrschende Denkfigur kenntlich gemacht, besonders deutlich etwa in der Parallelisierung von Homosexualität und Inzest, und manifestiert sich auf den unterschiedlichen Ebenen des Textes. Dies gilt für das bereits angedeutete Ineinanderfließen einzelner Wortsemantiken und Bedeutungsfelder, aber auch für die Überschreitung von Text- und Gattungsgrenzen und das Einmontieren fremder Textmaterialien (wie die juristische Verfügung und der Leserbrief). Zugleich schwingt in dieser Poetik der Vermischung und in dem beschriebenen Durchlässigwerden von Textgrenzen immer auch die Denkfigur der Ansteckung mit. Die Destabilisierung und Überschreitung von Grenzen, die sich bereits hinsichtlich der Positionen von Erzähler und Leser als strategisch erwiesen hat, wird deshalb gerade in Bezug auf die Thematik von Krankheit und (weiblicher)

---

31 „Ce n'est pas du tout coquin et impertinent. Ce n'est pas du tout un jeu. Je ne me fous pas du tout de votre gueule. [...] Je peux expliquer. Essayer, je ne sais pas si je vais y arriver, c'est compliqué, surtout pour moi, comme je suis folle, je vais avoir du mal justement. Mélanger, c'est ma tendance, dans la première partie vous avez vu. Aucun ordre, tout est mélangé, incestueux d'accord c'est ma structure mentale, j'atteins la limite". (I 92)

32 „J'associe ce qu'on n'associe pas, je recoupe ce qui ne se recoupe pas. Chien-enfant, inceste-homosexualité ou sida, cousine-couple, fric-haine, vedette-chienne, Léonore-or, charnier-mine d'or, holocauste-ghetto, ouvrier-noir, etc., etc., et en plus, je mets en évidence des contraires, tout le temps". (I 92)

Sexualität zu einem komplizierten Verfahren, in dem der Roman von anderen Diskursen und Darstellungsweisen durchdrungen und ‚kontaminiert' wird: „Toujours m'appuyer sur des choses annexes, faire des rapprochements, depuis que j'écris, il y a toujours eu d'autres voix, d'autres textes, d'autres choses, un angle sous lequel j'essaie de me montrer. Moi et autre chose, toujours." (I 81)

So existiert die Figur Marie-Christine Adrey nicht nur als Objekt der Darstellung, als Geliebte der Erzählerin, sondern sie wird, in ihrer Funktion als Ärztin, auch zum erzählenden Subjekt, sie nimmt Teil an der Produktion des im Entstehen begriffenen Textes. In dem von der Erzählerin unternommenen Versuch der radikalen Selbstenthüllung, der den eigenen Körper mit einschließt, bis zu einer ‚Offenlegung des Blutes'[33] führt und der in eine Ausforschung konkreter Krankheiten übergeht, entsteht ein Dialog, bei dem die Erklärungen und Definitionen von der Ärztin Marie-Christine Adrey geäußert werden:

> Je lui disais: je voudrais faire un livre avec toi sur toutes les façons de mourir. Ils sont médecins de père en fils dans sa famille. J'ai besoin de faire un livre avec toi, je t'en prie. „Une rupture d'anévrisme, c'est une espèce de poche, anormale bien sûr, sur la paroi d'une artère, cérébrale, qui est un point de fragilité, ça fait comme une espèce de petit sac, plus fragile que la paroi de l'artère elle-même, qui peut se fissurer ou se rompre. Des gens sont porteurs de cette anomalie, relativement fréquente. Il peut y avoir une rupture de cet anévrisme. Quand cette espèce de petit sac se fend ou explose. Il y a une hémorragie, c'est-à-dire que le cerveau est inondé par le sang parce que c'est une artère, la pression est forte, à chaque battement de cœur, le sang inonde. Tout le cerveau est détruit par ce sang. Quand la rupture est totale, la mort est extrêmement brutale. Les gens tombent, comme ça, devant toi, boum, ils sont morts. C'est parfois précédé de violents maux de tête, ça arrive. D'autres fois, il n'y a même pas de signe précurseur, c'est d'emblée. (I 26f)

Die Bitte, gemeinsam ein Buch über verschiedene „Todesarten" zu schreiben, lässt vermuten, dass es der Erzählerin in dem Dialog mit der Ärztin nicht allein um ein Begreifen der Krankheiten selbst geht, sondern auch um eine Frage der Darstellbarkeit. Geäußert wird das Bedürfnis, das Pathologische in Schrift zu überführen. Auch wenn dem Leser klar ist, dass es zu diesem Buch nie gekommen ist,[34] scheinen die beschriebenen Krankheits- und Todesarten eine Aussage über den Zustand der Erzähle-

---

[33] „J'ai senti mon sang tout à coup découvert, mis à nu, un vêtement ou un capuchon l'avait jusque-là protégé, sans que j'en aie conscience. Ca vous met le sang à nu en trois mois. On vous déshabille et rhabille." (I 25)

[34] „Mais on n'a jamais commencé, on n'a jamais pu rien faire ensemble, on n'a jamais eu le temps. On n'a jamais commencé sérieusement." (I 27)

rin zu enthalten. Das Aneurysma, die „umschriebene Ausweitung eines art.[eriellen] Blutgefäßes inf.[olge] angeborener od.[er] erworbener Wandveränderungen",[35] und die daraus resultierende Hämorrhagie können als Bild für den Angotschen Schreibvorgang gelesen werden, für die Ansammlung und Anstauung von Wörtern und Bedeutungen, die schließlich eine Grenze durchbrechen, sich sturzartig entladen und eine zerstörerische Kraft in sich bergen.

Die in der zitierten Passage sichtbare Veränderung des Stils – die Klarheit und Konsekutivität der Sätze, der Gebrauch medizinischer Fremdwörter – markiert den fremden Ursprung der Aussagen. Dabei ist signifikant, dass die seit dem 19. Jahrhundert etablierte Konstellation eines Arzt-Patienten-Verhältnisses auch in diesem Text zitiert, jedoch aufgrund der Gleichgeschlechtlichkeit völlig unterschiedlich perspektiviert wird. Es geht in diesem Fall nicht darum, den Diskurs einer ärztlichen Erzählperspektive umzuschreiben, wie dies bei Marguerite Duras sichtbar geworden ist, oder darum, die Gefahr der Festschreibung und Objektivierung eines männlichen Gegenübers abzuwehren, wie im Fall Ingeborg Bachmanns. Eine solche geschlechtsspezifisch begründete Hierarchie wird nur noch klischeehaft zitiert und dabei als gesellschaftliches Konstrukt kenntlich gemacht.[36] Stattdessen wird das ‚auf Augenhöhe' artikulierte ärztliche Wissen produktiv in den eigenen Text integriert und zur Kennzeichnung des eigenen Zustandes genutzt.

Auch an anderen Stellen dient der Rekurs auf fremde Darstellungsweisen von Krankheit dazu, die eigene Erzählung zu ordnen und wissenschaftlich zu untermauern. So formuliert die Erzählerin zu Beginn des zweiten Kapitels das Vorhaben, dass sie nunmehr versuchen wird, die bis dahin wuchernde „structure mentale incestueuse" einzudämmen: „Il ne faut pas que je mélange cette fois. Le genre de rapport que j'ai fait jusque-là entre tout, tout et n'importe quoi, je veux arrêter. [...] Faut se calmer, essayer d'être ce qu'on est c'est-à-dire pas grand-chose. Mettre tout ça à peu près en ordre, déjà, ce serait pas mal." (I 89) In dieser selbstreferentiellen Textpassage kündigt die Erzählerin das Bemühen um eine minimale Ordnung sowie die Abkehr von der Poetik der Vermischung an, auch etwa im Falle der Interpunktion.[37] Die geplante Unterbindung des bestän-

---

35 „Aneurysma", in: *Pschyrembel.* Klinisches Wörterbuch. 257. neu bearb. Aufl. Berlin / New York: de Gruyter 1994, S. 67f.

36 „Je me revois expliquer la hiérarchie. Un homme c'est mieux qu'une femme. (Comme amant.) Un médecin c'est mieux qu'un ouvrier, un Blanc c'est mieux qu'un Noir. Elle était scandalisée. J'avais beau préciser ‚aux yeux de la société'." (I 34)

37 „J'ai d'habitude une ponctuation un peu particulière. Je ponctue mes phrases d'une façon inhabituelle, je vais tenter d'arrêter. Ma ponctuation aura seulement pour but la clarté, que les gens s'y retrouvent. La clarté du propos. [...] Ma ponctuation, il faut que je m'en défasse, que j'en prenne une plus courante, plus na-

digen Verknüpfens und Assoziierens dient dabei dem Versuch, bei sich zu bleiben und den eigenen Zustand zu beschreiben, und dies mit Präzision und Klarheit:

> Précise, logique et claire pour une fois. Ça ira mieux peut-être après. Je suis atteinte de paranoïa, je crois, de délire aussi, je crois. J'ai commandé des livres pour les définitions, et on m'en a prêté. Je ne suis pas en train de devenir folle, je le suis, folle. Signes, symptômes, causes immédiatement repérables, déclic, causes profondes, manifestations concrètes, et jeux de mots, folle c'est-à-dire un homme homosexuel, une folle [...]. Je veux un minimum de classement, peut-être même des notes en bas de page, un appareil critique, avec tous les livres que j'ai déjà à ma disposition. (I 90)

Sehr deutlich ist in dieser Passage die Suche nach den Manifestationen und Ursachen der eigenen Krankheit verzeichnet, die in klaren und logischen Schritten vonstatten gehen soll. Die dabei angedachte Methode eines „classement", einer Klassifizierung, steht sämtlichen bisher genannten Charakteristika der Angotschen Schreibweise diametral entgegen, impliziert doch eine solche Anordnung klare Zuordnungen und Abgrenzungen sowie die scharfe Konturierung und Differenzierung von Begrifflichkeiten. Auch werden über die Erwägung von Fußnoten und Anmerkungen die Darstellungsgepflogenheiten wissenschaftlicher Texte evoziert, und damit ein traditionell objektivierendes Diskurssystem.

Das Buch, auf das Angot in diesem Zusammenhang maßgeblich zurückgreift, ist das *Dictionnaire de la psychanalyse* von Elisabeth Roudinesco und Michel Plon, das zum ersten Mal 1994 publiziert wurde und ein Standardnachschlagewerk psychoanalytischer Grundbegriffe ist. Angots Text zitiert auszugsweise, teilweise wörtlich, teilweise in veränderter Form, einzelne Lemmata, die in mehr oder weniger engem Zusammenhang mit dem psychischen Zustand der Protagonistin stehen. Einige Begriffe und Sequenzen werden durch Unterstreichungen typographisch hervorgehoben und dadurch als besonders aussagekräftig gekennzeichnet: „Pour faciliter la lecture, j'ai souligné certains mots. Du même coup c'est plus fort." (I 115) Der Text nimmt auf diese Weise über mehrere Seiten hinweg selbst lexikonartige Züge an und bildet ein stichwortartiges Begriffspanorama, das der weiteren Charakterisierung der Figur dient.

Erwartbarerweise steht allem voran der Eintrag „Inceste", der sich bei Roudinesco und Plon über vier Seiten erstreckt und aus dem Angot die ersten Zeilen zitiert:

---

turelle, que les gens aient moins d'efforts à faire, c'est ridicule, c'était ridicule. Surtout que virgule étymologiquement ça veut dire petite verge." (I 93)

> *Inceste*
> On appelle inceste une relation sexuelle sans contrainte ni viol entre consanguins, au degré prohibé par la loi propre à chaque société. Dans la quasi-totalité des sociétés connues, à l'exception de quelques cas [...], l'inceste a toujours été sévèrement châtié puis prohibé. C'est pourquoi il est si souvent occulté et ressenti comme une tragédie par ceux qui s'y livrent. [...] L'acte est reprouvé par l'opinion et toujours vécu comme une tragédie issue de la déraison ou conduisant à la folie ou au suicide. (I 115)

Folgt man den typographisch markierten Leseanweisungen der Erzählerin, dann sind für Christine Angot vor allem zwei Aspekte entscheidend: die Tragödienstruktur des Inzests und die Kombination mit Wahnsinn oder Selbstmord. Bei Sigmund Freud wird der tragische Stoff des Ödipus-Mythos als eines der Grundprinzipien des menschlichen Triebhaushalts theoretisiert und damit gleichsam universalisiert. Für Christine Angot bildet das Spannungsverhältnis aus öffentlicher Meinung und persönlicher Tragödie den Kern ihrer Auseinandersetzung mit der Thematik. Der Inzest wird vor allem deshalb als eine Tragödie wahrgenommen, weil er bei Strafe verboten ist; abermals werden also Tabu und Transgression enggeführt.[38] Auch die Aussage, der Inzest könne dem Wahnsinn entspringen oder darin münden, ist ein wiederkehrender Gedanke in Angots Text. Viele der weiteren Definitionen, die aufgezählt werden, lassen sich dem Themenkomplex der psychischen Abweichung zurechnen, darunter *Folie*, *Paranoïa*, *Perversion*, *Sadomasochisme*, *Hystérie*, *Schizophrénie*. Dabei sind die Einträge sowohl als Aussage über den psychischen Zustand der Protagonistin verstehbar wie auch als Hinweis auf die ästhetische Verfasstheit des vorliegenden Textes:

> *Paranoïa*
> Cette forme de folie, que Freud comparait volontiers à un système philosophique en raison de son mode d'expression logique et de son intellectualité proche du raisonnement ‚normal', peut être définie comme le développement insidieux [...] d'un système délirant, durable et impossible à ébranler, qui s'instaure avec une conservation complète de la clarté et de l'ordre dans la pensée, le vouloir et l'action. La paranoïa réside sur deux mécanismes fondamentaux: le délire de référence et les illusions de la mémoire, tous deux producteurs de différents thèmes de persécution, de jalousie, de grandeur. [...] C'est un mode pathologique de défense, les gens deviennent paranoïaques parce qu'ils ne peuvent tolérer certaines choses, à condition naturellement que leur psychisme y

[38] Auf deutlichere Weise nimmt sich Angot dem Tragödienstoff in ihrem darauffolgenden Roman *Quitter la ville* an. Hier steht allerdings nicht die Handlung um König Ödipus im Zentrum, sondern die Figur Antigone in ihrem Konflikt mit Kreon. Die ‚opinion publique', d.h. die Medienrezeption der Angotschen Texte, wird in diesem Roman als Chor der klassischen Tragödie modelliert.

> soit prédisposé. Les paranoïaques aiment leur délire comme ils s'aiment eux-mêmes, voilà tout leur secret. La paranoïa est définie comme une défense contre l'homosexualité. (I 116)

Der erste Aspekt, der in Angots intertextueller Lexikon-Referenz genannt wird, ist die Vorstellung der Paranoia als ein in sich geschlossenes Denksystem, das aufgrund seiner unerschütterlichen inneren Logik und Klarheit einem ‚normalen' Gedankengang ähnelt. Die eingangs geäußerte und im Laufe des Textes wiederkehrende fixe Idee einer homosexuellen ‚Ansteckung', ebenso wie die Parallelisierung von Homosexualität und Inzesterfahrung, können als paranoide Einfälle der Figur der Erzählerin betrachtet werden. Allerdings sind Ordnung und Klarheit, die als charakteristisch für das paranoide Erklärungsgefüge gekennzeichnet werden, gerade nicht die Eigenschaften der im Text sichtbaren Gedankenführung. Interessanter ist viel eher das, was in dem Eintrag als „mécanismes fondamentaux" bezeichnet wird, „le délire de référence et l'illusion de la mémoire". Als ein solches ‚referentielles Delirium' präsentieren sich Angots Texte tatsächlich. Auf der einen Seite kann man darunter die Vielzahl an (inter)textuellen Bezügen verstehen, die in das Werk eingehen, auf der anderen Seite die Tendenz der Erzählerin und Figur Christine Angot, die Dinge um sie herum zu deuten, zu interpretieren, mit anderen Dingen zu verknüpfen. Auch Erinnerungen haben einen unsicheren, wenn nicht illusionären Status. So ist nicht immer auszumachen, ob Dinge richtig oder falsch erinnert werden, oder ob Angot nicht einfach eine *écriture autobiographique* simuliert und damit einhergehend Schreibweisen der Erinnerung inszeniert. Der dritte Aspekt, die Engführung von Paranoia und Homosexualität, entspricht einmal mehr der Konstruktion, die auch der Roman vornimmt: die gleichgeschlechtliche sexuelle Neigung wird in pathologische Begrifflichkeiten gefasst.

Neben diesen thematischen Kongruenzen zwischen dem Wörterbuch und dem Gegenstand des Romans ist aber auch der sprachliche Umgang mit dem Prätext von Bedeutung. Angot wählt nicht nur bestimmte Einträge, sondern innerhalb dieser Einträge auch bestimmte Passagen aus, die für sie aussagekräftig sind, und setzt sie, teilweise collageartig, neu zusammen. Oftmals werden Informationen, die vor allem in wissenschaftlicher Hinsicht bedeutsam sind, ausgelassen, wie etwa der Urheber einer Definition oder Theorie. Auf diese Weise werden Kontexte eingeebnet, Differenzen getilgt, Zitate unkenntlich gemacht, wobei verschiedene Stile nebeneinander stehen: „C'est un mode pathologique de défense, les gens deviennent paranoïaques parce qu'ils ne peuvent tolérer certaines choses, à condition naturellement que leur psychisme y soit prédisposé. Les paranoïaques aiment leur délire comme ils s'aiment eux-mêmes, voilà tout leur secret." Der zweite Teil des Passus entstammt, wie ein Blick in das Lexikon zeigt, einem Brief Sigmund Freuds an Wilhelm Fließ von 1895, in dem er eine erste Definition der Paranoia formulierte. Indem aber die historischen Kontexte der angeführten Aussagen ausgeblendet werden, gelingt es Angot, den Sachbuchtext zu ‚entwissenschaftlichen' und seine lexikalische Form zu behalten, ihn aber trotz teilweise wörtlicher Zitierung in die eigene Poetik einzulassen. Dies gelingt der Autorin auch dadurch, dass sie vor allem solche Einträge zitiert, in denen Querverweise zu anderen Lemmata angelegt sind, wie im Falle *Paranoïa* (enthält Verbindung zur *Homosexualité*), *Inceste* (verweist auf *Folie*) oder *Nazisme* (Querverweise zu *Homosexualité* und *Folie*). Abermals liegt der Fokus also auf dem Aspekt der Transgression von (Bedeutungs-)Grenzen, und nicht auf der Trennung, wie das Lexikon als Bezugstext vermuten lassen könnte. Darüber hinaus zeigt natürlich der intertextuelle Rekurs als strategisches Verfahren, d.h. die Übernahme einer fremden Struktur und Typographie, dass hier erneut der eigene Diskurs durch einen anderen ‚angesteckt', ‚imprägniert' worden ist, dass die Textgrenzen letztlich durchlässig sind und ein originaler, „eigentlicher" Text nicht existiert. Trotz der projektierten Ordnung und Klarheit setzt sich in Angots Text über das Mittel der Intertextualisierung also eine Ästhetik der Transgression, Vermischung und Zerstückelung durch.

Lässt sich nun aber eine Funktion des Lexikon-Rekurses ausmachen, die über die Ebene der Metatextualität hinausgeht? In der Forschung wurde bereits festgestellt, dass die Autofiktion per se ihren Ursprung in der Psychoanalyse hat und eine Art Auto-Analyse im Schreiben bedeutet.[39] Diese Herangehensweise wird durch die Aussagen der Erzählerin gestützt, für die das Schreiben, wenn nicht einen Ausweg aus der Krankheit bedeutet, so doch ein Hilfsmittel, um nicht völlig dem Wahnsinn zu verfallen: „C'est ça ou la clinique. Je suis obligée. C'est la clinique ou vous parler. A vous. L'écriture est une sorte de rempart contre la folie, j'ai bien de la chance d'être écrivain, d'avoir au moins cette possibilité. C'est déjà ça. Ce livre va être pris comme une merde de témoignage." (I 149) Das Schreiben bildet auf diese Weise, trotz aller Verfahren der Transgression, eine Form der Grenze oder einen Schutzwall; es handelt sich um eine Selbstermächtigung, bei der die autonome Subjektposition zurückerobert wird. In dem Zitieren eines psychoanalytischen Handwörterbuchs wird die institutionalisierte Form der Krankheitsdarstellung in den eigenen Text aufgenommen, der darin enthaltene normative Charakter aber zugleich relativiert. Das Lexikon bildet nur einen von vielen Diskursen, die bei Angot miteinander verflochten, und die zugleich um- und weitergeschrieben werden. Indem dem Schreiben eine existentielle Dynamik zu-

---

[39] Der ‚Begründer' der Autofiktion ist in diesem Sinne Serge Doubrovsky, der in dem kurzen Vorwort zu seinem Roman *Fils* folgende Definition prägt: „Fiction d'événements et de faits strictement réels; si l'on veut, autofiction, d'avoir confié le langage d'une aventure à l'aventure du langage". Serge Doubrovsky: *Fils*. Paris: Galilée 1977, S. 9. Vgl. zum Verhältnis von Schreiben und Psychoanalyse in der Autofiktion Weiser: „Psychoanalyse und Autofiktion".

gewiesen wird, bei dem die Konnotationen und Identitätsverschiebungen niemals stillstellbar sind, wird die generelle Unabgeschlossenheit von Bedeutung im Vollzug des Schreibens demonstriert.

Das Merkmal der Transgressivität lässt sich also zum einen als eine moralische Überschreitung begreifen, die mit dem Durchbrechen von Erzählinstanzen einhergeht. Nicht nur die Thematik des Inzests bedeutet einen Tabubruch, sondern vor allem die in Angots Roman inszenierte Art und Weise der Selbstenthüllung, bei der die traditionellen narratologischen Positionen – die des Autors, die der Figuren, die des Lesers – sowie die Textgrenzen selbst erschüttert werden. Zum anderen werden diese Grenzen auch auf sprachlicher Ebene immer wieder überschritten, auf der morphologischen und semiotischen Ebene. Dabei kommt es zu einer Parallelisierung zwischen textuellen und sexuellen Vorgängen, die in der Semantik des Pathologischen („torsion"), die wiederum eine ‚(per)version' suggeriert, zusammengeführt werden. Die Überschreitung betrifft also nicht allein die Ebene der Moral oder Sittlichkeit, sondern sie wird ganz buchstäblich umgesetzt, indem der Text als Textraum, der Körper als Körperraum aufgefasst werden. Vor dem Hintergrund dieser Überlegungen wird die inhaltliche und formale Gestaltung von ‚Raum' in *L'Inceste* einer gesonderten Betrachtung unterzogen.

3. Grenzen von Körper, Raum und Schrift

Die Semantiken von Raum und Räumlichkeit kommt in Angots Text auf verschiedenen Ebenen zum Tragen. Dabei sind es oft die ganz konkreten Schauplätze, denen in *L'Inceste* eine besondere Bedeutung zukommt, insofern sie immer wieder mit den einzelnen Stationen des Inzests und des Wahnsinns verknüpft werden. In Analogie zu den antiken Regeln der Mnemotechnik werden die einzelnen Orte in Angots Text als Gedächtnisspeicher eingesetzt, an die sich die Erinnerungen an zum Teil traumatische Ereignisse heften.[40]

Am offensichtlichsten ist dieser Umstand im letzten Teil des Romans, „La Valda". Die Ereignisse des Inzests werden darin an den konkreten Ort rückgebunden, an dem sie stattgefunden haben, so auch an die er-

---

40 „Seit der antiken Mnemotechnik, jener Lehre, die dem notorisch unzuverlässigen Gedächtnis ein zuverlässiges artifizielles Gedächtnis implementierte, besteht eine unverbrüchliche Verbindung zwischen Gedächtnis und Raum." Aleida Assmann: „Zur Metaphorik der Erinnerung". In: dsb. / Dietrich Hardt (Hgg.): *Mnemosyne. Formen und Funktionen der kulturellen Erinnerung*. Frankfurt a.M.: Fischer 1991, S. 14. Zum Verhältnis von Trauma und Erinnerung vgl. Manfred Weinberg: „Trauma – Geschichte, Gespenst, Literatur – und Gedächtnis". In: Elisabeth Bronfen / Birgit R. Erdle / Sigrid Weigel (Hgg.): *Trauma. Zwischen Psychoanalyse und kulturellem Deutungsmuster*. Köln / Weimar / Wien: Böhlau 1999, S. 173-206.

ste Begegnung, den ersten sexuellen Vorstoß und die erste Enttäuschung durch den Vater: „Je l'ai rencontré à Strasbourg avec ma mère au Buffet de la gare, je l'ai trouvé tellement extraordinaire." (I 147); „C'est au Touquet pour la première fois, qu'il s'est aventuré jusqu'à mon sexe." (I 163); „Il y a eu aussi le voyage à Carcassonne où on n'est pas allés, il y a eu des tas de promesses non tenues." (I 172)

Die Nennung der Orte und Räumlichkeiten ist dazu angelegt, eine stabile Strukturierung in das Durcheinander der Erinnerungen zu bringen: „Le Codec, Le Touquet, la sodomisation, la voiture, lui manger des clémentines sur la queue, tendue, le voir aux toilettes, l'entendre pousser, les pharaons d'Egypte, Champollion, le jour où on n'est pas allés à Carcassonne. Je vais essayer dans cet ordre. Nancy." (I 150) Die Orientierung an den konkreten Schauplätzen ist dem Versuch geschuldet, dem diffusen und unverständlichen Schreibstil entgegenzuwirken und die Poetik der Abschweifung einzudämmen. Die heterogene Reihung der traumatischen Ereignisse wird immer wieder gerahmt oder begleitet von der schlagwortartigen Nennung konkreter Orte und Städte, die auf diese Weise stellvertretend für das Ereignis selbst stehen.

Ein signifikantes Beispiel für dieses Verfahren ist die wiederkehrende Darstellung der Stadt Rom. Diese bildet Ziel- und Fluchtpunkt der gemeinsamen Weihnachtsreise von Christine Angot und Marie-Christine Adrey, es ist Gegenstand von Konflikten und schließlich Schauplatz einer ersterbenden Liebe.[41] Im syntaktischen Textgefüge wird die Stadt dann auch mit dem übergreifenden Thema des Romans in Verbindung gebracht: „Après l'homosexualité, ç'a été la folie, c'est Noël qui ma rendu folle, on avait repris. [...] On devait partir à Rome, Noël elle le passait comme toujours en famille avec sa cousine. On devait partir après. Je ne peux pas dire: J'ai été folle pendant trois mois. Trois mois j'ai cru que j'y étais condamnée." (I 88) Der Konflikt um die Reise nach Rom wird hier unmittelbar mit dem Wahnsinn verknüpft, und dies in einem Wortlaut, der gleichsam als Echo auf den Romanbeginn funktioniert („J'ai été homosexuelle pendant trois mois"). Die Stadt und die damit verbundene Enttäuschung werden auf diese Weise zum direkten Auslöser der bereits im Incipit gesetzten Verknüpfung von Homosexualität und Krankheit. Rom wird zu einer Chiffre, zu einer metonymischen Bezeichnung für die im Roman erzählte *folie* der Protagonistin.

Indes, es bleibt nicht bei dieser mimetischen Funktion des geographischen Raumes. Rom, dem im weiteren Verlauf des Textes ein ganzes

---

41 „On ne voulait pas partir à Rome. Quand elle voulait, je ne voulais plus. Quand je voulais, elle ne voulait plus. Le délire a continué, la violence s'est même intensifiée. On n'est pas parties, le dimanche comme on devait, la nuit d'hôtel nous a quand même été facturée. Finalement on est parties, mais plus tard, le mardi. [...] J'ai été pendant les six jours à Rome une fontaine. J'ai pleuré dans la rue, au restaurant, partout". (I 174)

Unterkapitel gewidmet ist, verweist nicht nur auf ein konkretes Ereignis, sondern überdies auf den Vorgang der fiktionalen Komposition selbst:

> *Rome*
> Contrairement à ce que vous lirez à la fin, nous y sommes allées. J'en parle maintenant à cause de sabotage, c'est plus logique. J'ouvre une parenthèse pour y insérer ce qui s'est passé après la fin du livre. Je ne savais pas que nous irions à Rome quand j'ai écris la dernière page. (I 173)

Rom ist zugleich der utopische wie auch der atopische, der nicht bereiste, der ausgelassene Ort. Darüber hinaus ist es aber auch der Ort, an dem deutlich gemacht wird, dass das Erzählte nicht immer auf reale Ereignisse verweist, dass der Leser sich nie sicher sein kann und nie sicher sein soll, ob das Erzählte wahr ist oder erfunden. Der metatextuelle Kommentar, der vorgibt, die ‚eigentlichen' Fakten nachzuliefern, destabilisiert damit nur einmal mehr die fragile Grenze zwischen Fakt und Fiktion und verweist darüber hinaus auf eine generelle Unabgeschlossenheit des Schreibvorgangs. Und noch aus einem weiteren Grund wird über die offensichtliche Bedeutung der Stadt Rom der Fiktionscharakter des Romans in den Vordergrund gerückt. Rom ist die Stadt, in der Hervé Guibert seinen autobiographischen Text *A l'ami qui ne m'a pas sauvé la vie* verfasst, der sich auf diese Weise Angots Roman ein weiteres Mal palimpsestartig unterschiebt:

> Ce jour où j'entreprends ce livre, le 26 décembre 1988, à Rome, où je suis venu seul, envers et contre tous, fuyant cette poignée d'amis qui ont tenté de me retenir, s'inquiétant de ma santé morale, en ce jour férié où tout est fermé et où chaque passant est un étranger, à Rome où je m'aperçois définitivement que je n'aime pas les hommes, où, prêt à tout pour les fuir comme la peste, je ne sais donc pas avec qui ni où aller manger, plusieurs mois après ces trois mois au cours desquels en toute conscience j'ai été assuré de ma condamnation [...]. J'entrevois l'architecture de ce nouveau livre que j'ai retenu en moi toutes ces dernières semaines mais j'en ignore le déroulement de bout en bout, je peux en imaginer plusieurs fins, qui sont toutes pour l'instant du ressort de la prémonition ou du vœu, mais l'ensemble de sa vérité m'est encore caché; je me dis que ce livre n'a sa raison d'être que dans cette frange d'incertitude, qui est commune à tous les malades du monde.[42]

Hervé Guibert beginnt seinen Text exakt zehn Jahre vor dem Datum, das in Angots Text als *déclic* der Krise bestimmbar ist.[43] Und auch Guibert schickt sich an, eine existentielle Krise zu beschreiben. In seinen Zeilen

---

42 Guibert: *À l'ami qui ne m'a pas sauvé la vie*, S. 10f.

43 Der 26. Dezember ist der Tag der geplanten Reise nach Rom. An anderer Stelle wird zudem deutlich, dass es sich um das Jahr 1998 handeln muss, vgl. I 175.

werden die Isolation und die Fremdheit gegenüber anderen Menschen deutlich, ein pathologischer Zustand und das Gefühl der Verdammnis. Liest man Guiberts Roman als Vorläufertext zu Angots *L'Inceste*, dann sind vor allem die darin enthaltenen Aussagen über die eigene Schreibsituation signifikant. Guibert gibt zu Protokoll, dass zwar die Architektur seines Buchprojekts vorgezeichnet ist (womit er seinerseits auf eine räumliche Metapher zurückgreift), dass aber die Wahrheit seines Textes noch verborgen ist und sich erst im Vollzug des Schreibens manifestieren wird. Die Unsicherheit und Ungerichtetheit des autobiographischen Unternehmens begründet er mit dem Zustand der Krankheit („ce livre n'a sa raison d'être que dans cette frange d'incertitude, qui est commune à tous les malades du monde").[44] Diese Aussage nun lässt sich auf Christine Angots Text rückbeziehen, der den intertextuellen Verweis auf Guibert als bedeutungstragenden Bestandteil integriert. Die Krankheit ist in diesem Zusammenhang der Ausgangspunkt für eine ungeordnete, diffuse und assoziative Schreibweise, und Rom wiederum ist der Grund für die Krankheit. Der Text selbst gibt dann auch zu verstehen, dass dieser ‚Grund' dabei ganz wörtlich zu nehmen ist – zum einen als Ursache, zum anderen aber auch als Grundlage, oder ‚Substrat', wie zu Beginn des Kapitels „La Valda" zu lesen ist:

> Qu'est-ce qu'un substrat? Ca vient de *substernere*, étendre sous. Qui sert de support à une autre existence, sans quoi une réalité (conçue comme un accident) ne saurait subsister. Sans quoi le déclic n'aurait pas eu toutes ces conséquences. C'est la substance, c'est l'essence, c'est le fond. Sur quoi s'exerce une action, Queneau, „un substrat solide au développement des actions qu'il pouvait concevoir", Renan, „la terre fournit le substratum, le champ de la lutte et du travail, l'homme fournit l'âme". La terre, cet élément sur lequel repose une couche géologique. Linguistiquement, le substrat gaulois en France. Le substrat. Quelles sont les zones? Quel est le terrain? Ça pousse sur quoi? (I 144)

---

[44] Aktuelle Publikationen zur Gattung der Autopathographie gehen von der Annahme aus, dass das autobiographische Schreiben über die eigene Krankheit immer in einem Spannungsverhältnis aus Fragmentierung (die sich aus dem Gegenstand begründet) und ganzheitlicher, d.h. kohärenter und kausallogischer Sinngebung (die mit dem Prozess einer Narrativierung einhergeht) stehen muss; vgl. beispielhaft Anne Hunsaker Hawkins: *Reconstructing Illness: Studies in Pathography*. West Lafayette: Purdue University Press 1999; Lars-Christer Hydén / Jens Brockmeier: *Health, Illness and Culture. Broken Narratives*. New York / London: Baker and Taylor 2008; Arthur Frank: *The Wounded Storyteller. Body, Illness and Ethics*. Chicago / London: University of Chicago Press 1995. In der vorliegenden Untersuchung verliert jedoch die Problematik des Autobiographischen angesichts der Literarizität der untersuchten Texte an Bedeutung und ist nur insofern interessant, als die Autoren (hier: Angot und Guibert; ähnliches gilt aber etwa auch für Duras) mit Topoi des autobiographischen Schreibens spielen.

Die verschiedenen Bedeutungsebenen des Wortes ‚Substrat' werden an dieser Stelle ausgefaltet. Der Begriff bezeichnet einen Träger, eine Substanz oder Essenz, er lässt sich als (materielle) Grundlage verstehen, als geologische Schicht oder als sprachliche Spur. Durch die Ausdifferenzierung dieser Polyvalenz wird der Fokus auf den Zusammenhang zwischen topographischer und sprachhistorischer Semantik gelegt, auf das konstitutive Ineinandergreifen von Raum, Sprache und ‚Wesenheit'. Ähnlich wie in vielen Abhandlungen Freuds, in denen die Schichten des Bewusstseins durch geologische Ab- und Überlagerungen metaphorisiert werden, werden in Angots Roman die Orte, an denen sich die einzelnen Erinnerungsschichten manifestieren, mit der Suche nach dem Warum, nach dem ‚Grund' der eigenen Psyche verknüpft: „Maintenant: mettre en ordre non plus comment, mais pourquoi, les erreurs que j'ai commises, les choses dont je ne me remettrai jamais, [...] les causes, la souffrance" (I 145). Bei dieser Suche sind die Orte und Schauplätze fürderhin wegweisend für das Begreifen und das Darstellen der Krankheit.

Fungieren die erzählten Räume als Träger von Erinnerungen und (Selbst-)Erkenntnis, so sind ihnen doch jeweils keine eindeutigen, einzelnen Ereignisse zugewiesen. Das Beispiel Rom zeigt, dass der konkrete Ort der Stadt oft mehrfach aufgegriffen und mit verschiedenen Funktionen ausgestattet wird. Ebenso verhält es sich mit den im Zusammenhang mit dem Inzest genannten öffentlichen Räumen oder „espaces publiques" – Kino, Hotelzimmer, Auto, Bahnhof –, die durch einen halb-öffentlichen, halb-privaten Status charakterisiert sind und denen vor dem Hintergrund einer heimlichen, verbotenen sexuellen Beziehung ein geradezu klischeehaft topischer Charakter zukommt. Diese Schauplätze sind, so zeigt sich an mehreren Stellen, möglichst offen konstruiert und assoziativ miteinander verknüpft:

> Au Touquet il avait beaucoup de maux de tête. Il avait souhaité rentrer se reposer à l'hôtel, dans le noir. (Quand Marie-Christine m'a dit qu'elle voulait rentrer après le cinéma dimanche, ça doit être ça, j'ai eu de nouveau une crise. Parce qu'elle voulait rentrer parce qu'elle était fatiguée, et que moi j'aurais préféré rester dehors me promener [...].) [...] Il avait des maux de tête, et il avait envie de se reposer dans le noir, dans sa chambre, les volets fermés, le moins de lumière possible, et si possible mes mains, ma main sur son front. [...] C'est allé plus loin, il m'a touché le sexe au Touquet. (I 165f)

Über die Darstellung des Konflikts mit Marie-Christine, die nach einem gemeinsamen Kinobesuch nicht mehr ausgehen will, sondern zurück nach Hause möchte, gelangt Angot in ihrem assoziativen Schreibprozess zu der Erinnerung an den Vater, der ebenfalls die Ruhe im Hotelzimmer dem Spaziergang im Freien vorzieht und der in genau dieser Situation, „à l'hôtel, dans le noir", sexuell übergriffig wird. Beide Situationen werden über eine räumliche Bewegung, das Einkehren von draußen nach drinnen, assoziativ miteinander verknüpft. Gleichzeitig schieben sich über die räumliche Dynamik auch die Zeitebenen ineinander. Die traumatische Erfahrung in der Vergangenheit wird in der Konfliktsituation der Gegenwart aktualisiert, sie ist sogar wesentlich für die Schärfe des Konflikts verantwortlich. Die Auflösung der Grenzen innerhalb der Zeitstruktur, die dazu führt, dass in Angots Roman tatsächlich traumatische Schreibweisen sichtbar werden, lässt sich als unmittelbare Folge räumlicher Transgressionen und Grenzerschütterungen begreifen.

In der zitierten Passage zeichnet sich zudem ab, dass in dem Roman ein grundlegender Dualismus von Innen und Außen ausgehandelt und auf unterschiedlichen Bedeutungsebenen beleuchtet wird, wobei die jeweiligen raumsemantischen Konnotationen verkehrt werden und die inhärente Trennlinie zwischen Innen und Außen aufgebrochen wird. Darüber hinaus lässt sich an den Dualismus von Innen und Außen die Problematik von Selbstenthüllung und Verhüllung anschließen. Der mit dem Schreiben einhergehende Prozess der Selbst-Entäußerung scheint in der beschriebenen Raumordnung stets impliziert zu sein, d.h. die Raumsemantik konvergiert mit dem jeweiligen Modus der Bekenntnis. Besonders augenfällig ist in dieser Hinsicht eine Episode, in der ein Streit zwischen Christine Angot und ihrem Vater wiedergegeben wird:

> Nous sortons, c'est l'heure du déjeuner. La porte se referme derrière nous, qui sommes sur le palier, les clés sont restées à l'intérieur. Je me fais engueuler. [...] Tu ne sais pas que, quand on est chez des gens, quand on n'est pas chez soi, on entre toujours le second, après le propriétaire, qui ouvre la maison et le passage au visiteur en même temps, qui peut entrer alors seulement. Toujours. C'est une règle de politesse élémentaire. Je suis étonné que tu ne la connaisses pas. Et à l'inverse, quand on sort de la maison, on sort en premier, pour permettre au propriétaire de fermer la marche et sa maison derrière tout le monde. La loi de l'hôte et de l'invité, il est incollable. (I 167)

Der banale Anlass für den Konflikt – Christine passiert nach ihrem Vater die Eingangstür, die Tür fällt ins Schloss und die Schlüssel verbleiben im Inneren des Hauses – birgt zugleich die Kernproblematik des Textes in sich: das Moment der Transgression. Das Überschreiten der Türschwelle wird von Seiten des Vaters als eine Überschreitung von Sittlichkeitsregeln gewertet („une règle de politesse élémentaire“) und führt zu einer grundsätzlichen Maßregelung der Tochter. Für den Leser des Textes ergibt sich dabei aber noch eine zusätzliche Bedeutungsebene: „Je me suis rendue compte qu'il ouvrait la marche dans mon corps en propriétaire bien après. J'ai cru que je pouvais sortir, je ne pouvais pas deviner que tu n'avais pas fini.“ (I 170) Mit diesen Sätzen, die auf den Inzest zurückverweisen, werden die überwältigten Grenzen des Körpers mit den überschrittenen Grenzen des Hauses parallelisiert und der Körper wird sehr deutlich in seiner phänomenologischen Räumlichkeit perspektiviert. Der Text führt auf diese Weise die inzestuöse Penetration des Vaters von der moralischen Ebene – die Überschreitung eines Tabus – auf die materielle, buchstäbliche Ebene zurück: auf die Überschreitung von Körpergrenzen.[45]

Wie aber wird nun die Textualität in Zusammenhang mit den Parametern Raum und Körper gesetzt? Und welche Rolle kommt dabei dem Prozess der Verschriftung zu? Angot macht deutlich, dass das Schreiben über den Inzest, über die Homosexualität, die Krankheit und den Körper einen Vorgang der Selbst-Entäußerung darstellt. Die wiederkehrende Wendung „ne (pas) être chez soi" – (nicht) bei sich sein –, die auch im Kontext des Türschwellenkonflikts genannt wird, taucht wiederholt in Verbindung mit dem autobiographischen Schreiben auf. Das Schreiben bedeutet demnach eine Form der Selbstentäußerung, bei der nicht nur der die Persönlichkeit, sondern buchstäblich der Körper bloßgelegt wird:

> Je vais me faire exciser, peut-être infibuler, des morceaux de ma chair, de mon sexe, sécheront au soleil pour le prochain livre. [...] J'ai senti mon sang tout à coup découvert, bien avant les analyses. Le sang tout à coup découvert, mis à nu, un vêtement ou un capuchon l'avait jusque-là protégé, sans que j'en aie conscience. Ça vous met le sang à nu en trois mois. On vous redéshabille et rhabille." (I 25)

Die in dieser (abermals auf Guibert verweisenden) Passage vollzogene Ausstellung des eigenen Körpers in seiner reinen Fleischlichkeit ist auffällig in seiner Brutalität und evoziert eine Geste der Selbstverstümmelung. Wurde das autobiographische Projekt im 19. Jh. noch dezidiert als eine Entblößung der Seele, der Gefühlsregungen entworfen, etwa in Baudelaires *Mon cœur mis à nu* (1887)[46], so steht bei Angot die Ausstellung des Körpers im Vordergrund. Indem die Erzählerin Körper und Schrift, Textraum und Körpergrenzen parallelisiert, streicht sie heraus, wie sehr die Selbstenthüllung im Schreiben auch eine leibliche Verletzbarkeit mit einschließt.[47] Die Zusammenführung von Körperlichkeit und Schrift, von Sexualität und Textualität ist dabei nicht nur ein Kennzeichen für die Dar-

---

45 An anderer Stelle zieht Angot einen unmittelbaren Vergleich zwischen körperlicher Grenzüberschreitung während der sexuellen Penetration und der Überschreitung nationaler Grenzen beim Reisen: „Le sexe de l'homme pénètre de façon radicale. J'aime bien ce qui est radical. Il y a d'autres pénétrations possibles, les frontières, les voyages. Passer la frontière, va chercher ton globe, je vais t'expliquer." (I 43)

46 Charles Baudelaire: „Mon cœur mis à nu" [1887]. In: dsb.: *Fusées. Mon cœur mis à nu. La Belgique déshabillée*. Paris: Gallimard 1986, S. 87-122.

47 In *Quitter la ville* geht diese Parallele noch einen Schritt weiter; dort werden schließlich die hämische Rezeption ihrer Romane und die Aggression von Seiten der Literaturkritik mit dem Inzest zusammengeführt – der Inzest lässt sich in diesem Roman mehr noch als in *L'Inceste* selbst als eine Parabel für die Gewalt des Literaturbetriebes verstehen.

stellung des Inzests, sondern auch für die Darstellung der Homosexualität.

> Ce qui est bien c'est qu'elle est médecin. Elle m'a prescrit une rééducation respiratoire et vertébrale. Après trois mois de torsions homosexuelles, c'était nécessaire. (Je ne plaisante pas.) Le kiné m'a demandé ce que je faisais comme travail, pour avoir le dos dans cet état. Ecrivain. Il n'a pas demandé plus. Il a compris. (I 60)

Die homosexuellen Liebespraktiken und die Arbeit als Schriftstellerin ziehen dieselben körperlichen Beschwerden nach sich. Auf ganz analoge Weise werden also das Stigma der als ‚abnorm' gekennzeichneten Sexualität und die Tätigkeit des Schreibens in den Körper eingeschrieben. Die Darstellungsverfahren des autofiktionalen Textes *L'Inceste* gehen deshalb über eine Parallelisierung von Leben und Schreiben hinaus. Indem die Erzählerstimme die Thematik des Inzests und des ‚Wahnsinns' der Protagonistin konsequent mit einem selbstreflexiven Moment ausstattet, bei dem die externen Parameter literarischen Schreibens sowie die eigenen Konstruktionsmechanismen beständig reflektiert werden, werden letztlich auch Textkörper und menschlicher Körper parallelisiert.

Die Zusammenführung von Körper und Text, die mit der Verwundbarkeit des schreibenden Ich einhergeht, birgt aber vor allem ein strategisches Moment. Die sexuelle Hierarchie zwischen Vater und Tochter, die in dem räumlichen Dualismus von Innen vs. Außen zum Ausdruck gebracht wird, manifestiert sich auch in den Antagonismen Oben vs. Unten, Vorne vs. Hinten. Angot verwendet diese räumlichen Isotopien, um ihren Vorgang der Aneignung in der Schrift zu beschreiben:

> Au début j'étais dessous, j'avais le dessous. Proposer, me retourner de moi-même du bon côté, j'écrivais déjà, j'avais commencé. Prendre le pouvoir, avoir le dessus. Et maintenant je l'ai. Lui a perdu la tête, Alzheimer. Moi j'ai le dessus sur l'inceste. Le pouvoir, le pénis sadique, ça y est, grâce au stylo dans ma main sûrement, essentiellement. (I 152)

Mit „être dessous" wird zunächst einmal die sexuelle Stellung der Tochter während des *viol incestueux* bezeichnet, dann aber auch ihre damit implizierte Unterlegenheit, ihre buchstäbliche Unterwürfigkeit. Auch Verborgenes wird gemeinhin als „en dessous" bezeichnet. Der Moment des Sich Umdrehens („me retourner") impliziert in diesem Sinne ein mehrfaches Umdrehen oder Verkehren der Situation: sich mit dem Körper umdrehen, sich nach oben setzen, die sexuelle Unterwerfung zurückweisen, aber auch: die verborgenen Dinge aufdecken – und zwar im Akt des Schreibens. Der Vorgang des „prendre le dessus", ‚die Oberhand gewinnen', ist unabdingbar an den Schreibakt geknüpft, an ein „prendre le stylo". Indem Angot den Inzest in Schrift überführt, fällt ihr die Deutungshoheit über die Ereignisse der Vergangenheit zu. Die Autorin bezieht sich damit implizit auch auf die Lacanianische Gleichung von Phallus und diskursiver Macht und entwirft ihr Schreiben über den Inzest als einen Vorgang der Selbstermächtigung.

Erneut wird also deutlich, dass das Schreiben nicht der möglichst dokumentarischen Wiedergabe des Lebens dient, sondern dass in dem autofiktionalen Projekt Angots Erfahrungen und Erinnerungen hervorgebracht werden. Gerade weil dem Schreiben nicht die Funktion der Abbildung, wohl aber eine Funktion der Auflehnung zukommt, wird es in *L'Inceste* als genuin unabgeschlossen gekennzeichnet. Sowohl die einzelnen Wortbedeutungen als auch das Textganze sind per definitionem unvollständig, durchlässig und rufen stets neue Konnotationen, aber auch weitere Werke hervor: „Je suis contente que le livre soit fini, contente. J'ai déjà la première phrase de mon prochain livre. [...] *L'Inceste* est vraiment le livre où je me présente comme une grosse merde, tout écrivain doit le faire une fois, après on verra. Ou peut-être le faire plusieurs fois, ou peut-être ne faire que ça." (I 176f)[48] Der voyeuristische Effekt, der dabei für den Leser entsteht, ist notwendiger Bestandteil der Dialektik aus Verhüllung und Enthüllung und ist zugleich Voraussetzung dafür, dass der Roman als eine Selbstanalyse angelegt ist. Die Krankheit bildet dabei das verbindende Element der verschiedenen Diskurse der (sexuellen) Devianz.

Christine Angots Poetik der Transgression setzt sich mit tradierten Vorstellungen von weiblicher Sexualität als ‚Abweichung' auseinander. In der Thematisierung und Inszenierung von Voyeurismus ruft sie eine insbesondere für die Hysterie typische Obsession für Visualität, Sichtbarkeit und Körperlichkeit auf, nur um diese in einer völligen Übersteigerung wieder zu durchkreuzen und den dargestellten Gegenstand als verhüllt und konstruiert herauszustellen. Im Zuge der Untersuchung von *L'Inceste* wird dabei deutlich, auf welche Weise die Autorin die Zusammenführung von Sexualität und Textualität strategisch verwendet und die Vorstellung einer an die Schreibposition geknüpfte „phallische" Macht für sich reklamiert. Indem sie auch und gerade Texte männlicher Autoren in ihr intertextuelles Bezugssystem aufnimmt und sich aneignet, wird erkennbar, dass Angots Rekurs auf den Körper und auf Sexualität im Schreiben gerade nicht in den Vorstellungen einer *écriture féminine* aufgeht, sondern dass die geschlechtliche Zuschreibung als ein Effekt des Schreibens selbst betrachtet werden muss. Dabei bilden die Theorien und Ansätze, die in kulturwissenschaftlichen Studien zur Aufschlüsselung der Thematik von Krankheit und Weiblichkeit herangezogen werden – so etwa die Schriften Jacques Lacans, das *Dictionnaire de la psychanalyse* oder die Ideen des fe-

48 Signifikanterweise ist Angots folgender Roman *Quitter la ville* tatsächlich ein Buch über das Schreiben und Veröffentlichen von *L'Inceste*, über die französische Literatur- und Presselandschaft und die Medienrezeption. Das Ineinandergreifen von Leben und Schreiben wird dabei noch einmal zugespitzt dargestellt.

ministischen Poststrukturalismus – bereits den direkten Bezugsrahmen des Angotschen Werkes.

Ähnlich wie in den Romanen und Erzählungen Gisela Elsners findet bei Angot eine komplexe Auseinandersetzung mit den Parametern Krankheit, Weiblichkeit und Autorschaft im Modus der Intertextualisierung statt, das Aufgreifen der darin implizierten Idee einer sowohl geschlechtsspezifischen als auch ästhetischen Devianz ist hier aber besonders konsequent zu Ende geführt. Während Elsner sich vor allem mit narratologischen und perspektivischen Mitteln auf die stereotype Figur der kranken Frau zurückbezieht, findet bei Angot ein regelrechter Zersetzungsprozess statt, der sich nicht auf Form und Diegese beschränkt, sondern gerade die Position der Autorschaft zur Auflösung bringt und als Fiktion herausstellt. Angots Roman *L'Inceste* kann daher als Kulminationspunkt einer Tendenz betrachtet werden, bei der im Zuge der vordergründigen Verhandlung anderer Themen (hier: Homosexualität / Inzest) die Figur der kranken Frau im Subtext mitgeführt wird. Dabei lässt sich nicht allein beobachten, wie die pathologisierte Weiblichkeit mit ihrem diskursiven Kontext in Interrelation steht, sondern zudem, wie die Unterscheidung zwischen Text und Kontext zunehmend verunmöglicht wird.

IX. Zwischen Komposition und Imitation. Zur Inszenierung von Pathologie und weiblicher Autorschaft in Jelineks *Klavierspielerin*

Elfriede Jelineks Roman *Die Klavierspielerin* (1993), das wohl bekannteste Werk der österreichischen Autorin, handelt von der Klavierlehrerin Erika Kohut, deren Leben in mehrfacher Hinsicht ein Scheitern bedeutet. Ihr musikalisches Talent, das von der dominanten Mutter unter beständigem Zwang gefördert wird, verkümmert am Konservatorium, wo sie mit einer Mischung aus Überheblichkeit und Verbitterung mäßig begabte Schüler unterrichtet. In ihrer Freizeit flüchtet sie sich an Schauplätze obszöner Unterhaltung, besucht Pornokinos und Stripshows; dem äußeren und inneren Druck begegnet sie mit selbstverletzendem Verhalten. Sowohl in ökonomischer, in künstlerischer als auch in sexueller Hinsicht bleiben ihre Bedürfnisse unbefriedigt, jede Form der Selbstbestimmung oder gar Selbstverwirklichung bleibt ihr verwehrt. In der Konsequenz verläuft auch die Struktur des Textes zirkulär, so dass am Schlusspunkt des Romans die Protagonistin keine Entwicklung vollzogen haben wird, sondern ihre Isolation und Unfreiheit nur weiter zementiert sind; die letzte Szene zeigt Erika Kohut als vielfach gebrochene Frau.[1]

In der Forschung ist Jelineks Roman zumeist als schonungslose Darstellung einer weiblichen Krankengeschichte rezipiert worden, wobei man sich sowohl auf die masochistischen und narzisstischen Anteile der Figur Erika Kohut bezogen hat als auch auf ihren Hang zu sexuellen Perversionen.[2] Dieser primär psychologischen Lektüre steht die Einschätzung ge-

---

1 Bemerkenswerterweise erweist sich das Ende des Textes als eine degenerierte Wiederholung seines Beginns, wird doch in beiden Fällen eine Rückkehr Erika Kohuts nach Hause inszeniert. Zu Anfang erscheint die Protagonistin „wie ein Wirbelsturm“, zum Schluss physisch und psychisch verletzt und wie ferngesteuert: „Erika weiß die Richtung in, in die sie gehen muß. Sie geht nach Hause. Sie geht und beschleunigt langsam ihren Schritt.“ Jelinek: *Die Klavierspielerin*, S. 7, 285. Im Folgenden zitiert als K.

2 Vgl. dazu insbesondere Erika Swales: „Pathography as Metaphor: Elfriede Jelinek's Die Klavierspielerin“. In: *Modern Language Review* 95.2 (2000), S. 437-449; Annegret Mahler-Bungers: „Der Trauer auf der Spur. Zu Elfriede Jelineks *Die Klavierspielerin*“. In: Johannes Cremerius / Wolfram Mauser / Carl Pietzcker / Friedrich Wyatt (Hgg.): *Masochismus in der Literatur*. Freiburger literaturpsychologische Gespräche Band 7. Würzburg: Königshausen & Neumann 1988, S. 80-95; Richard L. Bell: „The Unconscious Texts of Elfriede Jelinek's ‚Die Klavierspielerin'“. In: Stephan Atzert (Hg.): *Literature in Times of Crisis*. Melbourne: University of Melbourne 1997, S. 51-65; Renata Cornejo: „Durch den Körper ‚sprechen‘. Der anerzogene Masochismus in Die Klavierspielerin von Elfriede Jelinek“. In: Arnulf Knafl / Wendelin Schmidt-Dengler (Hgg.): *Unter Kanonverdacht. Beispielhaftes zur österreichischen Literatur im 20. Jahrhundert*. Wien: Praesens Verlag 2009, S. 121-131; Sheila Dickson: „Her Mother's Daughter: Elfriede

genüber, dass als eigentlicher Gegenstand des Textes die Sprache selbst betrachtet werden muss.[3] Jelineks analytische Sprachverwendung ist in *Die Klavierspielerin* einmal mehr dazu angelegt, das hinter den gängigen Phrasen und Worthülsen verborgene mythische Korrelat aufzudecken und die insbesondere an stereotype Geschlechterbilder geknüpften Diskurse zu dekonstruieren. Aus diesem Grund können die erzählten Ereignisse um die fragile Protagonistin nicht unabhängig von ihrer sprachlichen Darstellung in den Blick genommen werden, die in der Sprache transportierte Gewalt und Normierung ist integraler Bestandteil der Romanhandlung. Im Folgenden sollen beide für den Text so zentralen Elemente, das Pathologische und das Diskursive, miteinander in Beziehung gesetzt werden, um die Funktionsweise der narrativ modellierten Figur der kranken Frau zu erfassen.

Konstitutiv für den Roman sind drei divergente und zugleich eng miteinander verzahnte Handlungsstränge: die Unterwerfung der Protagonistin unter ihre dominante, häufig als „phallisch" bezeichnete Mutter[4], Erika Kohuts sadomasochistische Liebesaffäre zu einem Schüler und ihr Leben als gescheiterte Künstlerin. Auf all diesen Ebenen des Textes, so die hier verfolgte These, wird auf je unterschiedliche Weise der Zusammenhang von Krankheit und weiblicher Autorschaft ausgehandelt. Wird anhand der Mutter-Tochter-Beziehung das Ideal „natürlicher" Mutterliebe als ein einseitiges Abhängigkeitsverhältnis entlarvt, bei dem das unter-

---

Jelinek's *Die Klavierspielerin* as a study in self-disgust". In: *Germanistik in Ireland* 2 (2007), S. 5-28; Nancy C. Erickson: „Writing and Remembering – Acts of Resistance in Ingeborg Bachmann's *Malina* and *Der Fall Franza*, and Elfriede Jelinek's *Lust* and *Klavierspielerin*: Case Studies in Hysteria". In: Margarete Lamb-Faffelberger (Hg.): *Out from the Shadows. Essays on Contemporary Austrian Women Writers and Film Makers*. Riverside: Ariadne Press 1997, S. 192-205; Hannes Fricke: „Selbstverletzendes Verhalten: Über die Ausweglosigkeit, Kontrollversuche, Sprache und das Scheitern der Erika Kohut in Elfriede Jelineks *Die Klavierspielerin*". In: *Zeitschrift für Literaturwissenschaft und Linguistik* 119 (2000), S. 50-81.

3 So hat Herrad Heselhaus überzeugend herausgearbeitet, dass es „in der *Klavierspielerin* weniger um den unter der symbolischen Ordnung leidenden Körper [geht], dessen Unbewußtes unter den Buchstaben hinweggleite, als vielmehr um den Umgang mit Texten, um die Nachwirkungen theoretischer und literarischer Sinnstiftungen". Herrad Heselhaus: „‚Textile Schichten'. Elfriede Jelineks Bekenntnisse einer Klavierspielerin". In: Markus Heilmann (Hg.): *Im Bann der Zeichen*. Würzburg: Königshausen & Neumann 1998, S. 89-101, hier: S. 97. Auch Tilo Renz weist darauf hin, dass die häufig betriebene inhaltlich und psychologisch ausgerichtete Lesart des Textes notwendig zu Fehllektüren führen muss, vgl. Tilo Renz: „Elfriede Jelinek. Die Klavierspielerin (1993)". In: Claudia Benthien (Hg.): *Meisterwerke*. Köln: Böhlau 2005, S. 176-200, hier: S. 178.

4 Vgl. etwa Cornejo: „Durch den Körper ‚sprechen'" sowie Barbara Kosta: „Inscribing Erika: Mother-Daughter Bond/age in Elfriede Jelinek's Die Klavierspielerin". In: *Monatshefte* 86.2 (1994), S. 218-234.

geordnete Kind als ein mit Besitzansprüchen markiertes und unter Zwang geformtes Geschöpf betrachtet wird, so inszeniert das im Text dargestellte Geschlechterverhältnis, die Beziehung zwischen Erika Kohut und Walter Klemmer, ebenfalls eine macht- und gewaltförmige Hierarchie, innerhalb derer dem Mann die Subjekt-, der Frau die Objektposition zugedacht ist. Anhand der Erzählebene von Kunst und Musik schließlich spielt der Roman das Verhältnis von kreativem Kunstschaffen und bloßer Imitation oder Interpretation durch. Sowohl die pathologische Verfassung der Titelfigur als auch die Thematik des künstlerischen Schaffensprozesses werden dabei unter geschlechtsspezifischen Voraussetzungen beleuchtet und stehen im Modus von Originalität, wiederholender Nachahmung und Devianz. Aus diesem Grund lässt sich in Jelineks Text die in den bisherigen Analysen verfolgte Konstellation einer strategisch angelegten Wiederholung pathologisierter Weiblichkeit noch einmal in verdichteter Form wiederfinden: das im Roman inszenierte Spannungsverhältnis aus Komposition und Imitation funktioniert als selbstreflexive Spiegelung einer stets als Abweichung markierten weiblichen Autorschaft.

1. Mutterschaft – Zum Mythos natürlicher Weiblichkeit

Die als erstes eingeführte und vordergründigste Handlungsebene des Textes ist die durch Kontrolle und Überwachung gekennzeichnete Beziehung zwischen Erika Kohut und ihrer Mutter. Anhand der dabei ins Extreme gesteigerte Spielart von Mütterlichkeit werden stereotype Weiblichkeitsbilder rund um den Komplex „Natur“ und „Natürlichkeit“ aufgerufen und alsdann verworfen, und dies auf zweifache Weise: zum einen indem der Text eine Kontrastierung zu der von Erika gleichsam als Sublimationsversuch ersehnten Dimension des Künstlerischen (hier: Musikalischen) in Szene setzt, zum anderen indem das Mutterschaftsverhältnis eben nicht als natürliche Liebe sondern vielmehr als eine kontinuierliche Formung, Normierung bzw. Zurichtung der Tochter erscheint.

Das Verhältnis der Klavierlehrerin Erika Kohut zu ihrer Mutter, mit der sie trotz ihres fortgeschrittenen Alters eine enge, klaustrophobisch anmutende Wohnung und seit dem Tod des Vaters auch das Ehebett teilt, wird im Roman durchgängig in einer dichotomen Metaphorik von Natur und Kultur wiedergegeben:

> Erika, die Heideblume. Von dieser Blume hat diese Frau den Namen. Ihrer Mutter schwebte vorgeburtlich etwas Scheues und Zartes dabei vor Augen. Als sie dann den aus ihrem Leib hervorschießenden Lehmklumpen betrachtete, ging sie sofort daran, ohne Rücksicht ihn zurechtzuhauen, um Reinheit und Feinheit zu erhalten. [...] Für Erika wählt die Mutter früh einen in irgendeiner Form künstlerischen Beruf, damit sich aus der mühevoll errungenen Freiheit Geld herauspressen läßt, während die Durchschnittsmen-

schen bewundernd um die Künstlerin herumstehen, applaudieren. (K 27)

In der Stilisierung der Tochter als „Heideblume“ wird das Stereotyp einer Zuordnung des Weiblichen zum Bereich der Natur auf die Spitze getrieben und zugleich als bloße Projektion bzw. Wunschvorstellung der Mutter kenntlich gemacht. Zudem stellt der Roman die von der Mutter unternommene Zurichtung des Kindes heraus, bei der dieses als formbares Material betrachtet wird, für das man einen Besitzanspruch markiert. Der Begriff des „Lehmklumpens“ akzentuiert die Idee einer selbsterklärten gottähnlichen Schöpfung und führt auf diese Weise Autorschaft und Autorität zusammen. Die im Text gezeichnete Mutter-Tochter-Bindung ist also keineswegs eine „natürliche“, sondern eine funktionale, von ökonomischen Interessen geleitete Beziehung, letztlich eine Institution der Machtausübung: „Zur Rede und an die Wand, Inquisitor und Erschießungskommando in einer Person, in Staat und Familie einstimmig als Mutter anerkannt.“ (K 7) Die unternommene Zurichtung bleibt nicht ohne Konsequenz für das disziplinierte Subjekt und an die Stelle einer freien Entfaltung rückt die von außen gesetzte Entscheidung für einen „künstlerischen Beruf“, auch wenn es sich in diesem Fall bezeichnenderweise weniger um eine schöpferische als vielmehr um eine interpretierende Tätigkeit handelt. Erika fügt sich paradigmatisch in das widersprüchliche Bild aus Naturwesen und Kunstobjekt ein, das für die Frau im kulturellen Imaginären vorgesehen und sprachlich festgeschrieben ist.[5]

Die Kehrseite des aufgerufenen Natürlichkeitsdiskurses wird an anderer Stelle offenbar. So macht der Roman deutlich, dass die Zuordnung zum Bereich der Natur eine materielle Vergänglichkeit impliziert, und dass die binäre Matrix von Natur vs. Kultur in eine geschlechtsspezifische Matrix eingebettet ist.

> Erika läuft vom Konservatorium nach Hause. Zwischen ihren Beinen Fäulnis, gefühllose weiche Masse. Moder, verwesende Klumpen organischen Materials. Keine Frühlingslüfte erwecken etwas. [...] Im Gehen haßt Erika diese poröse ranzige Frucht, die das Ende ihres Unterleibs markiert. Nur die Kunst verspricht endlose Süßigkeit. Erika läuft dahin. Bald wird diese Fäulnis fortschreiten und größere Leibpartien erfassen. Dann stirbt man unter Qualen. Entsetzt malt Erika sich aus, wie sie als ein Meter fünfundsiebzig großes unempfindliches Loch im Sarg liegt und sich in der Erde auflöst; das Loch, das sie verachtete, vernachlässigte, hat nun ganz Besitz von ihr ergriffen. Sie ist Nichts. Und nichts gibt es mehr für sie. (K 200f)

---

5 Zu diesem Missverhältnis zwischen der literarischen Imagination eines „Kunstweiblichen“ und einer damit verbundenen Bildervielfalt auf der einen und der „Schattenexistenz der schreibenden Frauen“ auf der anderen Seite vgl. Bovenschen: *Die imaginierte Weiblichkeit*, S. 13.

Die stereotypen Weiblichkeitsbilder, die an dieser Stelle aufgerufen werden, kommen in einer Bildlichkeit der Natur zum Ausdruck, wodurch sie zum einen naturalisiert, d.h. festgeschrieben werden, zum andern einer Pathologisierung unterliegen. Den Rahmen bildet hierfür die normative Gegenüberstellung einer positiv konnotierten Kultur („endlose Süßigkeit") und einer negativ konnotierten Natur („verwesende Klumpen organischen Materials"). Der Weg, den Erika Kohut in der zitierten Passage abschreitet, führt sie vom Konservatorium, vom Bereich der Kunst also, „nach Hause" – d.h. in den ihr zugedachten Bereich, der als Bereich der Natur, des Verfalls und des „Moders" kenntlich gemacht wird. Erika ist auf diese Weise qua biologischem Geschlecht dem Verfall und der Fäulnis verhaftet, mehr noch: es ist dieses Geschlecht selbst, „diese poröse ranzige Frucht", die Erikas Versehrtheit begründet und damit verhindert, dass sie die Kunst und die dieser zugeordnete Leichtigkeit („Frühlingslüfte") und Dauerhaftigkeit („endlos") für sich beanspruchen kann. Als Frau unterliegt sie dem Diktat der Vergänglichkeit, die schließlich im Nicht-Sein kulminiert („Sie ist nichts"). Mit dieser Darstellung greift der Roman auf die der Dichotomie von Natur und Kultur zugeschriebenen geschlechtsspezifischen Wertigkeiten zurück, um die Vorstellung der Frau als Mangelwesen („Loch") und die damit einhergehende Pathologisierung des Weiblichen zur Anschauung zu bringen.[6] Durch das Verfahren der Verflechtung wird also der Blick auf die bedeutungskonstitutiven Elemente von Norm und Abweichung gelegt, die der Generierung und Perpetuierung des Motivs der kranken Frau zugrunde liegen.

Sowohl die Familienkonstellation – der abwesende Vater, die phallische Mutter, das narzisstische Kind – als auch die ‚Liebesdynamik' zwischen Erika Kohut und Walter Klemmer enthalten derart holzschnittartige Versatzstücke psychoanalytischer Theoriebildung, dass sich eine rein psychologische Lesart des Textes, die lediglich aufgreift, was dieser bereits ausstellt, verbietet.[7] Sowohl die Selbst- als auch die Fremdwahrnehmung zitiert Vorstellungen der Frau als Mangelwesen, als Instrument, als Gefäß oder ‚Loch'.[8] *Die Klavierspielerin* wiederholt also verschiedene stereotype

---

6 Prominent wird diese binäre Zuschreibung und die im kulturellen Imaginären existierende Konstruktion der Frau als ein Mangelwesen von Lacan aufgegriffen, der mit seiner Formulierung „LA femme n'existe pas" diese Vorstellung psychoanalytisch weiterdenkt, vgl. Lacan: „Dieu et la jouissance de ~~LA~~ femme", S. 68.

7 Insbesondere Marlies Janz hat darauf hingewiesen, dass die psychoanalytische Deutung, die man versucht sein kann, an den Roman heranzutragen, von diesem selbst explizit gemacht wird. Vgl. Marlies Janz: *Elfriede Jelinek*. Stuttgart: Metzler 1995, vgl. insbes. S. 71-86.

8 „Klemmer hat auch die Wahl, sie unbenutzt wieder hinzustellen, um sie zu bestrafen. Es bleibt ganz ihm überlassen, ob er davon Gebrauch macht oder nicht. Er kann mutwillig mit ihr sogar werfen. Er kann sie aber auch polieren und in eine Vitrine stellen. Es könnte überdies geschehen, daß er sie nie abwäscht, sondern nur immer wieder aufs neue irgendwelche Flüssigkeiten in sie hineinfüllt; und ihr

Repräsentationsformen von Weiblichkeit, die sich nicht zuletzt aus psychoanalytischen Diskursen speisen und dabei die widersprüchlichen Vorstellungen der Frau als natürliches, kränkliches, defizitäres, unmündiges, manipulierbares, masochistisches Wesen entwerfen, und führt diese ironisch vor.[9] Allem voran wird dabei immer wieder auf die Vorstellung rekurriert, die Frau sei qua Körperlichkeit ein Mangelwesen und bedürfe der kulturellen oder künstlerischen Ausbildung in erster Linie zur Sublimierung ihrer natürlichen Unzulänglichkeit. Die Wiederholung jener Stereotype von Weiblichkeit dient also dazu, die daran geknüpften Prinzipien zu zersetzen.

2. Kunst – Zwischen Schöpfertum und Imitation

Eine fortgeführte Behandlung erfährt der Komplex von Krankheit und Autorschaft auf der Basis des im Roman vorgestellten Bereichs von Kunst und Kunstschaffen. Das semantische Feld, in dem die Figur der kranken Frau situiert wird, ist der Bereich des Musikalischen. Die Komplexität der Bezugnahmen auf die Musik in *Die Klavierspielerin* ist immens[10] – wichtig für den vorliegenden Zusammenhang ist vor allem das Nebeneinander von Musik als von den Figuren verhandeltes Thema, dem Musikbetrieb als Institution und Ort der Dressur und schließlich den musikalischen Kompositionsverfahren des Textes selbst. Über diese vielschichtige Verwendung

---

Rand wäre schon ganz schmierig und verklebt von all den Mundabdrücken. Am Boden ein tagealter Zuckerbelag. [...] Erika Kohut steht auf dem Boden wie ein vielbenutztes Instrument, das sich selbst verneinen muß, weil es anders gar nicht die vielen dilettantischen Lippen aushielte, die es andauernd in den Mund nehmen wollen. [...] Sie beginnt, etwas aus sich herauszuschöpfen, aus diesem bodenlosen Gefäß ihres Ichs, das für den Schüler nicht mehr leer sein wird." (K 179ff)

9 Zu einem ähnlichen Schluss kommt Claudia Öhlschläger in ihrer Lektüre des Textes: „Jelinek setzt sich in ihren Texten nicht nur mit dem Zusammenhang von Geschlecht, Macht und Sprache auseinander, sondern sie setzt das von Butler propagierte Verfahren einer mimetischen Entstellung und Wiederholung ein, um die künstliche, konstruktive Verfasstheit von (Geschlechts)Identitäten vor Augen zu führen." Claudia Öhlschläger: „Spektakel des Geschlechts. Schaulust und Körperpolitik in Elfriede Jelineks ‚Die Klavierspielerin'". In: *kea. Zeitschrift für Kulturwissenschaften* Band 11: Körperbilder, Körperpolitiken. Hg. v. Sabine Barz / Sabine Fuchs / Margrit Kaufmann / Andrea Lauser. Bremen 1998, S. 113-129, hier: S. 115.

10 In ihrem Aufsatz „Jelinek und die Musik" führt Pia Janke aus, dass es für eine Bearbeitung dieses Gegenstands nicht ausreichend sein kann, „das ‚Musikalische' der Texte aufzuspüren", sondern dass es notwendig ist, „die motivische Verarbeitung von Musik und Musikausübung in den literarischen Texten dar[zu]legen und auf die intertextuellen Verweise ein[zu]gehen." Pia Janke: „Jelinek und die Musik". In: Sabine Müller / Cathrine Theodorsen (Hgg.): *Elfriede Jelinek – Tradition, Politik, Zitat.* Wien: Praesens Verlag 2008, S. 271-285, hier: S. 277f.

von Musik stellt der Roman die Generierung und Funktionsweise normativer Diskurse dar. Paradigmatisch ist dabei das Reden der Figuren über Musik, die damit eine Partizipation am bürgerlichen Kunstbetrieb anstreben und zugleich den diesem innewohnenden konsumistischen Impetus entlarven.[11] Auf ähnliche Weise, wie sich der Mann von der Frau abzugrenzen sucht, indem er ihre körperliche Unzulänglichkeit hervorhebt, dienen auch die Redeweisen über Kunst und Musik ihren jeweiligen Sprechern der Errichtung einer Grenze und Differenzierung. Die Gegenüberstellung von Pathologie und Normalität ist dabei für den Diskurs prägend:

> Gesundheit pfui Teufel. Gesundheit ist die Verklärung dessen, was ist. Die Programmheftschmierer der Philharmonischen Konzerte in ihrem widerwärtigen Konformismus machen etwas wie Gesundheit, man muß es sich einmal vorstellen, zum Hauptkriterium bedeutender Musik. Nun, die Gesundheit hält es immer mit den Siegern; was schwach ist, fällt ab. Es fällt bei diesen Saunabesuchern und Mauerpissern durch. Beethoven, der ihnen als gesund geltende Meister, nur leider war er taub. Auch dieser zutiefst gesunde Brahms. Klemmer wagt den Einwurf, dass ihm auch Bruckner stets sehr gesund vorgekommen sei. Er wird dafür ernst zurechtgewiesen. Erika zeigt bescheiden ihre Wunde vor, die sie sich in persönlicher Reibung mit dem Musikbetrieb Wiens und der Provinz zugezogen hat. Bis sie resignierte. Der Sensible muß verbrennen, dieser zarte Nachtfalter. Und daher stehen, spricht Erika Kohut, diesen beiden im höchsten Ausmaß Kranken, nämlich Schumann und Schubert, die die Vorsilbe miteinander gemeinsam haben, meinem geschundenen Herzen am nächsten. (K 74f)

Von den gewöhnlichen Konsumenten und Rezipienten der Kunst, die nur aus Gründen gesellschaftlicher Distinguiertheit die Philharmonie besuchen, müssen sich Erika Kohut und Walter Klemmer ebenso verachtungs-

---

[11] An einem Beispiel lässt sich zugleich Elfriede Jelineks satirisches Sprachverfahren verdeutlichen: „Schubert sei zwar ein großes Talent gewesen, weil ohne Lehrer, der etwa einem Leopold Mozart vergleichbar, doch Schubert war entschieden kein fertiger Könner, würgt Klemmer eine frisch gefüllte Gedankenwurst zwischen den Zähnen hervor. Er reicht sie der Lehrerin auf einem Pappteller, mit einem Schuß Senf: jemand, der nur so kurz lebt, kann kein fertiggewordener Könner sein!" (K 190) Die Sprechweisen, die hier ironisch vorgeführt werden, offenbaren sowohl die Stereotypie der Aussagen als auch die Trivialität der dahinterstehenden Äußerungsmotivation. Indem der Text bildlich explizit macht, dass der Schüler hier lediglich „seinen Senf dazu geben" will, wird auch der damit kommentierte Gedanke über Kunstfertigkeit und Talent des Komponisten als „Gedankenwurst" verunglimpft und dadurch in die Nähe einer ganz anderen Realitätsebene, der Welt von Vergnügungspark und ‚Wurstlprater', gerückt. Die Kontamination der Sache durch den Sprachgebrauch, in dem diese geäußert wird, ist ein wiederkehrendes Stilmittel der Autorin zur Entlarvung und Trivialisierung ideologischer Diskursmuster.

voll abgrenzen wie von den „Programmheftschmierern", die ihrerseits einen musikalischen Kanon schaffen und damit Normen festlegen. Lehrerin und Schüler beklagen beide die Differenzziehung zwischen ‚gesunder' und ‚kranker' Kunst als bürgerlich und konformistisch, übernehmen sie jedoch im gleichen Moment, nur unter umgekehrten Vorzeichen, in all ihrer Normativität. Sie reproduzieren in trivialisierter Form den romantischen Topos des tiefsinnigen, melancholischen und verkannten Künstlers, der am Rande der Gesellschaft steht und von dieser ausgegrenzt wird.[12] Zugleich dient ihnen die eindimensionale Unterscheidungsmatrix Gesundheit vs. Krankheit als Bewertungsinstrument einzelner Komponisten: der gesunde Brahms wird verworfen, der kranke Schubert hochgehalten. In zweifacher Hinsicht wird ein solcher Diskurs ridikülisiert und vorgeführt: durch die Diskrepanz zwischen dem eigenen Anspruch an Tiefgründigkeit und der Eindimensionalität des zugrunde gelegten Denkschemas; und durch die widersprüchliche Gleichzeitigkeit einer vehementen Ablehnung des „widerwärtigen Konformismus" und einer strengen Errichtung eigener Diskursregeln.

Schließlich dient die normative Matrix von Gesundheit und Krankheit den Figuren auch der Definition ihrer selbst. Erika Kohut identifiziert sich mit *Schu*bert und *Schu*mann, weil diese „ihrem ge*schu*ndenen Herzen am nächsten" stehen, und reklamiert auf diese Weise die Sensibilität der männlichen Komponisten für sich selbst; die eigene Verletzbarkeit wird zum Distinktionsmerkmal. Die dabei evozierte Konnektivität von Weiblichkeit und Empfindsamkeit und Verwundung ist in ein diskursives Umfeld eingebettet, dem die ästhetischen Prämissen der Moderne eingeschrieben sind, allen voran die Valorisierung von psychischer, moralischer und formalästhetischer Devianz. Gerade dieses Prinzip der Abweichung als Wert an sich wird vom Text auf mehrfache Weise ironisiert: durch die Wahl des Sprachregisters, durch die Überzeichnung der Figuren, und damit als ausschließliches Modell verworfen. Das Verhältnis von Originalität und Abweichung, Werk und Interpretation wird dabei durchgehend mitgeführt und gerade im Bereich der Musik als hierarchisch gegliederte Institution:

> Erika erkämpft sich einen kleinen Platz, noch in Sichtweite der großen Musikschöpfer [...]. Schließlich ist auch der Nachschöpfer noch eine Schöpferform. Er würzt die Suppe seines Spiels stets mit

[12] Vgl. zur Tradition der Melancholie-Darstellung beispielhaft Martina Wagner-Egelhaaf: *Die Melancholie der Literatur. Diskursgeschichte und Textfiguration.* Stuttgart: Metzler 1997. Zum geschlechtsspezifischen Wandel des kranken Künstlers vgl. Jane E. Kromm: „The Feminization of Madness in Visual Representation". In: *Feminist Studies* 20.3 (1994), S. 507-535. Vgl. auch Birgit Zilch-Purucker: *Die Darstellung der geisteskranken Frau in der bildenden Kunst des 19. Jahrhunderts am Beispiel der Melancholie und Hysterie.* Herzogenrath: Murken-Altrogge 2001.

> etwas Eigenem, etwas von ihm selber. Er tropft sein Herzblut hinein. Auch der Interpret hat noch sein bescheidenes Ziel: gut zu spielen. Dem Schöpfer des Werks allerdings muß auch er sich unterordnen, sagt Erika. (K 18)

Die Figur Erika Kohut, deren Schicksal es ist, nur Klavierlehrerin, nicht aber Pianistin geworden zu sein, thematisiert an dieser Stelle den Zusammenhang zwischen übergeordnetem Schöpfertum auf der einen Seite und nachgeordneter Interpretation als Imitation dessen, was bereits vorgegeben ist, auf der anderen. Sie selbst kann immer nur das zuvor Geschaffene in möglichst gelungener (und das meint: originalgetreuer) Weise wiederholen, sie kann also nicht selbst erschaffen. Vor dem Hintergrund der Überlegung, dass die Redeweisen über Musik in Jelineks Roman stets die allgemeinen Regeln des Diskurses mit abbilden, lässt sich die zitierte Passage von der Bedeutungsebene des Musizierens auf die des Schreibens übertragen – und damit von der Übermacht der Komposition auf die dominierende Präexistenz von Vor-Geschriebenem. Folgt man dieser Blickrichtung, so wird offensichtlich, daß anhand der Figur der Klavierspielerin die Frage nach der Möglichkeit weiblicher Autorschaft verhandelt wird.[13] Ebenso wie die Autorität des musikalischen Werkes zu seiner originalgetreuen Wiederholung zwingt, so kann die Übermacht bereits existierender schriftlicher Erzeugnisse eine imitierende Auseinandersetzung bedingen, und damit ein Fortbestehen bestimmter Themen und Schreibweisen. Die Besonderheit des Jelinekschen Textes ist es dabei jedoch, diesen Mechanismus zu überschreiten, sich diesen Prozess strategisch anzueignen und ihm das Prinzip der Devianz einzuschreiben.

Innerhalb des hierarchischen Verhältnisses von Werk und Interpretation stellt nämlich der Verweis auf das „Schöpfertum des Nachschöpfers“ die unantastbare Autorität des Originalen in Frage und setzt die wiederholende Nachahmung in ihr Recht. Dieser Aspekt wird in einer Aussage zum Verhältnis von Komposition und Interpretation deutlich, die das Kräfteverhältnis umzukehren scheint: „Es gibt in der Interpretation eines Musikstücks einen gewissen Punkt, wo die Genauigkeit endet und die Ungenauigkeit des eigentlichen Schöpfertums beginnt. Der Interpret dient nun nicht mehr, er fordert! Er fordert dem Komponisten das letzte ab.“ (K 189) Hier wird die Interpretation zum eigentlichen Ort einer im-

---

[13] Eine ähnliche Argumentation verfolgt auch Tilo Renz, der in der oben zitierten Passage den Gegensatz von Vorschreiben und Nachspielen herausliest: „Wird die Figur Erika als Personifizierung einer Möglichkeit weiblicher Autorschaft verstanden, so besteht diese gerade nicht darin, Komponistin, also Schöpferin von Musik sein zu können. Sie hat sich mit der Rolle der Klavierspielerin, der Nach-Spielenden zu bescheiden.“ Renz: „Elfriede Jelinek“, S. 189.

mer schon verschobenen Herstellung von Sinn.[14] Die Wiederholung eines vor-geschriebenen Originals schreibt diesem eine Veränderung ein und ist gerade darin schöpferisch. Jelineks Roman thematisiert somit sein eigenes Herstellungsprinzip und erreicht damit auf der Ebene der Textkonstruktion eine Überschreitung der inhaltlich vorgeführten Aporie.

3. Sexualität – Die Verkehrung der Diskurshoheit

Ein weiteres Mal wird die Problematik weiblicher Autorschaft im Spannungsfeld von Originalität und Imitation verortet, wenn es um die sexuelle Beziehung zwischen Erika Kohut und Walter Klemmer geht, und speziell um einen von der Lehrerin an den Schüler adressierten Brief. Die lange Romanpassage, in der die Protagonistin ihrem Schüler das Schriftstück in ihrer Wohnung übergibt und ihn zwingt, es an Ort und Stelle zu lesen, ist mehrfach als Schlüsselstelle des Romans gedeutet worden.[15] Während der Brief, in dem Erika Kohut sich ihrem Schüler in Form konkreter Handlungsanweisungen sexuell ausliefert, von seinem intradiegetischen Leser Klemmer als Aufforderung verstanden wird, über seine Lehrerin tatsächlich gewaltsam zu verfügen, stellt sich für den vorliegenden Zusammenhang die Frage, in welchem Verhältnis der Inhalt des Briefes und seine Autorschaft zueinander stehen. Am auffälligsten ist dabei die auf den ersten Blick paradoxale Grundanlage der Epistel: Erika Kohut formuliert in ihrem Schreiben ihre sexuellen Wünsche und Bedürfnisse, deren oberstes Gebot jedoch darin besteht, dass eben diese Bedürfnisse missachtet werden müssen: „Sie will nur Instrument sein, auf dem zu spielen sie ihn lehrt. Er soll frei sein, sie aber durchaus in Fesseln. Doch ihre Fesseln bestimmt Erika selbst. Sie entscheidet, sich zum Gegenstand zu machen; Klemmer wird sich zur Benützung dieses Gegenstands entschließen müssen." (K 216) Zunächst einmal bilden diese Zeilen ein deutliches Echo auf Bilder und Diskurse von Weiblichkeit, die der Roman bereits ausgefaltet

---

14 „Die musikalische wie die literarische Interpretation wiederholt zwar den vorgegebenen Text, kann aber nie ganz in ihm aufgehen, sie muß qua Definition abweichen, differieren." Heselhaus: „Textile Schichten", S. 97.

15 Gerne wird zur Unterstützung dieser Lesart die Autorin selbst ins Feld geführt – wie etwa bei Sabine Wilke: „Das ist der wichtigste Punkt im ganzen Roman. Das haben die Kritiker völlig übersehen. Das ist nicht eine Frau, die sich unterwerfen und leiden will, sondern eine Frau, die durch den zwangsneurotischen Mechanismus des Schreibens dem Mann in der Unterwerfung etwas vorschreiben möchte und letztlich daran scheitert. Diese Briefe sind im Grunde das Kontrollmittel und die Schlüsselstelle im ganzen Roman. Das haben ganz wenige begriffen." Jelinek in einem Interview mit Donna Hofmeister (1987) zit. nach Sabine Wilke: „Ich bin eine Frau mit einer männlichen Anmaßung": Eine Analyse des „bösen Blicks" in Elfriede Jelineks *Die Klavierspielerin*. In: *Modern Austrian Literature* 26.1 (1993), S. 115-144, hier: S. 126f.

hat: die Konzeption der Frau als Gegenstand und Objekt in der Verfügungsgewalt des Mannes wird wiederholt, überdies wird durch den Begriff des ‚Instruments' der Bildbereich der Musik weiter mitgeführt. Gleichzeitig schreibt sich in die scheinbar so eindeutige Geschlechterhierarchie eine Verschiebung ein: indem Erika das hierarchische Verhältnis selbst einfordert, wird die weibliche Objektposition an das Wollen geknüpft, die männliche Subjektposition hingegen an das Müssen.

Das in dem Brief artikulierte Begehren, sich zu unterwerfen, lässt sich auf inhaltlicher Ebene als Ausdruck eines weiblichen Masochismus interpretieren. Erika fordert Fesselungen, Knebelung, Gewalt und vor allem Härte und Strenge, sollte sie um Gnade betteln.[16] Die stereotypen Weiblichkeitsbilder einer sexuell unterdrückten, devoten und verfügbaren Frau werden dabei jedoch nicht in Reinform wiederholt, sondern in Form perspektivischer Brechung:

> Ihr sehnlichster Wunsch ist es, liest der angebetete Herr Klemmer, daß du mich bestrafst. [...] Und zwar in der Art, daß er sie mit Genuß so derart fest, stramm, gründlich, ausgiebig, kunstgerecht, grausam, qualvoll, raffiniert mit den Stricken, die ich gesammelt habe, und auch den Lederriemen und sogar Ketten!, die ich ebenfalls habe, fesselt, ver- und zusammenschnürt und zusammenschnallt, wie er es nur kann. ER soll ihr seine Knie dabei in den Leib bohren, bitte sei so gut. (K 218f)

Die Widersprüchlichkeit und Ironie der Passage entspringen den referentiellen Brüchen, die nicht nur zwischen den einzelnen Sätzen, sondern immer wieder auch innerhalb eines Satzes gesetzt werden. Während eine durchgehende Fokalisierung auf Klemmer als Leser des Briefes zu beobachten ist, wird gleichzeitig in direkter Rede die Stimme Erikas wiedergegeben, so dass ihre Perspektive die ihres Schülers überlagert. Die abrupten Pronominawechsel, die dabei entstehen, etwa von der dritten in die erste bzw. in die zweite Person und wieder zurück, dienen aber nicht allein einem Effekt des Komischen, sondern spiegeln auch die Logik eines Begehrens, das im Akt des Schreibens zwischen Fremd- und Selbstperspektive zu lavieren versucht. Die identitäre Unbestimmtheit, die dabei entsteht, gründet im Vollzug des weiblichen Schreibens selbst. Zusätzlich entstehen Widersprüche und Sprünge durch das Nebeneinander eines fordernden und eines bittenden Gestus, sowie durch den Gegensatz von Inhalt und Form des Briefes, d.h. durch das Aufeinanderprallen von

---

16 Ebenso deutlich sagt der Roman mehrfach aus, dass Erika wünscht, Klemmer möge sich „aus Liebe" über ihre schriftlich formulierten Forderungen hinwegsetzen und sie verschonen. Auch wenn damit zwar ggfs. ein Akt der Gewalt vermieden würde, entspricht dieser heimliche Wunsch einmal mehr dem Schema des offenen Appells, sich in allen Belangen über die Wünsche der Schreibenden hinweg zu setzen.

transgressiver Gewaltphantasie und konformistischen Höflichkeitsformeln.

Dass es in der vielkommentierten Brief-Szene also nicht nur um die Strukturen des Begehrens geht, sondern dass darin zugleich die Frage nach Autorschaft und Subjektivität im Zeichen von Macht verhandelt wird, das lässt sich direkt aus dem Text ableiten. Tatsächlich werden in einigen Passagen des Kohutschen Briefes weniger konkrete Handlungen eingefordert, sondern vielmehr Diskursregeln aufgestellt:

> Ferner sagt sie ihm bittschön schildere stets genau, was du gerade mit mir anfängst. Und drohe mir laut damit, was des weiteren folgt, falls ich Gehorsam verweigere. Alles muß in Einzelheiten ausgemalt werden. Auch Steigerungsstufen sollen breitgefächert geschildert werden. Klemmer spottet die schweigende Erika erneut dahingehend aus, wer sie denn glaubt, daß sie ist. [...] Dieses Inventarverzeichnis des Schmerzes. Ich soll dich also als bloßen Gegenstand behandeln. (K 220)

Sämtliche Gewalttaten, die Erika von ihrem Gegenüber verlangt, sind sprachliche. Nicht um Schläge und Fesseln bittet sie, sondern um Schilderungen, Drohungen, Ausmalungen und Inventarisierungen.[17] Es geht also nicht in erster Linie um die Forderung von Handlungen, sondern um das Aufrufen von Sprechakten, in denen die Handlung selbst je verschoben wird. Die diskursiven Darstellungen und Vorstellungen von Sexualität und Gewalt gehen deren tatsächlicher Ausübung voraus und verschieben sie zugleich. Auf diese Weise ist ein dialektisches Verhältnis von Gewalt und Sprache umschrieben, das den gesamten Roman durchzieht.[18] Aber auch eine Verstrickung von Sexualität und Textualität wird hier sichtbar, die darauf hindeutet, dass es kein ‚eigentliches' Begehren Erika Kohuts geben kann, welches in diesen im Brief formulierten Worten zum Ausdruck gebracht würde und von Klemmer nur falsch interpretiert wird.[19] Vielmehr wird eine solche Eigentlichkeit grundsätzlich in Frage gestellt;

---

17 Vgl. auch folgende Passage: „Sage solche Sachen auf jeden Fall zu mir, damit ich meine Wehrlosigkeit so richtig fühle. Behandle mich bitte in allen Fällen so, wie ich es dir aufgeschrieben habe." (K 228)

18 Immer wieder finden sich Beispiele, in denen in Form von Katachresen und Isotopien auf die Gewaltsamkeit und Performativität von Sprache verwiesen wird: „Die Frau schlägt dem Schüler sofort ins Gesicht, daß sie nicht berechtigt sei, stillschweigend Können bei ihm vorauszusetzen." (K 188); „[...] da steht schon die Mama groß davor und stellt Erika. Zur Rede und an die Wand, Inquisitor und Erschießungskommando in einer Person [...]." (K 7)

19 „Klemmer bezweifelt sehr, was er liest, und schiebt es auf schlechte Beleuchtungsverhältnisse. Die Frau kann es so nicht gemeint haben, die derartig Chopin spielt. Das und nichts anderes ist der Frau jedoch sehr erwünscht, weil sie immer nur Brahms und Chopin gespielt hat. Jetzt erbittet sie sich Vergewaltigung, welche sie sich mehr als eine stetige Ankündigung von Vergewaltigung vorstellt." (K 229f)

ebenso wie die Psychologie der Figuren erweisen sich die Strukturen des Begehrens als bloße Oberflächenphänomene.

Entscheidend ist, dass Erika für ihre brieflichen Anmaßungen gleich zweifach sanktioniert wird. Zum einen wird sie einmal mehr von Klemmer mit pathologisierenden Zuschreibungen versehen: „Klemmer droht, wenn er das noch weiter liest, dann nur aus Interesse an einem klinischen Fall, der sie ist." (K 221) Obwohl Erika gerade keine verborgenen, perversen Wünsche äußert, sondern nur imitierend formuliert – oder, um im Bildfeld des Romans zu bleiben, nachspielt –, was bereits an weiblichen Rollenzuschreibungen im kulturellen Imaginären vorhanden ist, muss sich Klemmer von ihrem Begehren distanzieren, indem er sie unter medizinische Vorzeichen stellt und damit einen klaren Objektivierungsgestus verfolgt. Zum anderen erfährt die Klavierlehrerin eine drastische Sanktion in dem Akt der Vergewaltigung. Dabei werden Klemmers Motivationen auf ungewöhnlich deutliche Weise offengelegt:

> Zwecks Weiterkommen in Leben und Gefühlen muß die Frau vernichtet werden, die über ihn sogar gelacht hat, zu Zeiten, da sie noch leicht triumphierte! Sie hat ihm Fesselung, Knebelung, Vergewaltigung zugetraut und zugemutet, jetzt erhält sie, was sie verdient. Schrei nur, schrei, fordert Klemmer auf. (K 273)

Klemmer erfährt dadurch, dass Erika die Dinge, die sie ohnehin „verdient" hat, selbst einfordert, eine Kränkung. Dies wiederum macht eine Selbstbehauptung erforderlich und mündet in einem eliminatorischen Geschlechterkampf, bei dem die Vernichtung der Frau die Voraussetzung für das Weiterkommen des Mannes bildet. Die anmaßende Grenzüberschreitung, derer sich Erika in Klemmers Augen schuldig gemacht hat, ist dabei signifikanterweise die Behauptung von Autorschaft: „Er sagt zu Erika: damit das gleich klar ist. Nichts Schlimmeres als eine Frau, welche die Schöpfung neu schreiben will. Dieses Motiv für Witzblätter. Klemmer ist ein Motiv für einen großen Roman." (K 267f) Weibliche Autorschaft oder gar der Entwurf einer weiblichen Gegenperspektive ist aus männlicher Sicht, die Klemmer hier repräsentiert, ebenso anmaßend wie lächerlich, und auch als Gegenstand der Repräsentation ist die Frau – im Gegensatz zum Subjekt Mann – kaum tauglich.

Aufgrund der im Roman angelegten und in dieser Passage noch einmal verdichteten Parallelführung von Sprache und Gewalt müssen Klemmers verbale Pathologisierung und die körperliche Vergewaltigung seiner Lehrerin zusammengedacht werden. Die Objektivierung der Frau mit dem Mittel ihrer Pathologisierung wird von Jelineks Text in paradigmatischer Weise als ein Akt der Gewalt und Unterdrückung inszeniert, wobei das Ineinandergreifen von Sprache und Gewalt offengelegt und dekonstruiert wird. Mit der Brief-Szene und der nachfolgenden Vergewaltigung bringt der Roman *Die Klavierspielerin* ein zentrales Paradigma zur Anschauung, das die Figur der kranken Frau mit der Frage der Autorschaft verknüpft. Die hegemonialen Repräsentationsformen und Zuschreibungen von Weiblichkeit werden mit der Problematik einer geschlechtlich markierten Positionierung von Urheberschaft zusammengedacht.

Die Zusammenführung von Gewalt und Sprache, die den Jelinekschen Roman kennzeichnet, ist gleichwohl nicht dazu angelegt, die Gewalt, die Erika Kohut widerfährt, zu nivellieren. Auch kann das Abfassen des Briefes an sich noch nicht als Erfüllung ihres weiblichen Begehrens, als bewusster Akt der Selbstermächtigung oder Subversion der Klemmerschen Machtposition aufgefasst werden – zumindest nicht auf der Ebene der *histoire*. Erst auf der Ebene der Textintention lässt sich die in Erikas Brief vollzogene Wiederholung misogyner Stereotype von Weiblichkeit als strategisch bewerten, insofern sie als eine bewusste Bezugnahme auf herrschende Diskurse eingesetzt wird. Durch die Re-Inszenierung stereotyper Weiblichkeitsbilder und die Analyse von Pathologisierungsprozessen wird die Funktionsweise einer hegemonialen, normativen Geschlechtermatrix aufgezeigt und dekonstruiert. Was auf inhaltlicher Ebene ein Skandalon bildet – die selbstformulierte Einforderung der fremdbestimmten Rolle als untergeordnet und krank – wird auf der metapoetolgischer Ebene zur analytischen Aussage. Dies bedeutet, dass die Autorin an dieser Stelle über das hinausgeht, woran ihre Figur scheitert. Sie formuliert *in* ihrem Text eine Aporie weiblichen Schreibens, die sie aber zugleich *mit* ihrem Text überwindet.

In der Art und Weise, wie Jelineks Roman *Die Klavierspielerin* vorherrschende Diskurse der Pathologisierung von Weiblichkeit aneignet und demontiert, und zwar gerade indem der Text diese stereotypen Bilder wiederholt, ironisiert und deren Funktionsweisen offenlegt, steht der Text stellvertretend und metapoetologisch für die anderen hier untersuchten Texte. Das eingesetzte Verfahren spiegelt zum einen die Entstehung und Perpetuierung normativer Geschlechterbilder, die sich erst in der Wiederholung sedimentieren, zum anderen birgt es die Möglichkeit, der sich perpetuierenden Norm eine Differenz einzuschreiben. Auf diese Weise kann die Wiederholung, die eigentlich als eine Funktionsweise der Macht beschreibbar ist, zu einem subvertierenden Faktor werden, der die Instabilität hegemonialer Diskurse aufzeigt.

X. Konklusion

Die kranken und im Modus der Devianz gezeichneten Frauen, die in den hier untersuchten Prosatexten im Zentrum stehen, bilden nur die offenkundig sichtbare Manifestation einer grundsätzlichen Auseinandersetzung von Autorinnen mit präexistenten Repräsentationsformen von Weiblichkeit und Krankheit, die vor allem auf der Ebene von Diskursen, Strukturen und Schreibweisen verläuft. Das Aufgreifen und Zitieren stereotyper Darstellungsmuster schreibt diesen eine signifikante Differenz ein und gelangt auf diese Weise zu einer kritischen Infragestellung der Kategorien von Originalität und Normalität. Die literarische Wiederholung der Figur der kranken Frau ermöglicht, so lässt sich als zentrales Ergebnis dieser Arbeit formulieren, die kritische Aushandlung der Bedingungen, Möglichkeiten und Aporien weiblicher Autorschaft.

Das Phänomen der zitierten und im Zuge eines komplexen Wiederholungsprozesses aktualisierten pathologisierten Weiblichkeit ist dabei in zweifacher Hinsicht aufschlussreich. Zum einen gelingt es den Texten mit diesem Verfahren, einen zentralen Bestandteil geschlechternormativen Denkens zu untergraben: das als natürlich, vorgängig oder unveränderlich angenommene Geschlechterbild wird als Mythos entlarvt, gerade *indem* es neu zur Darstellung gebracht und in seiner historischen Dimension markiert wird. Der Konnex von Weiblichkeit und Krankheit, der über Jahrhunderte in Literatur und Wissenschaft in unterschiedlichen Variationen und Ausprägungen den Diskurs über die Geschlechter dominierte und insbesondere aufgrund seiner konstanten Ästhetisierung seine Wirksamkeit bezog, wird in den literarischen Texten von Frauen in der zweiten Hälfte des 20. Jahrhundert aufgegriffen und in seiner Möglichkeit der politischen Vereinnahmung kenntlich gemacht. An die Stelle einer Illusion der natürlichen oder essentiellen Kategorie „Frau“ tritt daher eine konsequente Verwobenheit mit anderen Themen und Diskursen. Die dargestellte Pathologisierung erscheint in den Texten niemals absolut und unveränderlich, sondern immer relational, wandelbar und kontextabhängig.

Zum Zweiten zielt das in den Texten enthaltene Moment der strategischen Devianz daher nicht nur auf die Dekonstruktion pathologisierter Weiblichkeit, sondern auch auf die kritische Analyse und Entlarvung der damit vernetzten Diskurse und Praktiken und deren normalisierenden Gestus. Die in den literarischen Texten dargestellte kranke Frau wird gleichsam zu einer Schlüssel- oder Zeigefigur für kulturell und wissenschaftlich sedimentierte Machtgefüge und Ausschlussmechanismen. Dabei besteht ein wichtiges Erkenntnismoment darin, dass diese Machtstrukturen in dem herrschenden gesellschaftlichen System nach den gleichen binären Prinzipien von Norm und Abweichung, Original und Imitation strukturiert sind wie die Ordnung der Geschlechter. Auf diese

Weise gelingt es den Texten zu zeigen, dass gerade zu einem Zeitpunkt, an dem geschlechterpolitische Themen im offiziellen Diskurs als überholt erscheinen, der Konnex von Krankheit und Weiblichkeit fortbesteht und als evidenz- und strukturbildende Matrix für andere Normierungs- und Ausschlussverfahren fungiert. Aus diesem Grund stellen die hier untersuchten Romane nicht nur eine komplexe Auseinandersetzung mit geschlechterspezifischen Normierungsprozessen dar, sondern veranschaulichen überdies die Möglichkeiten literarischer Texte, das herrschende Diskursgefüge zu unterwandern und etwas auszusagen, was in der hegemonialen Ordnung ausgeblendet wird. Die Weiterverarbeitung der Figur der kranken Frau bedeutet daher keinen Rückzug in die Innerlichkeit, sondern impliziert im Gegenteil eine dezidierte Politisierung des literarischen Textes.

Dieser Umstand hat auch methodische Implikationen, lässt sich doch die Figur der kranken Frau nicht isoliert betrachten, sondern nur im Zusammenspiel mit angrenzenden politischen Themen und Machtstrukturen. Aus diesem Grund sind in dieser Arbeit Ansätze aus dem Bereich der Gender Studies, so etwa Theorien zur Performativität von Geschlechtsidentität, mit Theorienansätzen der Kulturwissenschaft, der Psychoanalyse und der *Postcolonial Studies* zusammengeführt worden, um der problematischen Eindimensionalität traditioneller feministischer Theorien zu entgehen. Dies ermöglicht es, einer monolithischen, entpolitisierten Kategorie des Weiblichen entgegenzuwirken und die Frage nach Geschlecht und Norm in eben jenen gesellschaftlichen Zusammenhang einzubetten, dem er entspringt und den er seinerseits mit generiert.

Die Zusammenschau der formalästhetisch und strukturell sehr unterschiedlichen Werke offenbart über den jeweiligen Einzeltext hinausweisende Strategien der Devianz, die für den untersuchten Zeitraum als paradigmatisch angesehen werden können. Ein zentrales Moment, das den Romanen gemeinsam ist, bildet erstens die *Kontextualisierung*, d.h. die konsequente Rückbindung der Figur der kranken Frau an eine konkrete historische und kulturelle Umgebung. Dabei werden die geschlechtsspezifischen Machtverhältnisse in einen übergreifenden gesellschaftlichen Zusammenhang eingebettet. Dieser Aspekt manifestiert sich in den Texten in der Bezugnahme auf den nachwirkenden oder aktualisierten Zeitgeist einer Epoche, auf die politischen Diskurse und gesellschaftlichen Machtgefüge der Gegenwart oder ein ideologisches Klima. Die in den Romanen je aufgerufenen Kontexte bilden dabei jeweils nicht allein die Hintergrundfolie der erzählten Geschichte, vielmehr werden deren Strukturen als Vergleichsmoment, Projektionsfläche, Kontrastfolie oder Element der Verdichtung für die im Fokus stehende Pathologisierung des Weiblichen begreifbar. Unabhängig davon, ob in den Romanen eine explizite Bezugnahme auf den Kontext stattfindet, wie in den Texten von Marguerite Duras, Ingeborg Bachmann und Toni Morrison, ob dieser Kontext lediglich in Form von Andeutungen und Verweisen sichtbar ist, wie im Falle der Romane von Gisela Elsner und Christine Angot, oder ob ein historischer Bezug dezidiert negiert wird, wie bei Sylvia Plath – stets werden die kranke Frau und die Möglichkeiten ihrer Darstellung als das Ergebnis historischer Diskursformationen kenntlich gemacht. Auf diese Weise verhandeln die Texte den Zusammenhang zwischen großer und kleiner, individueller und kollektiver Geschichte, sowie das Verhältnis von hegemonialen und alternativen Formen der Geschichtsschreibung; sie schreiben eine tradierte Darstellung der Geschichte um oder schreiben sich darin ein. Darüber hinaus wird durch die explizite Historisierung und Kontextualisierung der Figur der kranken Frau die (auch im medizinwissenschaftlichen Diskurs angelegte) problematische Naturalisierung und Vereindeutigung der semantischen Verknüpfung von Krankheit und Weiblichkeit konterkariert und die Annahme einer essentialistischen Kategorie „Frau“ dekonstruiert.

Ein zweites Merkmal, das sich für sämtliche der hier untersuchten Romane feststellen lässt, ist die Konfiguration der Textinhalte innerhalb von räumlichen Kategorien im Zuge einer strategischen *Spatialisierung*. Die in den Texten verhandelte Matrix von Norm und Abweichung, in der die kranke Frau verortet ist, erfährt eine konkrete topologische Ausgestaltung, so dass die Markierungen und Grenzen des je dargestellten Raumes zugleich als Konturen von Transgression und Abweichung lesbar werden. Die wiederkehrende und detailreiche Beschreibung von Zimmern, Häusern und Hospitälern, aber auch von Städten und Landschaften als pathogenen, befremdlich-unheimlichen oder gar ‚ansteckenden‘ Räumen ist dabei Ausdruck einer Konkretisierung der zentralen Kategorien von Krankheit und Geschlecht. Nicht nur auf einer inhaltlichen oder motivischen Ebene ist dabei der Raum von Interesse, in den Oppositionen von Innen und Außen (Angot), Zentrum und Peripherie (Morrison), Gefangenschaft und Exklusion (Elsner), sondern auch als Strukturelement, d.h. als Manifestierung von Machtverhältnissen und Hierarchien (Bachmann) oder in der Verhandlung von Ordnung und Auflösung (Duras), Sichtbarkeit und Transparenz (Plath). Bedenkt man zudem die Bedeutung, die in den Romanen den darin modellierten Orten und Schauplätzen für dic Konstruktion von Erinnerung zufällt (wie etwa im Falle des Durasschen Romanzyklus) oder für den Vorgang des Schreibens selbst (wie in den Autofiktionen Angots), dann wird deutlich, dass gerade über die Kategorie des Raums die Problematik weiblicher Autorschaft in ihrer Situierung an der Grenze zwischen Partizipation und Ausschluss verhandelt wird.

Das dritte strategische Verfahren, das den hier untersuchten Texten gemeinsam ist, ist schließlich die Reflexion von Schrift und Schriftlichkeit im Modus der Aneignung, konkreter: die Bezugnahme auf literarische Vorläufertexte und deren übermächtigen Narrative in Form einer *Intertex-*

tualisierung. Diese wird entweder auf der Ebene der *histoire* sichtbar, etwa in der expliziten Thematisierung von Handschriften, Schriftstücken oder Manuskripten (Bachmann, Morrison), in der Verhandlung von Schreiben und Autorschaft als konkretes Handlungselement des Romans (Plath, Angot), oder aber sie bildet das maßgebliche Verfahren der Textkonstitution (Duras, Elsner). In diesem Fall werden in dem Roman nicht nur Akte und Prozesse des Schreibens und Lesens inszeniert, sondern in Anlehnung an dominante literarische oder wissenschaftliche Vorläufertexte spezifische Schreibweisen ausagiert. Insbesondere in der narratologischen Konstruktion der Prosatexte findet eine Aneignung dominanter Diskursstrukturen im Modus der Intertextualisierung statt: etwa in dem Entwurf einer männlichen Erzählinstanz, deren objektivierende und pathologisierende Darstellung weiblicher Figuren zitiert und zugleich an ihre Grenzen geführt wird (Bachmann, Duras) oder in der Rekapitulation tradierter Handlungsstrukturen und Plots, die der Frau eine ausschließlich marginale und supplementäre Handlungsposition zuweisen, nur um eben diese Strukturen in ihrer notwendigen Hierarchisierung zu hinterfragen (Elsner, Morrison). Immer wieder rekurrieren die einzelnen Texte zudem auf medizinische oder wissenschaftliche Formen der Diskursivierung von Krankheit und Weiblichkeit, um diese zu imitieren und konterkarieren (Plath, Angot). Insbesondere die Fallgeschichte als Verfahren einer Objektivierung und Enthistorisierung des Weiblichen wird dabei unter veränderten Vorzeichen aufgegriffen, transformiert und neu perspektiviert. Auf diese Weise werden das Oszillieren der Frau zwischen Subjekt- und Objektposition kenntlich gemacht und die Problematik von diskursiver Festschreibung und Perpetuierung in den Blick gerückt. Durch die permanente Rekurrenz auf präexistente Schreibweisen und Genres werden diese in ihrer normalisierenden und wissensgenerierenden Funktion sichtbar gemacht. In der Thematisierung von Formen, Funktionen und Prozessen der Schriftlichkeit ist zudem die selbstreferentielle Dimension der Texte angelegt und abermals die Problematik weiblicher Autorschaft umrissen. Die drei Verfahren der Kontextualisierung, Spatialisierung und Intertextualisierung bilden also divergente und zugleich komplementäre Spielarten einer mit genuin literarischen Mitteln vollzogenen Wiederholung, die sich den Prinzipien der Naturalisierung, der Grenzziehung und der Originalität, die traditionell für die Darstellung von Geschlechterbildern konstitutiv sind, widersetzt.

Wenn also zu dem vorherrschenden literarischen Stereotyp der kranken Frau in den untersuchten Prosatexten kein starkes Gegenbild entworfen wird, sondern im Gegenteil die Romane ihrerseits den Fokus auf fragile, versehrte oder traumatisierte Heldinnen legen, dann lässt sich diese Wiederholung als eine Strategie der Subvertierung begreifen. Indem die Autorinnen keine direkte Verkehrung der tradierten Repräsentationsformen vornehmen, sondern im Gegenteil die bestehenden Darstellungsmuster und Schreibweisen aufgreifen, sich aneignen und transformieren, machen sie deren ideologische Funktion kenntlich und schreiben diesen eine entscheidende Differenz ein. Die semantische Verknüpfung von Weiblichkeit und Krankheit wird als eine Konstruktion herausgestellt, die nicht ‚natürlich' und vorgängig gegeben ist, sondern die ihrerseits Prozesse der Wiederholung bedarf, um fortzubestehen. Die Figur der kranken Frau und die ihr zugeordnete Abweichung werden als das Ergebnis normierender und mit den Mitteln der Narration generierter Fest-, Ein- und Fortschreibungen kenntlich gemacht. Um dem etwas entgegenzusetzen, wird die Problematik weiblicher Autorschaft unter veränderte Vorzeichen gesetzt: an die Stelle der Prinzipien von Originalität und Autonomie tritt die Hervorhebung der artifiziellen Gemachtheit und der Wiederholung. Durch die Infragestellung einer eindeutiger Zuordnung von Norm und Abweichung und durch die Offenlegung von Vorbildern, Einflüssen, Prägungen wird schließlich die Abweichung als genuin ästhetische Kategorie der Bedeutungsherstellung aushebelt.

In der Inszenierung und Remodellierung der Figur der kranken Frau wird also sehr viel mehr verhandelt als die Pathologisierung des Weiblichen. Die untersuchten Romane der sieben Autorinnen stellen Strukturmuster bereit, die sich auch auf andere Kontexte und Diskurse übertragen lassen und die zugleich verhindern, dass eine Essentialisierung der Kategorie Frau, etwa in Form einer einseitigen Viktimisierung oder einer Umkehrung bisheriger Modelle, perpetuiert wird. Auf diese Weise sagen die literarischen Texte etwas aus, das gleichsam einen blinden Fleck der gesellschaftlichen und auch feministischen Debatte seit den 60er-Jahren darstellt. Sie thematisieren das Fortbestehen von Ausgrenzungen, während auf gesellschaftlicher Ebene Emanzipation und Gleichberechtigung im Vordergrund stehen. Darüber hinaus verweisen sie sehr viel früher, als das in der feministischen Theoriebildung der Fall ist, auf die Verschränkung von geschlechterspezifischen und ‚rassen'- und klassenspezifischen Exklusionsmechanismen.

Die kranke Frau funktioniert auf diese Weise als eine mehrdimensionale Kippfigur, insofern die daran geknüpften Funktionsweisen etwas über andere, ähnlich strukturierte Binärschemata, Kontexte und Machtverhältnisse aussagen. Anders als etwa im Kontext der *écriture féminine* mündet diese kritische Reflexion der Geschlechterverhältnisse daher nicht in eine Umwertung oder Verherrlichung des Weiblichen, zielt nicht auf eine gynozentrische Verabsolutierung der Differenz, sondern erreicht eine grundsätzliche Hinterfragung von Grenzziehungen zwischen Norm und Abweichung; anders gesagt: die in den Romanen eingesetzten Verfahren von Differenz und Widerholung lassen sich nicht eindeutig den Bereichen Norm und Abweichung oder Widerstand und Subversion zuordnen, sondern verlaufen quer zu diesen. Die ästhetischen Kategorien der Moderne, die aufgrund des darin angelegten Bruchs mit der Tradition die formale Abweichung und den Zwang zur Erneuerung zum Prinzip erheben, dabei aber paradoxerweise nurmehr weitere Normen hervorbringen, werden auf diese Weise gerade nicht bedient. Stattdessen findet in den Texten ein performativer Umgang mit Pathologisierungen von Weiblichkeit statt, bei dem die eigenen diskursiven und materiellen Bedingungen reflektiert werden und ein Resignifikationsprozess in Gang gesetzt wird. Die in den Romanen eingesetzte Wiederholung der Figur der kranken Frau bildet somit kein erneutes Festschreiben tradierter Weiblichkeitsbilder und Geschlechterverhältnisse, sondern vielmehr ein produktives und letztlich unabschließbares Fortschreiben neuer Bedeutungen und semantischer Verknüpfungen.

XI. Bibliographie

1. Primärliteratur

Angot, Christine: *Interview*. Paris: Fayard 1995.
Angot, Christine: *L'Inceste*. Paris: Stock 1999.
Angot, Christine: *Quitter la ville*. Paris: Stock 2000.
Bachmann, Ingeborg: *Malina* [1971]. Frankfurt a.M.: Suhrkamp 1980.
Bachmann, Ingeborg: *Das Buch Franza* [1978]. *„Todesarten"-Projekt*. Kritische Ausgabe Band 2. Hg. v. Monika Albrecht / Dirk Göttsche. München / Zürich: Piper 1995.
Barbey d'Aurevilly, Jules: *Die Rache einer Frau*. In: *Die Teuflischen* [1874]. München: Heyne 1968, S. 233-269.
Baudelaire, Charles: „Mon cœur mis à nu" [1887]. In: dsb.: *Fusées. Mon cœur mis à nu. La Belgique déshabillée*. Paris: Gallimard 1986, S. 87-122.
Brecht, Bertolt: *Me-ti / Buch der Wendungen* [1942]. In: dsb.: Gesammelte Werke Band 12. Prosa 2. Frankfurt a.M.: Suhrkamp 1967, S. 417-585.
Céline, Louis-Ferdinand: *Voyage au bout de la nuit* [1932]. Paris: Gallimard 1952.
Conrad, Joseph: *Heart of Darkness* [1902]. London: Penguin 1994.
Doubrovsky, Serge: *Fils*. Paris: Galilée 1977.
Duras, Marguerite: *Le Ravissement de Lol V. Stein*. Paris: Gallimard 1964.
Duras, Marguerite: *Le Vice-consul*. Paris: Gallimard 1966.
Duras, Marguerite: *L'Amour*. Paris: Gallimard 1971.
Elsner, Gisela: *Die Zerreißprobe*. Reinbek bei Hamburg: Rowohlt 1980.
Elsner, Gisela: *Abseits*. Reinbek bei Hamburg: Rowohlt 1982.
Flaubert, Gustave: *Madame Bovary. Mœurs de Province* [1857]. Œuvres tome I. Hg. v. Albert Thibaudet / René Dumesnil. Paris: Gallimard / Pléiade 1936.
Gilman, Charlotte Perkins: *The Yellow Wallpaper*. In: *New England Magazine* 11.5 (1892), S. 647-656.
de Goncourt, Edmond et Jules: *Germinie Lacerteux* [1864]. Paris: Flammarion 1990.
Guibert, Hervé: *À l'ami qui ne m'a pas sauvé la vie*. Paris: Folio 1990.
Jelinek, Elfriede: *Die Klavierspielerin* [1983]. Reinbek bei Hamburg: Rowohlt 2002.
Morrison, Toni: *Paradise*. London: Vintage 1997.
Plath, Sylvia: *The Bell Jar* [1963]. New York: Harper Perennial Classics 1999.
Plath, Sylvia: *Ariel* [1965]. Frankfurt a.M.: Suhrkamp 1979.
Zola, Émile: *Les Rougon-Macquart* [1871] Tome 1. Paris: Gallimard 1960.

2. Sekundärliteratur

Adorno, Theodor W. / Max Horkheimer: *Dialektik der Aufklärung. Philosophische Fragmente* [1944]. Gesammelte Schriften Bd. 3. Hg. v. Rolf Tiedemann. Frankfurt a.M.: Fischer 1989.

Adorno, Theodor W.: *Studies in the Authoritarian Personality* [1950]. In: dsb.: *Soziologische Schriften II*. Gesammelte Schriften Bd. 9.1. Hg. v. Rolf Tiedemann. Frankfurt a.M.: Suhrkamp 1997, S. 143-509.

Adorno, Theodor W.: „Kulturkritik und Gesellschaft" [1951]. In: dsb.: *Kulturkritik und Gesellschaft I*. Gesammelte Schriften Bd. 10.1. Hg. v. Rolf Tiedemann. Frankfurt a.M.: Suhrkamp 1997, S. 11-30.

Adorno, Theodor W.: „Jene zwanziger Jahre" [1962]. In: dsb.: *Kulturkritik und Gesellschaft II*. Gesammelte Schriften Bd. 10.2. Hg. v. Rolf Tiedemann. Frankfurt a.M.: Suhrkamp 1997, S. 499-506.

Albrecht, Monika: „‚Es muß erst geschrieben werden'. Kolonisation und magische Weltsicht in Ingeborg Bachmanns Romanfragment *Das Buch Franza*". In: dsb. / Dirk Göttsche (Hgg.): *„Über die Zeit schreiben". Literatur- und kulturwissenschaftliche Essays zu Ingeborg Bachmanns* Todesarten-*Projekt*. Bd. 1. Würzburg: Königshausen & Neumann 1998, S. 59-91.

Albrecht, Monika: „‚Sire, this village is yours'. Ingeborg Bachmanns Romanfragment *Das Buch Franza* aus postkolonialer Sicht". In: dsb. / Dirk Göttsche (Hgg.): *„Über die Zeit schreiben". Literatur- und kulturwissenschaftliche Essays zu Ingeborg Bachmanns* Todesarten-*Projekt*. Bd. 3. Würzburg: Königshausen & Neumann 2005, S. 159-169.

Alvarez, Alfred: „Sylvia Plath". In: Charles Newman (Hg.): *The Art of Sylvia Plath*. Bloomington / London: Indiana University Press 1971, S. 56-78.

„Aneurysma". In: *Pschyrembel*. Klinisches Wörterbuch. Berlin / New York: de Gruyter 1994, S. 67-68.

Anz, Thomas: *Gesund oder krank? Medizin, Moral und Ästhetik in der deutschen Gegenwartsliteratur*. Stuttgart: Metzler 1989.

Anz, Thomas: „Metaphorik". In: Bettina von Jagow / Florian Steger (Hgg.): *Literatur und Medizin. Ein Lexikon*. Göttingen: Vandenhoeck & Ruprecht 2005, S. 534-539.

Aristoteles: *Poetik*. Griechisch / deutsch. Übers. u. hg. v. Manfred Fuhrmann. Stuttgart: Reclam 1982.

Assmann, Aleida: „Zur Metaphorik der Erinnerung". In: dsb. / Dietrich Hardt (Hgg.): *Mnemosyne. Formen und Funktionen der kulturellen Erinnerung*. Frankfurt a.M.: Fischer 1991.

Auerbach, Erich: „Im Hôtel de la Mole". In: dsb.: *Mimesis. Dargestellte Wirklichkeit in der abendländischen Literatur*. Tübingen / Basel: Francke 1994, S. 422-459.

Bal, Mieke: „Un roman dans le Roman: Encadrement ou Enchâssement? Quelques aspects du ‚Vice-Consul'". In: *Neophilologus* 58.1 (1974), S. 2-21.

Barthes, Roland: *Mythologies*. Paris: Seuil 1957.

Bécel, Pascale: „*Le Vice-Consul*: Colonial Mimicry and ‚Partial Writing'". In: *Cincinnati Romance Review* 13 (1994), S. 218-227.

Becker, Sabina / Helmuth Kiesel: „Literarische Moderne. Begriff und Phänomen". In: dsb. (Hgg.): *Literarische Moderne. Begriff und Phänomen*. Berlin: de Gruyter 2007, S. 9-34.

Behrens, Rudolf: „La représentation de l'agonie d'Emma et les désillusions du discours médical". In: Barbara Vinken / Peter Fröhlicher (Hgg.): *Le Flaubert réel*. Berlin / New York: de Gruyter / Max Niemeyer Verlag 2009, S. 31-46.

Behrens, Rudolf / Carsten Zelle (Hgg.): *Der ärztliche Fallbericht. Epistemische Grundlagen und textuelle Strukturen dargestellter Beobachtung*. Wiesbaden: Harrassowitz 2011.

Beizer, Janet: *Ventriloquized Bodies. Narratives of Hysteria in Nineteenth-Century France*. Ithaca / London: Cornell University Press 1994.

Bell, Richard L.: „The Unconscious Texts of Elfriede Jelinek's ‚Die Klavierspielerin'". In: Stephan Atzert (Hgg.): *Literature in Times of Crisis*. Melbourne: University of Melbourne 1997, S. 51-65.

Benthien, Claudia: „The wall of my skin. Ich-Fragilität und Körpergrenzen bei Sylvia Plath". In: dsb.: *Im Leibe wohnen. Literarische Imagologie und historische Anthropologie der Haut*. Berlin: Spitz 1998, S. 146-158.

Benthien, Claudia / Ortrud Gutjahr: „Interkulturalität und Gender-Spezifik von Tabus. Zur Einleitung". In: dsb. (Hgg.): *Tabu. Interkulturalität und Gender*. München: Fink 2008, S. 7-16.

Bertoni, Annalisa: „‚Un Miroir qui revient': Genèse de la scène du bal dans l'avant-texte de *Le Ravissement de Lol V. Stein* de Marguerite Duras". In: Myriem El Maïzi / Brian Stimpson / Carol J. Murphy (Hgg.): *Marguerite Duras: Ecriture, écritures*. Paris: Minard 2007.

Besnard-Coursodon, Micheline: „Signification du métarécit dans *Le Vice-Consul* de Marguerite Duras". In: *French Forum* 3.1 (1978), S. 72-83.

Bhabha, Homi K.: *Nation and Narration*. New York: Routledge 1990.

Bhabha, Homi K.: *Die Verortung der Kultur*. Tübingen: Stauffenberg 2000.

Bird, Stephanie: „Franza and the Righteous Servant". In: dsb.: *Women Writers and National Identity. Bachmann, Duden, Özdamar*. Cambridge: Cambridge University Press 2003, S. 13-38.

Bitterli, Urs: *Die Wilden und die Zivilisierten. Grundzüge einer Geistes- und Kulturgeschichte der europäisch-überseeischen Begegnung*. München: Beck 1976.

Bloom, Harold: *The Anxiety of Influence. A Theory of Poetry*. New York: Oxford University Press 1973.
Blot-Labarrère, Christiane: *Marguerite Duras*. Paris: Seuil 1992.
Bordo, Susan: *Unbearable Weight. Feminism, Western Culture, and the Body*. Berkeley / Los Angeles / London: University of California Press 1993.
Bordo, Susan: „The Body and the Reproduction of Femininity". In: Seyla Benhabib (Hg.): *Democracy and Difference. Contesting the Boundaries of the Political*. Princeton: Princeton University Press 1996, S. 90-110.
Borgards, Roland: „Wissen und Literatur. Eine Replik auf Tilmann Köppe". In: *Zeitschrift für Germanistik* 17.2 (2007), S. 425-428.
Borgards, Roland / Harald Neumeyer / Nicolas Pethes / Yvonne Wübben (Hgg.): *Literatur und Wissen. Ein interdisziplinäres Lexikon*. Stuttgart: Metzler 2013.
Borgomano, Madeleine: „L'histoire de la mendiante indienne. Une cellule génératrice de l'œuvre de Marguerite Duras". In: *Poétique* 12 (1981), S. 479-493.
Borgomano, Madeleine: *Duras. Une lecture des fantasmes*. Paris: Cistre 1985.
Bossinade, Johanna: *Kranke Welt bei Ingeborg Bachmann. Über literarische Welt und psychoanalytische Interpretation*. Freiburg: Rombach 2004.
Bouson, J. Brooks: *Quiet As It's Kept. Shame, Trauma, and Race in the Novels of Toni Morrison*. Albany: State of University Press 2000.
Bovenschen, Silvia: *Die imaginierte Weiblichkeit. Exemplarische Untersuchungen zu kulturgeschichtlichen und literarischen Präsentationsformen des Weiblichen*. Frankfurt a.M.: Suhrkamp 1979.
Boyer, Marilyn: „The Disabled Female Body as a Metaphor for Language in Sylvia Plath's *The Bell Jar*". In: *Women's Studies* 33 (2004), S. 199-223.
Brachet, Jean-Louis: „Étude du physique et du moral de la femme". In: dsb.: *Traité de l'hystérie*. Paris: Baillière 1847, S. 62-99.
von Braun, Christina: *Nicht Ich*. Frankfurt a.M.: neue kritik 1988.
von Braun, Christina: „Das wandelbare Gesicht der Hysterie". In: *beziehungsweise weiterdenken. forum für philosophie und politik*, http://www.bzw-weiterdenken.de/2007/02/das-wandelbare-gesicht-der-hysterie/.
Briquet, Pierre: *Traité clinique et thérapeutique de l'hystérie*. Paris: Baillière et Fils 1859.
Broich, Ulrich / Manfred Pfister: *Intertextualität. Formen, Funktionen, anglistische Fallstudien*. Tübingen: Max Niemeyer 1985.
Bronfen, Elisabeth: *Nur über ihre Leiche. Tod, Weiblichkeit und Ästhetik*. München: Kunstmann 1994.

Bronfen, Elisabeth: *Das verknotete Subjekt. Hysterie in der Moderne*. Berlin: Volk und Welt 1998.
Bronfen, Elisabeth: „Gustave Flaubert's Madame Bovary and the Discourse of Hysteria". In: *Nineteenth Century Prose* 25.1 (1998), S. 65-101.
Buntzen, Lynda K.: „Women in *The Bell Jar*: Two Allegories". In: Harold Bloom (Hg.): *Sylvia Plath*. New York / Philadelphia: Chelsea House 1989, S. 121-131.
Butler, Judith: *Gender Trouble. Feminism and the Subversion of Identity*. New York / London: Routledge 1990.
Butler, Judith: *Bodies That Matter. On the Discursive Limits of „Sex"*. New York / London: Routledge 1993.
Cabanès, Jean-Louis: *Le corps et la maladie dans les récits réalistes (1856-1893)*. Paris: Klincksieck 1991.
Caminero-Santangelo, Marta: *The Madwoman Can't Speak. Or Why Insanity Is Not Subversive*. Ithaca / London: Cornell University Press 1998.
Canguilhem, Georges: *Le normal et le pathologique* [1943]. Paris: Quadrige / PUF 1988.
Cata, Isabelle / Eliane DalMolin: „Écrire et lire l'inceste: Christine Angot". In: *Women in French Studies* 12 (2004), S. 85-101.
Chesler, Phyllis: *Frauen – das verrückte Geschlecht?* Wien: Neue Presse 1974.
Christopher, Lindsay M.: „The Geographical Imagination in Toni Morrison's *Paradise*". In: *Rocky Mountain Review* 63.1 (2009), S. 89-95.
Cixous, Hélène / Caroline Clément: *La Jeune Née*. Paris: Union générale d'éditions 1975.
Cixous, Hélène: *Weiblichkeit in der Schrift*. Berlin: Merve 1980.
Cornejo, Renata: „Durch den Körper ‚sprechen'. Der anerzogene Masochismus in *Die Klavierspielerin* von Elfriede Jelinek". In: Arnulf Knafl / Wendelin Schmidt-Dengler (Hgg.): *Unter Kanonverdacht. Beispielhaftes zur österreichischen Literatur im 20. Jahrhundert*. Wien: Praesens 2009, S. 121-131.
Cousseau, Anne: „Une dramaturgie de la mémoire". In: Bruno Blanckeman (Hg.): *Lectures de Duras*. Le Ravissement de Lol V. Stein, Le Vice-Consul, India Song. Rennes: Presses Universitaires de Rennes 2005, S. 31-46.
Culler, Jonathan: *Flaubert. The Uses of Uncertainty*. Ithaca: Cornell University Press 1974.
Cummings, Katherine: *Telling Tales. The Hysteric's Seduction in Fiction and Theory*. Stanford: Stanford University Press 1991.
Curry, Renée R.: „‚White: It Is a Complexion of the Mind': The Enactment of Whiteness in Sylvia Plath's Poetry". In: dsb.: *White Women Writing White. H.D., Elizabeth Bishop, Sylvia Plath, and Whiteness*.

Westport, Connecticut / London: Greenwood Press 2000, S. 123-168.

Dalsgård, Katrine: „The One All Black Town Worth the Pain: (African) American Exceptionalism, Historical Narration, and the Critique of Nationhood in Toni Morrison's *Paradise*". In: *African-American Review* 35.2 (2001), S. 233-248.

Danneberg, Lutz / Friedrich Vollhardt (Hgg.): *Wissen in der Literatur im 19. Jahrhundert*. Tübingen: Niemeyer 2002.

Deleuze, Gilles: *Différence et répétition* [1968]. Paris: PUF 2011.

Demoulin, Laurent: „Angot salue Guibert". In: *Critique* 58 (2002), S. 638-644.

Dettmering, Peter: *Zwillings- und Doppelgängerphantasie. Literaturstudien*. Würzburg: Königshausen & Neumann 2006.

Dickson, Sheila: „Her Mother's Daughter: Elfriede Jelinek's *Die Klavierspielerin* as a study in self-disgust". In: *Germanistik in Ireland* 2 (2007), S. 5-28.

Didi-Huberman, Georges: *L'Invention de l'Hysterie. Charcot et l'Iconographie photographique de la Salpêtrière*. Paris: Macula 1982.

Didi-Huberman, Georges: *Images malgré tout*. Paris: Minuit 2003.

Donnison, Jean: *Midwives and Medical Men: A History of Inter-Professional Rivalries and Women's Rights*. Portsmouth: Heinemann Educational 1977.

Dubiel, Jochen: *Dialektik der postkolonialen Hybridität. Die intrakulturelle Überwindung des kolonialen Blicks in der Literatur*. Bielefeld: Aisthesis 2007.

Du Bois, W.E.B.: *The Souls of Black Folk* [1903]. New York / London: Norton & Company 1999.

Duden, Barbara: *Geschichte unter der Haut. Ein Eisenacher Arzt und seine Patientinnen um 1730*. Stuttgart: Klett Cotta 1987.

Duffin, Lorna: „The conspicuous consumptive: Woman as an invalid". In: Sara Delamont / dsb (Hgg.): *The Nineteenth Century Woman*. New York: Barnes & Noble Books 1978, S. 26-56.

Dunker, Axel: *Kontrapunktische Lektüren. Koloniale Strukturen in der deutschsprachigen Literatur des 19. Jahrhunderts*. München: Fink 2008.

van Dyne, Susan R.: „The Problem of biography". In: Jo Gill (Hg.): *The Cambridge Companion to Sylvia Plath*. Cambridge / New York: Cambridge University Press 2006, S. 3-20.

Edelman, Nicole: *Les métamorphoses de l'hystérique. Du début du XIXe siècle à la Grande Guerre*. Paris: La Découverte 2003.

Ehrenreich, Barbara / Deirdre English: *Complaints and Disorders. The Sexual Politics of Sickness*. New York: The Feminist Press 1973.

Elsner, Gisela: „Autorinnen im literarischen Ghetto". In: dsb.: *Im literarischen Ghetto*. Kritische Schriften Bd. 2. Hg. v. Christine Künzel. Berlin: Verbrecher Verlag 2011, S. 41-59.

Elsner, Gisela: „Gläserne Menschen". In: dsb.: *Flüche einer Verfluchten.* Kritische Schriften Bd. 1. Hg. v. Christine Künzel. Berlin: Verbrecher Verlag 2011, S. 93-115.

Elsner, Gisela: „Wie man sich einfach unmöglich macht. Über Ehebrecherinnnen in der Weltliteratur und die Moral der Bourgeoisie". In: dsb.: *Im literarischen Ghetto.* Kritische Schriften Bd. 2. Hg. v. Christine Künzel. Berlin: Verbrecher Verlag 2011, S. 119-161.

Eng, Michael: „‚Every name in the history is I': Bachmann's Anti-Archive". In: Gisela Brinker-Gabler / Markus Zisselberger (Hgg.): *If we had the word: Ingeborg Bachmann, views and reviews.* Riverside: Ariadne Press 2004, S. 262-284.

Erickson, Nancy C.: „Writing and Remembering – Acts of Resistance in Ingeborg Bachmann's *Malina* and *Der Fall Franza*, and Elfriede Jelinek's *Lust* and *Klavierspielerin*: Case Studies in Hysteria". In: Margarete Lamb-Faffelberger (Hg.): *Out from the Shadows. Essays on Contemporary Austrian Women Writers and Film Makers.* Riverside: Ariadne Press 1997, S. 192-205.

Fanon, Frantz: *Peau noire, masque blanc.* Paris: Seuil 1952.

Fausto-Sterling, Anne: *Sexing the Body. Gender Politics and the Construcion of Sexuality.* New York: Basic Books 2000.

Feder, Lillian: *Madness in Literature.* Princeton: Princeton University Press 1980.

Felman, Shoshana: *La folie et la chose littéraire.* Paris: Seuil 1978.

Fichtner, Ingrid (Hg.): *Doppelgänger. Von endlosen Spielarten eines Phänomens.* Bern / Stuttgart / Wien: Paul Haupt 1999.

Fischer-Homberger, Esther: „Krankheit Frau". In: Arthur E. Imhof (Hg.): *Leib und Leben in der Geschichte der Neuzeit.* Berlin: Duncker & Humboldt 1983, S. 215-229.

Fischer-Homberger, Esther: *Krankheit Frau. Zur Geschichte der Einbildungen.* Darmstadt: Luchterhand 1984.

Fitzgerald, Lara: „Barrage contre le naturalisme. Les processus narratifs à l'œuvre dans *Le Vice-Consul* et *India Song* de Marguerite Duras". In: *Revue Frontenac Review* 8 (1991), S. 53-70.

Fleenor, Juliann E. (Hg.): *The Female Gothic.* Montréal / London: Eden Press 1983.

Flint, Holly: „Toni Morrison's *Paradise*: Black Cultural Citizenship in the American Empire". In: *American Literature* 78.3 (2006), S. 585-612.

Flitner, Christine: *Frauen in der Literaturkritik. Gisela Elsner und Elfriede Jelinek im Feuilleton der Bundesrepublik Deutschland.* Pfaffenweiler: Centaurus 1995.

Foderer, Christof: *Ich-Eklipsen. Doppelgänger in der Literatur seit 1800.* Stuttgart: Metzler 1999.

Föcking, Marc: *Pathologia litteralis. Erzählte Wissenschaft und wissenschaftliches Erzählen im französischen 19. Jahrhundert*. Tübingen: Gunter Narr 2002.

Foucault, Michel: *Naissance de la clinique* [1963]. Paris: Quadrige / PUF 2000.

Foucault, Michel: *Histoire de la folie à l'âge classique*. Paris: Gallimard 1972.

Foucault, Michel: *Surveiller et punir. Naissance de la prison*. Paris: Gallimard 1975.

Foucault, Michel: *La volonté de savoir*. Paris: Gallimard 1976.

Foucault, Michel: *Die Heterotopien / Les hétérotopies. Der utopische Körper / Le corps utopique*. Frankfurt a.M.: Suhrkamp 2005.

Fraile Marcos, Ana M[a]: „The Religious Overtones of Ethnic-Identity Building in Toni Morrison's *Paradise*". In: *Atlantis* 24.2 (2002), S. 95-116.

Frank, Arthur: *The Wounded Storyteller. Body, Illness and Ethics*. Chicago / London: University of Chicago Press 1995.

Freud, Sigmund: „Zur Ätiologie der Hysterie" [1896]. In: dsb.: *Hysterie und Angst*. Studienausgabe Bd. VI. Hg. v. Alexander Mitscherlich. Frankfurt a.M.: Fischer 1971, S. 53-81.

Freud, Sigmund: „Bruchstück einer Hysterie-Analyse" [1901]. In: dsb.: *Hysterie und Angst*. Studienausgabe Bd. VI. Hg. v. Alexander Mitscherlich. Frankfurt a.M.: Fischer 1971, S. 83-186.

Freud, Sigmund: *Totem und Tabu. Einige Übereinstimmungen im Seelenleben der Wilden und der Neurotiker* [1913]. *Gesammelte Werke* Bd. IX. Hg. v. Anna Freud. Frankfurt a.M.: Fischer 1999.

Freud, Sigmund: „Das Unheimliche" [1919]. In: dsb.: *Psychologische Schriften*. Studienausgabe Band IV. Hg. v. Alexander Mitscherlich. Frankfurt a.M.: Fischer 1970, S. 241-274.

Freud, Sigmund: „Jenseits des Lustprinzips" [1920]. In: dsb.: *Metapsychologische Schriften*. Frankfurt a.M.: Fischer 2007.

Freud, Sigmund: „Die Frage der Laienanalyse" [1926]. In: dsb.: *Gesammelte Werke* Bd. XIV. Hg. v. Anna Freud. Frankfurt a.M.: Fischer 1963, S. 209-286.

Fricke, Hannes: „Selbstverletzendes Verhalten: Über die Ausweglosigkeit, Kontrollversuche, Sprache und das Scheitern der Erika Kohut in Elfriede Jelineks *Die Klavierspielerin*". In: *Zeitschrift für Literaturwissenschaft und Linguistik* 119 (2000), S. 50-81.

Fricke, Harald: *Norm und Abweichung. Eine Philosophie der Literatur*. München: Beck 1981.

Friedan, Betty: *The Feminine Mystique* [1963]. New York: Norton 1983.

Gaston, Lorraine / Peter Galiston: „Das Bild der Objektivität". In: Peter Geimer (Hg.): *Ordnungen der Sichtbarkeit. Fotografie in Wissenschaft, Kunst und Technologie*. Frankfurt a.M.: Suhrkamp 2002, S. 29-99.

Gauthier, Marni: „The Other Side of *Paradise*: Toni Morrison's (Un)Making of Mythic History". In: *African American Review* 39.3 (2005), S. 395-414.
Gélis, Jacques: *La sage-femme ou le médecin: une nouvelle conception de la vie*. Paris: Fayard 1988.
Genette, Gérard: „Silences de Flaubert". In: *La Nouvelle Revue Française* 14 (1966), S. 473-483.
Genette, Gérard: *Figures III*. Paris: Seuil 1972.
Gilbert, Sandra M. / Susan Gubar: *The Madwoman in the Attic. The Woman Writer and the Nineteenth-Century Literary Imagination*. New Haven / London: Yale University Press 1979.
Gildemeister, Regine / Angelika Wetterer: „Wie Geschlechter gemacht werden. Die soziale Konstruktion der Zweigeschlechtlichkeit und ihre Reifizierung in der Frauenforschung". In: Gudrun Axeli-Knapp / Angelika Wetterer (Hgg.): *TraditionenBrüche. Entwicklungen feministischer Theorie*. Freiburg: Kore 1992, S. 201-254.
Gilman, Sander / Helen King / Roy Porter / G. S. Rousseau / Elaine Showalter: *Hysteria Beyond Freud*. Berkeley / Los Angeles: University of California Press 1993.
Göttsche, Dirk: „Ein ‚Bild der letzten zwanzig Jahre'. Die Nachkriegszeit als Gegenstand einer kritischen Geschichtsschreibung des gesellschaftlichen Alltags in Ingeborg Bachmanns *Todesarten*-Projekt". In: Monika Albrecht / dsb. (Hgg.): *„Über die Zeit schreiben". Literatur- und kulturwissenschaftliche Essays zu Ingeborg Bachmanns* Todesarten-*Projekt*. Bd. 1. Würzburg: Königshausen & Neumann 1998, S. 161-202.
Goffman, Erving: *Asylums. Essays on the Social Situation of Mental Patients and other Inmates*. New York: Doubleday Anchor 1960.
Goumegou, Susanne / Marie Guthmüller / Annika Nickenig: *Schwindend schreiben. Briefe und Tagebücher schwindsüchtiger Frauen im französischen 19. Jahrhundert*. Köln / Weimar / Wien: Böhlau 2011.
Graw, Isabelle: *Die bessere Hälfte. Künstlerinnen des 20. und 21. Jahrhunderts*. Köln: Dumont 2003.
Grosz, Elizabeth: *Jacques Lacan. A Feminist Introduction*. New York: Routledge 1990.
Guthke, Karl S.: *Der Blick in die Fremde. Das Ich und das Andere in der Literatur*. Tübingen / Basel: Francke 2000.
Hark, Sabine: *Dissidente Partizipation. Eine Diskursgeschichte des Feminismus*. Frankfurt a.M.: Suhrkamp 2005.
Heselhaus, Herrad: „‚Textile Schichten'. Elfriede Jelineks Bekenntnisse einer Klavierspielerin". In: Markus Heilmann (Hg.): *Im Bann der Zeichen*. Würzburg: Königshausen & Neumann 1998, S. 89-101.
Hettich, Katja: „Gustave Flauberts *Madame Bovary* und das Erbe der Romantik". In: *PhiN* 39 (2007), S. 1-19.

Hilfrich, Carola: „Anti-Exodus: Countermemory, Gender, Race, and Everyday Life in Toni Morrison's *Paradise*". In: *Modern Fiction Studies* 52.2 (2006), S. 321-349.

Hill Rigney, Barbara: *Madness and Sexual Politics in the Feminist Novel. Studies in Brontë, Woolf, Lessing, and Atwood.* Wisconsin / London: University of Wisconsin Press 1978.

von Hoff, Dagmar: *Familiengeheimnisse. Inzest in Literatur und Film der Gegenwart.* Köln / Weimar / Wien: Böhlau 2003.

Honegger, Claudia: *Die Ordnung der Geschlechter. Die Wissenschaften vom Menschen und das Weib. 1750 – 1850.* Frankfurt a.M. / New York: Campus 1991.

Honold, Alexander / Klaus R. Scherpe (Hgg.): „Das Fremde. Reiseerfahrungen, Schreibformen und kulturelles Wissen". *Zeitschrift für Germanistik* 2 (1999).

Hooks, Bell: *Yearning.* Boston: South End Press 1990.

Howlett, Jeffrey: „Sylvia Plath's The Bell Jar as Counter-Narrative". In: *Journal of American Studies of Turkey* 10 (1999), S. 39-48.

Hughes, Alex: „‚Moi qui ai connu l'inceste, je m'appelle Christine' [I have had an incestuous relationship and my name is Christine]: writing subjectivity in Christine Angot's incest narratives". In: *Journal of Romance Studies* 2.1 (2002), S. 65-77.

Hunsaker Hawkins, Anne: *Reconstructing Illness: Studies in Pathography.* West Lafayette: Purdue University Press 1999.

Hunter, Dianne: „Hysteria, Psychoanalysis, and Feminism: The Case of Anna O." In: Katie Conboy / Nadia Medina / Sarah Stanbury (Hgg.): *Writing on the Body. Female Embodiment and Feminist Theory.* New York: Columbia University Press 1997, S. 257-276.

Hydén, Lars-Christer / Jens Brockmeier: *Health, Illness and Culture. Broken Narratives.* New York / London: Baker and Taylor 2008.

„Inzest". In: Elisabeth Roudinesco / Michel Plon: *Wörterbuch der Psychoanalyse. Namen – Länder – Werke – Begriffe.* Wien / New York: Springer 2004, S. 467.

Irigaray, Luce: *Speculum de l'autre femme.* Paris: Minuit 1974.

Irigaray, Luce: *Ce sexe qui n'en est pas un.* Paris: Minuit 1977.

Israël, Lucien: *Die unerhörte Botschaft der Hysterie.* München / Basel: Reinhardt 1987.

von Jagow, Bettina / Florian Steger: „Norm". In: dsb. (Hgg.): *Literatur und Medizin. Ein Lexikon.* Göttingen: Vandenhoeck & Ruprecht 2005, S. 573-577.

Janke, Pia: „Jelinek und die Musik". In: Sabine Müller / Cathrine Theodorsen (Hgg.): *Elfriede Jelinek – Tradition, Politik, Zitat.* Wien: Praesens Verlag 2008, S. 271-285.

Janz, Marlies: *Elfriede Jelinek.* Stuttgart: Metzler 1995.

Jelinek, Elfriede: „Der Krieg mit anderen Mitteln". In: Christine Koschel / Inge von Weidenbaum (Hgg.): *Kein objektives Urteil – nur ein lebendiges. Texte zum Werk von Ingeborg Bachmann*. München / Zürich: Piper 1989, S. 311-320.

Jenny, Laurent: „La stratégie de la forme". In: *Poétique. Revue de théorie et d'analyses littéraires* 27 (1976), S. 257-281.

Jordanova, Ludmilla: *Sexual Visions. Images of Gender in Science and Medicine between the Eighteenth and the Twentieth Centuries*. New York / London u.a.: Harvester Wheatsheaf 1989.

Käser, Rudolf: *Arzt, Tod und Text. Grenzen der Medizin im Spiegel deutschsprachiger Literatur*. München: Fink 1998.

Kanz, Christine: *Angst und Geschlechterdifferenz. Ingeborg Bachmanns „Todesarten"-Projekt in Kontexten der Gegenwartsliteratur*. Stuttgart / Weimar: Metzler 1999.

Karasek, Hellmuth: „Madame Bovary auf Wohnungssuche". In: *Der Spiegel* 13 (1982), S. 218-220.

Kaup, Monika: *Mad Intertextuality: Madness in Twentieth-Century Women's Writing*. Trier: Wissenschaftlicher Verlag 1993.

Kesting, Hanjo: „Die triste Wahrheit der Satire – *Gisela Elsner*". In: dsb.: *Ein Blatt vom Machandelbaum. Deutsche Schriftsteller vor und nach 1945*. Göttingen: Wallstein 2008, S. 243-256.

Klass, Tobias: „Heterotopie". In: Clemens Kammler / Rolf Parr / Ulrich Johannes Schneider (Hgg.): *Foucault Handbuch. Leben – Werk – Wirkung*. Stuttgart / Weimar: Metzler 2008, S. 263-266.

Klausnitzer, Ralf: *Literatur und Wissen. Zugänge – Modelle – Analysen*. Berlin: de Gruyter 2008.

Klinkert, Thomas: *Epistemologische Fiktionen. Zur Interferenz von Literatur und Wissenschaft seit der Aufklärung*. Berlin / New York: de Gruyter 2010.

Klinkert, Thomas / Monika Neuhofer: *Literatur, Wissenschaft und Wissen seit der Epochenschwelle um 1800. Theorie – Epistemologie – komparatistische Fallstudien*. Berlin: de Gruyter 2010.

Kolesch, Doris / Gertrud Lehnert: *Marguerite Duras*. München: edition text + kritik 1996.

von Koppenfels, Martin: *Immune Erzähler. Flaubert und die Affektpolitik des modernen Romans*. München: Fink 2007.

Kosta, Barbara: „Inscribing Erika: Mother-Daughter Bond/age in Elfriede Jelinek's *Die Klavierspielerin*". In: *Monatshefte* 86.2 (1994), S. 218-234.

Kristeva, Julia: *Révolution du langage poétique*. Paris: Seuil 1964.

Kristeva, Julia: *Soleil Noir. Dépression et mélancolie*. Paris: Gallimard 1987.

Kristeva, Julia: *Étrangers à nous-mêmes*. Paris: Gallimard 1988.

Kromm, Jane E.: „The Feminization of Madness in Visual Representation". In: *Feminist Studies* 20.3 (1994), S. 507-535.

Künzel, Christine: „Gisela Elsner. Die Riesenzwerge (1964)“. In: Claudia Benthien / Inge Stephan (Hgg.): *Meisterwerke. Deutschsprachige Autorinnen im 20. Jahrhundert*. Köln / Weimar / Wien: Böhlau 2005, S. 93-109.

Künzel, Christine: „Autorschaft und Maskerade bei Gisela Elsner“. In: dsb. / Jörg Schönert (Hgg.): *Autorinszenierungen. Autorschaft und literarisches Werk im Kontext der Medien*. Würzburg: Königshausen & Neumann 2007, S. 177-190.

Künzel, Christine (Hg.): *Die letzte Kommunistin. Texte zu Gisela Elsner*. Hamburg: KVV konkret 2009.

Künzel, Christine: „Einmal im Abseits, immer im Abseits? Anmerkungen zum Verschwinden der Autorin Gisela Elsner“. In: dsb. (Hg.): *Die letzte Kommunistin. Texte zu Gisela Elsner*. Hamburg: KVV konkret 2009, S. 7-20.

Künzel, Christine: *„Ich bin eine schmutzige Satirikerin“. Zum Werk Gisela Elsners (1937-1992)*. Sulzbach: Ulrike Helmer Verlag 2012.

Küpper, Joachim: „Das Ende von Emma Bovary“. In: Hans-Otto Dill (Hg.): *Geschichte und Text in der Literatur Frankreichs, der Romania und der Literaturwissenschaft*. Berlin: Trafo 2000, S. 71-93.

Kunstreich, Tjark: „Über Gisela Elsner“. In: Gisela Elsner: *Die Zähmung*. Berlin: Verbrecher Verlag 2002, S. 273-281.

Lacan, Jacques: „Le stade du miroir comme formateur de la fonction du Je telle qu'elle nous est révélée dans l'expérience psychanalytique“ [1949]. In: dsb.: *Écrits 1*. Paris: Seuil 1966, S. 89-97.

Lacan, Jacques: „Le rêve de l'injection d'Irma“ [1955]. In: dsb.: *Le séminaire de Jacques Lacan. Livre II. Le moi dans la théorie de Freud et dans la technique de la psychanalyse*. Hg. v. Jacques-Alain Miller. Paris: Seuil 1978, S. 177-192.

Lacan, Jacques: „L'instance de la lettre dans l'inconscient ou la raison depuis Freud“ [1957]. In: dsb.: *Écrits* 1. Paris: Seuil 1966, S. 249-289.

Lacan, Jacques: „Hommage fait à Marguerite Duras, du Ravissement de Lol V. Stein“. In: *Cahiers Renaud / Barrault* 52 (1965), S. 7-15.

Lacan, Jacques: „Dieu et la jouissance de ~~LA~~ femme“ [1973]. In: dsb.: *Le séminaire de Jacques Lacan. Livre XX. Encore*. Hg. v. Jacques-Alain Miller. Paris: Seuil 1975, S. 61-71.

Laing, Ronald D.: *The Divided Self. An Existential Study on Sanity and Madness*. Harmondsworth: Penguin 1960.

Lameyer, Gordon: „The Double in Sylvia Plath's *The Bell Jar*“. In: Edward Butscher (Hg.): *Sylvia Plath. The Woman and the Work*. New York: Dodd, Mead & Company 1977, S. 143-165.

Laplanche, Jean / Jean-Bertrand Pontalis: „Wiederholungszwang“. In: dsb.: *Das Vokabular der Psychoanalyse*. Frankfurt a.M.: Suhrkamp 1972, S. 627-631.

Laqueur, Thomas: *Auf den Leib geschrieben: die Inszenierung der Geschlechter von der Antike bis Freud.* Frankfurt a.M. / New York: Campus 1992.

Lawlor, Clark: *Consumption and Literature. The Making of the Romantic Disease.* Basingstoke: Palgrave Macmillan 2006.

Lenk, Elisabeth: „Die sich selbst verdoppelnde Frau". In: *Ästhetik und Kommunikation* 25 (1976), S. 84-87.

Lennox, Sara: „Geschlecht, Rasse und Geschichte in ‚Der Fall Franza'". In: *text+kritik. Sonderband Ingeborg Bachmann.* 1984, S. 156-179.

Lennox, Sara: „‚White Ladies' und ‚Dark Continents'. Ingeborg Bachmanns *Todesarten*-Projekt aus postkolonialer Sicht". In: Monika Albrecht / Dirk Göttsche (Hgg.): *„Über die Zeit schreiben". Literatur- und kulturwissenschaftliche Essays zu Ingeborg Bachmanns* Todesarten-*Projekt.* Bd. 1. Würzburg: Königshausen & Neumann 1998, S. 13-31.

Link, Jürgen: *Versuch über den Normalismus. Wie Normalität produziert wird.* Opladen / Wiesbaden: Westdeutscher Verlag 1999.

Lotman, Jurij: *Die Struktur literarischer Texte.* München: Fink 1972.

Lydon, Mary: „The Forgetfulness of Memory: Jacques Lacan, Marguerite Duras and the Text". In: *Contemporary Literature* 29.3 (1988), S. 351-368.

Macpherson, Pat: *Reflecting on The Bell Jar.* London / New York: Routledge 1991.

Mahler-Bungers, Annegret: „Der Trauer auf der Spur. Zu Elfriede Jelineks *Die Klavierspielerin*". In: Johannes Cremerius / Wolfram Mauser / Carl Pietzcker / Friedrich Wyatt (Hgg.): *Masochismus in der Literatur.* Freiburger literaturpsychologische Gespräche Band 7. Würzburg: Königshausen & Neumann 1988, S. 80-95.

von Maltzan, Carlotta: „Mythologizing Africa: H.C. Artmann's *africa geht jetzt zur ruh* and Ingeborg Bachmann's *Das Buch Franza*". In: Margarete Lamb-Faffelberger / Pamela S. Saur (Hgg.): *Visions and Visionaries in Contemporary Austrian Literature and Film.* New York: Peter Lang 2004, S. 173-186.

Marcus, Steven: „Freud and Dora: Story, History, Case History". In: Charles Bernheimer / Claire Kahane (Hgg.): *In Dora's Case. Freud – Hysteria – Feminism.* New York: Columbia University Press 1985, S. 56-91.

Martin, Elaine: „Mothers, Madness, and the Middle Class in *The Bell Jar* and *Les mots pour le dire*". In: *The French American Review* 5.1 (1981), S. 24-47.

Martin, Emily: „Medical Metaphors of Women's Bodies. Menstruation and Menopause". In: Katie Conboy / Nadia Medina / Sarah Stanbury (Hgg.): *Writing on the Body. Female Embodiment and Feminist Theory.* New York: Columbia University Press 1997, S. 15-41.

Mavrikakis, Catherine: „A bout de souffle: Vitesse, rages et pornographie. Parcours rapide des textes d'Hervé Guibert et Christine Angot". In: *Sites. The Journal of the 20th Century* 6.2 (2002), S. 370-378.

Mellard, James M.: „Zizekian Reading: Sex, Politics and Traversing (the) Fantasy in Toni Morrison's *Paradise*". In: *Studies in the Novel* 40.4 (2008), S. 465-491.

Melville, Logan Peter: *Nerves & Narratives. A Cultural History of Hysteria in 19th-Century British Prose*. Berkeley / Los Angeles / London: University of California Press 1997.

Metz-Becker, Marita: „Krankheit Frau. Zum Medikalisierungsprozeß des weiblichen Körpers im frühen 19. Jahrhundert". In: Dimitrios Ambatielos (Hg.): *Medizin im kulturellen Vergleich*. Münster u.a.: Waxmann 1997, S. 103-122.

Meurée, Christophe: „Anne-Marie Stretter danse. Fonctionnement du bal dans les œuvres de Marguerite Duras". In: Edward Nye (Hg.): *Sur quel pied danser? Danse et littérature*. Amsterdam: Rodopi 2005, S. 277-297.

Micale, Marc S.: *Approaching Hysteria. Disease and Its Interpretations*. Princeton: Princeton University Press 1995.

Michelet, Jules: *L'Amour*. Paris: Hachette 1858.

Miller Budick, Emily: „The Feminist Discourse of Sylvia Plath's *The Bell Jar*". In: *College English* 49.8 (1987), S. 872-885.

Mindt, Carsten: *Verfremdung des Vertrauten. Zur literarischen Ethnographie der ‚Bundesdeutschen' im Werk Gisela Elsners*. Frankfurt a.M.: Peter Lang 2009.

Mitscherlich, Alexander / Fred Mielke (Hgg.): *Medizin ohne Menschlichkeit. Dokumente des Nürnberger Ärzteprozesses*. Frankfurt a.M.: Fischer 1997.

Möbius, Paul Julius: *Über den physiologischen Schwachsinn des Weibes* [1900]. Halle a.S.: Carl Marhold 1903.

Mohanty, Chandra Talpade: „Under Western Eyes: Feminist Scholarship and Colonial Discourses". In: Patrick Williams / Laura Chrisman (Hgg.): *Colonial Discourse and Post-colonial Theory. A Reader*. New York / London / Toronto: Harvester Wheatsheaf 1994, S. 196-220.

Mukherjee, Ankhi: *Aesthetic Hysteria. The Great Neurosis in Victorian Melodrama and Contemporary Fiction*. New York: Routledge 2007.

Nelson, Deborah: *Pursuing Privacy in Cold War America*. New York: Columbia University Press 2002.

Newman, Charles: „Candor is the only Wile. The Art of Sylvia Plath". In: dsb. (Hg.): *The Art of Sylvia Plath. A symposium*. Bloomington / London: Indiana University Press 1971, S. 21-55.

Nickenig, Annika: „Mediale Transgressionen. Intertextualität und Aneignung in Christine Angots Autofiktionen". In: Christine Ott / Jutta Weiser (Hgg.): *Autofiktion und Medienrealität. Kulturelle Formungen des postmodernen Subjekts*. Heidelberg: Winter Verlag 2013, S. 129-150.

Nicol, Kathryn: „Visible Differences: Viewing Racial Identity in Toni Morrison's *Paradise* and ‚Recitatif'". In: Teresa Huel / Neil Brooks (Hgg.): *Literature and Racial Ambiguity*. Amsterdam / New York: Rodopi 2002, S. 209-231.

Nünning, Vera / Ansgar Nünning (Hgg.): *Erzähltextanalyse und Gender Studies*. Stuttgart / Weimar: Metzler 2004.

Nusser, Tanja / Elisabeth Strowick: „Intersektionen. Überlegungen zum Verhältnis von Krankheit und Geschlecht". In: dsb. (Hgg.): *Krankheit und Geschlecht. Diskursive Affären zwischen Literatur und Medizin*. Würzburg: Königshausen & Neumann 2002, S. 7-20.

O'Brien, John: „Metaphor between Lacan and Duras: Narrative Knots and the Plot of Seeing". In: *Forum for Modern Language Studies* 29.3 (1993), S. 232-245.

Öhlschläger, Claudia: „Spektakel des Geschlechts. Schaulust und Körperpolitik in Elfriede Jelineks ‚Die Klavierspielerin'". In: *kea. Zeitschrift für Kulturwissenschaften* Band 11: Körperbilder, Körperpolitiken. Hg. v. Sabine Barz / Sabine Fuchs / Margrit Kaufmann / Andrea Lauser. Bremen 1998, S. 113-129.

Orbach, Susie: *Hunger Strike. The Anorectic's Struggle as a Metaphor for Our Age*. New York: Penguin 1985.

Orlando, Valérie: *Of Suffocated Hearts and Tortured Souls. Seeking Subjecthood Through Madness in Francophone Women's Writing of African and the Caribbean*. Oxford u.a.: Lexington Books 2003.

Ott, Christine: „Diététique litteraire et poétique alimentaire chez Flaubert". In: Jeanne Bem / Uwe Dethloff (Hgg.): *Nouvelles lectures de Flaubert. Recherches allemandes*. Tübingen: Narr / Francke / Attempto 2006, S. 9-26.

Otto, Gabriele E.: *Weibliches Erzählen? Entwicklung der Erzählverfahren in Ingeborg Bachmanns Prosa*. Würzburg: Königshausen & Neumann 2009, S. 53-59.

Pethes, Nicolas: „Literatur- und Wissenschaftsgeschichte. Ein Forschungsbericht". In: *Internationales Archiv für Sozialgeschichte der Literatur* 28.1 (2003), S. 181-231.

Pethes, Nicolas: „‚sie verstummten – sie gleiteten – sie filen'. Zur Epistemologie, Moral und Topik des Falls in Jakob Michael Reinold Lenz' ‚Zerbin'". In: *Zeitschrift für Germanistik* 19.2 (2009), S. 330-345.

Philipot van Noort, Kimberly: „The Dance of the Signifier: Jacques Lacan and Marguerite Duras's *Le Ravissement de Lol V. Stein*". In: *Symposium. A Quarterly Journal in Modern Literature* 51.3 (1997), S. 186-201.

Pichl, Robert: „‚Das Buch Franza' – ein Wendepunkt im *Todesarten*-Projekt von Ingeborg Bachmann". In: Bernhard Fetz / Klaus

Kastberger (Hgg.): *Die Teile und das Ganze. Bausteine der literarischen Moderne in Österreich*. Wien: Peter Zsolnay 2003, S. 266-275.
Pierrot, Jean: *Marguerite Duras*. Paris: Librairie José Corti 1986.
Pinthon, Monique / Guillaume Kichenin / Jean Cléder: *Marguerite Duras.* Le Ravissement de Lol V. Stein, Le Vice-consul, India Song. Neuilly: Atlande 2005.
Plesch, Bettina: *Die Heldin als Verrückte. Frauen und Wahnsinn im englischsprachigen Roman von der Gothic Novel bis zur Gegenwart*. Pfaffenweiler: Centaurus 1995.
Pommé, Michèle: *Ingeborg Bachmann – Elfriede Jelinek. Intertextuelle Schreibstrategien in* Malina, Das Buch Franza, Die Klavierspielerin *und* Die Wand. St. Ingbert: Röhrig Universitätsverlag 2009.
Preuß, Werner: „Von den *Riesenzwergen* direkt ins Abseits? Gisela Elsner und ihre Kritiker". In: Christine Künzel (Hg.): *Die letzte Kommunistin. Texte zu Gisela Elsner*. Hamburg: KVV konkret 2009, S. 31-45.
Price Herndl, Diane: *Invalid Women. Figuring Illness in American Fiction and Culture, 1840-1940*. Chapel Hill / London: The University of North Carolina Press 1993.
Radelhof, Susanne: *Konjunktiv Kino. Die Rolle des Ortes bei der Destruktion des Films im Werk von Marguerite Duras*. Diplomarbeit. http://www.cultiv.net/cultranet/1130673115duras_komplett_geordnet.pdf.
Rank, Otto: „Der Doppelgänger". In: *Imago. Zeitschrift für Anwendung der Psychoanalyse auf die Geisteswissenschaften* III.2 (1914), S. 97-164.
Rauch, Angelika: „Die Über(be)setzung der Vergangenheit: Ingeborg Bachmanns *Der Fall Franza*". In: *The German Quarterly* 65.1 (1992), S. 42-54.
Renz, Tilo: „Elfriede Jelinek. Die Klavierspielerin (1993)". In: Claudia Benthien (Hg.): *Meisterwerke*. Köln / Weimar / Wien: Böhlau 2005, S. 176-200.
Richet, Charles: „Les démoniaques d'aujourd'hui". In: *Revue des deux mondes* 37 (1880), S. 340-372.
Robbe-Grillet, Alain: *Pour un nouveau roman*. Paris: Minuit 1963.
Roloff, Volker: „Zur Thematik der Lektüre bei G. Flaubert ‚Madame Bovary. Mœurs de Province'". In: *Germanisch-Romanische Monatszeitschrift.* Neue Folge XXV (1975), S. 322-337.
Ronel, Joram / Michael Noll-Hussong / Claas Lahmann: „Von der Hysterie zur F45.0. Geschichte. Konzepte, Epidemologie und Diagnostik". In: *Psychotherapie im Dialog* 9.3 (2008), S. 207-217.
Roques, Philippe / Marguerite Donnadieu: *L'Empire Français.* Paris: Gallimard 1940.
Roussel, Pierre: *Système physique et moral de la femme ou Tableau philosophique de la Constitution, de l'Etat organique, du Tempérament, des Mœurs, & et des Fonctions propre au Sexe*. Paris: Vincent 1775.

Ruchatz, Jens / Michael Schödlbauer: „Spur". In: Nicolas Pethes / Jens Ruchatz (Hgg.): *Gedächtnis und Erinnerung. Ein interdisziplinäres Lexikon*. Reinbek bei Hamburg: Rowohlt 2001, S. 558-562.

Sadoux, Marion: „Christine Angot's *autofictions*: literature and / or reality?" In: Gill Rye / Michael Worton (Hgg.): *Women's Writing in Contemporary France. New Writers, New Literatures in the 1990s*. Manchester / New York: Manchester University Press 2002, S. 171-181.

Said, Edward: *Culture and Imperialism*. London: Vintage 1994.

Sarasin, Philipp: *Reizbare Maschinen. Eine Geschichte des Körpers 1765-1914*. Frankfurt a.M.: Suhrkamp 2001.

Schaps, Regina: *Hysterie und Weiblichkeit. Wissenschaftsmythen über die Frau*. Frankfurt a.M. / New York: Campus 1982.

Schlichter, Annette: *Die Figur der verrückten Frau. Weiblicher Wahnsinn als Kategorie der feministischen Repräsentationskritik*. Tübingen: edition diskord 2000.

Schmersahl, Katrin: *Medizin und Geschlecht. Zur Konstruktion der Kategorie Geschlecht im medizinischen Diskurs des 19. Jahrhunderts*. Opladen: Leske + Budrich 1998.

Schmidt, Dietmar: „Fossil". In: Nicolas Pethes / Jens Ruchatz (Hgg.): *Gedächtnis und Erinnerung. Ein interdisziplinäres Lexikon*. Reinbek bei Hamburg: Rowohlt 2001, S. 177.

Schor, Naomi: „Dieser Essentialismus, der keiner ist – Irigaray begreifen". In: Barbara Vinken (Hg.): *Dekonstruktiver Feminismus. Literaturwissenschaft in Amerika*. Frankfurt a.M.: Suhrkamp 1992, S. 219-246.

Schreckenberg, Stefan: „Transgression et écriture: *L'Inceste* de Christine Angot". In: *Cahiers d'études germaniques* 48 (2005), S. 203-216.

Schuchter, Veronika: *Wahnsinn und Weiblichkeit. Motive in der Literatur von William Shakespeare bis Helmut Krausser*. Marburg: Tectum 2009.

Schur, Richard L.: „Locating *Paradise* in the Post-Civil Rights Era: Toni Morrison and Critical Race Theory". In: *Contemporary Literature* 45.2 (2004), S. 276-299.

Schvey, Henry I.: „Sylvia Plath's *The Bell Jar*: *Bildungsroman* or Case History". In: *Dutch Quarterly Review of Anglo-American Letters* 8 (1978), S. 18-37.

Segler-Meßner, Silke: „Obsessionen des Erotischen. Inszenierung von Sexualität in der *littérature scandale* (Michel Houellebecq, Christine Angot)". In: Isabella von Treskow / Christian Tschilschke (Hgg.): *1968 / 2008. Revision einer kulturellen Formation*. Tübingen: Gunter Narr 2008, S. 249-264.

Séllei, Nóra: „The Fig Tree and the Black Patent Leather Shoes: the Body and its Representation in Sylvia Plath's *The Bell Jar*". In: *Hungarian Journal of English and American Studies* 9.2 (2003), S. 127-154.

Showalter, Elaine: *The Female Malady. Women, Madness and English Culture 1830-1980*. New York: Pantheon Books 1985.

Showalter, Elaine: *Hystories. Hysterical Epidemics and Modern Culture*. New York: Columbia University Press 1997.

Slibar, Neva: „Angst, Verbrechen, das Unheimliche – Genre- und Motivumwandlungen der Angstliteratur in Ingeborg Bachmanns Spätprosa“. In: Dirk Göttsche / Hubert Ohl (Hgg.): *Ingeborg Bachmann – Neue Beiträge zu ihrem Werk*. Würzburg: Königshausen & Neumann 1993, S. 167-185.

Smith, Stan: „Attitudes Counterfeiting Life: The Irony of Artifice in Sylvia Plath's *The Bell Jar*“. In: Harold Bloom (Hg.): *Sylvia Plath. Modern Critical Views*. New York / Philadelphia: Chelsea House Publishers 1989, S. 33-48.

Smith-Prei, Carrie: „Böser Blick, entblößte Brust: Der Autorinnenkörper als Gegenstand des literarischen Skandals. Gisela Elsner und Renate Rasp“. In: Stefan Neuhaus (Hg.): *Literatur als Skandal. Fälle – Funktion – Folgen*. Göttingen: Vandenhoeck & Ruprecht 2007, S. 549-558.

Smith-Rosenberg, Carroll: *Disorderly Conduct. Visions of Gender in Victorian America*. New York / Oxford: Oxford University Press 1986.

Smith-Rosenberg, Carroll / Charles Rosenberg: „The Female Animal: Medical and Biological Views of Woman and Her Role in Nineteenth-Century America“. In: *The Journal of American History* 60.2 (1973), S. 332-356.

Sohn, Werner: „Bio-Macht und Normalisierungsgesellschaft – Versuch einer Annäherung“. In: dsb. / Herbert Mehrtens (Hgg.): *Normalität und Abweichung. Studien zur Theorie und Geschichte der Normalisierungsgesellschaft*. Opladen / Wiesbaden: Westdeutscher Verlag 1999, S. 9-29.

Sontag, Susan: *Krankheit als Metapher*. München / Wien: Hanser 1980.

Spivak, Gayatri Chakravorty: „Can the Subaltern Speak?“ In: Patrick Williams / Laura Chrisman (Hgg.): *Colonial Discourse and Post-colonial Theory. A Reader*. New York / London / Toronto: Harvester Wheatsheaf 1994, S. 66-111.

Spivak, Gayatri Chakravorty: *A Critique of Postcolonial Reason. Toward a History of the Vanishing Present*. Cambridge / London: Harvard University Press 1999.

Stadlober-Degwerth, Marion: *(Un)Heimliche Niederkunften: Geburtshilfe zwischen Hebammenkunst und medizinischer Wissenschaft*. Köln / Weimar: Böhlau Verlag 2008.

Stoichità, Victor Ieronim (Hg.): *Das Double*. Wiesbaden: Harrassowitz 2006.

Suleiman, Susan Rubin: „Nadja, Dora, Lol V. Stein: Women, Madness and Narrative“. In: Shlomith Rimmon-Kenan (Hg.): *Discourse in Psycho-*

analysis and Literature. London / New York: Methuen 1987, S. 124-151.
Swales, Erika: „Pathography as Metaphor: Elfriede Jelinek's *Die Klavierspielerin*". In: *Modern Language Review* 95 (2000), S. 437-449.
Sweeney, Megan: „Racial House, Big House, Home. Contemporary Abolitionism in Toni Morrison's *Paradise*". In: *Meridians* 4.2 (2004), S. 40-67.
Szasz, Thomas: „The Myth of Mental Illness". In: *American Psychologist* 15 (1960), S. 113-118.
Thamer, Hans-Ulrich: „Nationalsozialismus und Nachkriegsgesellschaft. Geschichtliche Erfahrung bei Ingeborg Bachmann und der öffentliche Umgang mit der NS-Zeit und Deutschland". In: Dirk Göttsche / Hubert Ohl (Hgg.): *Ingeborg Bachmann – Neue Beiträge zu ihrem Werk*. Würzburg: Königshausen & Neumann 1993, S. 215-224.
Todorov, Tzvetan: *Introduction à la littérature fantastique*. Paris: Seuil 1970.
Trillat, Etienne: *Histoire de l'hystérie*. Paris: Robert Laffont 1973.
Trinh, Thi Minh-Ha: *Woman, Native, Other. Writing Postcoloniality and Feminism*. Bloomington: Indiana University Press 1989.
Uerlings, Herbert: *„Ich bin von niedriger Rasse". (Post-)Kolonialismus und Geschlechterdifferenz in der deutschen Literatur*. Köln / Weimar / Wien: Böhlau 2006.
Vardoulakis, Dimitris: *The Doppelgänger. Literatures' Philosophy*. New York: Fordham University Press 2010.
Veith, Ilza: *Hysteria. The History of a Disease*. Chicago / London: University of Chicago Press 1965.
„Verschiebung". In: Jean Laplanche / Jean-Bertrand Pontalis: *Das Vokabular der Psychoanalyse*. Frankfurt a.M.: Suhrkamp 1973, S. 603-606.
Villermay, Louyer: „Hystérie". In: *Dictionnaire des sciences médicales* vol. 23. Paris: Panckoucke 1818, S. 226-272.
Vinken, Barbara: „Ästhetische Erfahrung durchkreuzt. Der Fall Madame Bovary". In: Joachim Küpper / Christoph Menke (Hgg.): *Dimensionen ästhetischer Erfahrung*. Frankfurt a.M.: Suhrkamp 2003, S. 241-263.
Vogl, Joseph: „Robuste und idiosynkratische Theorie". In: *KulturPoetik* 7.2 (2007), S. 249-258.
Vogl, Joseph: *Poetologien des Wissens um 1800*. München: Fink 2010.
Wagner-Egelhaaf, Martina: *Die Melancholie der Literatur. Diskursgeschichte und Textfiguration*. Stuttgart: Metzler 1997.
Wagner-Martin, Linda: *The Bell Jar: a Novel of the Fifties*. New York: Twayne 1992.
Wald, Christina: *Hysteria, Trauma and Melancholia. Performative Maladies in Contemporary Anglophone Drama*. Houndsmill / NY: Palgrave 2007.

Warning, Rainer: „Fiktion und Transgression". In: Ursula Peters / dsb. (Hgg.): *Fiktion und Fiktionalität in den Literaturen des Mittelalters.* München: Fink 2009, S. 31-55.

Webber, Andrew: *The doppelgänger. Double visions in German literature.* Oxford: Claredon Press 2003.

Weber, Ingeborg (Hg.): *Weiblichkeit und weibliches Schreiben: Poststrukturalismus, weibliche Ästhetik, kulturelles Selbstverständnis.* Darmstadt: Wissenschaftliche Buchgesellschaft 1994.

Weickmann, Dorion: *Rebellion der Sinne. Hysterie – Ein Krankheitsbild als Spiegel der Geschlechterordnung (1880-1920).* Frankfurt a.M. / New York: Campus 1997.

Weigel, Sigrid: „‚Ein Ende mit der Schrift. Ein anderer Anfang'. Zur Entwicklung von Ingeborg Bachmanns Schreibweise". In: *text + kritik. Sonderband Ingeborg Bachmann.* 1984, S. 58-92.

Weigel, Sigrid: „Der schielende Blick. Thesen zur Geschichte weiblicher Schreibpraxis". In: Inge Stephan / dsb.: *Die verborgene Frau. Sechs Beiträge zu einer feministischen Literaturwissenschaft.* Hamburg / Berlin: Argument Verlag 1988, S. 83-137.

Weigel, Sigrid: *Die Stimme der Medusa. Schreibweisen in der Gegenwartsliteratur von Frauen.* Reinbek bei Hamburg: Rowohlt 1989.

Weigel, Sigrid: *Ingeborg Bachmann. Hinterlassenschaften unter Wahrung des Briefgeheimnisses.* Wien: Paul Zsolnay 1999.

Weigel, Sigrid: „Télescopage im Unbewußten. Zum Verhältnis von Trauma, Geschichtsbegriff und Literatur". In: Elisabeth Bronfen / Birgit R. Erdle / Sigrid Weigel (Hgg.): *Trauma. Zwischen Psychoanalyse und kulturellem Deutungsmuster.* Köln / Weimar / Wien: Böhlau 1999, S. 51-76.

Weinberg, Manfred: „Trauma – Geschichte, Gespenst, Literatur – und Gedächtnis". In: Elisabeth Bronfen / Birgit R. Erdle / Sigrid Weigel (Hgg.): *Trauma. Zwischen Psychoanalyse und kulturellem Deutungsmuster.* Köln / Weimar / Wien: Böhlau 1999, S. 173-206.

Weiser, Jutta: „Psychoanalyse und Autofiktion". In: Rainer Zaiser (Hg.): *Literaturtheorie und* sciences humaines. *Frankreichs Beitrag zur Methodik der Literaturwissenschaft.* Berlin: Frank & Timme 2008, S. 43-67.

Westerwelle, Karin: *Ästhetisches Interesse und nervöse Krankheit. Balzac, Baudelaire, Flaubert.* Stuttgart / Weimar: Metzler 1993.

Whittier, Gayle: „The Divided Woman and Generic Doubleness in *The Bell Jar*". In: *Woman's Studies* 3 (1976), S. 127-146.

„Wiederholungszwang". In: Jean Laplanche / Jean-Bertrand Pontalis: *Das Vokabular der Psychoanalyse.* Frankfurt a.M.: Suhrkamp 1972, S. 627-631.

Wilke, Sabine: „‚Ich bin eine Frau mit einer männlichen Anmaßung‘: Eine Analyse des ‚bösen Blicks‘ in Elfriede Jelineks *Die Klavierspielerin*“. In: *Modern Austrian Literature* 26.1 (1993), S. 115-144.
Wilson, Lindsay: *Women and Medicine in the French Enlightenment. The Debate over* Maladies des Femmes. Baltimore / London: Johns Hopkins University Press 2000.
Wood, Jane: *Passion and Pathology in Victorian Fiction*. Oxford: Oxford University Press 2001.
Wübben, Yvonne / Carsten Zelle (Hgg.): *Krankheit schreiben. Aufzeichnungsverfahren in Medizin und Literatur*. Göttingen: Wallstein 2013.
Yalom, Marilyn: *Maternity, Mortality and the Literature of Madness*. Pennsylvania: Pennsylvania State University Press 1985.
Young, James E.: *Beschreiben des Holocaust*. Frankfurt a.M.: Suhrkamp 1997.
Zajdel, Melody: „Apprenticed in a Bible of Dreams: Sylvia Plath's Short Stories“. In: Linda W. Wagner (Hg.): *Critical Essays on Sylvia Plath*. Boston / Massachusetts: G. K. Hall & Company 1984, S. 182-193.
Zelle, Carsten: „‚Die Geschichte bestehet in einer Erzählung‘. Poetik der medizinischen Fallerzählung bei Andreas Elias Büchner (1701-1769)“. In: *Zeitschrift für Germanistik* 19.2 (2009), S. 301-316.
Zilch-Purucker, Birgit: *Die Darstellung der geisteskranken Frau in der bildenden Kunst des 19. Jahrhunderts am Beispiel der Melancholie und Hysterie*. Herzogenrath: Murken-Altrogge 2001.
Zizek, Slavoj: *Lacan. Eine Einführung*. Frankfurt a.M.: Fischer 2008.